全国革命老区县发展史丛书——山西卷

阳泉市郊区革命老区发展史

阳泉市郊区老区建设促进会 编著

光明日报出版社

图书在版编目（CIP）数据

阳泉市郊区革命老区发展史 / 阳泉市郊区老区建设促进会编著． - - 北京：光明日报出版社，2021.6
ISBN 978 - 7 - 5194 - 6167 - 6

Ⅰ.①阳… Ⅱ.①阳… Ⅲ.①阳泉—地方史 Ⅳ.①K292.53

中国版本图书馆 CIP 数据核字（2021）第 112778 号

阳泉市郊区革命老区发展史
YANGQUANSHI JIAOQU GEMING LAOQU FAZHANSHI

编　　著：阳泉市郊区老区建设促进会	
责任编辑：王　庆	责任校对：李小蒙
封面设计：陈莉媛	责任印制：曹　净

出版发行：光明日报出版社
地　　址：北京市西城区永安路 106 号，100050
电　　话：010 - 63169890（咨询），63131930（邮购）
传　　真：010 - 63131930
网　　址：http://book.gmw.cn
E - mail：wangqing@gmw.cn
法律顾问：北京德恒律师事务所龚柳方律师

印　　刷：三河市华东印刷有限公司
装　　订：三河市华东印刷有限公司

本书如有破损、缺页、装订错误，请与本社联系调换，电话：010 - 63131930

开　　本：170mm×240mm	
字　　数：459 千字	印　张：33
版　　次：2021 年 6 月第 1 版	印　次：2021 年 6 月第 1 次印刷
书　　号：ISBN 978 - 7 - 5194 - 6167 - 6	
定　　价：96.00 元	

版权所有　　翻印必究

《阳泉市郊区革命老区发展史》编撰委员会

主　　任　王晓丽　区委书记
　　　　　宁文鑫　区委副书记、区长
副 主 任　李仁照　区委副书记
　　　　　郭方恺　区委常委、常务副区长
　　　　　陈玉俊　区老促会副会长（主持工作）
委　　员　孙　儒　张斌武　李丽新　王文玉
　　　　　李　泽　段拥军　张俊杰　张海斌

特邀编审　李畴海　李家忠　任佟苏　杨济才
　　　　　侯晋元　云　霞　陈益廉

《阳泉市郊区革命老区发展史》编辑部

主　　编　陈玉俊
执行主编　郭海珠
编　　辑　任俊德　刘巧萍　郭彦龙　荆明星
录入校对　陈莉媛　李玉萍　马远帆
图片资料　史生亮

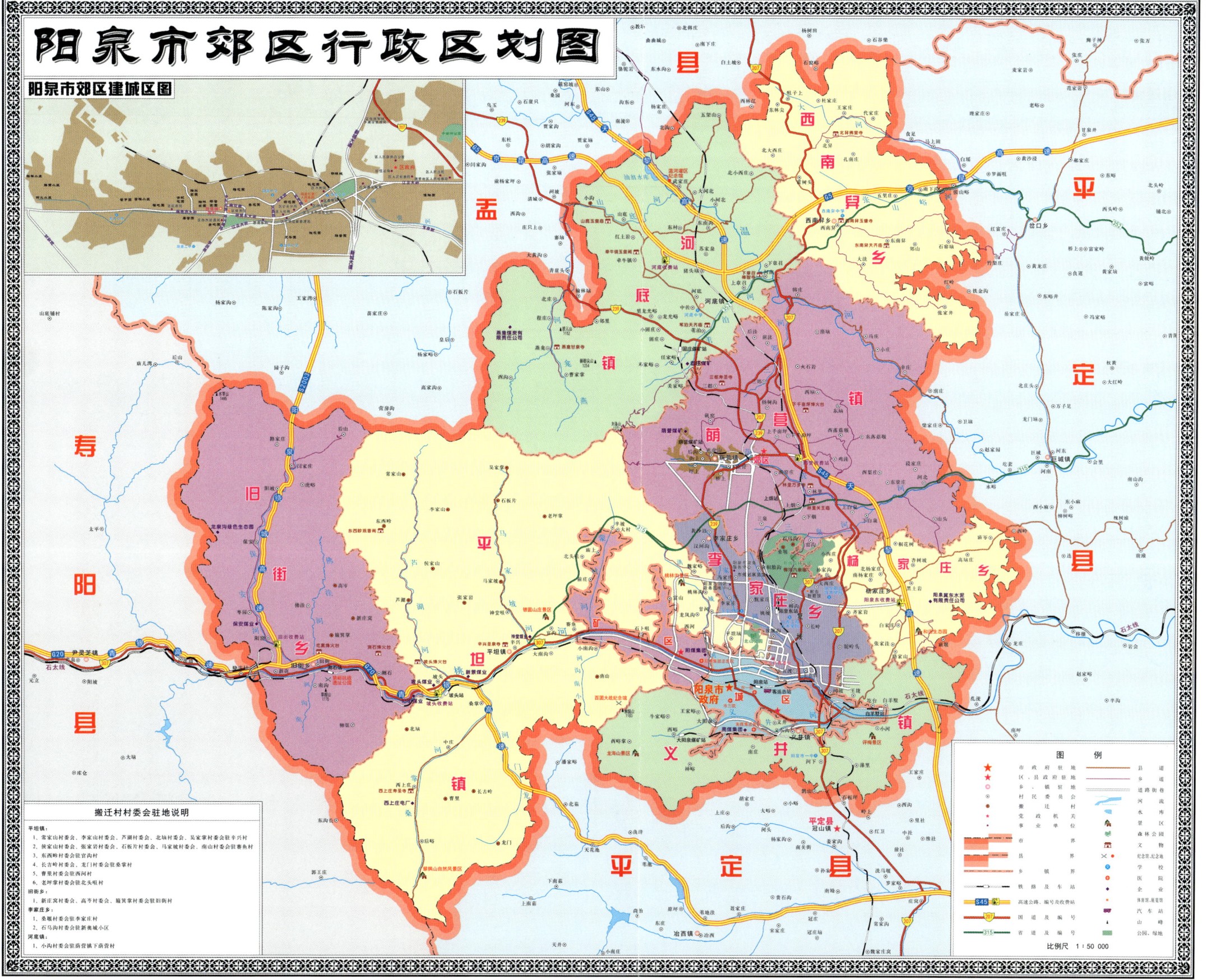

总　序

在举国欢庆中华人民共和国成立70周年前夕，中国老区建设促进会王健会长请我为《全国革命老区县发展史》丛书作序。作为一名在老区战斗过并得到老区人民生死相助的老兵，回首往事，心潮澎湃，感慨万千，深感义不容辞，欣然应允。

中国革命老区，是以毛泽东为代表的中国共产党人在领导人民推翻帝国主义、封建主义和官僚资本主义三座大山，争取民族独立和人民解放伟大斗争中建立的革命根据地，这片红色的土地上，诞生了无数可歌可泣的革命英雄儿女，为后人树起了一座不朽的丰碑，这是新中国的摇篮，是党和军队的根。

在艰苦卓绝的战争年代，老区人民把自己的命运与中华民族的命运紧紧地联系在一起，与中国共产党和人民军队的命运紧紧地联系在一起，他们生死相依，患难与共。我曾亲历过战争年代，并得到过老区"红哥""红嫂"的救助，切身感受到发生在身边的一个个撼天动地的革命故事，在那极其艰难的条件下，老区人民倾其所有、破家支前，不怕艰难困苦，不怕流血牺牲。"最后一碗米送去做军粮，最后一尺布送去做军装，最后一件老棉袄盖在担架上，最后一个亲骨肉送去上战场"，这是当时伟大的老区人民为建立新中国做出巨大牺牲的真实写照，它将永远镌刻在中国共产党、中国人民解放军、中华人民共和国的历史丰碑上。他们的光辉业绩永载史册，他们的革命精神必将影响一代又一代的革命新人，造就一代又一代的民族脊梁。

在社会主义革命和建设时期，革命老区和老区人民响应党的号召，面对落后的面貌、脆弱的经济、恶劣的生态环境，他们本色不变、精神不丢，自力更生，艰苦奋斗，干一行爱一行，始终坚持"革命理想高于天"，自觉做共产主义远大理想的坚定信仰者和忠实实践者，勇于向恶劣的自然环境和贫穷落后宣战；他们在各条战线上为国建功立业，用平凡的双手创造了一个又一个不平凡的奇迹，彰显了老区人的崇高精神和人格力量。

在改革开放的伟大进程中，老区人民解放思想，勇于创新，奋发图强，攻坚克难，老区的经济社会建设取得了辉煌的成就。特别是在改变中国的面貌、中华民族的面貌、中国人民的面貌、中国共产党的面貌的伟大实践中发挥了至关重要的作用。老区人民既是改革开放的参与者，也是改革开放的推动者。

艰苦练意志，危难见精神。老区人民在近百年的革命战争、社会主义建设和改革开放的伟大实践中，孕育形成了伟大的老区精神：爱党信党、坚定不移的理想信念；舍生忘死、无私奉献的博大胸怀；不屈不挠、敢于胜利的英雄气概；自强不息、艰苦奋斗的顽强斗志；求真务实、开拓创新的科学态度；鱼水情深、生死相依的光荣传统。这是党和人民宝贵的精神财富、丰厚的政治资源，是凝心聚力、振奋民族精神的重要法宝，也是社会主义核心价值观的重要内容。

中国老区建设促进会怀着强烈的政治责任感和历史使命感，组织全国各地老促会人员克服困难、尽心竭力编撰《全国革命老区县发展史》丛书，记录老区的光辉历史和辉煌成就，传承红色基因，弘扬老区精神，是功在当代、利及千秋的一件大事。手捧这部丛书的部分书稿，读着书中的故事，我倍感亲切，深感这部丛书具有资政、育人、存史的社会功能，有着重要的时代和历史价值。它是不忘初心、牢记使命的源头活水，是赞颂共产党、讴歌老区人民的一部精品力作，是弘扬老区精神、传承红色记忆的丰厚载体，是一项继承优秀传统文化、弘扬革命文化、发展社会主义先进文化，坚定"四个自信"的宏大文化工程。它必将成为一个文化品牌，成为各界人士了解老区、宣传老区、支持老区的一部有价值的研究史料，希望读者朋友们能从中了解并牢记这些为党和民族的利益奉献的老区人民，从中得到教益，获取人生奋斗的精神动力。

新时代赋予新使命，新起点开启新征程。让我们更加紧密地团结在以习近平同志为核心的党中央周围，坚持以习近平新时代中国特色社会主义思想为指导，增强"四个意识"，坚定"四个自信"，做到"两个维护"，弘扬老区精神，铭记苦难辉煌。为实现"两个一百年"奋斗目标，实现中华民族伟大复兴的中国梦做出新的更大的贡献！

迟浩田

2021 年 1 月 25 日

序 言

　　历时二载，由阳泉市郊区老区建设促进会编撰的《中国革命老区县发展史》系列丛书之分册——《阳泉市郊区革命老区发展史》，编撰告竣，付梓问世。这是全区人民政治生活中的一件大事，也是献给中国共产党建党一百周年的一份厚礼，可喜可贺。

　　阳泉市郊区是太行山革命老区的组成部分。早在1926年1月，中共太原地委就派郊区荫营镇三泉村的甄华到阳泉开展活动，发展党员，领导农民运动，并且由甄华担任中共平定县特别支部书记。该支部也是中共阳泉地区成立最早的党组织。从党组织的初步创建到土地革命运动的风起云涌，从抗日救亡运动开始到夺取抗日战争的彻底胜利，从解放战争到中华人民共和国成立，老区人民创造了许许多多可歌可泣的光辉事迹，谱写了一页页彪炳千秋的历史华章。中华人民共和国成立后，直至改革开放以来，特别是习近平中国特色社会主义新时代，郊区革命老区人民在中国共产党的领导下，发扬自力更生、艰苦奋斗的光荣传统，担当作为、攻坚克难，以发展为主线，坚定不移深化改革开放，共同建设幸福美丽郊区。

　　习近平总书记指出："革命老区是党和人民军队的根，我们永远不能忘记自己是从哪里走来的，永远都要从革命的历史中汲取智慧和力量。老区和老区人民为我们党领导的中国革命做出了重大牺牲和贡献，我们要永远珍惜、永远铭记。""忘记老区，就是忘本；忘记历史，就是背叛。"阳泉市郊区历来都重视史书编撰工作，先后出版了《荫营人民革命史》《阳泉市郊区志》《中共阳泉市郊区党史》等，这次郊区老区建设促进会秉承老区精神，克服重重困难，以党的领导为核心，以老区人民为主体，以老区发展为主线，以弘扬老区人民精神和老区的变化为落脚点，顺利完成了《阳泉市郊区革命老区发展史》编撰工作。

"以史为鉴，可以知兴替"。《阳泉市郊区革命老区发展史》以推陈出新的理念和求真务实的态度，客观记录了近百年（1926—2019）郊区革命老区人民不屈不挠、艰苦奋斗、勤劳创业、砥砺奋进的光辉历程。以严肃朴实的文笔和丰富翔实的资料，突出展现了改革开放以来，特别是习近平中国特色社会主义新时代，郊区老区取得的翻天覆地的变化。掩卷而思，该书是一部难得的学史读本和励志教材，是新时代一部总结老区历史、传承老区精神、展现老区发展的优秀读物。《阳泉市郊区革命老区发展史》对于存史、资政、育人都具有十分重要的意义。希望全区广大党员干部群众都能认真阅读、深入研究此书，全面系统地了解郊区的昨天，不失时机准确把握郊区的今天，用勤劳智慧开创郊区更加美丽的明天！

当前我区正处于高质量发展建设的关键时期，我们要在区委的坚强领导下，不忘初心，牢记使命，以史为鉴，继往开来，坚定信心，乘势而上，在转型发展上率先蹚出一条新路来，为圆满实现区委提出的"争做转型发展表率，打造融合发展样板"而努力奋斗！

中共阳泉市郊区区委书记

阳泉市郊区人民政府区长

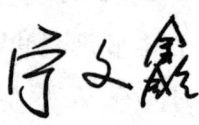

2021 年 1 月 25 日

编写说明

2017年6月，中国老区建设促进会组织全国各地老区建设促进会（简称老促会）启动编撰《全国革命老区县发展史》丛书，按照"建立中国共产党、成立中华人民共和国、推进改革开放和中国特色社会主义事业"的历史脉络，系统书写革命老区百年历史，深入挖掘革命老区红色文化资源。这对于充实丰富中国革命史籍宝库，在新时代传承红色基因、弘扬革命精神、强根固本，对于激励人们在新的历史条件下夺取中国特色社会主义伟大胜利，实现中华民族伟大复兴的"中国梦"具有重要意义。

丛书编撰以习近平新时代中国特色社会主义思想为指导，以《中国共产党历史》《中国共产党的九十年》等重要文献为基本依据，以党的领导为核心，以老区人民为主体，以老区发展为主线，体现历史进程特征，突出时代发展特色，坚持辩证唯物主义和历史唯物主义相统一、历史真实性与内容可读性相统一的原则，书写革命老区从站起来、富起来到强起来的光辉革命史、不懈奋斗史、辉煌成就史，把老区人民的伟大贡献、伟大创造、伟大成就、伟大精神充分展示出来，形成一部具有厚重历史特征和鲜明时代特色的精品力作。这是一部培根铸魂、守正创新，既为历史立言又为时代服务，字里行间流淌着红色血脉、催生着革命激情的传世之作。丛书的编撰出版将成为讴歌党、讴歌人民、讴歌时代，传播红色文化，为革命老区和老区人民树碑立传的重要载体。

丛书按照编年体与纪事本末体相结合、以编年体为主的编写体例确定框架结构；运用时经事纬、点面结合的方式记述史实；坚持人事结合、以事系人的原则处理人与事的关系；采用夹叙夹议、叙论结合、以叙为主的方法展开内容，做到了史料与史论、历史与现实、政治与学术统一，文献性、学术性、知识性相兼容。

为编撰好《全国革命老区县发展史》丛书，打造红色文化品牌，中国老区建设促进会认真组织、积极协调，提出政治立场鲜明、史料真实准确、思想论述深刻、历史维度厚重、时代特色突出、编写体例规范、篇目布局合理、审读把关严格、出版制作精良的编撰出版总要求，力求达到革命史籍精品的精神高度、思想深度、知识广度、语言力度，增强丛书的权威性和社会影响力。

各省（自治区、市）、市（州、盟）、县（市、区、旗）老促会的同志，以强烈的使命感、责任感和紧迫感，勇于担当，积极作为，认真实施，组织由老促会成员、专家学者等参加的十余万人编撰队伍。编撰工作主体责任在县，省、市组织协调、有力指导、审读把关。各方面人员以高度负责的精神和科学严谨的态度，满腔热情地投入工作，为丛书编撰出版做出了重要贡献。丛书编撰工作还得到了党和国家有关部委、地方各级党委政府及有关部门的大力支持和积极参与，社会各界也给予了热情帮助。原中共中央政治局委员、原中央军委副主席、原国务委员兼国防部长迟浩田上将对老区人民怀有深厚感情，对革命老区建设发展十分关注，欣然为《全国革命老区县发展史》丛书作总序。

丛书由总册和1599部分册（每个革命老区县编撰1部分册）组成，共1600册。鉴于丛书所记述的史实内容多、时间跨度长和编撰时间紧，不妥之处，敬请批评指正。

中国老区建设促进会
2019年4月

目 录
CONTENTS

概 述 ·· 1

第一编　新民主主义革命时期
(1919.5—1949.10)

第一章　马克思主义的传播与早期党组织的创建 ············ 15
　第一节　进步思想的传播 ····································· 15
　第二节　甄华及地方党组织的创建 ························· 17
　第三节　抗日救亡运动的兴起 ································ 18
第二章　党组织的发展和抗日斗争的开展 ·················· 21
　第一节　抗日烽火的点燃 ····································· 21
　　一、阳泉沦陷 ··· 21
　　二、中共荫营支部的建立 ·································· 23
　　三、抗日义勇军的成立 ····································· 24
　　四、抗日根据地的开辟 ····································· 25
　　五、荫营扩军 ··· 27
　第二节　抗日工作的展开 ····································· 28
　　一、日军暴行 ··· 28
　　二、游击战 ·· 31
　　三、打击汉奸及亲日势力 ·································· 34
　　四、抗日根据地的加强 ····································· 36
　第三节　百团大战在阳泉 ····································· 39
　　一、狮脑山争夺战 ··· 40

二、智取狼峪火车站ᅟᅟᅟᅟᅟᅟᅟᅟᅟᅟᅟᅟᅟᅟᅟᅟᅟᅟᅟᅟᅟᅟᅟᅟ44
　　三、支援百团大战ᅟᅟᅟᅟᅟᅟᅟᅟᅟᅟᅟᅟᅟᅟᅟᅟᅟᅟᅟᅟᅟᅟᅟᅟᅟ47
　第四节　反"扫荡"、反"清乡"斗争ᅟᅟᅟᅟᅟᅟᅟᅟᅟᅟ48
　　一、日军实施"治安强化"ᅟᅟᅟᅟᅟᅟᅟᅟᅟᅟᅟᅟᅟᅟᅟᅟᅟᅟ48
　　二、基层党组织建设ᅟᅟᅟᅟᅟᅟᅟᅟᅟᅟᅟᅟᅟᅟᅟᅟᅟᅟᅟᅟᅟ50
　　三、敌后抗战ᅟᅟᅟᅟᅟᅟᅟᅟᅟᅟᅟᅟᅟᅟᅟᅟᅟᅟᅟᅟᅟᅟᅟᅟᅟᅟᅟ51
　　四、积极扩展抗日力量ᅟᅟᅟᅟᅟᅟᅟᅟᅟᅟᅟᅟᅟᅟᅟᅟᅟᅟᅟ53
　　五、除奸反特ᅟᅟᅟᅟᅟᅟᅟᅟᅟᅟᅟᅟᅟᅟᅟᅟᅟᅟᅟᅟᅟᅟᅟᅟᅟᅟᅟ54
　　六、争夺煤铁物资ᅟᅟᅟᅟᅟᅟᅟᅟᅟᅟᅟᅟᅟᅟᅟᅟᅟᅟᅟᅟᅟᅟᅟᅟ59
　第五节　战略反攻ᅟᅟᅟᅟᅟᅟᅟᅟᅟᅟᅟᅟᅟᅟᅟᅟᅟᅟᅟᅟᅟᅟᅟᅟᅟ62
　　一、反击"剿共"阴谋ᅟᅟᅟᅟᅟᅟᅟᅟᅟᅟᅟᅟᅟᅟᅟᅟᅟᅟᅟᅟᅟ62
　　二、巩固抗日堡垒ᅟᅟᅟᅟᅟᅟᅟᅟᅟᅟᅟᅟᅟᅟᅟᅟᅟᅟᅟᅟᅟᅟᅟᅟ63
　　三、歼敌有生力量ᅟᅟᅟᅟᅟᅟᅟᅟᅟᅟᅟᅟᅟᅟᅟᅟᅟᅟᅟᅟᅟᅟᅟᅟ65
　　四、骇人惨案ᅟᅟᅟᅟᅟᅟᅟᅟᅟᅟᅟᅟᅟᅟᅟᅟᅟᅟᅟᅟᅟᅟᅟᅟᅟᅟᅟ67
　第六节　抗日英雄ᅟᅟᅟᅟᅟᅟᅟᅟᅟᅟᅟᅟᅟᅟᅟᅟᅟᅟᅟᅟᅟᅟᅟᅟᅟ69
　　一、范子侠ᅟᅟᅟᅟᅟᅟᅟᅟᅟᅟᅟᅟᅟᅟᅟᅟᅟᅟᅟᅟᅟᅟᅟᅟᅟᅟᅟᅟ69
　　二、葛尧臣ᅟᅟᅟᅟᅟᅟᅟᅟᅟᅟᅟᅟᅟᅟᅟᅟᅟᅟᅟᅟᅟᅟᅟᅟᅟᅟᅟᅟ73
　　三、史一轮ᅟᅟᅟᅟᅟᅟᅟᅟᅟᅟᅟᅟᅟᅟᅟᅟᅟᅟᅟᅟᅟᅟᅟᅟᅟᅟᅟᅟ75
　　四、戴德龙ᅟᅟᅟᅟᅟᅟᅟᅟᅟᅟᅟᅟᅟᅟᅟᅟᅟᅟᅟᅟᅟᅟᅟᅟᅟᅟᅟᅟ78
　　五、高兴隆ᅟᅟᅟᅟᅟᅟᅟᅟᅟᅟᅟᅟᅟᅟᅟᅟᅟᅟᅟᅟᅟᅟᅟᅟᅟᅟᅟᅟ81
　第七节　抗日战果及损失情况ᅟᅟᅟᅟᅟᅟᅟᅟᅟᅟᅟᅟᅟᅟᅟᅟ85
　　一、抗日战果ᅟᅟᅟᅟᅟᅟᅟᅟᅟᅟᅟᅟᅟᅟᅟᅟᅟᅟᅟᅟᅟᅟᅟᅟᅟᅟᅟ85
　　二、损失情况ᅟᅟᅟᅟᅟᅟᅟᅟᅟᅟᅟᅟᅟᅟᅟᅟᅟᅟᅟᅟᅟᅟᅟᅟᅟᅟᅟ86
第三章　人民政权的建立和对全国解放战争的支援ᅟᅟᅟ92
　第一节　经济恢复ᅟᅟᅟᅟᅟᅟᅟᅟᅟᅟᅟᅟᅟᅟᅟᅟᅟᅟᅟᅟᅟᅟᅟᅟᅟ92
　　一、内战开始ᅟᅟᅟᅟᅟᅟᅟᅟᅟᅟᅟᅟᅟᅟᅟᅟᅟᅟᅟᅟᅟᅟᅟᅟᅟᅟᅟ92
　　二、抗击阎顽ᅟᅟᅟᅟᅟᅟᅟᅟᅟᅟᅟᅟᅟᅟᅟᅟᅟᅟᅟᅟᅟᅟᅟᅟᅟᅟᅟ94
　　三、恢复生产ᅟᅟᅟᅟᅟᅟᅟᅟᅟᅟᅟᅟᅟᅟᅟᅟᅟᅟᅟᅟᅟᅟᅟᅟᅟᅟᅟ99
　　四、减租减息ᅟᅟᅟᅟᅟᅟᅟᅟᅟᅟᅟᅟᅟᅟᅟᅟᅟᅟᅟᅟᅟᅟᅟᅟᅟᅟ101

第二节　阳泉解放 …… 102
　一、抗击蒋阎军 …… 102
　二、支援前线 …… 103
　三、正太战役 …… 104
　四、阳泉建市 …… 112

第三节　土地改革 …… 114
　一、实施土改 …… 114
　二、抗灾自救 …… 118

第四节　经济建设 …… 120
　一、农业生产 …… 120
　二、工业生产 …… 122
　三、集市贸易 …… 123
　四、互助合作组织的建立 …… 124
　五、金融业的兴起 …… 125

第五节　兴办事业 …… 126
　一、教育 …… 126
　二、文化 …… 128
　三、体育 …… 130

第六节　支援全国解放战争 …… 130
　一、支援晋中及太原战役 …… 130
　二、适龄青年踊跃参军 …… 132
　三、选派干部南下北上 …… 133
　四、加强党的建设 …… 134

第二编　社会主义革命和建设时期
（1949.10—1978.12）

第一章　社会主义过渡阶段 …… 139
第一节　巩固新生政权 …… 139
　一、区域变更 …… 139

二、机构建设 …………………………………………… 140
　　三、民主政治建设 ………………………………………… 141
　　四、抗美援朝 ……………………………………………… 143
　　五、镇压反革命运动 ……………………………………… 149
　　六、"三反""五反"运动 ………………………………… 150
第二节　社会主义制度的初步建立 …………………………… 151
　　一、过渡时期总路线的学习贯彻 ………………………… 151
　　二、对农业的社会主义改造 ……………………………… 153
　　三、对手工业的社会主义改造 …………………………… 156
　　四、对资本主义工商业的社会主义改造 ………………… 163
　　五、工业生产的发展 ……………………………………… 166

第二章　社会主义建设在探索中曲折发展 …………………… 171
第一节　"大跃进"运动 ………………………………………… 171
　　一、"大跃进"运动发起 …………………………………… 171
　　二、工业化建设掀起高潮 ………………………………… 171
第二节　人民公社化运动 ……………………………………… 174
　　一、农村人民公社的建立 ………………………………… 174
　　二、"四清"运动的开展 …………………………………… 176
第三节　国民经济的调整 ……………………………………… 178
　　一、"八字宪法"的贯彻执行 ……………………………… 178
　　二、《农业六十条》的宣传试行 …………………………… 179

第三章　"文化大革命"时期的经济社会发展 ………………… 183
第一节　"文化大革命"运动 …………………………………… 183
　　一、"文化大革命"运动的展开 …………………………… 183
　　二、革委会和"核心小组"的成立 ………………………… 183
　　三、郊区党委会的恢复和党代会的召开 ………………… 185
第二节　经济和社会发展 ……………………………………… 186
　　一、农业学大寨运动的开展 ……………………………… 186
　　二、温河水利工程 ………………………………………… 194
　　三、知识青年上山下乡 …………………………………… 197

第四章　走向伟大的历史转折 ································ 199
第一节　揭批"四人帮"斗争 ································ 199
一、"揭、批、清"运动的开展 ································ 199
二、检验真理标准问题大讨论的开展 ···························· 199
第二节　国民经济的复苏和社会事业的发展 ···················· 200
一、经济建设 ·· 200
二、社会事业建设 ·· 208

第三编　改革开放和社会主义现代化建设新时期
（1978.12—2012.11）

第一章　中国特色社会主义的开创 ······························ 219
第一节　拨乱反正 ·· 219
一、传达学习党的十一届三中全会精神 ·························· 219
二、纠正冤、假、错案 ······································ 219
三、区级职能机构的扩充 ···································· 220
四、设立乡（镇）政府 ······································ 221
五、民主法治的恢复和加强 ·································· 221
第二节　工作重心转移 ······································ 224
一、国民经济的调整 ·· 224
二、乡镇企业的崛起 ·· 225
三、农村双层经营生产责任制的确立 ···························· 229
第二章　中国特色社会主义市场经济体制建立 ···················· 236
第一节　党的建设与法治建设的加强 ·························· 236
一、学习贯彻党的十四大、十五大精神 ·························· 236
二、"三讲"教育活动的开展 ·································· 237
三、党政机构改革和公务员制度的推行 ·························· 240
四、法律体系的完善和依法治区的实施 ·························· 243
五、"三个代表"重要思想学习教育活动 ························ 244

第二节　小康县区建设 …… 246
　一、郊区进入全省首批小康县区 …… 246
　二、实施科教兴区和人本战略 …… 248
　三、李荫路扩建 …… 251
　四、瑞丰小区建设 …… 252

第三节　强工、兴农、促三产 …… 253
　一、强工 …… 254
　二、兴农 …… 256
　三、促三产 …… 256
　四、三项重点工程建设 …… 257

第三章　科学发展观和全面建设小康社会 …… 261
第一节　探索新的经济发展模式 …… 261
　一、发展战略的实施 …… 261
　二、园区平台的打造 …… 269
　三、耐火产业的技术改造 …… 271
　四、传统产业的振兴 …… 273
　五、招商引资的开展 …… 275
　六、"四议两公开"工作法的推广 …… 279

第二节　城镇化建设 …… 281
　一、新农村建设 …… 281
　二、新北区打造 …… 285

第三节　学习和实践科学发展观 …… 289
　一、学习贯彻党的十七大精神 …… 289
　二、"双百"活动的开展 …… 292

第四节　社会事业蓬勃发展 …… 295
　一、教育 …… 295
　二、科技 …… 305
　三、文化 …… 307
　四、卫生 …… 315
　五、体育 …… 319

六、广播电视 …… 324
七、报纸 …… 326

第四编　中国特色社会主义新时代
(2012.11—)

第一章　"五位一体"和全面建成小康社会 …… 329
第一节　经济建设高质量发展 …… 329
一、主要经济指标变化 …… 329
二、产业发展 …… 330
第二节　政治建设全面加强 …… 342
一、党政建设 …… 342
二、纪检监察 …… 344
三、综合治理 …… 346
四、文明创建 …… 347
五、民主建设 …… 350
六、统战工作 …… 352
第三节　文化建设不断进步 …… 354
一、公共文化服务体系建设 …… 354
二、文化产业建设 …… 356
三、休闲观光旅游 …… 359
四、非物质文化遗产保护 …… 365
五、档案馆建设 …… 368
六、编史修志 …… 369
第四节　社会事业蒸蒸日上 …… 372
一、基础教育 …… 372
二、"三农"工作 …… 375
三、社会保障 …… 381
四、安居工程 …… 387
五、城乡就业 …… 390

  第五节　生态建设成效显著 …… 392
   一、生态保护 …… 392
   二、环境治理 …… 402
 第二章　决战脱贫攻坚与实施乡村振兴 …… 406
  第一节　决战决胜脱贫攻坚 …… 406
  第二节　乡村振兴初见成效 …… 412
   一、西南舁乡"北七村"乡村振兴项目 …… 414
   二、典型引路——乡村振兴示范村 …… 415
 第三章　着力走好三条路，率先实现城乡统筹发展 …… 423
  第一节　转型升级 …… 423
  第二节　新型城镇化建设 …… 426
  第三节　基层社会治理创新 …… 429

附录一　红色纪念地选介 …… 432

附录二　英雄模范人物代表 …… 453

附录三　革命烈士英名录 …… 471

参考书目 …… 505

后　记 …… 507

概　述

　　阳泉市郊区位于山西省中部东侧、太行山中段西麓，环抱阳泉市城区、矿区。东、南与平定县相连，西与寿阳县毗邻，北与盂县交界，广33千米，袤35千米。2019年，辖荫营、河底、平坦3个镇，李家庄、杨家庄、西南舁、旧街4个乡，以及开发区社务管理中心。人口245578人。面积632.84平方千米。

　　阳泉市郊区是一块古老而又年轻的土地。早在旧石器时期，此区域内就有人类生息繁衍。自秦朝始，在此区域先后隶属上艾县、石艾县、广阳县、平定县、原仇县、盂县等管辖。1947年5月，阳泉市建立，成为中国共产党领导创建的第一座城市——"中共第一城"。自此开始，平定县和盂县的部分属地陆续划入阳泉市，并为阳泉市郊区的建立奠定了基础。1953年5月，阳泉市设一区和二区，其中二区即郊区前身。1956年改称荫营区。1957年8月撤销荫营区，改设郊区。1963年2月恢复荫营区。1969年1月复改称郊区。

　　阳泉市郊区自然资源丰富。煤炭、铝矾土、黏土、铁矿石、石灰石以储量多、品质好、埋藏浅、易开采等特点而享誉全国。阳泉市郊区依托得天独厚的自然禀赋，逐渐形成了以煤炭、耐火、建材、冶金、化工为主的产业格局。20世纪90年代，经济实力曾列山西省十强县区。

　　阳泉市郊区人文积淀深厚。元中书左丞吕思诚清廉刚正，君臣敬畏；明李念、李愈兄弟同科进士，政著文丰；清地理学家张穆业绩显赫，世人称颂。近现代又涌现了山西争矿运动的首倡者张士林、名震京城文坛的才女石评梅、史学泰斗张恒寿、革命先驱甄华、梁晋平、刘鸿达、任朴斋，全国党代表张进德、王敬瑞、杨芝萍，全国劳动模范梁作义、王计所、马玉田、李乃珠等一批杰出人才，他们为民族的兴盛争辉、为家乡的繁荣添彩，赢得了人民的尊敬和赞誉。

新民主主义革命时期，区内人民群众在中国共产党的领导下，积极开辟农村革命根据地，建立革命武装和人民政权，进行土地革命，开展抗日斗争，大力支持全国解放战争，为新民主主义革命的胜利做出了重要贡献。

阳泉地区是共产党组织建立较早的地区之一。20世纪初，随着正太铁路的贯通，以及山西近代规模最大的民族资本企业——山西商办全省保晋矿务有限总公司在区域内的落户，区域内聚集了许多工矿企业和大量产业工人，从而为马克思主义的传播、中共地方组织的成立创造了有利条件，区域内城乡革命活动异常活跃。

1922年12月，区域内铁路工人参加了中共领导的正太铁路工人大罢工。1926年1月，中共平定特别支部成立，平定中学学生甄梦笔（又名甄华）任书记。1926年6月，任太原三晋中学中共支部书记的甄华（甄梦笔）和在省城就读的程谷梁等人返回家乡宣传革命思想、发展党员。1935年，由省城归来的共产党员韩九鼎在上荫营两等学校任教，积极宣传新文化、新思想，并组织学生上街集会游行，开展抗日救亡宣传活动。在省城就读的成泽民（甄秉侗）两次回原籍发展"讨蒋抗日救国会"和"中华民族解放先锋队"组织。1936年冬，"山西牺牲救国同盟会"又派特派员到荫营、三泉、赛鱼一带发展会员，建立组织，开展抗日救国活动。在党的领导下开展的这些工作，为以后区域内党组织的建立与发展奠定了基础。

1937年7月，抗日战争全面爆发，荫营两等学校青年教师王子华、史万修、梁晋平（梁焕民）加入中国共产党，并组建了区域内第一个中国共产党组织——中共荫营支部。同年9月，根据中共平定县工委的指示，在山西国民兵军官教导五团的协助下，平定县第一支抗日人民武装——荫营抗日义勇军创建。同年10月26日，日军侵占娘子关，中共盂（县）、平（定）、阳（曲）、寿（阳）、榆（次）五县特委决定组建中共平定（路北）县工作委员会、平定

（路北）县抗日政府。同年11月中旬，该县工委、县政府受命返回平定（路北）驻河底村，领导阳泉境内荫营、河底、东村一带群众开展抗日救国斗争；在荫营地区动员300名青年参军，组建了平定（路北）县抗日游击大队，在区域内北部一些农村建立了党组织，并动员100多名进步知识青年参加了抗日工作。1938年7月，中共平定（路北）县工委、县边区公署改称县佐公署，同年9月、10月先后组建了5个区公所，其中一、四、五区机关驻地在区域内。1940年1月，平定（路北）县佐公署改称平定县抗日政府。同年10月，县委开始组建区级党组织，先后建立了5个区委，其中一、四、五区委驻地在区域内。1942年8月，上级又将盂县的两个区划归平定（路北）的六、七区，其中七区在区域内北峁村一带。1940年秋，中共平定（路北）县委在区域内所属各区、村先后建立了抗日武装区小队、民兵组织以及工人抗日救国会、青年抗日救国会、妇女抗日救国会和各界抗日救国联合会等抗日组织。

抗日战争时期，平定（路北）是晋察冀抗日根据地南部的前沿阵地，而区内则为平定（路北）县的前哨地区。日军为了控制阳泉及正太铁路、盂（县）平（定）公路交通线，在铁路两侧以及荫营、白泉、河底、西南峁等地设立了据点并派兵驻守。但敌人只能把控一些据点和交通线，广大地区则是抗日军民活动的游击区。在中共平定（路北）县委的领导下，区域内人民对凶残的日本侵略者进行了不屈不挠的斗争。1940年威震中外的"百团大战"期间，人民群众主动当向导，组织慰问队、担架队及破坏交通队等，出动数万人次积极配合八路军作战。"百团大战"后期，日军对根据地进行疯狂的报复扫荡，实行"三光"（烧光、杀光、抢光）政策，封锁交通线，制造无人区，使抗日根据地军民处于极度困难之中。中共平定（路北）县委领导区域内军民运用各种灵活巧妙的斗争策略与日军进行斗争，为抗日战争做出了巨大贡献。

抗日战争结束后，以阳泉解放为标志，党领导区域内人民群众展开了新的工作。

1945年8月日本投降后，阎锡山与日伪残余军队相互勾结，抢先占据了阳泉镇及正太铁路两侧地区。当时区域内的大部分农村已获解放。解放区人民群众在中共平定（路北）县委的领导下，开展了反奸、反特、清匪反霸的斗争。同时中共平定（路北）县委和县政府根据中央《关于清算减租和土地问题的指示》在全县开展了土地改革工作，并把土改、生产、练兵作为中心工作来抓，动员民兵参军参战，配合分区主力部队，不断给阎军以歼灭性打击。

1947年4月，晋察冀野战军发起正太战役，当月下旬，晋察冀野战军二、三、四纵队到达区域内，二纵司令部和中共平定（路北）县委、县政府驻荫营。在党的领导下，区域内人民全力支前，组织运输队、担架队、慰问队等配合部队作战。同年5月2日，阳泉镇及郊区获得解放。

早在正太战役之前，中共晋察冀中央局、晋察冀边区行政委员会便决定在阳泉解放后建立阳泉市。1947年5月2日阳泉市建立后，下设3个区，区内设2区。1948年8月，平定县的理家庄、荫营、河底一带地区68个行政村划入阳泉市，市委、市政府调整行政区划，二区辖区扩大，同时又增设了三、四区。区内的西南舁、东村一带划归盂县，盂县设置的第三区机关驻东村。1949年1月，西南舁地区及平定县的东垴至白泉地区划入阳泉市五区、六区。此时，区内的党组织有隶属阳泉市委的二、三、四、五、六共5个区委，以及盂县县委所属的三区委（驻地东村）。

阳泉建市之后，各级党组织带领全区人民主要做了四方面的工作：一是开展土地改革运动，二是恢复发展生产，三是支援全国解放战争，四是民主整党和民主建政。从1948年起，结合土改复查和土改纠偏，开展了民主整党和民主建政工作，为建立人民当家做主的社会主义制度进行了积极的探索。

社会主义革命和建设时期，历任区领导班子按照中央及省、市的安排部署，积极加强党的基层组织建设和基层政权建设，领导完成了对区内农业、手工业和资本主义工商业的社会主义改造任务，组织开展了"大跃进"和人民公社运动、农业学大寨运动，全区工农业经济和社会各项事业得到了稳定发展。

中华人民共和国成立初期，全市区划变动频繁。1950年2月，燕龛、东村等60余村分别划归平定、盂县。阳泉工矿区原有的5个区调整为3个区，区内有阳泉工矿区的二、三区，平定县的四、六区，盂县的三区。1950年7月，阳泉工矿区又将区内的二、三区调整为一、二区。1953年4月，盂县、平定县的35个村划归阳泉市二区管辖，同时进行划乡工作。1956年3月，阳泉市二区改称荫营区。

1949—1956年，区内各级党组织领导人民群众按照中央的部署，积极参加抗美援朝和镇压反革命运动、民主改革和增产节约运动、"三反"（反贪污、反浪费、反官僚主义）"五反"（反行贿、反偷税漏税、反盗骗国家财产、反偷工减料、反盗窃国家经济情报）运动。1953年开始，对农业、手工业和资本主义工商业进行社会主义改造。与此同时，区内各级党组织为了保证各项任务的完成，注重加强党的自身建设，进行了两次整党整风，对区内各区党员干部进行了在职轮训和脱产培训。1954年、1956年，区内市属二区、荫营区先后召开了第一届、第二届人民代表大会，民主政权体制进一步加强。工、青、妇等群团组织也普遍建立。

1957—1966年，阳泉市郊区区划又有变动。1957年8月，市委决定撤销阳泉市站上区、荫营区，成立阳泉市郊区。同年8月，省委决定撤销平定县建制，其辖区并入阳泉市郊区，原阳泉市郊区区委、区人委班子撤销，重新组建了区委、区人委领导班子。1958年11月，阳泉市郊区机构撤销，成立了市直属的平定、岩会、东回、荫营、矿区五个人民公社。1959年2月，平定、岩会、东回、荫营四个人民公社撤销，建立了平定、荫营两个协作区。1959年4月，撤销平定、荫营协作区，成立了平定联社，同年5月，平定联社又改称阳泉平定郊区，6月又改称阳泉市郊区。1961年4月，平定县划归晋中，阳泉市郊区机构撤销，区内的荫营、河底、白泉、西南舁、义井、李家庄6个人民公社由市直属。1963年2月，阳泉市荫营区重新建立。

1957年起，中共阳泉市荫营区委和郊区区委，带领全区人民认真贯彻党的八大路线，大力开展增产节约运动，加速社会主义建设，全区的工农业生产总值比中华人民共和国成立初期成倍增长，人民生活有了很大改善。1958年8月，中共阳泉市郊区区委领导全区人民迅速掀起了"大跃进"和人民公社运动。同年9月，全区实现了人民公社化，广泛开展了大兵团作战、大炼钢铁运动，普遍办起了公共食堂。1962年，根据中央"调整、巩固、充实、提高"的方针，全区取消了供给制和公共食堂。1963年2月，根据中共"双十条""十三条"批示精神，全区实现了"三级所有，队为基础"的基本经营制度。同年6月，全区开展了社会主义教育和"四清"运动。1963年开始，全区开展了"工业学大庆""农业学大寨""全国学人民解放军"活动，全区的党风、民风和社会风气呈现新景象。这期间全区的农业生产稳步发展，人民生活水平明显提高。

这一时期，阳泉市郊区和荫营区分别召开了第三、四、五、六届人民代表大会，民主政权体制进一步完善，民主与法制建设进一步加强。群众团体组织也得到很大发展。

1966年5月，中共中央发出"5·16通知"之后，"文化大革命"运动在区内展开。同年5月，经中共阳泉市核心小组批准，中共阳泉市荫营区核心小组成立。1968年6月，阳泉市荫营区革命委员会成立。1969年1月，经省革委批准，荫营区革命委员会改称阳泉市郊区革命委员会。同年7月，撤销中共阳泉市荫营区核心小组，组建中共阳泉市郊区革命委员会核心小组。1970年10月，区属各人民公社也先后组建革命委员会及党的核心小组，实行"一元化"领导。1971年5月，中共阳泉市郊区第一次代表大会召开，选举产生了中共阳泉市郊区区委领导班子，区属各公社随之召开了党员代表大会。

在20世纪六七十年代全国开展的轰轰烈烈的"农业学大寨"运动中，全区上下始终把"农业学大寨"作为中心任务来抓。全区人民发扬大寨"自力更生，艰苦奋斗"的革命精神，坚持不懈地大搞农田基本建设，对改善农业生产条件、提高抗灾能力、促进农业生产发展发挥了很大作用，在此期间兴修的温河水利工程解决了北郊农村的人畜饮水和生产用水问题。全区工农业经济指标稳中有升，社会各项事业稳定发展。

这一时期，全市区划又有调整。1969年1月，站上区义井、北大街、李家庄三个公社划归郊区。1970年1月，北大街、义井两个公社又复归城区。1971年2月，平定县的燕龛乡划归郊区。1978年1月，阳泉市城区的义井、平坦、辛兴、旧街公社划归郊区。

改革开放和社会主义现代化建设新时期，郊区上下认真贯彻落实中共十一届三中全会精神，坚持以经济建设为中心，统筹兼顾，推动各项事业全面发展，乡镇企业异军突起，农业改革不断深化，国民经济持续增长，民主法治建设进一步加强，城乡人民物质生活和精神生活水平显著提高。

1978年12月中共十一届三中全会召开后，区委领导全区人民认真学习领会和贯彻落实会议精神。一方面，彻底平反纠正历史上的冤假错案，落实党的各项政策；另一方面，把工作重点转移到以经济建设为中心的轨道上来。在农村，开始实行以家庭联产承包责任制为主的农村双层经营生产责任制改革。本着宜统则统、宜分则分、统分结合的原则，土地承包到户，分户经营，而社队企业仍由集体经营。

1984年，阳泉市郊区成为独立行使县级政权职能的一级政府。职能的增强和各个服务机构的建立健全，为全区的社会发展奠定了基础。

乡镇企业实现历史性大跨越。1984年，区委提出"以工为主、兴工致富"的指导思想，确立了发展乡镇企业的主旋律。1986年，区委提出了"依托矿业、兴旺百业、改造农业、共同富裕"的发展方针，实现了由"资源型"向"加工型"转变。1987年，区委提出了"深挖内涵、稳抓外延、狠上水平、争创名优、提高效益"的发展方针，实现了由"外延型"向"内涵型"经济的转变。1990年，区委提出了"小厂变大厂、大厂变小区（后改为大厂变集团）、低档变高档、高档变名优"的发展方针，实现了由分散型经营向区域型集团经济的转变。2000年，区委确立了郊区以经济建设为中心，围绕"强工、兴农、促三产"发展的思路，以发展城郊型经济和非公有制经济为突破口，大力实施人才、金融、体制创新工程，确保实现农民增收与财政增长，推动全区经济持续、快速、健康发展。2004年，区委确立了实现"三化"（农村工业化、农业产业化、乡村城镇化）目标，大力实施"四走四变四集中"战略，即：企业走出村庄，土地变工厂，企业向园区集中；人才走进企业，能人变老板，资本向优势企业集中；农民走向城镇，农民变工人，人口向城镇集中；干部走出机关，管理变服务，精力向发展经济集中。

农业逐步得到改善优化。1984年开始，区委注重引导农民发展专业户、重点户，有条件的地方在群众自愿的前提下，鼓励把耕地逐步转向种田能手耕种，实行适度规模经营。之后又落实了延长土地承包30年不变的政策。1986年，区委提出"稳定粮食，调整结构，建设基地，改善生态，服务城市，富裕农民"的指导方针，兴工建农，以工补农，增加农业投入，改善农业生产条件，逐步走上了城郊型发展道路。1992年，把发展优质高效农业作为主要目标，进一步强化城郊型农业。1998年以后，全区农业产业结构进一步调整，一批生态、观光等新型农业园区开始形成，一些农产品加工企业逐步向龙头方向发展。阳泉市郊区已成为全市蔬菜和副食品的重要供应基地。2004年，郊区提出农业以产业化为方向，以市场需求为导向，以经济效益为中心，以农民增收为目标，大力发展集观光、生态、高效于一体的城郊型农业。2008年，区委、区政府围绕中央提出的新农村建设"二十字方针"（生产发展、生活宽裕、乡风文明、村容整洁、管理民主），按照市委确定的五大原则强势推进社会主义新农村建设，取得了明显成效。

随着国民经济的不断增长，全区的基础设施建设和各项社会事业也得到了快速发展。1988—1995年，对荫营长达3.3千米的大街进行了改造，完成了荫营镇区南外环路、上烟发煤站、刘备山电视发射台和郊区一中扩建等工程。1996年，投资6600万元扩建了长6.9千米的荫营至李家庄公路（李荫路），投资1100余万元修建了郊区职业教育中心。1998—2000年，对李荫路进行开发并拟定投资亿元在荫营改造旧镇，完成了建筑面积6000余平方米的"瑞丰花园小区"菊花园组团工程。在这一时期，郊区还修建了体育馆，改修了影剧院，投资修筑了区乡公路。金融、保险等机构也相应健全，全区实现了电话自动化。2008年，区委、区政府提出了"打造阳泉新北区，建设荫营明珠城"的奋斗目标，以荫营明珠城和新农村建设为切入点，加快"一城五镇"建设，扩大框架，优化设施，改善环境，提升形象。

区委在抓好经济体制改革和建设社会主义物质文明方面工作的同时，也加强了政治体制改革和建设社会主义精神文明方面的工作。实行了党政分开，建立了干部离退休制度，按照"革命化、年轻化、知识化、专业化"的要求，逐步将一批年轻干部充实到领导岗位，使各级领导班子实现了老中青三结合的梯队配置。2000年12月，全区进行了撤乡并镇工作，将原来的13个乡镇合并为4镇4乡。同时坚持"四化"方针和"公开、平等、竞争、择优"的原则，调整配备了区内各级领导班子。1978—2012年召开了郊区第九至第十三届人民代表大会。1986年建立了政协机构，并先后召开了五届会议。在思想建设方面，通过举办学习班、培训班等多种方式，组织广大党员干部学习领会和贯彻落实党的十二大、十三大、十四大、十五大、十六大、十七大精神，进行党的基本知识、基本国情、基本路线以及党纪党规教育，不断提高思想政治素质，强化党性观念、宗旨意识。在组织建设方面，采用"一推双考"（民主推荐、考试、考察）方式推荐选拔青年干部，形成后备干部培养选拔机制；建立了干部全面考核体系，完成了行政机关公务员过渡工作；结合实际，积极探索基层党组织建设的新办法。2009年11月，在全区全面推行"四议两公开"（支部或村委会主要负责人提议、"两委"班子商议、党支部会议审议、村民代表决议，决策过程公开、实施结果公开）工作法。2012年（6月21日至9月底），郊区以狠抓法制、廉洁教育和规范农村基层民主管理为切入口，开展了集中百日对农村干部法制、廉洁、民主管理教育和集中百名干部下基层抓党建、谋发展、促和谐为主要内容的"双百"活动。

中共十八大的召开，标志着中国特色社会主义新时代的开始。2012年11月党的十八大之后，郊区区委、区政府认真贯彻落实党的十八大和十九大及十九届二中、三中、四中全会精神，坚持以习近平新时代中国特色社会主义思想为指导，坚持以习近平同志为核心的党中央的领导，统筹推进经济建设、政治建设、文化建设、社会建设、生态建设"五位一体"的总体布局。不忘初心，牢记使命，团结带领全区干部群众拼搏进取，迎难而上，砥砺前行，全区经济社会发展取得了显著成就。

经济建设高质量发展。2019年，全区地区生产总值达到122.96亿元，增长4.1%。规模以上工业增加值增长2.2%。一般公共预算收入达到4.79亿元，增长21.7%。群众生活不断改善，城乡居民人均可支配收入分别达到28555元和16265元，增长6.6%和9.4%。社会消费品零售总额达到38.78亿元，增长7.6%。第一产业、第二产业、第三产业健康发展，2019年经济生产总值所占比重三次产业结构比为1.4：49.2：49.4。

政治建设全面加强。加强党的建设，集中治理腐败；深化机构改革，推进基层党建；化解社会矛盾，维护社会稳定；监督体制更加健全，民主协商不断完善。

文化建设不断进步。文化事业大发展大繁荣；产业意识不断增强，文化产业快速发展，产业特色初步显现；乡村旅游业的兴起，让农村变美、令农民致富、促农业发展，激发了乡村振兴新动能；非物质遗产得到很好的传承和保护。区档案馆2011年被人力资源和社会保障部、国家档案局评为全国档案系统先进集体，"资政、存史、教化"的作用充分发挥。

社会事业蒸蒸日上。2019年，全年财政民生支出达到13.02亿元，占一般公共预算支出的76.39%。教育事业均衡发展，医疗卫生水平不断提高，社会保障水平稳步提升。在学有所教、劳有所得、病有所医、老有所养、弱有所扶、住有所居上持续取得新进展。

生态建设成效显著。坚持绿水青山就是金山银山的理念，通过生态保护、环境治理，以及近年来的创卫工作，结合人居环境整治，全区林业生态体系基本形成，水土流失量减少，森林年蓄水量增加。生态环境、人居条件、工农业生产条件明显改善。

乡村振兴稳步推进。脱贫攻坚成果持续巩固。到2018年年底，24个贫困村全部退出，所有建档立卡贫困户全部脱贫，贫困发生率降为0.18%，实现了全区整体脱贫目标任务。2019年主要任务由重点攻坚转入全面巩固脱贫成果阶段，并初步实现了与乡村振兴的有效衔接。全面完成帮扶单位和"三支队伍"调整轮换，"一主六辅"产业扶贫措施全面落实，"两不愁三保障"全部达标。人居环境整治亮点突出。西南舁"北七村"示范片区建设成效明显，示范效应逐步显现。郊区连续五年被评为全省"休闲农业与乡村旅游示范县（区）"，2019年被评为"农村人居环境整治示范县（区）"。

新时代赋予新使命、新阶段迈出新步伐，郊区区委、区政府团结带领全区干部群众，全面贯彻习近平新时代中国特色社会主义思想和习近平总书记视察山西重要讲话精神，始终坚持党对一切工作的领导，按照中央和省委、市委决策部署，深入推进"转型项目建设年"和"工作作风转变年"活动，着力走好转型升级、新型城镇化建设、基层社会治理创新"三条路"，率先实现城乡统筹示范区。"争做全市转型发展表率，打造城乡融合发展样板"，倾力谱写新时代中国特色社会主义阳泉郊区新篇章，全区经济社会各项事业取得了新成绩、新进步，迈入了新境界。

巍巍狮脑山，滔滔温河水，见证了阳泉市郊区革命老区人民在中国共产党的坚强领导下，在新民主主义革命时期、社会主义革命和建设时期、改革开放和社会主义现代化建设新时期等不同时期的奋斗历史与辉煌业绩，并见证着郊区人民在中国特色社会主义新时代的新作为、新风采。新时代航船已经起航，建设现代化强国的号角已经吹响。阳泉市郊区人民将以永不懈怠、一往无前的革命传统和老区精神，全力谱写老区振兴繁荣的精彩华章，矢志不渝地为实现中华民族伟大复兴的中国梦展示新作为，做出新贡献。

第一编
新民主主义革命时期

（1919.5—1949.10）

第一章　马克思主义的传播与早期党组织的创建

第一节　进步思想的传播

20世纪初，由于区域内煤铁行业发展较快，荫营、义井、平潭等地区出现了一些相对殷实的家户，他们出于对巩固其社会地位和发展其家族产业的需要，相继集资自费创办了一批小学校，其中，创办较早的有小河初等小学、大阳泉国民小学、下白泉小学、赛鱼高等小学、三泉国民小学，此外还有石卜嘴小学、小河女子学校、上荫营两等学校、河底高等学校等。这些小学校的创办和开设，一定程度上对传播进步思想和文化知识、培养新时代的有用人才起到了积极作用。同时这一大批学子在斗争中不断地砥砺探求真理，一步步成长起来。这样就为区域内中共党组织的建立准备了干部条件。

五四运动的消息传到阳泉后，当时正在赛鱼第五高等小学读书的小阳泉村学生商福贵，得知巴黎和会上中国外交失败，心中极为愤慨，常常与同窗好友甄华、杨风钧等人谈论时政，并表示极大的关切。特别是平定中学教师积极响应山西省学生联合会的宣言，实行罢课，举行游行示威，要求中国政府收回山东主权，拒绝在和约上签字的正义行为，深深地感染和影响了商福贵、甄华等进步青年学生，使他们经受了时代的洗礼，思想境界升华到一个新的高度。

20世纪初上荫营两等学校

五四运动极大地推动了中国的民主革命进程，促进了马克思主义在中国的广泛传播，学习研究马克思主义，学习宣传俄国十月革命成为当时主要的思想潮流，对区域内广大知识青年的思想产生了深刻的影响。此时在平定中学读书的商福贵积极参加了由平定在京进步青年杜鸿成和戎业后发起并成立的马克思主义读书会，并和黄信诚、甄华等同学阅读了《新青年》《湘江评论》《小说月报》等宣传新思想的报刊以及鲁迅、郭沫若等人的著作，尤其是阅读了《共产党宣言》《工人革命与农民运动》《向导》等马列主义理论书刊，研究新思想、新文化，主动接受马列主义教育。

在这一历史时期，区域内所创办的学校中，上荫营两等学校是当时平定县唯一一所村办高小，从1926年创办到抗日战争爆发，历时13年，共办了13个班，毕业学生500余人。1933—1934年期间，这所学校还附设了一个简易师范班，学制二年，毕业学生30多人。抗日战争初期，学校有100多名师生先后走上抗日救国的道路，不少人成为革命队伍中的优秀干部。主要代表有程国梁、任朴斋、史昭清、史克忠、成泽民、王子华、梁晋平、张劲、史奎胜、史铁轮、史万修、武庆贺、韩德三、史星三、任凯原、赵叶民、赵石青、史信仰、王试功、史守恭、韩文媛（女）、李海忠、史一轮、程瑞、史连修等。

上荫营两等学校举办期间，先后有史笔直、程魁懋、刘鸿达、刘恭吾、史海鳌等任校长，有韩德三、史昭清、甄国瑞、史智修、张惠如、郭景瑞（女）、聂存汝（女）、梁晋平等任教。这些进步教师向学生大量传播了"五四"以来一些新思想、新文化和马克思列宁主义理论，并利用各种形式向学生进行国难教育和阶级启蒙教育，教育学生要爱国救国，不当亡国奴。这样就进一步激发了学生们的爱国热情和阶级觉悟。

"九一八"事变后，从上荫营两等学校毕业的程谷梁和成泽民等在太原读书期间接受进步思想，投身救亡运动，然后他们经常回到学校谈论国事、宣传形势、鼓动抗日救亡。这些活动对学生也有很大影响。在这一时期，韩九鼎等进步教师组织学生开展了轰轰烈烈的抗日救亡运动。全校师生200多人走上街头游行示威，他们举着五色小旗，高喊"打倒日本帝国主义""抵制日货""打倒汉奸卖国贼""誓死不当亡国奴"等口号，有的进步教师还沿途发表演讲。同时，学校师生还利用唱戏、赶庙会时机，上台演讲、宣传抗日救国。正月里闹红火，师生们一起编迓鼓进行宣传。这些抗日救亡活动，唤醒了区域内广大民众的民族意识，激发了青年学生的爱国热情。国难当头，他们毫不犹豫地走上抗日救国的战场，并在以后的革命斗争中，冲锋陷阵，建功立业，为中国人民的解放和中国革命的胜利做出重大贡献。

第二节　甄华及地方党组织的创建

1921年7月，中国共产党成立后，山西的建党工作就提上了重要日程。1924年，经北京区委批准，太原支部建立。随着马克思主义的广泛传播和工人、学生运动的发展以及革命斗争的逐步深入，1926年1月，中共太原地委派员到阳泉，向正在平定中学的甄华传达了中共太原地委批准他为正式党员的决定。同时入党的还有黄信城、王彭年，地委决定由他们三人组成中共平定特别支部，甄华任书记，特别支部通信联络代号为"石艾德"，此为中共阳泉地区成立最早的党组织。

1926年8月，甄华考入太原三晋高级中学，曾任该校党支部书记。次年6月，因国民党山西党务改组委员会通过共产党员通缉名单，为保存革命力量，中共党组织指示三晋中学支部所属党员，必要时可转移到乡下活动。7月，甄华与上级党组织失去联系后返回三泉村。回乡后，他坚持对敌斗争，积极在农民和采矿、炼铁工人中宣传革命思想，积蓄革命力量。8月，

甄　华

自动吸收甄秉起、王田加入中国共产党，并成立临时支部，由甄华担任支部书记。虽然事前未经上级批准，也未能在组织领导下开展活动，但后来这些同志都参加了革命，成为党的干部。1928年7月，甄华秘密前往太原寻找组织未果，在同乡刘嬴臣先生的帮助下，参加了高中二年级毕业补考，领取了文凭。8月赴北平考入中国大学，而后再次到太原寻找党组织未能如愿。12月，国民党山西省党部电告平定县政府密切注意甄华的行踪。甄华得知这一情况后，即到石卜嘴同学家躲避，因其行踪被无意中泄露，1929年春节前，甄华遭逮捕，他被押解到太原国民党省党部拘留所。拘禁8个月后，经同乡、友人多方营救获释。1930年，甄华再次赴北平，考入北平大学艺术学院。

1931年冬，甄华与同乡张恒寿、郭绳武、董书芳一起回到平定筹备成立"平定青年奋进社"，后被推选为副社长。甄华撰写的《按而不登查》《我们》等文章，分别刊登在《平定评论》《奋进》杂志上。他还在学生大会上作了题为《关于"九一八"事变和抗日救国问题》的演讲。1933年大学毕业后，甄华争取到平定县的留学津贴，东渡日本考入明治大学。在日留学的四年间，甄华花费大量精力和时间，了解和研究日本当局的侵华政策，广泛结交日本进步青年和下层人士，为后来从事对敌斗争工作打下基础。

第三节　抗日救亡运动的兴起

"九一八"事变，是日本帝国主义长期以来推行对华侵略扩张政策的必然结果，也是妄图把中国变为其独占的殖民地而采取的重要步骤。在中国共产党的号召下，区域内的抗日救亡活动随着全国抗日斗争而逐步形成，广大人民群众对日军的入侵义愤填膺，许多青年热血沸腾，摩拳擦掌，处处酝酿着抗日风暴。

1931年7月4日，中共山西省特委策动国民党陆军第十一路军第八师高桂滋部在平定武装起义。5日凌晨，起义军撤出平定，因阳泉驻有孙楚的正太路护路军和李生达二十七军十二师，不能久留，稍加整顿后经瀑里、小河、白羊墅过桃河，跨越正太铁路，经五渡、白泉、千亩坪、三都、河底、牵牛镇到达盂县清城。起义军在清城宣布成立中国工农红军第二十四军。军长为赫光，副军长为窦（宗融）世雄，政委为谷雄一。由于敌军一路追寻，红二十四军遂开赴河底、牵牛镇，与敌人相持两天后，又回到盂县境内。其间，这支英雄队伍途经白羊墅车站，切断电线，缴获车站钱物，散发传单，张贴标语，将革命种子播撒在白羊墅热土上。

1931年7月《新天津报》关于红二十四军的报道

据1931年7月《新天津报》载：

> 正太路白羊墅站兵劫经过——自称红军第二十四军，将电线割断，抢走一百多元。
>
> 乃近于月之5号夜二点多钟，大雨倾盆之际，距平定县十五里之白羊墅车站，当发现大批武装士兵七百多名，自称系红军第二十四军，并散放油印传单，及油印之快邮代电、标语等等，当将车站包围，又将电话线割断，并向站长勒索大批款项……

红二十四军播下了永不熄灭的革命火种，使广大人民群众看到共产党和工农红军是为他们谋利益、求解放的政党与军队，在此期间，区域内有百余名青年加入了这支部队。

1935年，在太原国民师范就读的学生韩九鼎因开展革命活动，遭阎锡山当局通缉。他秘密回到家乡上荫营两等学校任教，继续从事抗日救亡宣传活动。不久，引起国民党平定县党部注意，密报省府，韩九鼎又遭阎锡山当局通缉，经赵石青（赵相君）、史硕如相助脱险。

同年，北京"一二·九"运动发生后，山大附中学生成泽民（甄秉侗）按照党的指示，回平定、阳泉开展工作，发动各校学生开展各种形式的抗日救国活动，声援北平学生。同时，发展能够接受党的主张的进步分子建立反帝反蒋外围组织。先后介绍甄秉莒、王萍东、韩九龄、刘征田、赵嘉儒加入了"讨蒋抗日救国会"。1937年春，成泽民奉党的指示，再次回平定发展"民先"（中华民族先锋队）组织，梁晋平、张劲、刘鸿达等人加入该组织。

为了壮大组织和发动民众抗日，1936年9月，"山西牺牲救国同盟会"（简称牺盟会）派特派员、村政协助员来郊区活动。在上荫营两等学校组建了平定县第四区牺盟会，由史星三任秘书，韩宣元任组织委员，史昭清任宣传委员。与此同时，区域内赛鱼村也建立了牺盟会组织。会员们通过张贴标语、街头演讲、演唱救亡歌曲和表演话剧等多种方式，进行抗日救国宣传活动，为后来区域内的全面抗战提供了坚强有力的政治保障和组织基础。

第二章　党组织的发展和抗日斗争的开展

第一节　抗日烽火的点燃

一、阳泉沦陷

自"九一八"事变日本侵略军侵占中国东北三省后，日军经过长期准备，从1937年7月7日卢沟桥事变起发动了全面侵华战争。中国军民奋起反击，中华民族的全面抗战从此开始。

"七七事变"后，日本侵略者为实现其先夺取华北进而占领全中国的图谋，组成华北方面军，向华北发动大规模的战略进攻。山西因其特殊的战略地位而成为日军侵占的首要目标。此时的山西，形势发生了急剧变化。在全国人民抗日浪潮和中国共产党坚决抗日主张的影响下，8月2日，国民党政府军事委员会根据对日防御作战的需要，将全国划分为五个战区，阎锡山出任晋、察、绥方面的第二战区司令长官，指挥驻山西、察哈尔、绥远的所有部队进行抗战。8月22—25日，中共中央政治局在陕北洛川召开扩大会议，提出抗日救国的十大纲领，主张国共合作，一致对外。会后，根据国共两党达成的协议，中共中央军委发布命令，将驻扎在陕北的中国工农红军改编为国民革命军第八路军，朱德任总指挥，彭德怀任副总指挥，并授予一一五、一二九、一二〇师的番号。8月底到9月初，八路军各师先后东渡黄河，全部开赴山西抗日前线。1937年9月24日，薄一波率山西青年抗日决死一队由五台、盂县南下晋东南时，在荫营后沟官窑做短暂停留，同史万修等谈话，就荫营一带的抗日工作做了明确指示。

10月10日，忻口保卫战打响，日军企图从娘子关打开缺口，两路夹击太原。由于娘子关、固关原驻军晋炮兵一团和二十六团调往忻口前线，仅留晋军十团而无重兵把守，娘子关告急。10月14日，陈赓率三八六旅一部到太原，当晚带七七二团二营及政治部、宣传部乘火车下阳泉，于15日早到达，进驻义东沟（原义井）村三义庙。村庄设立慰问站，村民积极为部队腾房子、借灶具、送蔬菜、供军粮等。16日，部队到平定石门口一带增援。10月18日早，一二九师师长刘伯承、政委张浩率部队到达义东沟（原义井）村，并将师部设在三义庙。一二九师进驻三义庙后，刘伯承师长对当前敌情进行了全面分析，对七亘战役进行了总体部署。当天晚上，刘伯承师长留宿在义井村。根据当时当地的抗日形势，派秦基伟、赖际发率师教导团五连及部分干部，协同晋中党组织开展太原、榆次、寿阳、昔阳、和顺等地的游击战争。张浩政委接见了中共正太特委负责人彭涛、王达成，开会动员他们立即组织平定阳泉一带抗日骨干，开展抗日斗争工作。并以"牺盟会"名义在三义庙召开了有共产党员参加的抗日动员会。参会的人员有孙竹庭、池必卿、周壁、张汉服、王安仁、毛驿、赵铁如等30多人。会上，张浩政委提出了"发展党员，发动群众，武装群众，建立革命根据地，开展敌后武装斗争"的任务，派出农运部长秦武山，军事干部丁宝玲、艾力金、张广才、杨浩明协助平定、阳泉组织抗日群众武装。10月19日，刘伯承师长率部队奔赴平定指挥了著名的七亘伏击战，重挫日本20师团，迟滞了日军由正太线西进的步伐。

1937年10月30日，日军侵占义井村

为阻击沿正太线西进的日军，1937年10月26日，日军右纵队在占领晋东门户娘子关后疾速向阳泉推进，左纵队向平定推进。10月27日，八路军一二九师和一一五师一部驰援阳泉，配合国民党守军抵抗日军的进击，策应曾万钟部、邓锡侯部和王奇峰骑兵第四师等突破日军的包围，脱离险境。同日，川军邓锡侯部为阻止日军西进，炸毁阳泉五渡大桥后撤退。10月29日，日军占领平定。10月30日，日军占领晋东重镇阳泉并入侵义井村。10月31日，川军二十二集团军一二四师七三九团团长吕波澄亲率一营在辛兴村寨坪、寨凹、六亩堰一带为阻击日军西进，打了一场阻击战，又在圪洞园打了一场突袭战，击落敌机一架，俘获飞行员两名，击毙日军百余人，战斗异常激烈。川军牺牲200多人，村长石广等人组织村民将川军烈士遗体进行了隆重的安葬祭奠，并将川军阻击战的山头改名为"将军垴"作为永久的纪念。11月，日军进犯河底村，在村西樊家垴葛家大院安营。

二、中共荫营支部的建立

阳泉市郊区作为山西的东大门，位于正太铁路中段，在山西乃至华北抗战的战略地位尤为重要。保卫郊区、保卫山西、保卫华北的抗日形势迫切要求共产党必须加强对本区域的领导。而郊区的产业工人较为集中，有较好的群众基础，又具有光荣的革命传统和党在该区域长期艰苦工作的积累，为大敌当前建立党的组织创造了良好条件。

这一时期，为配合八路军开赴山西前线，开创抗战局面，区域内党组织积极动员广大人民群众奋起抗战，建立抗日武装，开展武装斗争。区域内党组织活动的特点：一是多头建党，能伸展到哪里，就伸展到哪里；二是依托牺盟会和民族革命战争战地总动员委员会（简称动委会）组织建党，派出的干部大部分潜伏在牺盟会中，公开身份是牺盟会特派员，实际上是党组织负责人，秘密进行建党工作。

1937年8月，中共中央北方局迁至太原后，中共山西省工作委员会（简称"山西工委"）为打开山西境内正太铁路沿线各县的抗战局面，首先在平定县境内建立了中共正太特委。中共正太特委成立后，在平定县原有两个平行支部的基础上，组建起了中共平定县工作委员会（简称"平定工委"），下辖两个支部。在中共正太特委的领导下，平定工委成员以牺盟会会员的身份作掩护，通过牺盟会平定分会和成泽民（甄秉侗）在平定组建的"中华民族解放先锋队"组织，广泛宣传党的全面抗战主张。同年8月，平定工委又在正太铁路以北的阳泉地区，吸收上荫营两等学校教师王子华入党，随后又发展梁晋平、史万修加入组织，建立了区内第一个党的组织——中共荫营支部，书记为王子华，组织委员为梁晋平，宣传委员为史万修。此时，中共平定工委共下辖3个支部，有党员28名。

娘子关失守后，10月28日，平定工委下属的荫营支部随八路军工作团撤至盂县清城一带开展抗日工作。从此，郊区区域内的革命便在党的领导下，由"星星之火"，蓬勃发展成"燎原之势"。境内党组织成为阳泉这方热土革命和建设的中坚领导力量。英雄的郊区儿女在中国共产党的领导下，英勇不屈，顽强拼搏，用生命和鲜血谱写了雄壮的御侮之歌，铸造了不朽的抗敌丰碑。

三、抗日义勇军的成立

1937年9月中旬，中共平定县工委与牺盟会中心区同山西国民兵军官教导五团的党组织密切配合，以平定牺盟分会的名义积极开展抗日活动，组建并训练抗日武装。教导五团派韩九龄（中共党员）返回家乡上荫营村配合荫营支部开辟平定以北地区工作，组建了平定（路北）第一支抗日武装——荫营抗日义勇军。参加义勇军的有从太原返村的工人、学生及本地一些进步青年共30余人。义勇军成立后，韩九龄、王子华从平定牺盟会领回步枪20支，子弹20箱，又从四区区公所收集到步枪10支。义勇军由赵石青任队长，史星三任副队长，旧军官史来毛任军事训练指导员，由教导五团派出干部帮助进行军事训练。此外，义勇军还协助工委进行抗日宣传动员，整修道路，遣散前线退下来的国民党军政人员。荫营抗日义勇军是中国共产党领导的平定（路北）县农村第一支抗日武装，这支武装为打开本地抗日斗争的局面发挥了重要的作用。阳泉沦陷后，这支抗日武装与矿区的游击队、正太铁路的工人游击队、平定（路北）县青年游击队及李一清领导的教导五团部分人员，一并撤离阳泉，随中共冀豫晋省委转移到和顺县石拐镇，后转战晋东南，编入八路军一二九师秦（基伟）赖（际发）支队，成为八路军创建太行山抗日根据地的主力部队。

1937年10月上旬，八路军一二〇师三五九旅七一七团政训处主任刘道生率领战地工作团郭梦秋、李关慈、谷荣章、贺湘龙、廖庆祥、鼓龙飞等30余人到达荫营，开展抗日活动。由此，荫营一带的抗日救亡活动热情更加高涨，中共荫营支部和平定抗日义勇军的大部分队员都参加了工作团。工作团还在荫营龙天庙演出《松花江上》等歌舞、话剧节目，大大激发了各阶层群众的抗日斗志。10月下旬，日军进犯娘子关，形势紧迫，战地工作团转移至盂县，王子华、梁晋平、史万修、张劲、史克忠、史守业、赵石青、赵叶民、史星三9人随同转移，参加盂（县）、平（定）、阳（曲）、寿（阳）工作团。

四、抗日根据地的开辟

阳泉沦陷后，日军对正（定）太（原）铁路和平（定）辽（今左权县）公路严加封锁，继续沿正太路向省会太原长驱直入，1937年11月8日占领太原。至此，华北地区敌我的正面大规模交战基本结束。阳泉及山西全境转入了持久的抗战相持阶段。八路军开始在山西境内依托山地分兵开展抗日游击战争，建立抗日根据地。郊区地处晋、察、冀和晋、冀、豫两大抗日根据地的接合部或交会点，本地党组织全力配合八路军主力部队，在以正太铁路、平辽公路沿线为界的敌后山区，建立了平定（路北）县抗日根据地。平定（路北）县抗日根据地是分两次开辟的。1937年11月5日，盂、平、阳、寿四县特委（原盂、平、阳、寿、榆五县县委在改为盂、平、阳、寿四县中心县委前曾有月余使用此称）在盂县上社第一次组建了以郭梦秋为书记的中共平定（路北）县工委，同时成立平定（路北）抗日县政府，任命刘鸿达为县长。11日，中共平定（路北）县工委及抗日政府一行13人从盂县返回河底，在三官庙开始办公，组织领导平定（路北）县的抗战工作。中共平定（路北）县工委及抗日政府首先镇压了罪大恶极的汉奸郭武春，随后又组成民运工作组，以河底、荫营一带为中心开展抗日工作。同年12月，因日军向晋察冀根据地发起八面围攻，并已占领平定（路北）县大部分地区，中共平定（路北）县工委和平定（路北）县政府撤至盂县上社后暂时停止活动，但仍留共产党员王培效回到家乡巨城，以"赛记"杂货铺为掩护，先后建起3个党小组，秘密发展党员20余人，并建立了由盂、平、阳、寿四县中心县委到巨城的秘密交通线。

1938年1月中旬，八路军一一五师三四四旅奉命由山西挺进山东。途经平定（路北）县时，派出部分干部、战士深入河底、庄头、麦家岩、郝家庄一线南北各村，积极协助盂、平、阳、寿中心县委开展抗日工作，有力地

中共平定（路北）县工委及抗日政府河底三官庙办公旧址

打击了当地的反动投降势力。八路军深入敌后发动群众抗日和国民党军队溃逃形成强烈对比，使当地人民群众看到共产党不畏强敌、坚持抗战、坚持收复国土的决心，大大鼓舞了抗日民众的信心，平定（路北）地区的抗日形势由此出现好转。3月，中心县委再次派出十几名干部返回平定（路北）县麦家岩、郝家庄，与王培效等二次开辟平定（路北）县根据地，重新组建起了中共平定（路北）县工委，书记为郭梦秋，同时还成立了平定（路北）边区公署，区长为王树仁。

经过平定（路北）县工委、边区公署几个月的深入工作，根据地很快扩展至40余村，根据地的抗日局面初步打开。同年7月，盂、平、阳、寿中心县委遵照中共晋察冀四分区特委的指示，将平定（路北）县工委改称为中共平定（路北）县委，由梁晋平担任县委书记。同时撤销了平定（路北）边区公署，成立了平定（路北）县佐公署，下设公安局、民教、实业、财政等科室及军用代办所，史星三任县长，驻地郝家庄。随之，县级工、农、青、妇各群众团

体也相继成立。县佐公署还以郝家庄为中心,将正太铁路以北盂县以东的80多个村划为4个区,即以张家井为中心的一区、以黄统岭为中心的二区、以郝家庄为中心的三区和以东峪、辛庄为中心的四区。随着各级抗日政权的建立和不断完善,改造旧的村政权、发展党的组织、扩大抗日统一战线、清理各村财政、落实合理负担、动员青年参军和组建民兵武装等根据地各项建设工作也在平定(路北)县各村先后展开。

1938年,中共盂县县委派人来东村一带开展工作,根据当时的斗争形势和组织原则,王茂斋、段文泰介绍该村郭万喜(又名五栋)、曹立仁、曹良清、傅忠、王一庆5人秘密加入中国共产党组织。同时小河北村杨月弟、山底村鲍忠仗等也秘密加入党组织。他们联系暗号是小河北村为"弟"、东村为"仁"、山底村为"仗"。为了安全和保密起见,在上级的安排下,党组织先秘密组建了东村早期的党小组——"牺盟小组",组长由郭万喜担任。小组成立后,执行上级指示,宣传发动有识青年积极投身抗日救亡运动,开展"二五减租"、除奸反特运动,培养和发展积极分子参加农会,组建农、青、妇、武组织,建立村政权组织——"农会",农会主任由地下党员曹立仁担任。1940年春,盂县县委又派刘敬民、崔贵明、王茂斋、宋香元等人到东村一带开展抗日工作。同年3月在县委的指导下,在第一个党小组的基础上,东村第一个党支部秘密组建,书记由郭万喜担任,副书记由曹立仁担任。支部建立后,支部成员在党支部的领导下,秘密开展各项抗日救亡工作,培养积极分子,组建民兵武装力量,组织青年妇女参加抗日救亡工作。

五、荫营扩军

1937年10月26日,晋东门户娘子关失守,随后阳泉沦陷,日军沿正太路长驱直入,直逼太原。在极其严峻的形势下,为打开区内的抗日局面,1937年11月11日,平定(路北)县工委和抗日政府回到河底。迁址河底后,当日把印好的布告贴出。几天后,平定(路北)抗日政府又进入荫营发动抗日,动员参军。由于荫营已有较好的抗日工作基础，一经动员，青年们便积极响应。11月25日，上、下荫营村同时召开扩军动员大会。上荫营村大会在龙天庙召开，到会群众达千人以上。村动委会主任史梦梅抱着5岁的孙子在台上讲话，他慷慨陈词："我的儿子已参加了抗日队伍，我5岁的孙子长大了也要参加抗日队伍。"他勉励年轻人，不能敌人一来就躲在煤窑下忍辱受气，要有与敌人进行不屈斗争的骨气。老村长的讲话，十分鼓舞人心，当即有200多名青年报名参军。下荫营扩军大会在老君庙戏台召开，村长程魁喜在会上亲自动员，首先让自己的儿子程瑞和程凤五、程斌所、程满贵等五六个侄儿报名，在他的带动下，下荫营也有100多名青年报名参军。这一次就连当地绰号"七旗八炮"的刘德玉等乡间混混也都报了名。会后，这300多名青年在父老乡亲的热烈欢送下，集中到河底进行了整编，以营建制，下设三连，营长由吴中和担任，除三连无法考证外，一、二连连长由张吉楷、谭珠生担任。整编后的部队很快开赴抗日前线。

这一时期，荫营有史一轮、尹达民、史云龙、李海忠、任朴斋、王树仁、韩德三、史维章、史铁伦、程瑞、刘文忠、程瑛、武庆贺、史海河、史信仰、史成山、韩五槐等一大批青年分别参加了八路军游击队或战地工作团，投入抗日斗争。上下烟村的蔡常青（蔡毓秀）、蔡精华（蔡增翠）、肖梁（梁士政）、史金城（常佩池），三泉村的甄杰仁、甄唯之等大批青年也奔赴抗日前线。

第二节 抗日工作的展开

一、日军暴行

抗日战争转入战略相持阶段后，日军经过长时间的战略进攻，战线逐渐延长，兵力分散，暴露出其人力、物力、财力不济的弱点。在此形势下，日军速战速决的梦想已告破灭，部队士气也日渐低落，因此不得不调整其侵华战略。日军一面停止了对中国正面战场的大规模进攻，对国民党部队采取诱降政策，将进攻的重点集中在八路军身上；一面坚守占领区，加强政治、经济、文化上的侵略，以使其能长期盘踞。

在山西，日军垂涎区内得天独厚的煤铁资源和地理条件，因为它既可为日军提供支持长期战争的资本，又处于正太路的中心，可作为日军在华北作战进而摧毁晋察冀、晋冀豫两大抗日根据地的军事基地。为此，日军除重兵盘踞阳泉镇外，还分兵在区域内荫营、白泉、西南舁和河底等地设立据点；除加紧对占领区实行所谓的"恢复治安"外，军事上重点向抗日根据地频繁地实行所谓"治安肃正"的"讨伐"作战，采取"铁路为柱、公路为链、碉堡为锁"的"囚笼"战术，增设据点，构筑碉堡，修建道路，向根据地连续发起围攻，轮番进行"扫荡"。

1937年11月27日，日军飞机轰炸阳泉，在赛鱼扔下9枚炸弹，香严寺佛殿及部分民房被炸毁，赛鱼村6人、官沟村1人被炸死。

同年11月29日上午8时许，200多名日军从大垴坡沿小路进入下白泉村，来到村中河滩上休息。村长冯汉带年轻人来送水，但日军疑神疑鬼，非让端水的年轻人先喝，年轻人听不懂，没有喝，便挨了日军的耳光，又被踢倒在地。以杀猪宰羊为生的李狗屎，不小心踢倒了日军支着的枪，日军认为他要反抗，便把他拉出前排，又见他身上沾有血迹，散发血腥气味，更加怀疑他是抗日分子，要杀他。这时村长冯汉忙招呼在本村全神庙里的人们出来听吩咐，等候听吩咐的20多名年轻人一拥而出，有的拿绳、有的拿着扁担，日军以为是围攻他们，便拿起枪上了刺刀，先把李狗屎用刺刀刺死，然后，把拥来的年轻人围住，逼迫他们排好队，把衣扣解开，检查是否携带武器。日本人查手看脸，判断是否是抗日分子，凡认为可疑的，拉出来就杀。这样一连刺死16人。就连50多岁的赵保全也未放过，两个外地跑来凑热闹的年轻人，也被杀毙命。从三泉河下来路过此地的一老一少，也被认为是暗探被杀死，这样，日军先后用刺刀刺死21人。村民葛怀先被刺9刀，因未刺中要害而死里逃生。

同年12月1日，日军小队长黑川带队包围并袭击了荫营村。日军经虎神庙进村，进村后见人就杀，百姓东躲西藏，仓皇逃命。追赶的日军首先开枪打死了正在向村西头逃命的史千猫（史风藻），又用枪托砸死了躲在家里的史根连。史肇荣背着爷爷史章猫往邻村老虎沟方向逃跑，被3个日军追上。日军先开枪打死史章猫，然后3个日军同时用刺刀向史肇荣刺去，年仅18岁的史肇荣被剖腹而惨死。日军到了老虎沟，从地窖里搜出7名群众，全部开枪杀害。此外，邻村的史白小、史扁头、梁锁小等10多名无辜群众，也惨遭杀害。临走时敌人还放火烧了龙天庙的西大厅和部分民房。

1938年1月23日，由于汉奸告密，日军采取突然袭击的办法派人逮捕了史梦梅。史梦梅被敌人抓回阳泉后，面对敌人的严刑拷打，宁死不屈，大义凛然，拒绝敌人提出的劝降条件，于2月26日，在阳泉西营盘被敌人杀害。

同年2月14日（农历正月十五）晚，八路军七大队指导员潘忠与连长一行七人秘密回山底村执行任务。由于汉奸告密，第二天早上日本鬼子进村后直奔潘忠家。听到枪声后，潘忠与连长就向北山撤退，鬼子追上后将潘忠与另外两名同志抓捕，随后押回河底据点。潘忠同志被抓后，面对敌人的严刑拷问宁死不屈，义正辞严地痛斥日军的暴行，丝毫

山底惨案遗址

没有泄露八路军和共产党的秘密。随后，日军将潘忠押往河底老君庙关押，继续对其严刑拷打，潘忠同志始终守口如瓶，宁死不屈，直至最后，敌人举起指挥刀，先劈下他一只胳膊，接着在他身上乱劈，最后将头砍下。潘忠同志英勇就义，牺牲时年仅28岁。

同年4月5日拂晓，日军经三泉再次袭击荫营。青年王文魁正在井台上打水，被一日军看见，日军不分青红皂白，端起刺刀直刺下腹，王文魁挣扎着向前爬了几步，惨死在井台边。姓段的老汉藏在垤沟坩窑里，被日军搜出，用枪托击打毙命。三泉村一个老汉本

扛着一袋糠到下荫营看闺女,被日军抓住脑袋在墙上碰死。还有一个姓阎的老汉,日军要他帮忙找年轻妇女,他不顺从,随即被日军开枪打死。这些日军挨门逐户搜寻妇女,许多妇女惨遭强暴。敌人把不少群众赶到荫营的南河,从人群中抓出韩九绪(韩根义)和韩考元,然后将他们拉到文昌庙的麦地里进行毒打。韩九绪被活活打死,韩考元被打成重伤。

1938年9月,日军经过几次抢劫之后,彻底驻兵占领荫营,强迫群众先后在上荫营村南山红土垴和后梁修起了炮楼。1939年9月底,板子上和水谷两人带领日伪兵正式驻扎在炮楼和荫营的学校里,不久又搬到一户民居。日军驻扎荫营后,活动更为猖狂,除配合阳泉、白泉、巨城、娘子关等据点的敌人扫荡抗日根据地外,还经常四处骚扰,烧杀掠抢,随时抓捕群众服苦役、修炮楼,不时要钱要粮。

同年6月21日,平定(路北)县公安局指导员王树仁、四区区长陈秉礼、二区区长韩德三带领公安二分队到燕龛一带开展工作。由于汉奸告密,驻河底、荫营日军连夜出动包围蔡家峪村。王树仁、陈秉礼及两名公安战士被捕,英勇牺牲,仅韩德三只身逃走。

二、游击战

面对日本侵略者的野蛮侵略,区域内人民在抗日政府的领导下,开展了针锋相对的斗争。1938年12月,为适应战争形势的变化,进一步增强地方武装的战斗力,晋察冀军区第二军分区将芦来发支队调至区域内,即平定(路北)县,改称平定(路北)县大队,将所属各抗日根据地的游击队统一扩编为正规主力团。随后又组建了抗日自卫总队、基干游击队,由军分区和县委实行双重领导,主要担负站岗放哨、破坏铁路公路、搜集转送情报、打击小股敌人以及配合主力外线作战等任务。1939年后,区域内"人民武装抗日自卫总队"改称"人民武装自卫委员会"(简称"武委会")。随着党对敌后抗日游击战争领导的改善和地方武装战斗力的加强,党领导的抗日游击战争在区域内普遍展开,"反扫荡"成为区域内坚持敌后持久抗战的主要形式。

1939年2月4日，抗日武装在林里村沙岩梁伏击日军，歼敌44名，击毁汽车4辆。战斗结束后，东落菇堰村10余名民兵运送伤员和战利品前往辛庄，返回途中在走马岩梁同日军相遇，郑存武、郑槐等5人牺牲。

从1938年年底至1940年7月初，区内民兵自卫队在反"扫荡"的同时，展开了破坏日军交通运输线的斗争。阳泉日军和荫营、白泉、河底、盂县城几个据点的交通和联络主要靠公路和有线电话。日军为了保证其交通运输的安全和通信联络的畅通，竭力保护这一交通通信命脉。而抗日武装则发动民兵，千方百计破坏敌人的交通及通信设施。从1938年冬天起至百团大战前，抗日武装破交通、割电线的斗争已初显锋芒。当时县、区干部带领少数民兵，破坏一两个桥梁涵洞或割断一小段电线，推倒几根电杆，扰乱敌人、迷惑敌人。1939年春以后，斗争不断深入，荫营、千亩坪、杨树沟、烟里等村的民兵都先后组织起来，阳泉至盂县城40多千米的沿途村庄，统一行动，配合县区武装，全面展开了破交通、割电线的斗争。大规模的破交通、割电线行动，使敌人的运输瘫痪、通信中断，日伪十分恐慌。敌人天天出动，逼迫民众修复公路、架设电线。日军白天修，民兵晚上破；日军北边修，民兵南边破，搞得敌人晕头转向，气得日军暴跳如雷。日军亲自带领伪军巡逻看守也无济于事，便召集所谓"爱护村"的村长开会，下达保护通信、保护公路的任务，设施一旦受到破坏，由各村负责修复。同时还采取了扣押村干部并罚款的办法（一里地罚500元）。实行这种办法后，公路照样被毁，电线仍然被割。敌人就选择典型村，杀害抗日"两面"村干部。1939年上半年，敌人在三郊、三都村杀害过8名村干部。但残酷的镇压并没有吓倒抗日军民，破交通、割电线斗争更加频繁。过了一段时间，平定（路北）县和盂县武委会共同组织了一次全面破坏交通的大会战，按县、区、村的交界处划分任务，同一天晚上行动，破坏全线公路、电线。公路断了，电话哑了，部分电线杆也被民兵扛走了。敌人无奈，又召集各村的伪自卫团团长开会，以村界划线，指定每根电线杆每晚九时到次日凌晨五时，派两个人看守。敌人还派了许多伪军沿线巡逻。敌人前半夜巡逻，民兵后半夜破坏，急得日军捶胸顿足，大骂伪军"蠢货""饭桶"。

多次失败后，敌人又想出了新花招。强迫各村在每根电线杆周围挖3尺深、5尺宽的壕沟，沟内灌满水，沟道插上荆棘围起来。即使如此，民兵还是想方设法把电线割得精光。于是，敌人又在每根电线杆出线的两端挂上两个拉开火线的手榴弹，每根电杆附近埋一两颗地雷。可敌人怎样绞尽脑汁，也对付不了英勇机智的县区抗日武装人员和民兵。他们把敌人挂在电线杆下的地雷一个个摘掉，照样破坏公路、桥涵、通信。有些给敌人看电线的伪自卫团人员，实际上就是民兵。敌人一走，他们马上配合县区武装人员割电线，并把电线转送到根据地。

在荫营、河底等被日军占领的地区，虽然村政权被亲日派掌握，但抗日斗争并没有停息。县、区经常派遣人员来敌占区活动，这里的群众一直和县、区抗日党组织保持着联系，同敌人进行各种形式的隐蔽斗争。

1938年春天，平定九大队四连连长刘文忠（后沟人）等同志，根据县大队的指示，回荫营发展秘密联络员。他们先在上荫营发展了王成儒（王树仁之兄）、赵子忠（赵石青之弟）为抗日联络员，后又在下荫营把吕鸿厚13岁的儿子吕金栋发展为不脱产的秘密联络员。

1939年春，平定县正太大队大队长赵石青和侦察员张样和（下荫营人）来荫营执行任务，半路遇到敌人，便绕道来到吕鸿厚家，并派吕鸿厚到上荫营打听消息。吕鸿厚成功完成了掩护任务，此后他也成为秘密联络员，他的家成了联络点。平定（路北）县、区的工作人员、游击队员等就经常以这些联络点为落脚点，秘密联系，开展武装斗争，打击敌人。

三、打击汉奸及亲日势力

（一）铲除"棒棒队"

1937年9月，荫营燃起轰轰烈烈的抗日烽火后，千亩坪的一些反动地主怕触犯他们的利益，就煽动村里群众说："八路军要钱要粮，是土匪，靠日本人也不支持八路军。"为了笼络人心，他们把部分"义仓谷"分给穷人，并拉拢穷苦出身的张川小当了挂名村长。他们煽动群众，八路一来就摇旗呐喊，用正月十五闹红火埋的"黄河"棒，驱赶抗日队伍。这些反动地主煽动群众组织的一支反对抗日的武装——"棒棒队"，由此得名。

1938年2月13日（农历正月十四），抗日工作人员到千亩坪动员合理负担，村长张晋国（地主）避而不见，让村警张宝元敷衍工作人员。工作人员工作受阻，强行把村警带回区里扣押。张晋国马上把村里人集中起来，挥舞棍棒追赶工作人员。抗日工作人员只好把村警放回。次日，恰逢正月十五，抗日工作人员再次到张晋国家，张又集中反动武装，驱赶抗日工作人员。此后，他们组织人白天站岗放哨，夜间巡逻，只要发现抗日工作人员到村，就鸣锣放炮以示抵抗，致使抗日工作在这里很难深入开展。

1938年2月26日，抗日主力一一五师六八七团开赴前线，从盂县路经千亩坪。在地主张晋国的煽动下，村里"棒棒队"很快组织起来，许多不明真相的群众站在房顶上呐喊"八路军是土匪"，并向部队投掷石头砖瓦，安放土炮拦路恐吓，气焰极为嚣张。部队四五名战士被打伤。在忍无可忍的情况下，部队予以还击，给该村反动武装以有力打击，这一反动武装从此收敛。

（二）扣押伪村长

抗战进入相持阶段后，面对日军的政治诱骗，极少数人投靠日伪，充当走狗，有的在各村当上了伪村长。他们对日本人极为效忠，捐财献物，言听计从；而对抗日政府则采取消极应付的态度，政府所派的救国公粮长期拖欠，传唤不来，行文不理。在这些亲日势力的影响下，原来一些倾向抗日的上层人士也有所动摇，致使抗日工作很难开展。

为打击亲日势力的气焰，1939年秋后，抗日政府在群众的支持和掩护下，派人把上荫营王昭泉和下荫营刘恭五等人抓起来，扣押在县公安局。这些人经过教育后，表示今后要为抗日政府积极办事。抗日政府向他们讲明了党的政策，要他们限期交清拖欠的合理负担，并和他们约法三章：一、敌人的活动要及时向抗日政府报告；二、保证军干属的安全，掩护抗日军政干部到村里开展工作；三、按时缴纳合理负担。矾窑村有个姓余的顽固地主，抗日政府几次通过关系要他交合理负担，他仗着村里有炮楼，满不在乎地说："我有的是粮食，八路军有本事让他们来据点取吧。"此时县政府民政科长张浩昌正在荫营一带开展工作，听了很气愤，决定将其抓捕教育。但这个地主很狡猾，他每天傍晚到炮楼里睡觉，第二天清早五点左右由炮楼回家。摸到这个规律后，张浩昌科长派公安人员杨宝带两个人，夜间埋伏在离炮楼不远的庄稼地。早上，姓余的从炮楼出来回家，杨宝三人出其不意将其抓获，带回县政府扣留教育。直到这个地主家把公粮如数交清后，才将他放回。

对这些人的扣押教育，对各村的上层人士震动很大，部分伪村长也听从于抗日政府。1940年夏天，张浩昌进入荫营村，住在伪村长任静山家里，随后召开了干部会，布置了征收公粮等工作，还看望了一些干部、军人和家属，任静山一直规规矩矩地听从安排。

（三）镇压大汉奸

在荫营地区，绰号"七旗八炮"之一的刘德玉，人称"大旗"，是荫营有名的大汉奸。抗战初他曾参加过八路军，不久装病回了家，投靠了日本人，当上了伪自卫团团长。他与驻阳泉的日本人黑川结拜为生死兄弟，到处为非作歹。抗日政府曾通过各种关系，争取他弃暗投明，但他却执迷不悟，死心塌地为日本人效力。1939年冬，抗日某部连长吕大牛离队回村，被刘德玉出卖，次年春，被日伪杀害。事件引起了抗日政府的高度重视，遂派平定正太大队大队长赵石青带人埋伏在白毛梁抓捕了这个大汉奸。随后，抗日政府在三区的郝家庄召开了群众大会，县长在大会上讲了话，宣布了刘德玉的罪行，判处死刑。为了震慑日伪汉奸，公安人员将刘德玉的人头沿村转回荫营，一直转到阳泉黑川手里，此举使黑川大为震惊。与此同时，根据群众检举和要求，抗日政府还处置了出卖史梦梅的汉奸村长任静山。通过处置汉奸刘德玉、任静山，荫营据点里的汉奸和敌伪人员受到了极大的震慑。

四、抗日根据地的加强

（一）抗日政权的建立

1940年3月，中共中央发出《关于抗日根据地的政权建设》的指示后，区域内的政权建设进入了一个新的发展阶段。抗日根据地的政权是以"三三制"为原则，经过民主选举，按照严格的民主集中制建立起来的。所谓"三三制"，就是政权机构的组成人员中，共产党员、党外进步势力和中间势力各占三分之一。政权结构分为立法、行政和司法机关。县参议会既是民意机关，也是最高权力机关，行政上设县、区两级政府，县一级设司法科。1939年，正太路以北的郊区抗日根据地普遍进行了区、村政权的民主改革，通过民主选举产生了村民代表会和村公所、区公所，从而使各阶层、各党派团结抗日的局面得以进一步巩固。

1940年6月，晋察冀边委会颁布了《晋察冀边区县、区、村暂行组织条例》《晋察冀边区参议会暂行组织条例》。条例公布后，区域内民主大选运动进入高潮。9月，通过召开群众大会、开办民校培训、进行国民测验、创办板报、举行歌咏比赛、表演戏剧等形式广泛发动群众，自下而上参加民选。据不完全统计，参加区选的选民占79.8%，参加县选的为78.8%，妇女参选率为83.56%。这期间，日伪军频繁活动，汉奸特务也大肆进行造谣欺骗、恐吓破坏。根据地军民把政治斗争、武装斗争与民主选举相结合，同日伪军进行了多次战斗，从而有力地排除了敌人袭扰，保证了民主大选举的顺利进行。

经过民主大选，村民代表会、区民代表会和县议会建立。9月11日，第一届县参议会在平定县理家庄村召开。烙钢当选县长，梁晋平为议长。与此同时，平定（路北）县所属区域内一、四、五3个区公所也完善了一整套民主制度。通过民主选举，第一区公所区长先后由李海秋、刘汉铭、李煦明、李华、康志刚担任；第四区公所区长先后由史云龙、陈秉礼、王光明、岳勇、尹达民、刘俊元、刘介之担任；第五区公所区长先后由王作益、赵镇平、于昭担任。

通过普遍建立抗日民主政权，制定施政纲领，并陆续颁布一些重要法规和相关条例，区域内逐步形成了一套新型的民主主义制度，使根据地政权建设开始步入正轨。

（二）党组织的壮大

全国抗战爆发后，为适应形势的变化和斗争的需要，区域内党组织积极发展党员，壮大党的力量，党员队伍迅速扩大。到1940年，平定（路北）县所属区域共有一、四、五3个区委。其中，一区区委驻地张家井村，管辖范围包括正太铁路以北、阳（泉）白（泉）公路以东地区，北至张家井，南到上下五渡、白羊墅，共7个农村支部，区委书记先后由张布克、康仁平、任汉卿、韩瑞义、任登云担任；四区区委驻地东垴村，管辖范围包括东至东垴、西到蒙村河，南至正太铁路、北到河底村的广大地区，共25个农村支部，区委书记先后由任汉卿、任登兑、李煦明、王进才担任；五区区委驻地曹家掌村，管辖范围包括正太铁路以北、蒙村河以西的辛兴、旧街和燕龛等村，共11个农村支部，区委书记先后由郑平、任登兑、邓艾、王子平担任。区域内党员人数由抗战前的几十人发展到一千多人。

党员队伍迅速扩大，加强了党对抗战的领导，但在发展党员的过程中也出现了一些问题。由于发展党员片面追求数量，忽视质量，降低了党员标准，放松了严格审查，党组织出现突击发展现象，因而使一些不符合共产党员条件的人，甚至一些阶级异己分子、敌特奸细也趁机混入了党内。

实践中的教训使抗日根据地党组织深刻认识到必须从思想上、政治上、组织上加强党的建设，才能保证发展党员的质量和党员队伍的战斗力。为此，从1940年年初到8月，根据边区党委的决定，区域内各级党组织普遍开展了一次整顿党组织的工作。整党分两步进行：第一步，审查、鉴定县委、区委；第二步，整顿党支部。方法是思想、政治、组织整顿同时进行，边提高广大党员觉悟，边纯洁党的队伍，清除混入党内的投机分子、阶级异己分子和特务奸细。在此过程中，除对接受新党员所需履行的手续做出严格规定外，还派出县级党员干部下乡直接考察党员，成熟一个，发展一个。为提高党员干部的素质，还分别举办了支部干部训练班，组织基层党员干部学习党的基本知识和有关政策，并选择优秀党员干部在村里担任公开职务，使其受到锻炼，迅速成长。

（三）"减租减息"政策的实行

1938年10月，晋察冀边区行政委员会公布《减租减息单行条例》《村合理负担实施办法》等法令后，区域内党组织开展了深入广泛的宣传，并通过对干部、佃户进行培训，在各村推行"减租减息"。

具体办法是"二五减租"（即在原租额基础上减少25%）；减息的办法规定年利率一般为一分（即10%），最高不得超过一分半（即15%）。正租以外的杂租、劳役和各种形式的高利贷一律取消。各级农会承担"减租减息"换租揭约的任务，把农民与地主、富农订立的租（地）约和揭（钱）约换成抗日民主政府统一印制的新约。

"减租减息"极大减轻了战时农民的负担，使大多数农民从中得到了实惠，进而有效地调动了他们生产和支持抗战的积极性。

（四）抗日教育的开展

抗日战争初期，由于日军的入侵，大批学校被毁或被占用，使许多地方的国民文化教育陷于停顿状态。随着抗日根据地的建立，国民文化教育事业又重新得到重视和发展。区域抗日民主政府设置了教育科,科长为林一新。各级抗日政府贯彻抗日救国的教育政策、方针,改变教育的旧制度、旧课程,实行以抗日救国为目标的新制度、新课程,并吸收和组织大批知识分子参加根据地的文化教育。他们因陋就简,克服困难,在区域内北部解放区先后办起了多所抗日高小,使学校文化教育和成人社会教育很快得到恢复。

区内抗日根据地在发展普通教育的同时,还利用冬季农闲季节,向广大群众广泛普及文化知识。各区、村分别成立了"冬学运动委员会",培训教员,建起识字牌、识字班和民众学校,编印《大众千字课本》等教材进行教学。在此基础上,冬学发展成为经常性的民校。其间,各村普遍成立"民校委员会",男女老少主动报名,组成青年班、妇女班、普通班、高级班等,学员数万人,使许多世世代代大字不识的农民、大门不出二门不迈的妇女也能有机会学习掌握文化知识,了解国家大事,在思想和文化上得到了进步思想的启蒙和教育。

第三节　百团大战在阳泉

为了打破日军对抗日根据地采取的"囚笼政策",遏制国民党内部的妥协投降逆流,振奋国人坚持抗日的信心,争取华北战局更有利的发展,八路军总部于1940年8月对华北日军发动了一次大规模的、以破袭日军交通线为重要目标的战役。八路军参战部队有105个团约40万人,史称"百团大战"。

阳泉市郊区是"百团大战"的主战场,八路军在此的参战部队主要有:聂荣臻率领的晋察冀军区的39个团,其任务是以15个团的兵力分三路纵队破袭正太路阳泉以东段;刘伯承、邓小平率领的一二九师和晋冀豫军区的46个团,以15个主力团和炮兵团的兵力分三路破袭正太路阳泉至榆次段。在这次大破袭战中,狮脑山战役和狼峪火车站战役最为激烈。

一、狮脑山争夺战

百团大战的第一阶段是正太战役，八路军的主要作战任务是彻底破坏正太铁路。正太铁路是华北的重要战略交通线。阳泉，位于正太铁路中段，是华北日军的重要据点，驻有片山独立混成第四旅团部和德江光独立第十五大队，还有日本领事馆和500多名日本侨民。此外，还有皇协军和矿警队。位于阳泉西南的狮脑山，则是阳泉之制高点。控制了狮脑山，就控制了正太铁路的咽喉，就可以居高临下，控制整个阳泉，并可保障阳泉以西八路军破袭部队的安全。于是，1940年8月20日晚，八路军一二九师三八五旅七六九团（老九团）和十四团以迅雷不及掩耳之势解决西峪村矿警队之后，连夜登上狮脑山。驻阳泉日寇万万没有想到，不到一夜，一座荒山就被修筑成坚固的战斗阵地。巍峨的狮脑山峰，像一只张开大口的雄狮，等待着敢于来犯的敌人。

当八路军攻击的枪炮声把敌人从睡梦中惊醒时，阳泉日军指挥官片山省太郎和他的旅团司令部被惊呆了。正太线各车站和沿线各据点纷纷告急求援。然而，八路军占领的狮脑山阵地，正好卡住片山旅团的咽喉，使之自身难保，更不用说去增援了。敌人意识到只有夺回狮脑山阵地，才能确保阳泉安全，才能去支援正太铁路两头受到攻击的各车站、据点。于是，片山旅团仓皇调集人马，疯狂地向狮脑山阵地扑来。一场激战七昼夜的狮脑山争夺战就这样开始了。

21日凌晨，日军离开军营，在桃河的河滩涉水向前运动时，便遭到八路军十四团团部迫击炮连的猛烈轰击。霎时，敌人像炸了窝的蜜蜂，倒的倒，散的散。在敌军指挥官的逼迫下，日军勉强组成散兵队形，向一营阵地前沿高达几百公尺的高坡行进。一营的战士们以密集的火力猛烈扫射敌人，使敌人寸步难移，匍匐不前，最后只好丢下倒毙的尸体缩回阳泉。敌人第一次反扑，就这样被击退了。

敌人见正面攻不动，又策划了新的阴谋。当日下午3时左右，日寇又增集了150多人，绕到狮脑山右侧的西峪村，想从狮脑山的背面迂回十四团阵地，使坚守主峰的十四团腹背受敌。这时，三八五旅陈锡联旅长和卢仁灿主任正领着七六九团一、三营营长在这一带查看地形，发现了这股敌人之后，陈锡联旅长果断命令："七六九团一、三营赶快上来，立即投入战斗！"十四团也发觉了敌人的阴谋，团长孔庆德命令三营九连、十一连冲下去。日寇本想从侧后迂回，没想到自己陷入了被三面夹击的地步。在十四团三营和七六九团一、三营的打击下，敌人虽有督战队在号叫，但士兵仍趴在地下，不敢前进。战斗一直打到黄昏，敌军两个中队大部分被歼，一部分跳崖逃跑。这一场恶战，敌方死伤100多人，山坡上丢下40多具尸体，其中有敌炮兵中队长中岛。八路军敌工干部请来当地老乡，在鬼子的尸体上贴上"侵略者的下场"的标语，随后送到阳泉。

敌人在两次攻击失败之后，22日早晨，又集中200余人，从燕子沟方向向狮脑山攻击，企图打开一条通道，以解正太路沿线之危。而八路军部队始终扼守着阵地，一次又一次地打退敌人。当日下午，敌人又组织了一次猛烈攻击。敌人先是山炮压制，然后又想摧毁三营机关枪阵地，以解除对其侧翼的火力威胁。战斗激烈地进行着，突然，正在向敌射击的三营一个机关枪阵地被敌炮击中。机枪手当即牺牲。这时，七六九团团长郑国仲和三八五旅陈锡联旅长正在阵前观察敌情，发现这一情况立即命令三营调机枪手上来，加强火力，压制敌人，并亲临前沿阵地指挥战斗。眼看敌人快要接近山头了，战士们跳出战壕，端着刺刀，呐喊着同敌人进行白刃战，终于把敌人赶下了山。

敌人两天来多次向狮脑山攻击都遭到惨败，恼羞成怒的片山省太郎指挥日军倾巢出动，并且把日本侨民中的军国主义分子武装起来，拼凑了800多人。于23日早晨，以密集的炮火猛轰狮脑山左右阵地；并穷凶极恶地施放毒气弹，炮火、毒气笼罩了整个山头。午后，20余架敌机低空盘旋，轮番向八路军阵地扫射轰炸，掩护地面敌人的攻击。连日下雨，战壕里已积满了水，英勇的战士们卧在泥水里沉着应战，一颗颗手榴弹，把冲上来的日寇炸得滚下山去。

这时，敌人一半以上的兵力都集中在北处，另外四分之一的兵力和轻重火力，猛烈轰击狮脑山阵地。狮脑山被敌人炮弹轰击得巨石飞崩。坚守狮脑山的勇士们，齐心协力，英勇杀敌。工事毁了，就把弹坑当掩体；机枪手牺牲了，弹药手就接上去打；敌人投掷的毒气弹冒着浓浓白烟，战士们就用集束手榴弹轰炸，将它驱散；干部负伤牺牲了，代理人就接过指挥旗继续指挥作战。就这样一直血战到黄昏，战士们冲出战壕，与敌人展开肉搏战，冲杀声和刀枪撞击声交织在一起。来犯之敌在英勇的战士面前吓破了胆，乘夜色仓皇逃跑了。

天黑了，七六九团一营阵地上的枪声仍然不断。据报告，进攻营阵地的敌人并没有退走，仍然集聚在山腰部，妄图分割一营与团部的联系，切断增援道路，以求一举夺得一营阵地，打开其援救正太路的通路。于是，七六九团团长郑国仲命令预备队二营迅速派出一个连，配合一营粉碎敌人侧后迂回的企图。

二营六连接到命令，立即投入战斗。连长何文奎、指导员唐兴顺和副连长各带一个排，分成三个冲锋队形向山腰部前进。副连长领着一个排刚接近山腰，敌人就用一阵密集凶猛的火力直压过来。副连长沉着指挥，迅速向敌人左侧斜刺里闪过，机警地绕到各个角落围聚而来。连长何文奎一声令下，七八十个战士便迎着敌人冲杀上去。一场鏖战在黑夜里展开。敌人猛烈的火力扫来，几个战士倒下了。机枪子弹射中了连长的头部，他硬撑起来只喊了一声"冲"，就倒在了草地上。敌人的子弹在几十个战士周围呼啸着。战士们毫不畏惧，散开队形，几挺机枪向敌人猛扫，一颗颗手榴弹向敌人投去。唐指导员多处负伤，仍在指挥战斗，他高呼："为牺牲的连长、战友报仇！"然后率领战士向敌人冲去。这时，右面一营，因山腰敌人与二连相距甚近，不能用火力策应援助而很着急，幸而副连长领着一排绕过敌人，带着一营的机枪火力，在敌人背后猛烈扫射；和六连指导员所率部队前后夹击，打了个反包围战，才把敌人驱出山腰，赶回阳泉。

经过5天的战斗，敌人仍被八路军抗阻在狮脑山下，不能前进一步。8月25日，战斗已进入了第六天，发狂的敌人从天一亮就出动了20多架飞机，并集中炮兵火力轰炸了狮脑山。大量的炮弹、炸

百团大战中，备守狮脑山掩护破路的八路军机枪阵地

弹飞向八路军阵地，狮脑山主峰淹没在浓密的硝烟中。山上不少工事被毁了，战士们就利用弹坑作掩体。愚蠢的敌人经过一番狂轰滥炸，便以为八路军战士已丧失战斗力了。没想到刚冲到十四团一营阵地前几十米时，就被战士们甩出的几百枚手榴弹炸得血肉横飞。前面的敌人被炸倒了，后面的还想往上冲。这时，一营三连的指挥员喊着："共产党员们，抗日英雄们，冲啊，坚决把鬼子压下去！"战士们便端着刺刀冲向敌人。霎时间，刀枪的碰击声、勇士们的喊杀声、敌人的惨叫声混成一片。有的战士和鬼子厮打，把鬼子活活掐死了；有的战士的刺刀穿透了鬼子的胸膛，撞在石头上，把刺刀捅弯了，拔都拔不出来；有的战士抡起枪托砸敌人，把自己的虎口都震裂了。这一场血战一直持续到天黑，直到把敌人赶下山去。至此，八路军在狮脑山上已经苦战了六天六夜。连日来秋雨连绵，指战员们整天穿着湿透的衣衫，战壕里泥泞不堪，鞋子上的黄泥黏得有好几斤重。由于八路军10万多兵力集中在正太沿线作战，粮食供应非常困难。坚守狮脑山的战士开始还能吃到一点黑豆，后来黑豆也吃不上了，只能吃豆角、南瓜做的菜汤。还有连菜汤也喝不上的时候，只能啃未成熟的苞米和野菜。就在这样艰苦的条件下，战士们仍然坚守在狮脑山阵地。至26日，日军骤增至1500余人，除继续猛攻狮脑山阵地外，并向平定以南冠山阵地进攻。

八路军指战员在狮脑山坚守六昼夜，歼日军炮兵中队长及以下共400余人，保障了破击战的顺利进行。八路军为避免在不利条件下与日军决战，遂主动撤出狮脑山主峰，日军占领了狮脑山。

日军占领狮脑山后，纠集千余兵力，于29日晨在数架飞机掩护下继续西犯，同三八五旅在桑掌、坡头附近展开血战，日军以全力发动数次猛攻，均被击退。战斗延续到黄昏时分，八路军援军赶到，猛烈侧击日军，将其截成数段。日军见势不妙，施放毒气作掩护，突围逃跑。

在奇峰陡立的狮脑山峰，八路军一二九师三八五旅七六九团和十四团的勇士们，经过七个昼夜的浴血奋战，为百团大战第一阶段的全面胜利立了首功。当时，八路军总部曾连续四天发布《捷报》，向全国介绍狮脑山战况。总部首长和一二九师首长对狮脑山战斗给予了很高的评价。彭德怀副总司令在百团大战第一阶段总结中，表扬"守卫狮脑山的部队英勇顽强"。一二九师李达参谋长赞扬说："守卫狮脑山的部队发扬勇敢战斗的作风，凭险阻击，顽强战斗，他们打退敌人一次又一次的攻击，给敌以重大杀伤，有力地保障了左翼部队的行动，这个战斗不仅说明我军攻如猛虎，而且守如泰山，大杀了赫赫皇军的威风。"

二、智取狼峪火车站

百团大战中，一二九师担负阳泉至榆次的破袭任务。为了完成这一任务，一二九师把部队分为三个纵队，其中范子侠、赖际发率领新十旅二十八团、三十团，负责阳泉站至寿阳站间的破袭任务。当时三十团负责阳泉站至坡头站一线，二十八团负责坡头站以西狼峪站至芹泉站一线。战斗在八路军副总司令彭德怀的指挥下于1940年8月20日22时正式打响，当时，驻守娘子关至段廷的为敌方片山第四混成旅团，坡头至娘子关为德江光十五大队，坡头以西至段廷为原田十四大队。

22时，总攻的信号划破夜空，八路军各路破击队伍以迅雷不及掩耳之势，扑向正太路各车站和敌人的据点，华北地区百余千米的交通线淹没在破袭战的火网中。谢富治、范子侠、赖际发亲自坐镇桑掌大桥指挥爆破并确定炮位。

总攻开始后,其他各点捷报频传,桑掌大桥却打得异常艰难。日军重点防守设施坚固,总攻开始后,战士们连续多次冲锋,均未成功,直到午夜3时,范子侠离开指挥所,亲自带着机关炮和平射炮潜入距敌人67米的树下。冒着敌人的扫射,范子侠亲自指导装弹、调整炮位方向,架炮猛轰,很快打掉了敌人的机枪,爆破人员才在炮火掩护下巧妙到达指定地点,实施爆破,炸毁大桥,后激战一个半小时将周边敌人击溃。随后谢富治、范子侠、赖际发继续指挥扩大周边的破袭任务,阳泉燕子沟、赛鱼都有破袭成果。但由于阳泉站方向敌人增援,此地处于反复争夺战中,直到21日才将守敌全部歼灭。坡头车站也于21日夜由三十团一个营在八路军炮火掩护下激战6小时攻下。此时的二十八团分三处于20日开始围攻狼峪、张净、芹泉,激战两日,因敌人严防死守与地形不利,故未攻下。23日谢富治、范子侠、赖际发带领三十团部分人员经过坡头车站支援西线二十八团战斗。

狼峪车站为正太路的二级车站,车站东西长1.5千米,南北0.5千米。东面是一排青砖水泥筑成的新式营房,平时驻有100至150名日军。票房、候车室、职工宿舍在中间,西边是一个高大的蒸汽锅炉房和不用的旧水塔,车站东部修有一个攒天式新水塔,过往车辆在此加水。此外,车站还有储藏室、地窖、日军粮食库和一个容纳100多匹战马的马厩。整个车站四周架设坚固的铁丝网,铁丝网往里是半人深的壕沟。营房四周有坚固工事,并有交通壕直通对面山上的碉堡处。车站有水泥修筑的工事,北靠以草帽山主峰和周围烧纸垴、将军垴、十亩堰等五六座山峰修筑的7个碉堡(炮楼),且车站、碉堡(炮楼)之间有交通壕连通,呈扇形与狼峪站相互钳制保护。平时,日军在靠车站最近的七亩咀炮楼驻扎。这几个山峰陡峭险峻,相互呼应,使车站日军如虎添翼,直接钳制正太铁路的破击活动,八路军虽多次炮火强攻,但因敌工事坚固、地形有利,均未能奏效。

23日黄昏，连续坚守两日的日军远远望见一队40多人的日军队伍由测石方向走来，衣着整齐，带着日式武器，一路高呼："皇军万岁！皇军万岁！"驻车站的日本兵一看，满以为阳泉增援部队赶来为他们解围了，也跑到车站外面喊："皇军万岁！皇军万岁！"并在车站门口左右列队迎接。这支队伍一进入车站，突然向敌军开枪射击，在几乎零伤亡的情况下一举拿下车站，车站内油库和食堂也全部烧毁。

原来，21日范子侠、赖际发指挥攻取坡头站后，考虑到狼峪车站的特殊情况，就放弃强攻狼峪车站的计划。当时八路军在娘子关战斗中派一个连拿下了一个运送日军退伍兵的火车，发现车上有大批被服等军用物资。由于八路军供应困难，军服不够穿，战士们每人都拿了一套日本军装。22日他们派人从娘子关把这个连调来，范子侠亲自着装挂帅智取狼峪站。此战斗后来成为百团大战典型案例，进入八路军太行纪念馆，并在凤凰网播出。

当时草帽山及周边碉堡（炮楼）里的敌人来不及反应，车站就被占领。随后战士们一鼓作气，赖际发负责组织火力压制，范子侠亲自率领队伍，开始强攻草帽山等诸多碉堡。虽然八路军有猛烈炮火掩护，但敌军居高临下，拼命抵抗，进攻部队受到敌人的钳制，进攻时背后受敌，伤亡很大，故未能攻下。

24日，范子侠旅长、赖际发政委下发一道紧急命令，25日拂晓以前，必须坚决拿下狼峪站的敌人碉堡。部队进入紧张的战前准备，25日傍晚，天一黑，部队趁着夜色采取小股出击、多方进攻策略，减少背后受敌，同时也分散敌人注意力。在事先没有炮火支援的情况下，趁着夜色掩护直接潜伏到敌人各个碉堡墙根底下。同时，一小分队提前南侧迂回，晚9点半总攻开始，八路军首先拿下靠车站最近的一个碉堡，敌人一片恐慌，急忙施放大量毒气，做垂死挣扎。尽管战役开始前就发生过施放毒气先例，八路军也提前做了"注意防毒，充分使用防毒口罩，准备湿毛巾等必要物品，即可资以防护，消除对毒气之恐怖心理"的准备，但由于释放量大、地势陡、沟壑纵深，毒气短时间不能通风疏散，八路军处在低洼沟处，范子侠、赖际发等100余人中毒。其中范子侠旅长中毒最厉害，直到第二天下午才恢复过来。

午夜12点过后，谢富治果断决策，认为此时毒气散去，敌人放松警惕，凌晨又是敌人困乏之时，因此决定凌晨3点连续作战，出其不意攻其不备，再次利用夜色组织新的部队攻打狼峪据点。这次由于敌人连日高度恐慌紧张，后半夜进入疲惫状态，且认为大量施放毒气导致八路军战斗力弱，放松了警惕，八路军再次靠着小股部队、多方出击的灵活机动的战术，激战3小时，虽然有伤亡，但最终将7个碉堡全部摧毁，实现25日凌晨前拿下狼峪碉堡的既定目标，从而为正太路破击扫除障碍。（此战斗概要源自1940年11月27日重庆《新华日报》）

自此，阳泉至寿阳兵民破袭活动逐步展开，割电线、拔道钉、取枕木、拉钢轨……一场兵民结合的大规模"百团大战"拉开序幕。当地有民谣记下了这段历史："百团大战破袭战，男女老少都下山。小孩大人组成团，女人顶个男人干。拆轨破路割电线，枕木烧着冒狼烟。鬼子急得叫大爷，八路百姓尽欢颜。"

至1941年1月24日，历时5个月的破袭战结束。百团大战打击了敌人，鼓舞了士气，粉碎了国民党"八路军游而不击"的谬言，推迟日军南进的步伐。随后，为了保存实力，八路军主动撤出正太铁路，全线转入敌后抗日活动。

三、支援百团大战

从1940年8月20日至9月10日，为配合百团大战第一阶段的作战，郊区抗日根据地的军民，踊跃参战，群众积极支前，支前准备得甚为周密。广大群众准备了大量的生活用品、食物和破路工具等，肩挑人扛牲口驮，送往前方和支援过往部队，民兵和成千上万的人民群众配合主力部队，冒着枪林弹雨和敌机轰炸，对铁路公路及所有附属建筑物进行了彻底破坏，达到了"不留一根铁轨，不留一根枕木，不留一座桥梁"的目的。铁轨枕木能搬走的搬走，不能搬走的烧毁或埋掉。据统计，区域内共出动参战民兵及支前民工近8

万人，组成各种运输队、担架队、破交团、宣传和救护队、慰问团，许多群众还把猪肉白面等慰劳品送上前线，并有一批青年参加了主力部队。

由于百团大战的战局所迫，驻荫营、河底等据点的日伪军慌忙于8月全部龟缩回阳泉。这一战役的伟大胜利，极大地鼓舞了人民的斗志，全区男女老少无不兴高采烈、扬眉吐气，他们更加坚定了抗日斗争胜利的信心。这

支援前线

一时期，荫营又有史守恭、韩文媛、任子玉、任石清、史万修、史峰书、任玉山等十余名知识青年参加了抗日工作。

经过百团大战，区域内被日军占领的大部分地区得以收复，抗日根据地空前扩大。平定（路北）县将新开辟的曹家掌、燕龛一带作为第五区。遭受日军欺辱达四年之久的敌占区广大群众自抗战以来，第一次喜笑颜开、载歌载舞。从9月中旬到10月初，各抗日根据地先后举行祝捷大会，共庆百团大战胜利。

第四节　反"扫荡"、反"清乡"斗争

一、日军实施"治安强化"

百团大战后，遭到沉重打击的日本侵略者把单纯的军事占领扩大为军事、政治、经济、思想、文化等全面的殖民统治，将敌占区、游击区和根据地分为"治安区""准治安区""非治安区"三类，分别采取不同的侵略和统治手段，其规模一次比一次大，手法一次比一次狠。

1940年9月下旬，抗日武装完成破袭任务后，主力转移，区域

内荫营、河底等地又重新被日军占领。日军强迫群众在荫营葫芦嘴、河底摩天垴等处修起了炮楼，对各村不断进行扫荡，抓捕村干部进行威胁。

1940年冬，驻盂县城的日军伙同宪兵队、自卫团50多人，一路烧杀抢掠来到山底村。进村后，他们首先控制了各个村口要道，不准所有人出入，然后由村西开始挨门挨户地搜查，到处砸门、抓人，闹得鸡犬不宁。人们闻声东躲西藏，没来得及逃走的男女老少70余人，被日军驱赶到空旷的麦场上，扬言要统统处死。危急关头，村长张害和急忙站出来求情，并送上凑集的99块银元和20多只鸡。这时，日军又变了花招，威逼70多名男女村民全部脱光衣服，男女面对面站成两排，在众目睽睽之下进行百般羞辱。这时红土岩村智障的穷苦讨饭人李所子走过来，嘴里哼了两声，日军以为他要反抗，抓住他就把他扔进了火堆里，李所子被烧得全身焦黑。眼看日军要杀人，村长张害和又赶紧向日军和汉奸求情，并请他们到村公所吃饭，群众才趁机逃进山沟，幸免于难。

特别是1941年秋季，日军对根据地进行了长达三月之久的疯狂大"扫荡"。敌人采取"铁壁合围、梳篦清剿、辗转剔抉"等战术，所到之处实行烧光、杀光、抢光的"三光"政策，抗日根据地军民在敌人包围圈内迂回斗争，利用空隙求生，处在极其艰苦的困境之中。

1941年12月27日，日军占领西南舁并设立据点。次年，为了实现其长期奴役和掠夺中国人民、摧垮抗日力量的目的，趁根据地军民处在困难时期，在荫营、河底、白泉等敌占区又实行"治安强化"和经济封锁。其主要手段是："强化保甲，强化配给，进行欺骗宣传。"在敌人的强迫下，荫营、测石等村设了伪区公所，部分村都先后成为所谓"爱护村"，并建立了"自卫团"；以村为单位，按户编造花名册，颁发"良民证"，除学龄儿童外，村民外出必须佩戴。后又将"良民证"改为"身份证"，除书写本人籍贯职业外，还必须有本人相片，按有指纹，如外出或支差没有此证，一经发觉，就有生命危险。与此同时，日军一方面大量网罗汉奸、特务，加强训练，四处收集情报，抓捕抗日干部；另一方面威胁强迫抗日军干家属召回自己的子弟。少数亲日分子又蠢蠢欲动，投靠日伪。在这种情况下，环境一度恶化，抗日政府与部分"治安区"的村中断联系。

　　1944年冬，荫营日伪一个班包围了吕鸿厚家，搜查游击队。伪军班长搜不出游击队就拷问吕鸿厚的老伴，要她说出游击队的情况，老人一口咬定不知道。随后，敌人把吕鸿厚、吕牛猫（吕鸿厚之弟）、吕金栋抓走，对他们进行了严刑拷打，但他们始终没有向敌人说出任何情况。日军实行"三光"政策，企图割断八路军与群众的联系，但是在群众的支持下，抗日工作人员照样来往不断，各项抗日工作仍在秘密进行。

　　二、基层党组织建设

　　日军的疯狂清剿和报复，使区域内党的组织遭到严重破坏，先后有多名党员干部被捕牺牲。在残酷的斗争中，有一些意志不坚定的党员、干部跑回家，甚至变节投敌，当了叛徒、汉奸。在十分严峻的形势下，为了领导好根据地广大军民的敌后抗日，边区党委及时调整部署，区域内各级党组织积极采取了应对措施。

　　一是调整行政区划，加强党的领导。1942年8月，将原盂县二、三区即马庄、韩庄、上章召、下章召、苏家泉、牵牛镇以北地区的35个行政村划归平定（路北）县，在区域内设立第七区，区委书记先后由邓艾、郑平、林一新、陈建英担任，区长先后由柳志腾、贡献一、单振英担任，区机关驻地北昇村。行政区划的调整，给了平定（路北）县军民抗日的回旋余地。1942年11月，根据上级党组织的指示精神，区域内各级党政军民实行一元化领导，将县委改组成党、政、军、民统一的领导机关，县委书记兼任县武装大队政委，并将工、农、妇、青、文各群众团体统一组成"各界抗日救国联合会"（简称"抗联"），加强了党对群团组织的领导，进一步壮大了抗日力量。

　　二是选调得力干部，充实斗争一线。在加强党对基层工作领导的同时，区域内党组织为了协调与区、村两级党委、政府的联系，切实推开基层一线的工作,于1941年冬,平定(路北)县委、县政府机关人员分成两组深入各村开展活动。一部分由县委书记郭一平、议长梁晋平、县长朱哲仁、公安局长任朴斋带领,活动在平定(路北)东半部。另一部分由副议长耿忱、公安警卫队长冯吉善、社会部股长史一轮带领,活动在平定(路北)西半部。

三是抓好组织整顿,提高党的队伍战斗力。1941年11月,首先恢复和整顿在日军残酷"扫荡"下被破坏的各级党组织,对那些变节投降、意志不坚定者予以坚决处置,以纯洁党的队伍。平定(路北)县委先后对6个支部进行整顿,对在反"扫荡"斗争中失掉党的联系的20个支部的108名党员进行了重新审核,从中清除出阶级异己分子11人,另有5人被留党察看;重新划分党小组125个,新建支部7个,发展党员51人。在整顿旧组织的基础上,县委还在党内展开了反对不良倾向的斗争。针对党内存在的脱离群众、腐化堕落、丧失党性立场等问题,全县共召开各类党员教育会37次,通过学习党的基本知识和党的章程,按照党员标准进行认真深刻的检查,使党内不良倾向受到批评和制止。党员干部的觉悟有了新的提高,党的作风有了明显改善。

三、敌后抗战

在日军残酷大"扫荡"和"治安强化"的艰苦岁月里,区内人民熬过了四个春冬。在日军白色恐怖面前,区内人民始终没有妥协,侵略者的残暴更激起了人民的斗志。他们深深懂得,"反抗中求生则存,投降中求生则亡"。他们不屈不挠,同抗日武装密切配合,利用种种形式与日伪进行了不懈的斗争。

1941年秋,在敌人残酷大扫荡的日子里,区内党组织与抗日政府一度失去联系,在此情况下,下荫营村南楼的贫农老大娘史改妮,冒着生命危险,跑到辛庄给四区抗日政府和游击队送情报。随后,她家成了抗日组织的一个秘密联络点,她的儿子赵义和担任了联络员,抗日的许多联络工作多在这里进行。赵石青的母亲是一位十分坚强的革命母亲,自从日军重新占领荫营后,没有过一天安稳日子。

敌人威逼这位年过半百的老人，把儿子叫回来，但老人始终没有屈从。

1942年2月，晋察冀军区四分区部队又连续在平定（路北）县荫营一带攻克日伪军碉堡十余座，并在阳泉镇至白泉间炸毁日军汽车3辆，歼敌60余人。平定（路北）县民兵运用地雷战、游击战多次打击进入根据地抢粮的日军，其中一天内就炸死日军小队长及以下共100余人。

同年9月，根据中共中央"向敌后之敌后伸展"的方针，平定（路北）县相继抽调一批久经战争锻炼的干部和战士，组成敌后武工队。他们在敌后杀汉奸、除恶霸、割电线、破交通，出没无常，行踪不定，搞得敌人惶惶不可终日。武工队向敌后之敌后挺进，推动了敌后游击战争的发展，平定（路北）县武工队30余人，在队长王起、政委张浩昌的带领下，以荫营村附近的刘备山和阳泉矿区为基地，多次袭扰日伪军，为百姓夺回被抢牲口及粮食，逐渐打开了燕龛、程庄、山底等地的抗日局面。此后活动区域又扩展至东村等更广地区。

1943年夏，县武装部通过内线关系获悉，荫营伪军的一个班，第二天早上要去阳泉。程瑞和张祥和带一个班，当晚就住到三泉村南沟。第二天拂晓，埋伏在虎神庙附近的炉沟，当敌人进入埋伏圈后，程瑞一声令下，开枪射击，伪军大乱，其中一个伪军要跑，张祥和扔出一颗手榴弹将其炸死，其余伪军被全部俘虏。

日军占领西南舁后，开始修筑东起井陉贵泉石板岩，经平定（路北）县张家井、西南舁，向西北延伸至盂县牛村长达数百里的封锁墙。沿线各据点的日军强拉大批民夫，毁坏大量良田，分段施工。平定（路北）县军民从筑墙伊始就与日军展开了针锋相对的斗争。县委、县政府动员群众不当民夫，组织开展以修墙耽误农时为由的合法请愿斗争，并动员群众以怠工和"谁修墙、谁破墙"的方式开展破墙斗争；组织万名民兵深入游击区配合民夫破墙。民夫们白天修起来，民兵们晚上推倒，半年内共拆墙147次。民兵们还运用地雷战打击日伪军89次，毙伤日伪军59人。到1943年年底，日军

"百里封锁墙"计划，仅完成不到 5 千米。

四、积极扩展抗日力量

面对日军的疯狂"扫荡"和"治安强化"，抗日政府在组织军民开展军事斗争和经济斗争的同时，在敌占区、游击区广泛开展了政治攻势，通过各种形式，运用各种手段争取群众、团结群众，分化敌人、瓦解敌人，积极扩展抗日力量。

1941 年 12 月太平洋战争爆发后，各地日军普遍产生了悲观失望和厌战情绪。抗日政府抓住这一有利时机，在敌占区、游击区开展了两期大规模的对敌政治攻势。强大的政治攻势加剧了日军的厌战、反战情绪。河底等地日军有多人自杀，各地伪军、伪组织人员纷纷逃跑。与此同时，各地日伪之间矛盾也日益突出，冲突事件时有发生。抗日政府组织起若干个宣传队，印制了各种宣传品，通过包围据点喊话，大量张贴、散发传单，到伪军家属、伪组织人员聚居地演出文艺节目，镇压罪大恶极的汉奸特务以及摧毁伪组织等各种方式，使日伪士兵军心动摇，士气不振，其中有些人弃暗投明，接受了抗日工作，为我所用。1943 年 9 月，根据国际、国内的形势变化，平定（路北）县武工队、公安科、武装部、敌工部又派出多个宣传小组，深入游击区、日军据点附近及铁路沿线进一步广泛宣传，并对区内的伪保长、伪村长、伪自卫团长上百人进行了为期八天的集中训练，将共产党、八路军的方针政策和抗日民主根据地的政治、经济、文化、教育等方面的发展成就编印成小册子发给他们，使伪组织人员认清了形势，尽快醒悟，倾向抗日的越来越多。荫营、河底等地的伪组织人员中，就有几十人主动与抗日政府联系登记，表示要转变立场，重新做人。

对敌政治攻势的另一个内容是通过潜入敌人阵营的内线活动，劝告和争取伪军士兵悔过自新，返正杀敌，以削弱敌军力量，壮大抗日队伍。

1940 年秋，荫营等地被日军重新占领后，为了深入开展敌占区据点的对敌斗争，平定（路北）县委根据各个时期的不同情况，先后有计划地在敌占区发展了不少内线关系。1940年冬，县委组织部长甄杰仁首先发展了当时给日本人做工的余晋仁。为方便秘密工作，余晋仁担任了荫营伪村公所的书记。

1941年夏，甄杰仁、四分区敌工部老田和余晋仁又把史守箴（史满贵）、南智政、李银元、张爱民、史邵汉、史昭瑞等一些敌伪人员发展为可靠的内线，打入荫营堡垒，并把伪军中队长、司务长争取过来为抗日政府服务。这些内线关系的建立，保证了抗日工作的开展。

同年秋，四区治安员赵舒平和县社会部股长史一轮先后将离职回乡的抗日工作人员史子西、任登华，小学教员苗廷弼和敌伪便衣警察阎保银、刘二成、苗玉毛、刘智庆、阎牛小等发展和争取为抗日内线。

1942年3月，平定（路北）县委建起了敌工站。敌工人员经常根据收集到的情报，配合主力部队给敌以出其不意的打击。敌工站成立后，得知白泉伪军班长吕米洞早有弃暗投明之意，其堂兄抗日政府区长李煦明（吕春华）通过地下关系进入白泉据点，对吕米洞进行策反。十日后，吕米洞趁值夜班之机，里应外合，率一个加强班携带11支步枪、1挺轻机枪、千余发子弹向抗日政府投诚，有力地震慑了白泉、荫营一带的敌人。

同年12月，敌人在荫营、河底据点附近抓了80多名青壮年集中在荫营据点，准备押往阳泉运走。抗日内线关系获得这一情报后立即向县里报告，根据县委指示，他们又在被抓青壮年中策动，配合抗日武装在虎神庙打伏击，使80余名被抓青壮年全部脱险，10余名押送的伪军缴械投降。还有一次，史一轮和刘砚青住在三都村，刘二成获悉敌人警备队要到三都抓青年当兵的情报后，马上向抗日政府报告，史一轮、刘砚青迅速撤离了三都村，避免了敌人的抓捕。

五、除奸反特

在日军疯狂扫荡和推行"治安强化"的日子里，一些丧尽天良的民族败类助纣为虐，横行乡里。在革命队伍中，一些意志不坚定者，经不住日军的残暴扫荡，看不清前途，也公开叛变革命，充当日军的走狗。这群汉奸、特务是一伙害群之马，他们熟悉情况，积极为日军效劳，送情报、供线索、出主意，残害抗日干部和共产党员，对抗日工作威胁极大。他们还为虎作伥，到处敲诈勒索群众钱财，罪大恶极。

1943年1月，平定（路北）县委决定开展锄奸斗争，严厉打击汉奸特务活动。县委建立了以县、区武装力量为主的锄奸小组，分派各区执行任务。四区的锄奸工作主要由县支队支队长谭珠生和武工队政委张浩昌负责，他们带领短小精悍的武装，深入河底、荫营、白泉据点开展锄奸活动。从1943年3月到10月，县、区武装在阎保银、苗廷弼等内线关系和荫营群众的密切配合下，惩处了一些死心塌地的汉奸。程瑞、史一轮、乔布喜、张祥和、聂永和、史会文、岳所小等县区机关及武装工作人员机智勇敢，胆识过人，在当地群众中很有影响。

1943年6月下旬，阳泉"复地队"汉奸黄毛、霍三牛到下荫营村公所威胁村长交出村里"八路"的名单。村长好说歹说不顶用，最后好好给他们吃一顿，让他们带走了些钱才算了事。赵义和的母亲知道这一情况后马上报告给正在下荫营南楼的乔布喜和聂永和。他们随即化装成农民埋伏在去南窑庄的村东路口，待这两个家伙吃饱喝足，带着钱得意洋洋经过时，二人出其不意，一人一镢头结果了这两个汉奸。

同月下旬，阳泉宪兵队汉奸武强回上荫营探家，赵子忠和刘智庆将其抓获，处死在坪上西岭梁。

同年8月，除掉了大汉奸史贤臣。史贤臣是上烟村人，原是我方公安局巡官，在1941年敌人大"扫荡"中，经不住考验，投敌叛变，当了汉奸。他经常带领日伪军到四区一些村庄瓦解抗日组织，抓捕抗日干部群众，到处敲诈勒索，无恶不作，民愤极大。为此，县委决定要尽快铲除这一汉奸。县委把任务交给了支队长谭珠生，谭珠生让程瑞负责去执行。史贤臣自当汉奸后，就不敢住在村里，带着老婆孩子住到了平潭垴。他一般不单独行动和轻易回家，经常在外鬼混，出来都有宪兵特务相随，很难下手。程瑞经过分析后，决定派下荫营的阎保银、刘二成、阎牛小和苏家泉的李板二共同去完成这一任务。8月中旬的一个夜晚，他们四个人化了装，带着手榴弹和菜刀，在拂晓前来到史贤臣的住处，趁史贤臣熟睡之机将其正法。

同月，在荫营处决汉奸史大三牛、史小三牛。这两个汉奸经常在村里以私通"八路"为借口，威胁抗日军干属和群众。因他们民愤大不敢住在村里，常住在日本人的炮楼里。要除掉这两个汉奸很不容易。锄奸组通过内线关系，用反间计使黑川亲自将他们带下炮楼，将这两个汉奸枪毙。

同年秋，游击队分队长冯吉喜带领两个队员，趁夜晚潜入白泉据点，大约10时，队员们翻墙进入郭建姘头家里，将横行一方的大汉奸郭建处死，为民除了大害。

同年9月，阳泉荒川部队四个汉奸前往上荫营村公所，史子西、任登华、阎保银、刘智庆等人以找安全地方打牌为名，把汉奸骗出，出其不意将四个败类擒获，带到石虎山处死。

同月，处死阳泉宪兵队罪大恶极的汉奸史五宝、孙义成。这两个罪大恶极的汉奸，经常在荫营一带盘查跑运输的群众，敲诈勒索钱财。张祥和、史会文等武工队员巧施计谋，在千亩坪马路上处死这两个汉奸。

同年10月，除掉荫营自卫团团长白义。白义是一个死心塌地效忠于日本人的大汉奸。这家伙是平定人，1943年6月，其是由日本驻阳泉最高权力机关片山旅团司令部精心挑选，派来荫营当自卫团团长的。这家伙穿得是日本结合装，戴的是金丝眼镜，挎着一把大眼盒子枪，神气十足。他来荫营的第一天，训练自卫团时就打了七八个青年。他经常到村里殴打群众，勒索财物，群众对其恨之入骨。就在他到任一月之后，程瑞、赵廷华和阎保银商定，要尽快除掉这家伙。报经上级批准后，10月的一天晚上，程瑞、乔布喜、张祥和、聂永和、史会文、岳所小、阎保银一同去完成这一任务。白义住在街上村西头戏台前的一个深宅大院，有三道大门。他们先叫开大门，然后用人梯爬进二门，最后由史会文从水道钻进，打开三门。此时，全院只有白义住的屋子亮着灯。聂永和一个箭步闯入屋里，猛一拳朝白义的头部打去，白义还未清醒已束手被擒，就地枪毙。第二天，敌人用两头骡子驮着白义的尸体送往平定城，白义的老婆在后面哭得死去活来，使送丧的伪军和警特人员受到极大的震慑。

10月下旬，阳泉宪兵队任万祥等四个汉奸在下荫营村公所闲谈。这时，阎保银、刘二成、苗玉毛等人以敌人便衣的身份来接应，阎保银假装对他们说："这里不安全，咱们到东头'庆和堂'吧！"这四个汉奸跟着走到村东头，阎保银一使眼色，几个人一齐动手，猛将这四个汉奸捉住带到大北沟处死。

同年，阳泉矿上来了三个汉奸，在上荫营村公所敲诈钱财，余晋仁、史子西、任登华、王润福等一合计，决定将这三个家伙干掉。因为山上就是日本人的炮楼，怕在村公所行动惊动敌人，他们先把两个汉奸（当时有一个汉奸出去转悠）骗到坪上比较偏僻的史国生家，几个人一齐动手，将两个汉奸处死。然后又返回村公所，将另一个汉奸也骗到坪上处死。

在西南舁一带有个人称"白先生"的汉奸，熟悉当地情况，驻盂县的日军经常派遣他到西南舁等村破坏抗日，此人无恶不作，罪大恶极。抗日政府决定除掉这个铁杆汉奸，除奸任务交给了东南舁地下党组织，并由西南舁地区各村民兵配合。东南舁地下党组织接到任务后，召回了打入敌伪"自卫团"的王牛小，经研究决定，由王牛小诱敌到西南舁村智擒白汉奸。1944年农历七月十二，王牛小用"吃鲜桃玩女人"的计谋将白汉奸引诱到西南舁村东一民宅，与东南舁地下党支部书记王智同、东南舁村民兵中队长王理志、东南舁民兵指导员王杰志、东南舁武委会主任王占宝等将这个罪大恶极的汉奸活捉并处决。"白汉奸"被处决后，日寇非常气愤，得知出事当日"白汉奸"是被王牛小叫走的，便到东南舁到处抓人，因为抓不到王牛小，就拿七八十位无辜群众作要挟。在万分危急的时刻，已经藏入地道的王牛小毅然挺身而出，保护了群众。被日寇抓捕后，王牛小受尽酷刑，面对日寇的严刑逼供，王牛小未泄露任何情报。

无奈之下，敌人把王牛小押到了盂县，在盂县城北将其杀害。

在铲除汉奸特务的同时，抗日政府还对一些影响抗战的地方反动组织，坚决予以打击。

1942年4月，在日军大"扫荡"期间，地方反动组织"红枪会"在温河北部地区活动猖獗。武家庄村的武才狗、大河北村的潘理所、小河北村的杨步喜等道首，在小河北村设坛练术，发展道徒100余人。他们威胁诱惑群众入会，勒索钱财，并勾结日伪，进行反共宣传，抓捕抗日干部，抢劫公粮，气焰十分嚣张。6月25日，晋察冀二分区十九团在小河北村武装打击"红枪会"，几名负隅顽抗的道首被击毙，该反动组织被捣毁。

与此同时，抗日政府积极争取伪区职人员参与抗日，并且根据当时的斗争形势，在敌占区及部分游击区建立抗日"两面"政权。

1943年冬，四区区委在大队侦察员的配合下，派区小队到荫营抓捕伪四区区长顾样成，对其进行教育。但由于行动暴露，区小队到荫营后，区公所所有人员都已跑光。区小队遂将一些文件烧毁后撤回。但走后伪区公所的三间房被燃烧，当时称为"火烧伪区公所"。这一行动使顾样成如坐针毡，几天后，他派了一名区警到杨树沟，找到四区区委书记任登兑和区长刘俊元，表示愿意接受抗日政府的领导，并为抗日政府做工作。于是，抗日政府同意他继续当伪区长，但要求他今后办事必须以抗日为上，要确定专人及时和抗日政府联系，随时报告情况，各村调换村长、副村长要经抗日政府批准。此后，荫营伪区职人员的各种活动都在抗日政府的控制下进行。

1942年后，随着抗日斗争的不断深入，抗日政府逐步摧垮了区域内的亲日村政权，建立了抗日"两面"村政权，村政权完全在党组织的控制之下。所有村政人员，哪些人接待抗日军政人员，哪些人专门支应敌人，都由党组织来安排。支应敌人的伪职人员，由组织派可靠的人来担任。上荫营的伪村长任富元、赵全荣、史长全，下荫营的伪村长阎富吉、赵文贤都是组织安排的。在当时的环境下，这些村政人员运用两面斗争策略，为抗日做了大量有益的工作，同时也灵活地"应付"了敌人，使当地群众免遭许多损失，特别是为保护抗日干部和军干属起到了重要作用。1944年秋天，东垴村李玉德老汉和他的儿子被荫营伪军以"通匪罪"抓走，被打得死去活来。村干部找到李煦明区长设法营救。李煦明派张祥和找到上荫营村长，想方设法将李家父子救出来。同年冬，荫营、白泉的敌人包围了辛庄村，将八路军主力五团某营教导员阎珍贵（下荫营人）的未婚妻刘白妮抓走作为人质，胁迫阎珍贵投降。李煦明区长获悉情况后，通过下荫营村村长设法营救，从阳泉宪兵队把人领了回来。

在特殊的战争环境下，党组织运用"两面"政权，不仅灵活地打击了敌人，而且有效保护了抗日有生力量，保护了广大群众的生命财产免遭损失。

六、争夺煤铁物资

针对敌人"治安强化"运动中的经济掠夺，区域内抗日军民在反"蚕食"、反封锁斗争的同时，与侵略者展开了尖锐复杂的经济斗争。

日军占领阳泉后，用"以战养战"的策略，大量掠夺煤铁。在阳泉设立了煤铁株式会社，采取实物配给的办法，强迫各村由铸造铁锅改铸生铁，直接用作战略物资。针对敌人的经济掠夺，抗日军民与侵略者展开了尖锐的煤铁争夺战。开始，抗日政府反对各村给敌人铸造生铁，四区干部和民兵出于对敌人的仇恨，还用捣毁炼铁炉的办法，抵抗敌人掠夺生铁。可是这样做，影响到了群众生活，而且当时抗日根据地人民更需要煤铁等物资。因此，抗日政府对煤铁生产采取了默认的态度，并予以支持，不过在斗争的方式上采取了两面策略：一面是让各村炉户给敌人炼的铁里掺矿渣，以次充好，哄骗敌人，同时把敌人煤铁株式会社收购生铁配给的洋布、食盐、煤油等物资拿出一部分交给抗日政府，抵顶合理负担；另一面让炉户积极为抗日政府生产生铁，供给后方兵工厂生产武器弹药之所用。

1943年6月，敌人发现铸造的生铁内掺有硫铁矿渣，便派伪军日夜监视倒炉，并减少供给洋布、食盐等物资。伪区公所把这一情况报告后，抗日政府集中民兵悄悄把铸铁的一些主要工具和设备藏起来，把技术人员都集中到张家井进行培训。然后再让各村公所向敌人报告情况，把责任推在八路军身上，这样既保护了群众，又抵制了日军的煤铁掠夺。

为解决群众的煤铁运销，抗日政府先后在麦家岩、苇泊、韩庄等地设立了收购和转运站，形成了一条通往根据地的煤铁物资运输线。为保护群众往根据地运送煤铁，抗日政府派武装人员经常穿梭活动在四、五区运输线上，不断打击敌人小股武装和破坏煤铁运输的特务汉奸。这些措施很快促进了煤铁生产，区内各村炉户积极性很高，有的炉户曾在"七七事变"前给阎锡山铸造过手榴弹壳，爆炸力很强。他们除给抗日政府生产生铁外，还铸造手榴弹壳和地雷壳。这样，在抗日政府的领导下，区内秘密地掀起了一场与敌人争夺煤铁的斗争。

在当时为抗日根据地生产和运送煤铁是很困难的，日军经常抓捕村干部进行毒打，并派伪军严密监视，又用小股部队围攻抗日政府的煤铁收购站或半路拦截运输。在这样的环境下，抗日政府发动群众，采取了许多巧妙的斗争方法，即前半夜给敌人铸铁板，后半夜给抗日政府铸手榴弹、炮弹、地雷壳，后来给日本人铸的铁板里大量掺有硫铁矿渣。往外运送时白天不能送就晚上送，人多不能送就三五个人赶上毛驴送，以民用铁货掩护军用品。另一方面，还通过内线关系，只要敌人一回阳泉，就让村里群众趁机往外送，还以伪合作社的名义写上是给阳泉日军煤铁株式会社的货。日军发觉了，就把这批东西送往阳泉，发觉不了，就直送韩庄、马庄等根据地。另一种办法是群众自动建立"节节哨"，村与村都有暗哨监视敌人。暗哨利用窑工上下班或农民种地的形式，事先约好暗号，如喊人、投石子、点火把、推消息树等进行联络，这些方法都十分有效地同敌人进行了机智灵活的斗争。

日本侵略者在大肆掠夺煤铁的同时，还在敌占区、接敌区的所谓"爱护村"大量掠夺粮食并抓丁抽兵。抽丁办法直接关系到个人利害，再加上一些村干部及地主营私舞弊，祸害群众，群众很不满，许多群众向抗日政府反映了这一情况。日军名义上是要兵，实际上是把青壮年送到东北或日本去做苦工，一去便杳无音信，大都死在外地。再者，给敌人当兵送了命还落个汉奸的罪名。敌人抢粮也是按各村人口分配任务，限期送不到就抓捕村里的干部。为了应对日军的这一侵略行径，区域内抗日军民同敌人进行了反抢粮、反抓丁的激烈斗争。斗争的具体办法：一是动员村里用拖延应付的办法，少给或不给敌人送粮派丁；二是集中起来假装给敌人送，事先和区里联系好，在半路上由部队配合民兵把粮食和壮丁截回来。有些村为免遭敌人"扫荡"，偷偷地给敌人送粮食。对于这种情况，区里知道了就派人截获。一次，三泉村偷偷地给敌人送粮食，抗日政府获悉后，在下荫营南楼找到岳所小等四名武工队员迅速赶到甄家庄截住，将粮食交区公所顶了公粮，又将该村支应敌人的村干部送到县政府扣留教育了两个多月才放回来。这次行动，有效震慑了其他立场动摇的村。

日军除了掠夺煤铁、抢粮抓丁外，还经常抢夺群众的牲口。一些投靠日伪的窑主、商户也大养骡马，为日效劳。为打击这些窑主、商户，抗日武装人员曾多次带领民兵到窑主、商户密集村拉牲口。

1942年秋季，日军将抢来的100多头牛、驴圈在蒙村的后山沟里，岳所小、史翠然、乔布喜和部分民兵由刘备山进入蒙村，将这批牲口赶回来，全部交还群众。

1943年夏，县武装曾三次带民兵拉敌人的牲口。第一次是程瑞、赵叶民带领20多个民兵，夜间深入铁路沿线的石卜嘴，将"晋祥厚"煤窑的20多头骡子全部赶出来。这时，正遇敌人的火车驶来，民兵有点紧张，把骡子丢了一部分，走到虎神庙又与敌人遭遇，边打边走又丢掉一部分，最后剩下7头，送交抗日政府。第二次是程瑞和赵叶民带领十几个民兵，在柳沟村拉回阳泉伪街长王子英的骡子15头，赶送郝家庄送交九区队。第三次是张祥和化装成敌人的便衣，在武工队的配合下，突入小阳泉煤矿，拉回日军煤铁株式会社骡子7头。

同年6月，后沟日伪晋铁公司"三和洋行"，从阳泉用马车拉回一大批洋布、煤油、食盐、火柴、胶鞋等物资，存放在荫营高小后院的窑洞里，史连修和余晋仁得到这一情况后，赶到杨树沟报告给了赵叶民。赵叶民、程瑞商议后，带领一个班砸了洋行，将这批物资全部夺回。

灵活的对敌经济斗争，彻底打破了日本侵略者"以战养战"、长期侵略的目的。

第五节　战略反攻

一、反击"剿共"阴谋

1944年1月至2月，太平洋战争爆发，日军在兵力不足的情况下，将其重点放在了加剧对各游击根据地的"清剿"上，平定县被山西日伪列为第21个"剿共"重点县。在"清剿"第一期，日军将太原宪兵队两个班50余人编成"清乡队"调至河底；又将阳泉宪兵队改编为2个队8个班共40人，定名为"灭共"督导队，部署政工班常驻阳泉。阳泉警务队百人由八木率领，采取秘密调查、突然奔袭、合击包围的方式对四、七区大肆进行"清剿"，抓捕青年，掠夺群众财产，收买特务在各地公开或秘密地组织"剿共"委员会，企图在一年内通过军事、特务、经济等手段破坏抗日根据地各种组织。1月29日，日军在东西垴抓捕干部群众13人。2月初，日军三路合击三泉村，抓捕干部群众44人。2月9日又先后在马庄、韩庄等村抓捕20人。与此同时，日军还组织"急进建设团"强迫青年参加训练。

为粉碎日军的重点"清剿"计划，平定（路北）县开展了针锋相对的斗争。2月上旬，平定（路北）县民兵游击队抓住有利时机，主动歼敌，并攻克重要据点杨树沟，给日军以沉重打击。3月13日，平定（路北）县委制订《反清剿计划》，区内人民根据县委指示开展地道、地窖坚壁清野，并配合抗日武装打击日伪"清乡队"。同年5月，日伪军在一、四区活动猖獗，大肆抓捕青壮年，破坏抗日基层组织，逼迫被抓干部"自首"，建立特务组织，对游击区群众生命财产构成严重威胁。为此，平定（路北）县委在总结春季政治攻势的基础上，部署了夏季政治攻势第一期的任务。6月5日至10日开展了突击周活动，重点打击一区白泉、四区河底据点的伪宪兵队，以削弱敌人的嚣张气焰，提高抗日军民的士气。

在夏季攻势中，县政府首先在四区举办了伪干部培训班，召开青年及家长会进行反抓捕动员宣誓。其次配合反抓捕斗争，在一、七区普遍进行没收"良民证"和户口册运动，迫使日伪军无法根据户口册抓捕青年。县武装部门还将阳泉日伪军以"检阅"为名强拉的400多名青年及2000名老人组成的送饭队全部营救回来，并消灭阳泉、河底宪兵4人。县政府还借机在一、四区开展反法西斯教育，召开伪村干部家属及群众大会，共印发宣传品25种3950张，书写标语445条，编抗日小调、新剧6种。在抗日政府感召下，700余名青壮年到达抗日根据地，并有数十名青壮年参加了区小队。配合政治攻势，区小队和民兵有重点抓捕了一批伪村政人员，将四区荫营一带32个伪村公所捣毁，处决了1名大汉奸，辛庄等几个支敌村变成了抗日一面村政权。在政治攻势下，部分伪军开始向抗日政府靠拢，有7个汉奸主动向抗日政府坦白交代了自己的罪行，争取宽大处理。

二、巩固抗日堡垒

1944年下半年，根据抗日斗争的形势变化，平定（路北）县委进一步加强了城工、敌工工作。为了做好分化瓦解敌人据点的敌工工作，县委城工部长林一新、敌工部长甄杰仁先后来到荫营安排部署敌工工作。根据县委的指示，抗日内线关系的同志在荫营据点里迅速开展了这一工作，特别是1945年春，武工队协助区政府做了赵维和、吕鸿厚和苗廷弼等人的工作，指定他们分别当了下荫营的支敌村长和闾长。苗廷弼还以教员名义有意识地和炮楼敌伪人员广交朋友，同时还通过刘晋仓把他在蒙村的姐夫吕某派进晋祥厚煤矿，使敌工工作更加深入。在抗日政府同内线关系内外结合、分化瓦解下，日伪据点的许多伪军和伪职人员都惶惶不可终日，他们预感到日军的末日将要来临，纷纷弃暗投明。有的托亲靠友接近抗日组织，有的主动找上门来，要求立功赎罪，有的通过争取，成为抗日内线关系。他们以公开或不公开的身份，为抗日工作的开展做了许多有益的事情。

同时，抗日斗争形势也发生了根本变化。区域内抗日根据地日益扩大，敌占区逐渐缩小，曾经疯狂一时的日军和汉奸，在抗日武装的打击下，犹如丧家之犬，处处挨打。在这一形势下，经过七年卓绝斗争的抗日军民更加坚定了夺取抗战胜利的信心。在抗日政府的领导下，区域内的抗日斗争更加深入地开展起来。此时，荫营等村尽管还是敌占区，但抗日活动却异常活跃。

在这一时期，抗日政府在坪上的史二牛、赵秀山、王二泉，后沟的赵涌泉、吕新忠、街上的史子西、老虎沟的韩小、双栋等人家中建立秘密联络点。许多抗日党政军负责同志和工作人员经常来往于荫营，县大队、县武工队也经常在阳泉或附近一带完成任务后，晚间把部队成编制地拉到大泉眼煤窑里进行修整，有时一住好几天。1944年下半年，4个朝鲜反战同盟支部的成员在荫营住了30多天，他们经常到李家庄、平潭垴一带做日军的工作，但没有走漏一点风声。对于抗日政府干部的频繁来往和活动，人民群众表现了极高的思想觉悟，抗日干部、战士每来荫营，他们都及时妥善安排，设岗放哨、提供情报、送水送饭，从未走漏消息。

1938年日军占领白泉之后，下烟村的梁万玉和其三弟梁明雨、张宝生秘密组织了抗日小组，轮流到敌占区了解情况，然后向抗日政府汇报。其爱人史润蝉是上荫营村人，对丈夫的抗日工作特别支持，抗战期间，她家成了抗日干部联络的一个秘密据点。这个秘密接头的地方，接待了一批又一批的抗日干部。就是抗日干部在砖瓦窑、土窑洞里过夜也少不了梁万玉和史润蝉接送、站岗，就连梁万玉当时才八九岁的儿子梁宝祥，也经常为抗日干部站岗放哨，送水送饭，成了大家熟悉的儿童团员。抗日组织就在敌人的眼皮底下，构筑了坚强的抗日堡垒。

三、歼敌有生力量

1944年，毛泽东发出"扩大解放区，缩小沦陷区"的号召。区域内抗日武装根据上级指示，在广大民兵的配合下，展开了战略局部反攻，不断对日伪据点进行打击，取得了一个又一个的胜利。

1月15日早晨，平定（路北）县支队四连和武工队史翠然、张祥和、乔布喜等80余人，由支队长温藏宝带队来到荫营敌人炮楼，四连连长王成等化装成日本宪兵，其余战士化装成修炮楼的民工。这时伪军以为太君带民工来了，急忙放下吊桥，县支队战士迅速冲进炮楼，将伪军制服，伪军中队长只好下令投降。这次战斗只用了二三十分钟，除打死1名伪军外，其余人员全部俘虏。共缴获步枪45支、手枪1支，手榴弹43枚，子弹1200多发，还有被褥、白面等物品，抗日武装无一伤亡。

同年麦收后，敌人在荫营集中了3000斤小麦，准备往阳泉运送。伪区公所通过余晋仁事先把这一情况报告给区政府，区政府领导又与平定支队取得联系，由支队一小队指导员赵叶民带领4名战士和20多名民兵提前埋伏在虎神庙山岭上。等6个伪军押着30多头运送小麦的骡子一到，区小队和民兵一齐出击，6名伪军吓得乖乖投降，然后将小麦分散藏到附近各村，最后转交给抗日政府。

同年11月，驻河底日伪军一行十几人天不亮就出发，从郊里直扑燕龛村进行扫荡。为狠狠打击来犯之敌，保卫群众安全，燕龛村党组织在获悉敌人来犯的情报后，决定打击日军的嚣张气焰，立即组织民兵队长郭二毛和史六猫等十几个民兵周密部署，察看地形，选择阵地，决定打法。通过全面分析，预测到敌人在寒冬腊月进村，必然会烧火取暖、做饭，民兵决定利用寒冷的有利天气，故意在甘泉寺前的大树下堆起干草，并把地雷掩埋其中，全副武装的民兵在四周设伏。天亮后，日伪军果然到了村东甘泉寺前的大树下点燃干草，围成一圈取暖。正当敌人毫无防备地烤火取暖时，干草中布设的地雷瞬间爆炸，埋伏在四周的民兵乘机向敌人同时开火，日伪军被炸得四散逃窜，仓皇缩回河底据点。这一场伏击战炸死日伪军4

人，炸伤2人，狠狠地打击了敌人的嚣张气焰。此后，日伪军再也不敢轻易前来燕龛村骚扰，极大地振奋了抗日军民对敌斗争的信心，受到了五区抗日政府的表彰。

1945年2月18日，驻河底摩垴炮楼的日军出发到西南舁"扫荡"。村中侯家大院住着两个警备小队，其中一个小队也去了阳泉，平定（路北）县支队接到情报后，决定趁敌兵力空虚之际袭击警备队。支队四连连长马凯带部队经2小时的急行军，于下午4时到达河底村。在内线关系的接应下，他们先在村公所抓获了来此闲逛的伪军中队长，经过做工作，伪军中队长愿意立功赎罪，便带领部队包围了侯家大院。警备队岗哨发现情况后，开枪报警。伪中队长高声呐喊，命令全体人员集合，缴械投降。当时摩天垴炮楼还有六七个日军看守炮楼，由于人少未敢下山。此战役共俘获伪军40余人，并缴获了大量枪支弹药。

同年6月14日，平定（路北）县支队由支队长温藏宝带领，夜袭白泉日军据点，打死、打伤日伪兵10余人，缴获步枪20多支。

同年7月上旬，平定（路北）县武工队队长王联保、政委李煦明在辛庄村接到内线余晋仁、苗廷弼派人送来的王湖寿（后名王庆华，平定范家岩荫河村人，原平定支队一连战士，在一次战斗中被俘，被迫当了伪军，后通过关系和抗日武装接上头）急信，获悉住荫营的日伪军要出发去阳泉，途经虎神庙，遂带领武工队连夜赶到虎神庙做好埋伏。次日早上，日伪军一进入埋伏圈，队长王联保一声令下，战士们打的打，冲的冲，战斗只打了10多分钟就结束，武工队以20多人的兵力消灭了日伪军1个班，俘虏5名，打死6名，逃跑1名，缴获"三八"步枪11支，子弹数百发。第二天，武工队在张家井召开了庆功大会。

1945年1月17日，太行军区第二军分区司令部侦察参谋赵亨德率领的武工队，冒着茫茫大雪，顶着刺骨的寒风，在狼峪村西芹泉附近俘获伪山西省政府教育厅顾问铃木川三郎和他的3个孩子，这次战斗击毙敌官兵及伪高级官员60余人，缴获重要机密文件、军用物资、军需品100余驮。太行军区1月25日通令全区嘉奖，给组织指挥这次战斗有功的赵亨德记大功一次。1月27日《新华日报》（太行版），以显著位置刊载嘉奖通令，详细报告了侦察英雄赵亨德亲自指挥这次战斗的经过。

四、骇人惨案

抗战进入战略反攻阶段后，尽管抗日斗争形势发生了根本变化，日伪已成为秋后的蚂蚱，但穷途末路的日伪仍不死心，伺机进行垂死挣扎。

1945年7月17日（农历六月初九），区内麦收刚过，日伪趁天还没亮就进发东村抢粮。该村民兵游击队队员通过内线获得消息后，连夜组织群众安全转移，最后游击队的岗哨才由村南蘑菇山向村北寨山撤退。撤退途中，游击队发现敌人已抢先占领了山顶，即转向山脚。这时敌人发觉了，便开枪向游击队射击，由于寡不敌众，敌人又居高临下，加之游击队的武器装备有限，仅有4颗手榴弹，于是就分散向山下转移，敌人也朝山下追击。游击队队员向前跑，干部们和部分群众随后紧跟，但敌人穷追不舍。在山下的苇地沟，村长李玉川、村干部侯志义先被敌人活捉。游击队长曹根明和爆破组长王银存跑到温河岸边，被一道十几米高的悬崖挡住去路，他们毫不犹豫地跳了下去，不幸把腿摔伤，落入敌手，残暴的敌人用刺刀将他们活活刺死。小区干部傅焕锁和游击队员傅银才两人为保护14岁的儿童团员侯玉牛，没有跳崖，沿着温河边向五架山河渠跑去，敌人警备队紧追其后，跑至姑姑崖也被一道数米高的滴水崖挡住了去路，而下面就是大水坑，这时他们怕敌人活捉，搜去身上带着的有关党组织机密材料，3人一齐跳下水坑，壮烈牺牲。民兵干部李全保和曹水金刚越过温河北岸，被敌发现用机枪向他们射击，两人身负重伤，但幸免被捉。敌人此次抢粮颗粒未获，便对抓住的李玉川和侯志义严刑拷打，两人后经组织营救脱险。就是这一天，万恶的日本侵略者勾结汉奸惨无人道地杀害了该村5名同志，4名同志重伤，数十名群众被抓，制造了震惊边区的东村寨山"六九惨案"。

1945年7月23日（农历六月十五）凌晨2时许，驻牛村、河底、西南垴的日伪军100余人，由日伪警备队第二中队长彭天柱及部属高志中、叛徒崔四毛带领，抄小路从三个方向悄悄包围了大西庄村。拂晓，日军突然从三面开火，向村里扑来。此时，大西庄村党员干部临危不惧，掩护群众突围，来不及突围的，就躲进了村地道里。日伪军进村后未抓住群众，十分恼怒。这时汉奸崔四毛说："村里人肯定没走完，总是钻地道了，洞口我知道。"于是崔四毛领着日伪军找到洞口，并向洞里喊话，洞里无一人出来。日伪军就将麦秸点燃，又找来其他柴草加上去，风不顺，又找来扇车，对准地道口往里扇烟。持续两个多小时才停止。

大西庄"六一五"惨案的地道口

　　午后，平定（路北）县七区区大队配合民兵赶走了日伪军，并迅速进行抢救，却发现地道里的人全部遇难。经辨认，死难者共58人，其中大西庄村48人，外来大西庄探亲者10人。

　　惨案发生后，平定（路北）县政府在大西庄村召开了"六一五"惨案追悼大会，还编写了《大西庄惨案歌谣》："忘不了六月十五那一天，五十八口男女老少死得真可怜，民族仇恨牢牢记心间，奔赴抗日救国的最前线……"

第六节 抗日英雄

碧血丹心,沃我中华。在如火如荼的革命战争年代,无数的仁人志士,为了国家的独立、民族的解放、人民的幸福,抛头颅洒热血,奋勇斗争,铸就了中华民族坚强的脊梁和不朽的灵魂。郊区同样活跃着一大批抗日英雄,他们的英雄事迹将永远铭刻在我们的心中,他们的精神将与山河同在,与日月同辉。

一、范子侠

1942年2月,日军对太行、太岳抗日根据地发动疯狂的春季"大扫荡"。时任八路军一二九师新编十旅旅长、平汉抗日游击纵队司令员、太行第六军分区司令员的范子侠,在率部保护抗日根据地群众,掩护分区党、政、军领导机关和正在分区视察工作的邓小平安全转移的战斗中壮烈殉国,时年34岁。八路军第一二九师师长刘伯承、政委邓小平在《新华日报》撰文纪念他,称他是"模范的布尔什维克,最忠实于中华民族解放事业的战士"。

范子侠将军

(一)决心抗日,易帜投奔共产党

范子侠1908年出生于江苏省丰县大史楼村一个贫苦的佃农家庭,6岁丧母,靠族人帮助才上完小学。1922年,他因生活所迫,流浪到了福建,后经同学资助,进入一所中学半工半读。后来范子侠投笔从戎,在直鲁联军中当小勤务兵,因为聪明勤快、吃苦耐劳,被选送到天津东北军随营学校学习,毕业后在国民党军队中任排长、连长、营长、团长等职。艰苦的生活,磨炼出他坚毅倔强的性格。

1931年,范子侠所在的部队被调往江西围剿红军,时值"九一八"事变爆发,他痛感内战不息、敌人入侵、民族危亡、山河沦落,于是联合正义青年军官发出了"停止内战,一致抗日"的呼声,却遭到了国民党当局的威胁。因不满国民党的不抵抗政策,范子侠愤然辞去军职,回到了丰县老家,另寻抗日救国的途径。1933年5月,他得知冯玉祥、吉鸿昌等组织察绥抗日同盟军,便辞别家人赶往张家口参加盟军,被任命为团长,参加了康保、沽源、多伦等地区的对日作战。1935年绥东抗战爆发后,范子侠秘密打入伪军李守信部任营长,在百灵庙战役中策动全营起义,并促使伪军整编师投降。但策反后不久,他却被国民党军事当局视为危险分子受到禁锢,直到"七七事变"后才获释出狱。他西走太原市,参加了牺盟会,又转进北京房山抗日前线,任二十九军某部团副。同年10月,范子侠拒绝随二十九军南撤,在河北无极、藁城、新乐、行唐一带召集民众,成立起一支30多人的抗日义勇军。他为义勇军宣传手册编写了誓词:"我们是中华民族的优秀儿女,我们是炎黄的子孙,我们是英勇善战的军队,我们是勇往直前的铁军,我们要为民族求解放,为祖国争生存,誓以头颅换回已失去的锦绣河山,誓以鲜血粉碎万恶的汉奸敌人。"义勇军接连打了几次胜仗,声威大振,部队很快发展到3000余人,被国民党政府授予冀察战区游击第二路军第二师番号,范子侠任第二路军副指挥兼第二师师长。1938年春,范子侠率部来到太行山南部的武安、涉县一带,与八路军一二九师、三八六旅七七一团及部分国民党军队协同作战,引起国民党当局极端不满,企图以"停拨经费"来逼他就范。他据理力争,第一战区长官司令部才勉强应允每月拨给8000元。范子侠来到洛阳要求增加军费,得到的答复却是:"钱不够用吗?那你就把部队拨一部分到洛阳来。"他十分气愤,对国民党不再抱任何幻想,回到敌后,就地筹款筹粮,维持军需。国民党当局一面下令制止,一面限期要范子侠的部队开拔至壶关、陵川一带驻防,企图胁迫部队向八路军进攻。遭到范子侠的严词拒绝后,他们又命令范子侠经山西晋城转至黄河以南整编,他答复说:"我们是为打日本才组织起来的,晋城和黄河那边没有日本人,我们大家都不愿去。"他率部转战晋东南、豫北、冀西一带,与八路军合作抗日，断然拒绝国民党的拉拢诱惑。1939年11月20日，在八路军总部首长和刘伯承师长、邓小平政委的亲切关怀下，范子侠接受了共产党的领导，毅然将部队易帜为"八路军平汉抗日游击纵队"，他任司令员。不久，经王维钢、王铁、王铮介绍，他加入了中国共产党。

（二）打鬼子，哪怕抛头颅洒热血

范子侠作战勇敢，每逢战斗总是身先士卒，冲在前面。他手执双枪，弹无虚发，敌人无不闻风丧胆。"我是不会死在床上的，要么是敌人把我打死，要么就是被汉奸打死"，这是范子侠生前常说的一句话。范子侠将军入党后不久，就率领平汉纵队参加了刘邓首长统一指挥的白晋铁路破袭战，协同一二九师特务团、三八五旅、晋冀豫边区纵队和挺进支队全歼敌人1个警备大队，破坏铁路几十千米，毁大小桥梁50余座。战役结束后，平汉纵队与八路军边纵、七七一团合编为八路军一二九师新十旅，范子侠任旅长。后来他曾在文章中这样写道："这一年度是真正走上革命道路的年度。"

1940年8月，百团大战全面打响，右翼破袭队在新十旅旅长范子侠的率领下，负责阳泉到寿阳段铁路线的破袭任务。21日拂晓炸毁桑掌桥，随后攻克赛鱼、坡头火车站，炸毁燕子沟、大小铁炉沟矿井。23日谢富治、范子侠、赖际发率部经过坡头车站支援西线新十旅20团西线战斗。

测石（狼峪）车站为正太路的二等车站，整个车站四周围以坚固的铁丝网防护，营房四周有坚固工事，并有交通壕直通对面山上的碉堡处。车站、炮楼、碉堡之间有交通壕联通，呈扇形与狼峪站相互钳制保护。碉堡所在的山峰陡峭险峻，相互呼应，使车站日军如虎添翼，直接钳制八路军正太路的破击活动。八路军虽多次组织强攻，但在坚固工事、有利地形面前均未能奏效。

23日黄昏，连续坚守2日的日军远远望见一队三四十人的日军队伍由测石村方向走来，衣着整齐，携带日式武器，车站日本兵一看以为是阳泉增援部队赶来为他们解围了，便在车站门口左右列队迎接。但这支队伍一进入车站，突然开枪射击，在几乎零伤亡的情况下一举拿下测石车站据点。范子侠也在化装成日军的队伍当中，他亲自着装挂帅智取测石（狼峪）站，成为百团大战典型案例，载入中国抗战史册。

范子侠曾在文章《兴奋的回忆》中说："这是光荣的纪念标志。疤痕还残存着。看看我的疤痕，感到无限的安慰和兴奋，算是为祖国流了一点血。"曾与范子侠一起战斗过的朱穆之同志评价范子侠说："他是个勇敢的军人，在火线上，他总是身先士卒，只知道勇敢地打击敌人，不顾自己的生死。"除了组织指挥部队作战外，范子侠还多次冒着生命危险做伪军的工作。1941年冬，范子侠率部攻打梅花村敌人据点，据点高且坚固，墙外有一丈多深的水沟，部队两次冲锋没有拿下据点。战地宣传员进行政治攻势，喊话多次敌人也不回话。范子侠得知据点里为首者是个姓高的伪军班长，于是高声喊道："在炮楼上的是高班长吗？我是范子侠，希望你认清形势，放下武器，改邪归正吧！"伪军们一听是范子侠的声音，便乖乖放下吊桥缴械投降了。

1941年，范子侠任太行第六军分区司令员。7月初，他以边区抗日军人代表的身份，出席了晋鲁豫边区临时参议会成立大会。这一天正是抗日战争4周年纪念日，夜晚回到驻地，范子侠夜不能寐，实在难以抑制内心的激动，他点起油灯，伏案写就《兴奋的回忆》一文。他写道："一年一度的'七七'又来到了，今年是第五个抗战年度，四周年的战斗生活，回忆起来是颇有趣味而且令人兴奋的，四年来虽然经过许多沧桑幻变，结论只有六个字，真理战胜一切！……四年来我们把拳头磨炼得更硬了。我是中华民族的儿子，也是党的儿子，没有别的，永远干下去，永远……"

（三）为国捐躯，精神永存，光照千秋

1942年2月，日军纠集重兵，对太行、太岳抗日根据地发动疯狂的春季"大扫荡"，时任一二九师政委兼晋鲁豫军区政委的邓小平正在六分区视察工作，范子侠主动承担了掩护分区首脑机关和群众安全转移的重任。从2月10日晚上开始,范子侠率部在河北沙河县册井、魏庄等地阻击日军。12日午后,日军增援骑兵队冲来,范子侠指挥部队沉着应战,并提醒战士们注意隐蔽。突然一颗子弹打中了他左肩下的大动脉,虽经包扎仍血流不止。附近的乡亲们听说范将军受伤了,丢下包袱,纷纷前来看望,还争着抬担架。大家把范将军抬进柴关村,焦急地围拢过来询问伤情,范子侠吃力地睁开眼睛,微笑地看着战士们说:"不要为我难过,得了这次教训,我们应该好好地整顿地方武装。我们的地方武装真还太差啊!"下午6时,范子侠将军永远闭上了双眼。

范子侠牺牲后,被安葬在了沙河县柴关村附近大鞍山的封峦寺前,墓由34方青石垒成,代表着他走过了34年的人生旅程。墓上有碑,却无一字,主要是怕鬼子破坏,后来,当地政府为范子侠将军立了纪念碑。中华人民共和国成立后,范子侠的遗骨从沙河县迁葬到了邯郸市晋冀鲁豫烈士陵园。后来,范子侠之子范国光,多次去范子侠生活、战斗和牺牲的地方采访、搜集资料,多次拜访范子侠将军过去的老战友,搜集到他父亲当年的照片和许多战斗故事,于1995年和他父亲的老战友一起合著出版了纪念范子侠的文集——《忆范子侠将军》,刘华清、李德生、秦基伟等领导为这本书题了词。

范子侠将军忠于革命、不屈不挠、为中华民族的解放不懈奋斗和勇于献身的传奇一生,让我们看到了他的高尚、伟大、爱国、勇敢,看到了他对共产党的无限忠诚和对人民群众的鱼水情深,他不愧是一位真正的共产主义战士,他的精神将永远激励我们,为建设富强、民主、文明、和谐、美丽的社会主义现代化强国而努力奋斗。

二、葛尧臣

葛尧臣1905年出生,平定城里人,1936年参加革命,随后加入中国共产党。先后任平西县游击队副大队长、大队长。葛尧臣作为平西抗日根据地的创始人之一,为平西县抗日根据地的创建做出了贡献。

1937年10月,日军的铁蹄踏上平定古州,他们烧杀奸淫,无恶不作。抗日的烽火也随之而起，葛尧臣加入平定游击队，积极参与抗日武装斗争，后来创建平西县抗日根据地。

  1938年2月，中共平（定）西县委积极宣传抗日救国，动员青年参军，组建平（定）西县抗日游击队，对日军展开扰袭活动。当时葛尧臣因善战善谋、成绩突出，先后被任命为平西县游击大队副大队长、大队长等职，并很快组建起一支有着180余名队员的游击队伍，驻扎在寿阳县的上龙泉、下龙泉等地区，常年在冶西、冠山、平定城、阳泉镇、赛鱼、桑掌、测石一带活动，时分时合，巧袭日军。白天打伏击，晚上破铁路、割电线，经常使敌人交通瘫痪、指挥失灵，被动挨打。其间他还利用自己有文化、懂医学的长处在游击队开展文化知识培训，积极宣传武装抗日思想，亲自为伤员疗伤处置。葛尧臣在当时平（定）西县抗日武装队伍中有着极高的声望。

  1939年7月，葛尧臣带领游击队一个晚上就把平定马家锁簧到义井坡的电线全部破坏，并将电线转移，沉重打击了日军的嚣张气焰。同时依托平西县狮脑山以西阳泉至寿阳一线山区，对正太铁路常年扰袭，使铁路运输时断时续。破袭铁路的同时，他多次在铁路线上抓获日军鬼子，搜集情报。他的经验是：白天鬼子很凶悍，只能打伏击，晚上鬼子心惊胆战，要主动出击。当时葛尧臣率队数次埋伏在日军铁路线边、铁丝网下，只要日军多向前迈几步就能发现他们，但胆怯的鬼子却望而止步，龟缩回去，让胆大心细的葛尧臣在破袭铁路和抓获鬼子的任务时数次得手。每次执行任务葛尧臣都亲自带头，他经常说："怕遭苦不是干革命的人；怕流血不是党的人；怕砍头不是打鬼子的人，冲锋陷阵跟我走，流血牺牲不回头。"平西县游击大队也因此成了正太线日军恨之入骨、除之而后快的心头大患。

  1940年8月，百团大战全面打响。在大战前夕及战役开始整个过程中，葛尧臣所属的平西县游击大队凭借地方武装对地形、情报搜集、居民熟悉的优势，为范子侠新十旅的破袭工作给予了向导、情报、民工人员等方面很大的支持，可以说对百团大战阳泉地区铁路破袭战的胜利起到了极大的辅助作用，由此也引起驻阳泉日军的特别关注。

百团大战结束，日军开始大规模地扫荡报复，在平西县一带开始张贴布告，悬赏捉拿葛尧臣。葛尧臣凭借自己卓越的领导才能巧妙指挥平西县抗日自卫队继续开展游击破袭战斗。然而，不幸的事情发生了。1941年葛尧臣在执行任务时，由于叛徒告密，被日军包围，不幸被捕。葛尧臣被捕后被关押在测石火车站，白天绑在测石车站电线杆上用吊、打、灌辣椒水等酷刑逼供；晚上关在马厩房里，躺在积有马尿的地上被折磨半月之久。鬼子逼他供出平西县正太路沿线地下党组织，并承诺给予好处，但葛尧臣面对酷刑，在敌人面前大义凛然，坚贞不屈，誓死不投降、不招供。日军逼降无果，1941年农历闰六月十五，丧心病狂的日本鬼子把葛尧臣残忍地杀害在草帽山下。

三、史一轮

史一轮，又名史海富，1915年5月出生在平定县上荫营的坪上村，贫农出身，7岁上荫营两等小学，15岁高小毕业后，经亲戚介绍到河底一家商铺学徒8年。"七七事变"后，抗日战争全面爆发，中华民族展开了轰轰烈烈的抗日救国斗争。同年10月上旬，以刘道生为团长的八路军战地工作团从河北平山来到了盂县、牛村、河底、荫营等地，深入城镇乡村广泛开展抗日救亡宣传活动。在抗日救亡思想的影响下，史一轮在河底参加了八路军战地工作团，跟随战地工作团深入乡下发动群众，积极广泛宣讲《中国共产党统一战线十大抗日纲领》，提高人民群众的抗日救国思想觉悟，动员青年男子参军参战，发动妇女积极支前，团结一切可以团结的力量，掀起了抗日救国的热潮。

1937年12月1日，日军对荫营进行了野蛮的烧、杀、抢之后，年底进犯河底、牛村、盂县，随之中共平定（路北）县委、县抗日政府转移到盂县上社。就在这时期，史一轮在盂县牛村镇经史万修、史恒介绍加入了中国共产党，开始了与日伪军、汉奸叛徒、特务、地主的坚决斗争。

1938年4月，中共领导的平定（路北）县自卫总队在岔口郝家庄成立，总队长为段琛，后为史一轮，副总队长为赵叶民。他们深入辖区内各个村庄发展抗日组织，进一步扩大抗日根据地。

1938年底，史一轮因病调回盂县，任盂县四区（上社区）农会秘书，主要任务是继续深入乡村，发动群众进行抗日救国斗争。

1939年3月，日军占领上社，县委连夜迁到滹沱河北的峪口，改派史一轮到四区工作（上社北驻有阎军的保安队）。三月底，史一轮又调回峪口。

1939年5月底，上级分配史一轮回平定（路北）县工作，任平定（路北）县自卫总队干事。

同年6月，史一轮调平定自卫队第一大队部工作，任干事，领导自卫总队的抗敌军事工作，这是一个民兵组织。9月，组织让他在岔口神灵台西和神水泉两个地方，负责军事训练自卫队。训练时被娘子关的日伪军发现，当天半夜里得到报告，说日伪军有行动的迹象。自卫队就有所准备，干部队员都没脱衣服睡觉，派侦察员密切注视，发现敌人已经进了沟。这时天已大亮，队员们正在做早操。史一轮等立即布置队员进行疏散老百姓、粮食等。送走了队员，史一轮藏起了文件，换了军装，这时日伪军已经进村了。他察看了躲避起来的老百姓，后进到高石匠家隐蔽。高大娘说他是自己的侄儿，被伪军内线放走，躲过了一难。

1940年8月，通过民主选举，史一轮为自卫队队长，赵叶民为指导员。百团大战期间，梁晋平出任县总指挥，史一轮任副总指挥，分管后勤工作。在百团大战中，史一轮带领民兵和游击队，配合八路军前往娘子关前线送弹药到董寨，还打了下磐石的敌据点，里应外合打死了几个日军，缴获了2支枪。同时夜间组织民兵到白泉、千亩坪、三都沿线的公路上割电线，到正太铁路的白羊墅、娘子关一线挖铁道、炸桥梁，狠狠地打击了日伪军的嚣张气焰。

史一轮带领的民兵和游击队抗击日伪军名声大震，日伪军怕得要死，恨得要命，并贴出布告，悬赏100块大洋捉拿史海富。后经组织决定改名为史一轮。

1940年秋，史一轮调平定（路北）县公安局任社会股长，主持后勤工作，发动群众筹备粮款，组织慰问抗日英雄。史一轮还组织干部到千亩坪敌据点附近村庄，宣传动员青年参加民兵游击队，开展抗日救国斗争。

1941年8月，日军在晋察冀边区进行大规模的秋季大扫荡。阳泉是日军在正太铁路线上的一个重要军事基地，有娘子关、阳泉、测石、巨城、白泉、荫营、河底等十来个据点。平定（路北）县所属一、二、三区建有敌人碉堡50个左右，严密控制着整个平定（路北）地区。日军实行烧光、杀光、抢光的"三光"政策，制造"无人区"和"火焚区"，活动十分猖獗，使抗日根据地逐步缩小，干部活动也更为困难。为有效开展抗日活动，县委决定把所有县区干部化整为零，分赴各地进行工作。史一轮带领20多名警卫员（有王志国参加）在西半区的巨城岳家庄、赵家庄、水峪、东西小麻和白泉、东西梁庄、段家庄、小河北一带活动。他们走群众路线，研究对策，声东击西，不分昼夜，打掉了地富反动分子勾结破坏抗日十分活跃的"棒棒队"。他和岳勇、岳所小等人打死了10名"一色特务工作队"。

1942年2月，史一轮担任平定（路北）县公安局治安股长。同年冬，他发展抗日政府内线，派阎保银等同志探听敌人信息、送情报，帮助抗日政府打击日伪军。

1943年1月，史一轮到平定（路北）县武工队工作，担任锄奸委员。9月史一轮调四区担任治安员，通过抗日政府内线余晋仁、史子西和县支队谭珠生、程瑞、乔步喜等，在人民群众的配合下，镇压惩处了一批死心塌地为日军效劳的汉奸。

抗战时期，史一轮父亲去世，他得知后回坪上村奔丧，身穿白孝服吊孝。由于汉奸的告密，日伪军赶来，他发现后机灵地脱掉白孝服，只身逃走，又躲过了一劫。还有一次，史一轮化了装去阳泉站上买药，过木头天桥，有一个汉奸从木头缝里认出了史一轮，就想去告密，但又一想，这是抗日"三龙"之一的史一轮，此人害怕，不敢告诉日军。最后只好眼巴巴地看着史一轮买上药。史一轮又躲过了一难。

抗战时期，史一轮任平定（路北）县公安局局长，他在抗日工作中有计谋，个子虽然不高，但腿脚灵活跑得快，在锄奸斗争中利用汉奸除汉奸。有一次，他命令小汉奸除掉一个死心塌地跟着日伪军干坏事的大汉奸武强（"街上人"）。他利用汉奸之间的矛盾将计就计，想办法把大汉奸引到村外的地里用石头砸死，既没有响声，又节约子弹。

1944年夏，史一轮还争取过日军坂下正昭。同年秋，史一轮等人在下荫营村摧毁反动会道门组织——"一贯道"，捕其道首，对道首进行教育，使广大人民群众认清他的反动嘴脸。

1946年2月，史一轮任平定（路北）县四区区委书记。7月调平定（路北）县公安局，任副局长。1947年8月，史一轮任职平定（路北）县社会部，兼公安局局长，同年11月，调二地委，带领地委土改工作组到阳曲县工作，时任鄱都中心工作组组长。

1948年1月，史一轮调中央局，因身体原因，又回二地委。2月，分配到盂县社会部工作。3月15日，调任二地委社会部盂寿侦查组副组长。

1949年10月至1950年6月，史一轮任阳泉工矿区人民法院审判长。1950年6月至1951年5月，史一轮任阳泉工矿区人民法院副院长（1950年8月至10月曾在中共山西省委党校司法整风队整风）。

1955年，史一轮任阳泉市百货纺织批发站副经理。

1996年，史一轮因病逝世，终年81岁。

四、戴德龙

戴德龙，又名戴福永、戴金元，1915年出生在盂县仙人乡角雨村，祖籍盂县北舁乡戴家庄村（今阳泉市郊区西南舁乡戴家庄村）。早年家境贫困，他父亲逃荒来到盂县仙人乡，因母亲是仙人村的，后就落脚角雨村了。全家五口人，父母亲、妹妹、弟弟和他。家有大小房屋4间，12亩山地，1头耕牛。房子是用当地的石板片垒起来的。因家境贫穷，戴德龙小时候只念过几天小学，识几个字后就跟着父亲在村放牛，干农活种地。

1937年10月，受刘道生为团长的八路军战地工作团的影响，戴德龙树立了抗日救国的革命思想。1938年12月，受到革命抗日思想教育的戴德龙毅然参加了革命，加入盂县抗日自卫总队，在乡村宣传抗日救亡主张，提高广大穷苦劳动人民的思想感悟，组织展开抗日武装斗争。不久，加入了中国共产党。1939年2月，任盂县三区锄奸团部分团长，配合当地政府、八路军铲除叛徒，消灭汉奸特务。

1939年后，日军实行封锁"蚕食"政策，在盂县三区的东会里和东关头设立了两个据点，这样就把晋冀（山西和河北）的晋察冀二、四分区两条交通要道切断了。盂县三区区公所就设在仙人村的一户农民家中。为了打击这一带的日伪军的扫荡，戴德龙带领三区游击队及锄奸团，铲除了一大批叛徒、汉奸、特务、地主恶霸、地痞流氓。

戴德龙带领游击队声东击西，打击日军和汉奸，威名大振，在敌人的特高课挂了号，日军和汉奸非常害怕，还贴出布告，悬赏100块大洋捉拿他。戴德龙就是由戴福永、戴金元改名的。

戴德龙带领盂县三区游击队、锄奸队趁着夜晚，按照上级指示，护送边区首长安全顺利通过晋察冀二、四分区这条重要的交通线。当地的汉奸、特务听到戴德龙的大名后，也都避让三分，不敢阻挡。

1940年6月，戴德龙任盂县游击大队三中队政治指导员，同年8月至12月"百团大战"期间，戴德龙率领游击队与八路军、地方民兵相互配合，参加了攻打东会里、东关头的敌据点战斗，打得日伪军逃回了盂县城。他带领游击队破坏敌人的公路交通，割电线，破坏敌人的通信联络，支援前线部队，保护群众的粮食、财物，取得了胜利。

1941年农历十月十五晚，高兴隆、郭子书、戴德龙带领游击队到盂县牛村镇南岭村帮助群众连夜转运粮食，由于叛徒出卖，牛村据点的日伪军包围了游击队领导开会的院子。第一道岗哨被敌人摸掉了，第二道岗发现敌人时，敌人已包围了院子，并在院子房顶上架起了3挺机枪。戴德龙他们只能扔手榴弹趁着烟雾冲出院子，郭子书掩护群众受重伤，因伤势严重，英勇牺牲。在区二小队和八路军十九团二连的配合打击下，游击大队副大队长戴德龙带领游击大队掩护群众转移撤到安全地方。高兴隆因腿部受伤，被老百姓救出后转移到附近村庄，经过三个多月秘密养伤后康复。

1942年12月，戴德龙调平定（路北）县四区大队部任教导员，后任武委会主任。

1943年，李煦明调平定（路北）县任武工队政委兼四区区委书记，戴德龙任平定（路北）县武委会主任。当时在荫营、三泉、上下烟、南窑庄以南正太铁路和阳泉附近，敌人为了确保铁路的畅通，以便掠夺煤炭资源，就在沿线增加了不少据点。四区区委和武委会研究提出了针对当前形势和部署打击日伪军的计划，秘密开展地下抗敌斗争。戴德龙带领武工队员并组织周围村的民兵，到正太铁路沿线的白羊墅至乱流段进行夜间破袭，拆下的铁轨及破袭阳泉至盂县公路交通线割下的电线，连夜人抬马拉送往河北平山八路军根据地兵工厂，用来铸造手榴弹和炮弹武器。

戴德龙在盂县南和平定（路北）县抗日，当地老百姓都称他是"一条龙的抗日英雄"。"他生得高大、壮实、厉害，日本鬼子都害怕哩呢！一次戴德龙穿上便衣，就进了日本人的家里，还杀了不少日本人，汉奸伸出手来戴德龙就拿刀把手剁了。真是有胆量有威风。当时没有胆量的人是不敢工作（抗日）的。"这是戴家庄村85岁老人戴春寿说的。

1944年农历九月，李煦明和戴德龙率领武工队人员护送一批物资，其中有洋布、药品，先从三泉、上烟村送到东堖，随后转送往辛庄抗日医院和解放区。同时开展反侵略斗争，利用内线到白泉据点炮楼打击敌人，铲除汉奸、叛徒、特务、日伪军，以及当地汉奸"七杆旗、八杆炮"。还端了荫营据点（街上村大垴山炮楼），夺回了大批粮食、武器、弹药等物资。

1945年春，抗日战争进行到最后反攻阶段，武工队在三泉村打死了白泉的汉奸黄某。日伪军暂不敢轻举妄动欺压老百姓。三泉村的支委还悄悄派人请回了武委会主任戴德龙来村里手把手教民兵制造地雷。之后部队在阳盂公路上埋地雷，破坏敌人的交通运输线，当场炸死了两名伪军，提高了群众的抗日信心。

1945年夏，李煦明、戴德龙带领武工队队员和民兵在县委的指示下与其他地区的武工队员、民兵一起来了一次彻底摧毁敌人封锁墙的活动。白天敌人强迫各村老百姓重新修建封锁墙，晚上武工队员、民兵进行拆除破坏，这样反复的斗争，使敌人的封锁墙始终没有修起来，粉碎了敌人的阴谋，迎来了抗日胜利的曙光。

1946年迎来了抗战胜利后的第一个新年。经过八年军民联手抗日，李煦明与上烟村妇救会主任赵慧英、戴德龙与上烟村妇女积极分子李云林成为革命的伴侣。

1946年2月，戴德龙调平定（路北）县武装部任政治股长。同年11月，戴德龙又调寿阳县武装部任作战股长。1947年5月2日阳泉解放，7月调回阳泉市武装部任作战股长。1948年1月，调晋冀二分区武装部作战科任作战干事。1949年初，戴德龙参加了领导解放太原的支前工作，带领300多名担架队员前去抢救伤员，几经周折及时将伤员送往解放军的后方医院，为解放太原做出了贡献。

中华人民共和国成立后，1950年6月戴德龙经阳泉市政府介绍，到阳泉矿务局四矿当食堂管理员。

1955年调阳泉矿务局三矿工作，任丈八坑口主任。1960年调荫营煤矿工作，任一大队坑口主任、安全科长。1962年，他响应国家精简压缩城市人口、减轻国家负担的号召，带领妻子和四个孩子，一起回到了他的祖籍——西南舁乡戴家庄村。居住在他三大爷于中华人民共和国成立后土改时分下地主的一间仓库里生活。1964年8月，戴德龙因病逝世，终年49岁。

五、高兴隆

高兴隆，原名张承贤，1916年出生于盂县温河北边的马家庄村（现郊区荫营镇马庄村）的一个农民家庭。家中兄弟四人，他排行老二。16岁经人指引参加革命活动，因住在偏僻闭塞的山区、文化水平低，只帮人传传话、送送东西。

1937年"七七事变"后，抗日战争全面爆发。八路军战地工作团的郭梦秋和刘文忠来到南韩庄村一带开展抗日救国宣传工作。他们以牺盟会抗日组织的名义，发动群众，使居于大山深处的老百姓懂得了抗日救国的道理。10月中旬，郭梦秋和刘文忠秘密发展了南韩庄村的胡金麟、胡启秀等六名同志为中国共产党党员，并组建了南韩庄村第一个党小组。张承贤也参加了牺盟会和八路军战地工作团的组织活动，与同志们到农村地头发动群众，政治思想觉悟进一步提高。11月下旬经郭梦秋、胡金麟两人介绍，张承贤秘密加入了中国共产党。

1937年10月30日，日军侵占平定、阳泉后，准备继续向荫营、河底、盂县入侵。11月初，中共五县特委决定在盂县上社组建平定（路北）县工委、平定（路北）抗日政府。张承贤被分配到战地工作团任组长，主要任务是搞地方武装，筹集武器、弹药，组织农民自卫队进行武装抗日游击战争。张承贤在县工委和县抗日政府的领导下，深入农村，宣传抗日救国思想，动员农民兄弟拿起枪杆子，跟着共产党八路军打击日本侵略者，很快组织起一支农民抗日游击队。因他是本地人，政治思想觉悟高，又有领导组织能力，上级领导决定让他担任抗日游击队队长，开始了他抗日武装斗争的生涯。

1937年12月1日，日军进犯荫营，屠杀群众，烧毁房屋，抢劫财物，无恶不作。随后，出动4000余名日伪军围攻平定（路北）抗日根据地，抗日形势更加严峻，斗争更加激烈。他带领游击队员活动在南韩庄周围一线，打击日伪军、汉奸特务。有一次他利用内线掌握了日军要来南韩庄抢劫的消息，率领游击队员英勇奋战，杀死一个班的日本鬼子、汉奸。日伪军屡遭八路军、游击队民兵的打击，恨得要命，贴出布告，悬赏100块大洋要张承贤的人头。

1938年1月，盂县抗日自卫总队在上社成立。1月9日，日军第二次入侵盂县。上级决定张承贤带领百余名游击队员到盂县上社等地进行训练,掌握杀敌本领,英勇上战场。

同年的腊月廿九,八路军一一五师三四四旅六八七团路经盂县,短暂修整。正月初四,日伪军向北侵犯。凌晨,盂县城和阳泉的日伪军兵分三路向牛村扑来,从阳泉五架山入侵的日伪军与八路军接上火。为保存实力,六八七团一连趁敌人未形成包围,借着有利地形边打边撤,从阴山沟撤走了。穷凶极恶的敌人把怒火发泄在二连身上,猛烈的炮火使通信中断,二连撤离阴山河的退路被截断,被敌人包围,经艰苦激战,因寡不敌众,100多名战士壮烈牺牲。为补充兵源,上级决定把张承贤带领的百余名战士全部补充到八路军一一五师三四四旅六八七团。

1939年2月,张承贤参加了在林里沙堰梁伏击日军的战斗。首战告捷,他和战友打死打伤敌人数十名,缴获两辆汽车。

1939年秋,日军开始秋季大扫荡,张承贤任抗日游击队长,刘晋明任游击队指导员。为打击敌人,增强群众的抗战决心,张承贤、刘晋明决定带领游击队在东村与河底交界的和尚沟伏击日军。他们与区小队长张相和联系,设计引诱日伪军。日伪军中队长带领60余人,从河底据点出发,直奔小西庄。等敌人到了伏击地点,猛烈的枪弹射出,打死敌人5名,缴获机枪1挺,手榴弹子弹4箱。这次游击战极大地鼓舞了抗日军民的斗志,挫伤了敌人的士气。

1940年1月,张承贤调盂县基干队任中队长。4月的一天晚上,他秘密潜入牛村开会,由于汉奸告密,敌人包围了会场,张承贤撤退时,腿部受了轻伤,跳河才躲过一劫。

为了继续坚持开展游击抗日斗争,躲避敌人的追杀,上级领导让张承贤改名换姓,张承贤服从组织决定,考虑后决定改名高兴隆,取义"抗日战争是正义的人民战争,革命一定会兴隆起来"。

张承贤改名高兴隆后,更增强了对党的忠诚、对敌人的仇恨,也更坚定了他对抗日斗争胜利的意志。

1943年9月,高兴隆调任八路军十九团协兵营队长后,在与日伪军的战斗中腰部负伤,只得离开部队到野战医院住院治疗。直至1945年日本无条件投降,他的身体才基本康复。

身体康复后，高兴隆要求重新工作。他被分配到平定武委会担任民兵大队长。1946年5月调平定民兵新兵营任营长，1946年11月又调平定民兵大队和区大队任大队长，1947年11月在华北工作团任大队长。工作期间经组织批准，1948年1月第二次加入中国共产党，介绍人马德，半年后转正。

为什么两次入党？原来，1938年2月，日军占领平定路北，形势紧张，上级指示让他带领百余名游击队战士到上社等地训练。仓促间他没有将党组织关系带出来，同时也找不见入党介绍人郭梦秋、胡金麟二同志的下落。又因敌人占据了马家庄村，他曾夜间秘密回村，得知村里的党组织已经隐蔽。他恐怕组织关系暴露，就什么也没说走了。将组织关系丢失后，他曾多次向上级领导反映，领导让他找证明人。因找不见郭梦秋、胡金麟二同志，所以便有了这次重新入党。

解放战争拉开序幕后，高兴隆曾报名南下，但因身体原因没有去成。1948年1月，高兴隆调忻县专署公安处任公安队长。1948年9月，在参加济南战役时，他英勇作战，在战斗中被敌人的炮弹炸伤头部、腰部、胸部，几乎停止了呼吸。部队给他弄来一口棺材，正准备装棺材的时候，他又有了呼吸，后来虽经过治疗，但脑袋中的碎弹片始终没有取下。

中华人民共和国成立后，高兴隆在山西省忻县专署公安处任公安队长，后历任忻县专署公安处劳改大队副大队长、山西省公安厅忻县豆罗砂厂厂长、山西省公安厅原平钢铁厂厂长、阳泉荫营煤矿机电科科长等。

在工作之余，高兴隆常常到周围县区、村庄看望战友和老乡。他还常被请到厂矿、企业、部队、机关、学校、农村大队，给青少年讲述抗战中亲身经历的战斗故事。1979年4月，高兴隆逝世，享年64岁。

第七节 抗日战果及损失情况

一、抗日战果

1945年8月15日，日本宣布投降。几天后，盘踞在荫营、河底、白泉等地的日伪军全部撤回阳泉，当年恰逢农历鸡年，百姓戏传为"鸡叫鬼走"。经过艰苦抗战，区内人民终于盼来了胜利。抗日政府在荫营龙天庙河滩搭起舞台，召开了隆重的庆祝大会，附近各村近万名群众参加。会上群情激昂，欢声雷动，会后举行了声势浩大的游行。一段时间内，各村组织了霸王鞭队、秧歌队、耍狮队、舞龙队、高跷队，编排了迓鼓等文艺节目，走街串巷，宣传演出。下荫营村吕鸿厚动员17岁的女儿吕金娥上街表演和上台演戏，群众报以热烈的掌声。

在长期抗战中，区内民兵积极参军参战，成绩显著。许多青年争先恐后，踊跃报名，"父母送子妻送郎，兄弟相争上战场"的动人事迹常常涌现。仅1937年11月25日，荫营地区一次参军人数就达300余人。1942年冬，日军为分割抗日根据地，制造无人区，修筑了西起东村乡小西庄村，经南沟、下章召、红岭，东到娘子关，全长50千米的封锁墙，白天日伪军强迫老百姓修筑，晚上民兵组织起来推倒，历时两年，日军计划破产。1942年，段家庄村武委会主任段银宝率民兵伏击抢粮的日伪军，炸死日军指挥官1名，炸伤数人；五架山村民兵在村边南岭埋设自制地雷，炸伤日伪军6人，其中重伤2人。1943年，民兵配合武工队夜间潜入石卜咀村，将日军运煤的80余头骡子赶走。1944年10月，张家井、高垴庄民兵利用亲戚关系弄到百团大战时遗留的一颗8斤重的地雷，重新组装后放入倭瓜内，随后潜入乱流车站，放入铁路涵洞内，采用顶部引爆的方法，炸毁日军火车1列。1945年，民兵潜入白泉据点，将日伪军抢走的100余只羊赶回，送还原主。四区民兵在柳沟、小西庄、桃坡、李家庄一线，破坏日军通信线路，一夜割电线3000余斤，挖出日伪军埋在电线杆下的地雷12颗,取下挂在电线杆上的手榴弹40余枚,协助区小队铲锄汉奸特务5人。到1945年8月,区域内民兵共出击450余次,攻占堡垒22座,破坏公路150千米,破坏铁路50千米,炸毁桥梁16座,毙伤日伪军1180余人,缴获各种枪支860支,夺回被敌人抢走的大牲畜232头,羊188只,粮食13530公斤。如此卓著的功绩,表现出区域内民兵不可低估的战斗力量。

抗战十四年,区域内党组织由弱到强,不断发展壮大,以自己的坚定意志和模范行动,成为领导人民革命事业的中流砥柱。这一时期,各级党组织经受了艰苦的锤炼和战火的考验,日益坚强壮大起来。区内由抗战初期的1个支部、几名党员发展为4个区委、77个农村支部、1个县直属支部、1651名党员。

作为区内人民革命斗争的领导核心,各级党组织坚持马列主义与本地实际相结合的原则,正确处理阶级矛盾与民族矛盾的关系,团结社会各方面力量,积极倡导、促成、维护抗日民族统一战线,最大限度地唤起了全民族的危机意识和使命意识,动员广大军民共同抗战,成为凝聚全民族力量的杰出组织者和鼓舞者。在艰难的抗战岁月中,各级党组织领导广大军民,武装斗争与非武装斗争相结合,前方斗争和后方斗争相结合,公开斗争与隐蔽斗争相结合,特别是广泛开展了伏击战、破袭战等,创造了人类战争史上的奇迹,使日本侵略者陷入了人民战争的汪洋大海之中。中国共产党人以自己最富于献身精神的爱国主义、不怕流血牺牲的模范行动,支撑起全民族救亡图存的希望,成为夺取抗战胜利的民族先锋。中国共产党领导区内的广大军民取得的抗战果实来之不易。

二、损失情况

为了深入开展抗日战争史的研究,为中央处理对日关系提供历史见证和决策依据,根据中央领导同志的指示和山西省委8月12日抗战调研督查工作会议精神,郊区从2008年9月26日至10月20日,积极组织人员对侵华日军在本区所犯罪行进行了专题调研,其中,人口伤亡情况和财产损失情况如下:

（一）抗战时期人口伤亡情况

1. 历史档案记载的人员伤亡情况

根据《冀晋二专区人口损失统计表》（1946）和《冀晋二专区因敌灾天灾所引起之灾难民统计》（1946）汇总，平定（路北）县直接人口伤亡3 003人，间接人口伤亡3 414人，被俘捕4 485人，下落不明694人，合计11 596人；流难徙民306人，无衣食住三项有13 500人，无衣食二项有65人，无衣有390人，无食有424人，四项小计14 376人；伤残384人，鳏寡孤独及无靠抗日烈属8 825人，慢性病患者1 331人，因敌强奸妇女所引发性病人数325人；"无人区"村庄30个。

2008年9月，郊区对抗日期间损失的专题调研

另据《冀晋二专区各县八年来敌灾损失调查统计》汇总，平定（路北）县被敌直接杀害3 005人，被敌俘捕13 465人，受日军虐待伤残致死3 414人，因灾害冻死23人，饿死65人，淹死1人，下落不明694人；无衣食住三项有5 000人，鳏寡孤独及无靠抗烈属2 895人，还乡难民及俘房1 375人，慢性病患者1 331人，流难徙民306人；因战争灾祸而患疟疾2 750人，麻疹1 375人，伤寒2 088人，痢疾1 375人，杂疹6 795人和患多种疾病的2 669人。

再据《冀晋二专区各县八年来敌寇侵略损失数据表》汇总，平定（路北）县被敌杀害3 005人，伤残3 010人，劳役8 018 501人。

需要说明的是，抗日战争时期本区没有设立专门建置，当时大部分区域属平定（路北）县。但以上数字基本能反映当时本区域的情况。

2. 实地调研统计的人员伤亡情况

(1) 全区汇总情况

通过对区所属 4 乡 4 镇、184 个村民委员会和 2 个居民委员会进村入户实地调研,全区直接人口伤亡 549 人,其中死亡 494 人,伤 36 人,失踪 19 人;间接人口伤亡 304 人(包括任家峪提供的无姓名 275 人),其中被俘捕 8 人,灾民 4 人,劳工 17 人;合计人口伤亡 1130 人。

(2) 各乡镇人员伤亡情况

荫营镇:人口伤亡 117 人。直接伤亡 108 人,其中死亡 102 人,伤 6 人;间接伤亡 9 人,其中被俘捕 1 人,劳工 8 人。

河底镇:人口伤亡 171 人。直接伤亡 161 人,其中死亡 148 人,伤 9 人,失踪 4 人;间接伤亡 9 人,其中被俘捕 6 人,灾民 1 人,劳工 2 人。

平潭镇:人口伤亡 50 人。直接伤亡 50 人,其中死亡 47 人,伤 3 人。

义井镇:人口伤亡 14 人。直接伤亡 10 人,其中死亡 8 人,失踪 2 人;间接伤亡 4 人,系日军抓捕致死的劳工。

西南舁乡:人口伤亡 129 人。直接伤亡 125 人,其中死亡 108 人,伤 16 人,失踪 1 人;间接伤亡 4 人,其中被俘捕 1 人,灾民 3 人。

李家庄乡:人口伤亡 20 人。直接伤亡 20 人,其中死亡 16 人,失踪 4 人。

杨家庄乡:人口伤亡 19 人。直接伤亡 19 人,其中死亡 14 人,伤 2 人,失踪 3 人。

旧街乡:人口伤亡 59 人。直接伤亡 56 人,其中死亡 51 人,失踪 5 人;间接伤亡 3 人,全部是劳工。

(二) 抗战期间财产损失情况

1. 历史档案记载的财产损失情况

根据《冀晋二专区农林牧畜损失统计表》(1946)、《冀晋二专区粮食被服房屋统计表》（1946）、《冀晋二专区工业损失统计表》（1946）、《冀晋二专区农田水利的破坏及减产损失》（1946）、《冀晋二专区商业损失统计表》（1946）、《冀晋二专区各县八年来敌灾损失调查统计》及《"无人区"损失情形》汇总，平定（路北）县社会财产损失为：农业：水灾受灾面积62 942亩，减产53 663市担，旱灾受灾面积474 729亩，减产17 988市担；工业：榨油坊14处，磨坊15处，粉坊13处，酒坊6处，打铁铺52处，皮革坊2处，毡坊3处；商业损失：店铺倒闭数243个，损失金额3 596 300 000元（边币），折合法币7 193 600 000元；医药卫生：损失药房25处；教育：损失学校30处。

居民财产损失为：被抢粮食671 360市石；被服损失456 000件；房屋损失14 443间；耕畜损失3 801头（匹），其中牛871头、马377匹、骡428头、驴2 125头；家畜损失10 004头（只），其中猪4 956头、羊11 048只；家禽损失401 597只（箱），其中鸡401 250只、鸭345只、鹅2只，蜜蜂89箱；农具损失50 145件；家具损失38 546件；树木损失13 677株，其中一般的树12 982株、果木树695株，减产果实710 084斤。

另据《冀晋二专区各县八年来敌寇侵略损失数据表》汇总：平定（路北）县居民财产损失为：侵占耕地3 593亩，被抢粮食67 375 000公斤，被服损失758 401件，房屋损失4 443间，耕畜3 048头（匹），家畜损失17 060头（只），器具损失150 943件。

需要说明的是，抗日战争时期，本区没有设立专门建置，当时大部分区域属平定（路北）县，但以上数字基本能反映当时本区的情况。

2. 实地调研统计的财产损失情况

（1）全区汇总情况

通过对辖区所属4乡4镇、184个村民委员会和2个居民委员会进村入户实地调研，社会财产损失为：文物及古迹包括古庙7件（座），学校1所，其他居民住院17处。

居民财产损失为：土地286亩，房屋329间，树木875棵，禽畜

3 460只（头、匹），粮食193 295公斤，服饰801件，生产工具2 455件，生活用品5 047件。

（2）各乡镇分别情况

荫营镇：社会财产损失为：文物及古迹包括古庙1件（座）。居民财产损失为：土地26亩，房屋113间，树木21棵，禽畜262只（头、匹），粮食275公斤，服饰128件，生活用品12件。

河底镇：社会财产损失16处。居民财产损失为：土地30亩，房屋50间，树木170株，禽畜21只（头、匹），粮食29 260公斤，服饰15件，生产工具23件，生活用品11件。

平潭镇：居民财产损失为：房屋23间，禽畜1 500只（头、匹），粮食100 000公斤。

义井镇：社会财产损失为：文物及古迹包括古庙2件（座）。居民财产损失为：土地120亩，房屋45间，树木80棵，禽畜326只（头、匹），粮食10 000公斤，生产工具100件，生活用品300件。

西南舁乡：社会财产损失为1处。居民财产损失为：房屋15间，树木280株，禽畜279只（头、匹），粮食11 000公斤，服饰120件。

李家庄乡：居民财产损失为：服饰2件，生活用品3件（2枚金戒指、1枚宝石戒指）。

杨家庄乡：居民财产损失为：房屋3间，树木4株，禽畜93只（头、匹），粮食21 760公斤，服饰36件，生产工具18件，生活用品33件。

旧街乡：社会财产损失为：文物及古迹包括古庙4件（座），学校1所。居民财产损失为：土地80亩，房屋80间，树木320株，禽畜806只（头、匹），粮食21 000公斤，服饰500件，生产工具2 300件，生活用品4 700件。

（三）结论

根据报告中对实地调研及各乡镇损失数据的汇总分析，以及参考部分历史档案资料，阳泉市郊区抗日战争时期人口伤亡和财产损失最后认定数据如下：

直接人口伤亡6 709人，其中死亡3 005人、伤残3 010人、下落不明694人；间接人口伤亡46 791人，其中被俘捕4 485人，流难徙民306人，无衣食住14 376人，鳏寡孤独及无靠抗日烈属8 825人，慢性病者131人，因敌强奸妇女所引发性病人数325人，因灾害冻死23人、饿死65人、淹死1人，因战争灾祸而产生疟疾的2 750人、麻疹1 375人、伤寒2 088人、痢疾1 375人、杂疹6 795人、其他患病者2 669人，劳工11人。

社会财产损失为：农业：水灾受灾面积62 942亩，减产2 683 150公斤，旱灾受灾面积474 729亩，减产899 400公斤；工业：毁坏榨油坊14处，磨坊15处，粉坊13处，酒坊6处，打铁铺52处，皮革坊2处，毡坊3处；商业：店铺倒闭数243个；教育：损失学校30处；其他：损坏文物及古迹包括古庙7件（座）。

居民财产损失为：侵占耕地3 593亩，被抢粮食67 375 000公斤，被服损失758 401件，房屋损失14 443间，耕畜3 801头（匹），其中牛871头、马377匹、骡428头、驴2125头；家畜损失10 004头（只），其中猪4 956头、羊11 048只；家禽损失401 597只（箱），其中鸡401 250只、鸭345只、鹅2只、蜜蜂89箱；损失农具50 145件，损失家具38 546件；损失树木13 677株，其中一般树12 982株、果木树695株，减产果实355 042公斤。

第三章 人民政权的建立和对全国解放战争的支援

第一节 经济恢复

一、内战开始

抗日战争胜利后，正当全国人民满怀信心恢复生产、重建家园的时候，国民党反动派在美帝国主义的支持下，蓄意挑起反革命内战，企图夺取抗战胜利果实。

1945年8月11日，蒋介石迫不及待地下达命令：一方面要解放区抗日武装"就原地驻防待命"，不得"擅自行动"，不许接受日伪军投降和收缴敌伪枪械；另一方面则命令躲在大后方准备内战的嫡系武装部队"加紧作战，一切依照既定军事计划及命令积极推进，勿稍松懈"。8月23日，以蒋介石为代表的国民党反共顽固派向侵华日军发出命令，要"日军驻地负责做有效之防卫""收回被人民军队解放了的地区"。蒋介石利用日本侵略者疯狂地进行内战准备。

阎锡山站在大地主、大资产阶级反动统治集团的立场上，妄图在山西建立自己的独裁政权。在日本投降前夕，阎锡山同日方签订了互助协定，日本宣布投降，阎锡山即从日军手中接收同蒲铁路。8月中旬，胡宗南的部队北渡黄河进入山西，开始向晋南解放区进攻。8月30日，阎锡山返回太原，严令各地日军据点"就地待命"，并将日伪军改编为山西的五个省防军。为严格控制地方伪政权，阎锡山连夜召集省长王骧等军政高级官员开会，决定由王骧出面向各地伪政权、军队发布密令，要求按照原定部署"一切照常办理，不得消极"。

蒋阎合流，向人民抢夺抗战胜利果实的行径得到日伪汉奸和反动封建剥削阶级的积极响应。阎锡山委任的平定县县长焦光三立即从太原回到阳泉，组织"解救团"，自任代理团长，收罗特务、汉奸和封建地主，在各地组织反共地方武装。"奋斗团""复仇队"向人民进行反扑，勾结阎锡山收编的反动武装向解放区进行蚕食侵占，内战火焰在平定大地骤然升起。8月30日，调遣驻阳泉、寿阳、榆次之敌数千人攻占赛鱼、芹泉车站，企图打通铁路交通，接应阎锡山的部队向东窜犯，占领正太沿线的解放区。

为加快内战准备，阎锡山于1946年1月在阳泉成立了铁道护路总部，从1月6日开始招募日本兵。阎锡山制定的优待办法规定：招募日兵以一年为期，期满回国发给旅费；不愿意回国的，给以营业自主权，在当地经营适合的行业；凡被招募的日军士兵，官职比原级晋升二级至三级，有地位和特殊技术者，格外给予照顾。这样先后在太原、石家庄、阳泉等地招募日本兵321人，编为山西保安第五大队。与此同时，阳泉矿井队被改编为第十总队。一个月内，阎锡山给阳泉、赛鱼驻守的日本兵分发武器，将昔日盘踞据点的日本侵略军变成了驻守碉堡工事、参与内战的阎锡山军队。到1946年3月，蒋阎日混合编制的反动武装，以赛鱼、白泉、连庄等正太铁路线上的碉堡据点为依托，集结兵力，不时向解放区进攻。为增加反共实力，阎锡山又在其占领区推行"兵农合一"。实行编村、连保、派伕抓差，组织了"爱乡连"（不脱产的地方武装，由18—25岁的男性青年组成，实行轮换制，跟阎军驻入据点，配合行动，一般为五天轮换一次）。1946年1月3日，为了控制铁路交通，阎锡山在正太铁路沿线增筑碉堡，大批农村劳动力被驱赶到工地。至1946年3月，阎军在正太沿线修筑内战工事，除日军原修筑的碉堡以外，增建碉堡几十处，每个碉堡驻扎6至10人。仅赛鱼就修筑碉堡2个，驻日军40人，阎军80人，日军和阎军混合编制，每班有日军3人。连庄的碉堡驻阎军50人，另有本村"爱乡连"15人，每5天一轮。白泉据点驻阎军80余人，配备机枪4挺，小钢炮2门。各碉堡的武器军需，都由阎锡山从太原直接运到阳泉。

在发动内战的准备中，阎锡山将日军分配到山西的292个据点作为内战前哨，逐渐向解放区蚕食推进。仅平定（路北）就有一个团的兵力分布在阳泉至娘子关的铁路沿线，一个团的兵力布防在阳泉、赛鱼做重点防卫。在加紧军事布防的同时，阎锡山办起特务训练班，对便衣特务进行专门训练，之后秘密潜入解放区进行煽动宣传和破坏活动。那些抗战时期就卖国求荣的汉奸和反动地主，为了维护自身利益，在平潭垴、义井等地组织起"复仇队""奋斗团"，与阎锡山同流合污，不时向解放区进犯骚扰，抢粮抓兵，捕杀干部群众。

1946年9月22日，阎军由太原进犯阳泉，征调青壮年劳动力抢修阳泉至白泉公路。同时在大、小西庄及柳沟一带连续"清缴"，残害群众。9月25日，阎军四十六师一、二、三团和驻阳泉十总队、保安团和四团及"复仇队""爱乡连"共5000余人，抓捕民夫200多人，向平定一、二、四、五区大举进犯。10月4日晚，阎军1000余人从阳泉出发，分三路包围荫营，于10月5日将荫营占领，在周围村庄修筑堡垒115个。

面对敌人的疯狂进攻，坚强的平定（路北）人民积极响应党中央毛泽东提出的"针锋相对，寸土必争"的口号，奋起自卫，在政治上、军事上、经济上同蒋阎反动派进行了针锋相对的斗争。

二、抗击阎顽

（一）广泛宣传，提高思想觉悟

为唤起人民的高度警惕，中共平定（路北）县委、县政府重视发挥工、农、青、妇各群众团体的组织作用，采取多种宣传形式，在社会各阶层和广大人民群众中进行时事和战备教育。1946年8月，平定（路北）县委县政府召开区、村党员干部会议，传达中共冀晋区党委《关于动员全党全军全民进行自卫战争的紧急指示》，号召全县共产党员、干部、民兵紧急行动起来。同时，平定（路北）县委还发出了《紧急动员起来，为争取反蚕食的胜利而斗争》的动员令，号召人民组织发起对敌伪人员的强大政治攻势，并及时揭露蒋介石、阎锡山和日伪合流，企图挑起内战的阴谋活动，使群众和干部克服了和平麻痹的右倾思想，认清了国民党反共顽固派的本质，放弃了对蒋阎抱和平民主的幻想，提高了对汉奸、特务的警惕。

9月30日，平定（路北）县委社会部发出《关于目前除奸反特的指示》，列举了日本投降后，蒋介石集团依靠美帝国主义，加紧进行内战准备，无论在新收复地还是根据地，国民党特务在各地兴风作浪，在群众中造谣、煽动进行破坏活动的大量事实。《指示》要求全体党员、干部和群众"密切注视敌人动向，警惕敌人的破坏活动，在两种命运、两个前途的决战时期，克服轻敌麻痹思想，用斗争保卫人民用血汗换来的胜利果实"。

平定（路北）县委指示下达后，解放区各村相继召开会议，在不同阶层和社会群众团体中进行广泛的宣传教育。当农民看到反动地主组织"复仇队"向群众进行反攻倒算后，用斗争保卫胜利果实的自觉性空前高涨。在县委、县政府做了大量的思想工作之后，原本认为日本投降后便可以安居乐业的农村基层干部克服了右倾麻痹思想，振奋了革命到底的斗争精神，迅速投入到保卫胜利制止内战的斗争中。

声势浩大的政治宣传在全县范围普遍展开，各村的剧团、小花戏等文艺宣传空前活跃。10月24日，平定（路北）县委发出《二期政治攻势补充指示》，越来越多的干部群众看清了蒋介石、阎锡山和日本勾结，出卖国家和民族，蓄意挑起内战的反动本质。深入的思想教育调动了全县人民投身爱国自卫的积极性，为制止内战、争取和平奠定了坚实的思想基础。

（二）和平谈判，揭露蒋阎阴谋

根据国共两党重庆谈判签订的《双十协定》，中共冀晋区二地委按照上级指示，于1945年12月在盂县下社村（当时地委驻地）召开会议，研究决定组成由地委委员、武装部长齐亚全为首席代表（一个月后齐亚全调离，首席代表由李煦明接任），平定（路北）县委委员、武工队政委李煦明为副首席代表，平定（路北）县委城工部部长林一新、敌工部部长刘松青、抗联会统战部部长王英等为和谈代表的"中共阳泉和谈小组"（以下简称"阳泉和谈小组"），与国民党阳泉驻军进行谈判，谈判地点设在荫营村，并在阳泉镇、娘子关村组建了联络组。

1946年1月，驻阳泉阎军十总队三团300多人出发到黄沙岩一带抢粮，平定（路北）县大队和武工队闻讯后立即前往阻击，双方在黄沙岩发生激战，阎军失利后举出白旗要求在交战中间地带谈判。经约定，双方各派1名指挥官，带1名随员在黄沙岩附近的虎神庙进行谈判。李煦明代表"阳泉和谈小组"同阎军进行了谈判。谈判中，阎军提出要在黄沙岩一带筹款筹粮解决军需，李煦明严词拒绝，指出黄沙岩一带从抗战以来就属民主政府管辖，不属国民党统治范围，阎军的给养应当由阎锡山负担，解放区军民坚决不予供给。这次谈判持续了一个多小时，阎方理屈词穷，又慑于平定（路北）县大队和武工队的威力，只得退守阳泉。1946年4月5日，"阳泉和谈小组"与国民党阎军代表在冯家庄进行了第二次谈判。其间，阎军代表首先发难，指责中共破坏和谈，在双方接壤地带埋设了地雷。"和谈小组"据理反驳，指出埋设地雷的直接原因是由阎军武装入侵和抢粮抓丁引起的，是解放区人民的正义自卫，阎军代表无言以答，谈判不了了之。

（三）武装自卫，粉碎阎军进犯

日本投降后，根据上级指示，平定（路北）县大队（支队）的四个连全部升级整编为主力部队——四分区八团。

1945年9月，中共平定（路北）县委、县政府决定以区小队为基础重组县大队。县大队由县委直接领导，县委书记兼大队政委；以区小队为基础，调区长1人，区书2人，区干部6人，以配备各连干部；县政府拨出棉被300床，鞋300双，单衣300套；县武装部提供手榴弹500颗，地雷100枚，长短枪支50支。在县委、县政府的直接领导下，组建县大队工作首先从组编连队开始，第一、二和七区小队编为两个连，一连由一区小队、二区小队合编组成，二连以七区小队为基础组建，大队部设通讯班、修械所、卫生班、炊事班，共40余人。1945年10月，平定（路北）县不仅向军分区输送一个新兵连，而且使县大队两个连得到补充，共260余人。原来的县武工队编入县大队，经过调整，组建起第三连。不久，冀晋分区警备第四团组建，将平定县大队二、三连调走，县政府立即在全县补兵，充实县大队，组建第四连。县大队组建后，立即投入到紧张的练兵中，与阎锡山组建的"复仇队""奋斗团"以及阳泉阎军展开针锋相对的武装斗争。为了打击敌人对解放区的进犯，保卫人民群众正常的生产生活，平定（路北）县大队和分区部队，密切配合，打了许多漂亮的反击战，粉碎了阎军一次又一次的入侵。1945年7月上旬，武工队队长王联保、政委李煦明在辛庄村接到荫营据点内线余晋仁、苗廷弼派人送来的敌情密报，内容是：明天早上7点至7点半，伪军一个班到阳泉执行任务，希望武工队在虎神庙附近打伏击，凡枪上系白毛巾作记号的是自己人，到时必去，勿失良机。于是武工队迅速做好了战前布署动员，当晚12时出发，急行军30里，凌晨4时到达荫营以南的虎神庙，隐蔽设伏。上午8点多，当伪军全部进入伏击圈时，王队长一声令下，武工队战士奋勇向前，扑向伪军，仅用了十几分钟就结束战斗。这次战斗共消灭伪军1个班，俘虏5名，打死6名，缴获三八式步枪11支，子弹数百发。

1945年11月20日，晋察冀八团在平定（路北）县大队、武工队的配合下，根据县大队侦察员乔步喜、聂永和和武工队小队长张祥和深入敌据点了解的敌情，攻打驻平潭垴的阎军十总队的一个连和成立不久的"爱乡连"。部队在下荫营村进行了战前部署，晚9时从荫营出发，11时到达预定地点。此时阎军的大部分官兵已入睡，有的还正在饮酒作乐，八团和县武装迅速包围敌驻地，突然袭击，迫使大部分敌军缴械，少数负隅顽抗者被歼灭。战斗进行了1个小时，歼敌150人，俘虏20多人，缴获轻重机枪、步枪100余支，其他战利品若干。次日下午，平定（路北）县政府在荫营龙天庙召开了万人祝捷庆功大会。会中驻白泉阎军100余人窜到千亩坪骚扰，分区八团和县大队立即派出部队，于林里村北面伏击，又歼敌30

多人。

1946年8月初，阎军通过正太铁路运输兵员和作战物资侵犯解放区。为反击阎军进攻，太行军区司令员秦基伟指挥太行二分区的3个团和一分区的1个团又一次发起了正太线局部破击战，平定（路北）县大队及民兵武装全体出动协力配合，在白羊墅到乱流一带炸毁阎军碉堡2个，切割电话线2150余公斤，破坏铁路4千米，致使阎军交通、通讯长时间中断。10月8日，县大队配合冀晋二分区攻入白羊墅车站，将驻守车站的阎军2个排全部歼灭，击毁火车头1个。10日晚，平定（路北）县大队再次配合冀晋二分区八团袭击了乱流车站，击毁军用机车1部、车厢3节，阎军损伤40余人。11月4至15日，阎军集结了沿正太线50余千米据点的4000多名士兵，分8路"蚕食"解放区。平定（路北）县民兵大摆地雷阵，开展麻雀战，仅一区的民兵在两天内就损伤阎军56人，受到了县领导的嘉奖。

1946年11月25日，冀晋区党委向全区各级干部和民兵发出了"要为人民立功"的号召，平定（路北）县民兵广泛开展了爆炸、联防、破交、袭击、伏击等多种战术的战斗竞赛，坚持武装自卫的反"蚕食"斗争捷报频传。至12月25日，全县民兵对阎军作战116次，击毙阎军营长2名，士兵339人，俘获阎军自卫队员52人，创下了阎军与民兵伤亡之比为20∶1的战绩。当时的《晋察冀日报》以《像平定民兵那样》为题报道了平定（路北）县民兵在自卫作战中的英勇事迹。

从日本投降到内战爆发，平定（路北）县不仅建立起一支有较强战斗力的平定县大队，而且为正规部队输送了大量的优秀战士。1945年10月2日县委发出《为中央局动员教导师新兵指示》后，7天内输送兵员115名，其中党员占了60%，圆满完成了县委分配各区的任务。1945年6月，为分区武装部队输送兵员近百名，并为县大队补充兵员152名。为响应"干部参军"的号召，县区干部170人积极报名参军，全县掀起了空前高涨的参军热潮。与此同时，在群众性练兵活动和反击阎军的战斗实践中，县大队的军事政治素质得到了大幅提高。

（四）整顿支部，加强党的建设

截至1946年初，平定（路北）全县共有中共正式党员4787人，预备党员203人，其中妇女党员有71人。为了加强在自卫战争中的领导作用，中共平定（路北）县委始终把加强党的组织建设放在一切工作的首位，重视发挥党员的模范带头作用，带领群众为实现党的总路线和总任务而奋斗。在进行反击国民党发动内战阴谋的自卫战争时期，加强党的组织建设有着更加特殊的战略意义。

1946年4月，根据冀晋区党委指示精神，中共平定（路北）县委在全县整顿支部。4月7日，召开了全县区委组织、宣传工作会议，重点对一、二、四、五、七各区可能被国民党军队占领的村庄进行整顿。有些村庄经常受到国民党反动势力阎军所属"复仇队""奋斗团"侵犯，敌我斗争十分尖锐，对这类地区整顿的要求是清除暗藏的奸细特务分子，保证党员队伍的纯洁性；在斗争较尖锐、工作基础薄弱的村庄，需要建立平行支部，秘密开展工作，支部党员不超过7人，由区委单线领导；斗争破坏严重的地区，党小组以单线联系。老区在巩固中发展，新区则以巩固阵地同发展党员相结合，根据县委组织宣传工作会议的安排，对坡头、连庄、小西庄等40余村的支部进行了整顿。在上董寨、下董寨、巨城、南杨家庄、北杨家庄、会里、水峪、马家坡、上荫营、下荫营、三泉、河底等村先后建立了平行支部。

三、恢复生产

支部组织整顿后，在新区，清除了党内隐患，纯洁了队伍，建立了适应敌对斗争形势需要的平行支部；在老区，清除了阶级异己分子和投机分子，广大党员干部通过阶级教育，使党内的不团结现象得到根本的扭转，党组织的战斗力大大提高，对巩固解放区阵地，做好自卫准备提供了坚强的组织保证。与此同时，县委、县政府采取积极有效的措施，恢复和发展生产。一是健全各级生产领导机构。

恢复各级县生产委员会，由县长，以及县联合会主任、县大队副政委、县武装部长、县联社主任、县营商店经理、县贸易局长、实业村长以及县级农、工、青、妇各团体负责人组成。二是各级生产委员会为迅速恢复战争创伤，充分调动群众生产积极性，把全部精力集中在恢复生产上，在保证群众生活自用粮的同时，确保救国公粮的充足。三是根据全县

平定（路北）县农民在生产劳动

情况，确立了以农业为基础，全面发展经济的思想，由县联社组织运输运销、采矿、冶炼、砂货等，通过商业途径，发展运销业务，打通向平山、井陉、昔阳等地的铁货砂货、煤炭销路。四是在恢复和发展生产中，重点培养先进典型，发挥劳动模范带动作用。及时总结推广组织群众生产互助和发展生产的经验，指导全县、全区的生产运动。五是为扶植煤矿区群众尽快恢复生产，安置失业工人，在上荫营村开办裕民煤矿公司。

在县、区、村各级生产委员会的领导下，解放区人民利用战后和平的有利时机，开展大生产运动。在土地较广、没有工副业基础和条件的农业区，广大群众在政府的帮助下精耕细作，使荒芜的土地恢复为良田。农村变工互助组织的逐步发展，提高了农村劳动力的效率，有力地保证了农业的发展。在半工半农区，组织恢复采矿、炼铁、运输、运销、砂货、纺织等生产，逐步畅通平定（路南）、昔阳、河北平山和沿正太路东下的河北等地的销路。至1946年春季，停滞了9年的工矿业得到了初步发展，仅据当时四、五两区不完全统计，铁炉恢复196座，复业工人19600人。三泉村的7座铁炉，实行增产分红办法。上荫营村从五台、昔阳、榆次等地到该村驮铁货的毛驴，有时多达200余头。下荫营村仅运销煤炭每天就能收入小

米80石。1946年3月至6月，工矿业生产达到旺盛时期，全县有5000余头牲口，大量的煤炭销往平山，砂货、铁货送往正太铁路南和昔阳县。荫营、河底一带的群众，一改八年饥寒生活的窘境，运输运销不发达的老北乡一区，4月和5月运费收入共达110万元。运输运销业的发展，使全县大牲畜增加了1321头。

在恢复和发展生产中，为了保证农、工、副业全面发展，使农业区、半工半农区群众的生活得到改善，县委县政府的所有干部直接深入农村，及时帮助群众解决生产中的资金、劳力、设备等难题，组织群众生产互助。1945年9月—1946年6月，平定（路北）人民一方面大力发展群众武装，做好同国民党反革命斗争的准备，另一方面积极恢复工农业生产，这不仅使自卫战争有了雄厚的群众基础，而且也为自卫战争奠定了扎实的物质基础。

四、减租减息

为减轻财主对炉工和农民的封建剥削，改善群众的生活，在八年抗战中，抗日政府在荫营曾发动群众进行过多次减租减息斗争。1944年春，四区治安员史一轮、敌工干部徐广先来到荫营后沟村，向村干部耐心地说明了按地亩摊钱有损穷人的利益，并明确要求，取消地亩税，不允许按地亩摊钱。

1945年6月，为贯彻落实统一累进税，开展减租减息，抗日政府在大泉眼煤窑先后秘密召开了百名干部的骨干会议，并召开千人群众大会，广泛地宣传。这项运动的开展使得不少贫雇农直接从地主手中获得了土地，实现了"土地还家"。日本投降后，抗日政府又大张旗鼓地发动群众开展了反奸反霸，诉苦复仇和清算斗争。

1945年12月，荫营、三郊、河底、西南舁等地掀起了轰轰烈烈的诉苦复仇和清算斗争，各村都成立了"清算委员会"，召开了大规模的诉苦复仇斗争大会，广大贫雇农义愤填膺，争先恐后上台控诉地主的剥削罪行。这次斗争大大动摇了地主阶级的剥削制度，减轻了农民的负担，为后来土地改革奠定了基础。

1946年1月，上下荫营等地先后成立了"清算委员会"，都召开了大规模的诉苦复仇斗争大会，贫雇农义愤填膺，争相上台控诉煤炉窑主和地主的剥削罪行。党支部书记史连修带头上台控诉。经过斗争动摇了地主阶级的剥削制度，大大减轻了地主对炉工和农民的剥削，为后来土地改革奠定了良好的基础。

1947年6月，新解放的70多村群众掀起反奸复仇土改运动，彻底推翻阎锡山"兵农合一"的反动统治。杨家庄、黑土岩等6个村2000余农民手拿血状斗争了"南红火柱"贾占富、"北红火柱"贾忠高两个大汉奸；魏家峪村群众斗倒了汉奸地主黄树兰。

第二节　阳泉解放

一、抗击蒋阎军

在支援前线正面战役的同时，区域内民兵奋起反击蒋阎军进犯。1946年11月1日，阎军袭击西南舁，踩响民兵埋的36颗地雷，炸死炸伤40余人。12月13日，四区民兵包围攻打河底地主武装——复仇队，击毙1人，俘虏53人。1947年4月，正太战役打响后，区域内3000余民兵，参加了平定（路北）县组织的破路大队，对阎军控制的铁路展开破袭战。先后炸毁桥梁12座，碉堡72个，抽掉枕木2600根，铁轨4802根，割电线5800余公斤。1948年6月，在晋中战役和太原战役中，区域内8252人参加担架队，5860人参加运输队。四区武装干部胡存信率领支前民工17连，在太原战役中荣立大功，受到前线司令部表彰。1948—1949年，广大民兵先后协助公安机关破获抓捕反动会道门骨干分子和暗藏的反革命特务27人。境区人民不仅出动大批人力支援前线，同时实行合理负担、统一累进税等政策，为前线提供大量物力支援。1937—1947年，区域内人民先后为子弟兵提供军粮925万斤，军鞋32800双，此外还有布匹、麻袋、食盐和药品等。荫营、河底、山底、韩庄、石窖垴等60多个村，以公开冶炼生铁作掩护，秘密为抗日政府制造手榴弹壳990万个，地雷343.7万个，82毫米炮弹374万个，炮弹叶450吨，生熟铁 3.3 万吨。

二、支援前线

1947 年 4 月 8 日，由晋察冀人民解放军发起的正太战役打响，至 5 月 8 日胜利结束。在这次正太战役中，平定（路北）县在战役未打响之前就成立了由县委书记梁晋平任政委、县长耿忱任司令员的后勤指挥部，各区组织建立了破交、担架两个大队，各大队下设连队，实行分工合作相互配合，后勤支援工作在县后勤指挥部统一领导下进行。平定（路北）全县共组织担架 700 副、云梯 30 架，

正太战役支前民兵担架队

组织担架队队员 6293 人、押送俘虏队队员 60 人、向导队队员 60 人、运输队队员 1200 人，组织支前牲口 5300 头、斧头 148 把、镰刀 330 把、铁棍 127 根，还有铁锹、铡刀、锯子等。全县参战支前的民兵 10578 人，其中县民兵指挥部直属队参战民兵 509 人。各区、村还有支前铁锅 2000 口、干柴 40 万斤。

在战役打响之后，平定（路北）县委领导民兵配合主力部队作战，分段破坏正太铁路，掀掉铁轨 6539 根，抽掉道木 54004 根，挖毁路基 73.26 米，摧毁碉堡 175 座，缴获机步枪 255 支、小炮 10 门、手榴弹 1020 颗、子弹 4105 发、炮弹 94 发。

正太战役，解放了阳泉全境，取得了寿阳大捷，整个战役战果辉煌。正太战役的辉煌胜利，有区域内人民对战役前线大力支援的一份功劳。上级党委和政府对区域内人民支前做出的成绩，给予了肯定。5 月 17 日，《晋察冀日报》就"平定（路北）县民兵队、担架队、运输队英勇支前的事迹"，作了详细的报道。

三、正太战役

1947年3月起，国民党为了挽救其失败，由全面进攻转入向晋察冀边区东、西两翼的陕甘宁边区和山东解放区实行重点进攻。晋察冀军区人民解放军为了配合陕北、山东解放区军民反击国民党军队的进攻，在4月初乘石家庄之敌失掉与南、北、东三面的联系及正太铁路线两侧地区多为解放区所控制的有利形势，发起了在正太铁路沿线消灭敌人的战役。正太战役是晋察冀军区在石家庄外围和正定至太原间铁路沿线发动的一次外线作战战役，参战部队是晋察冀野战军的第二、三、四纵队和地方部队，共有兵力5万余，由军区司令兼政委聂荣臻、野战军前线指挥萧克、政委罗瑞卿统一指挥。

正太铁路沿线，驻有敌第三军、第五总队和阎锡山部三十三军，日军保安五大队、独立十总队、保安四团、保安二十四团等。这些部队，以娘子关为界，分别属两个指挥系统：娘子关以东属孙连仲的保定绥靖公署，娘子关以西属阎锡山的太原绥靖公署。

正太战役分为了两个阶段。正太战役第一阶段的任务是扫除石家庄外围的敌据点，歼敌有生力量，破坏正太铁路，切断敌人与阎锡山军队的联系。4月8日，正太战役

1947年4月，聂荣臻等人部署正太战役第二阶段战役

开始，战斗一打响，晋察冀野战部队就向石家庄外围及正太路东段全面出击。至16日，解放军攻歼石家庄外围据点90多处，歼敌万余人，取得了第一阶段作战的胜利。正太战役第二阶段，主战场是井陉以西铁路沿线外线的阳泉（原平定）、寿阳、榆次等地区。阎军在正太铁路沿线的布防情况是：在娘子关至阳泉段铁路线两侧，筑有碉堡80多处，形成沟壕纵横、碉堡林立的要塞式阵地。阎军以十

总队二团主力驻守阳泉，一部分兵力扼守西北的刘备山；三团主力驻守平定县城，一部分兵力守娘子关。由日军编成的保安五大队据守狮脑山制高点，其余的"奋斗团"、"爱乡连"、保安队等分别配制和分布在正太路平定段沿线各个据点、碉堡。

正太战役第一阶段作战任务完成后，晋察冀野战军第二纵队就进入了平定路北的狮子神、马上固、铁金沟、张家井一带隐蔽集结，三纵队、四纵队也向娘子关进发。4月17日，晋察冀野战军第二纵队司令杨得志、政治委员李志明率部进抵平定（路北）县政府驻地理家庄村，与县委书记梁晋平、县长耿忧等地方领导对正太战役平定段的作战准备和后勤工作作了认真的研究和部署。

4月22日18时，正太战役第二阶段，即解放平定的战役开始。战役打响后，早已进入平定（路北）县的晋察冀野战军第2纵队由北向南进攻，一部由白土坡向南迫进燕龛、东西落菇堰、林里、上下烟等地守敌的同时，十五团二营五、六连攻入下白泉，包围了村西敌据点。下白泉村西敌据点，利用山梁的险要地形建3层方型高碉1座，周围建圆型碉堡6座，高碉上设有可开

人民解放军攻克白泉据点

闭的枪眼3层，圆碉有枪眼两层，形成了纵横交错的火力网。在碉堡周围，挖有3道壕沟暗道，并设有铁丝网、鹿寨、布雷区。这一据点，工事为钢筋水泥建筑十分坚固，驻有训练有素、装备优良的阎军"奋斗团"200余人。当夜，五连二排拿下了主碉北壕沟外前沿的一座碉堡，并打退了敌人的两次反扑，守住了已得阵地。

23日拂晓，下白泉村西敌据点主碉以东低碉之敌妄图突围，被六连二排击回。上午9时，攻克上下荫营据点的三营到来后，用山炮、平射炮轰击敌主碉，掩护八、九连迅速进至敌西、北两面外壕

地带并实施佯攻诱敌,而七连从东面向敌突攻。这时,六连三排排长马士志指挥战士排除了碉外地雷后,用火力掩护何永安班长接近了敌碉,何用湿棉被堵敌一枪眼,则由另一枪眼投辣椒手榴弹于堡内,堡内敌人马上混乱一团。在敌人混乱之时,梯子组靠上了敌碉,爆破组爬上云梯用炸药和集束手榴弹炸毁了敌碉的上层,后续部队马上攻下了这个碉堡,接着又攻下一个碉堡,与此同时七连也端掉了一个碉堡。中午时分,十五团以新的部署攻取敌人剩的3座碉堡,集中山炮、平射炮、轻重机枪火力压制敌人,初发5炮,炮炮命中敌堡,致敌慌乱,攻坚部队发起冲锋,九连八班徐志林爆破组首先出动,以大型炸药包炸掉了西南角第4个碉堡,二、三营战士冲过壕沟直逼高碉和东碉。经上午9时至下午2时共5个小时的激烈战斗,摧毁了下白泉村西敌据点,阎军守敌无一漏网,俘敌139人,其中有"奋斗团"第一大队正副大队长及进步社主任,还有3名日本人,缴获炮4门、轻机枪2挺、步枪100多支和大批弹药、物资。

24日上午9时,二纵一部,攻打巨城1大4小5碉相通、形为梅花的群堡,敌据点战斗结束,全歼阎军"奋斗团""复仇队"百余守敌,缴获小炮2门、轻机枪2挺、步枪40多支。至此,晋察冀野战军第二纵队从北向南扫清了阳泉以北的40多座敌碉堡,平定(路北)县基本解放。

正太战役第二阶段战役打响后,晋察冀野战军第三纵队在正太线平定段东井陉分兵向平定进击。

沿正太铁路向平定进击的晋察冀野战军三纵一部,于4月24日1时攻克南峪、地都,迫敌缩回娘子关;三纵第十九团三营隐蔽插入磨河滩切断了敌人的退路,主力部队占领了苇泽关并很快攻下了护卫娘子关的4个重要据点,此时,娘子关陷于孤立被围之困境。25日3时,三纵第七旅以猛烈炮火向娘子关轰击,紧接着由第十九团和第二十一团各营分别自娘子关、磨河滩向聚集于绵山的阎军发起攻击,敌军凭险顽抗并予反扑,攻山战士进攻勇猛势不可挡,战斗打得十分激烈。阎军反扑无效,乘风纵火烧山,企图以火阻止进攻,而擅长山地运动的人民解放军战士,不畏烈火烧身,利用烈烟过后的瞬间穿越火网继续前攻，拦截和抓获企图突围逃窜的敌人。绵山守敌本想以火封山固守老巢保全性命，却被自燃山火浓烟熏困于堡中不能出动，干等着解放军占领周围大小山头将其包围并直至被歼。至6时，经过3个小时的激战，娘子关被晋察冀野战军第三纵队攻克，驻守娘子关的阎军除百余被毙外，近千人被生俘。4月26日，晋察冀野战军第3纵队将南峪至乱流35千米铁路间的各车站攻下，摧毁敌碉堡百余座，毙伤敌人541名、生俘2173人，缴获各种炮11门、轻重机枪104挺、掷弹筒108个、马步枪1370支、军用电台一部。至此，阳泉以东正太铁路沿线两侧地区解放。

沿太旧线公路向平定进击的晋察冀野战军三纵九旅，4月24日经旧关、柏井扫除了平定城外围的60多个阎军碉堡后，旅指挥部移址平定城东南西白岸村外高地，展开了攻打平定县城的部署。旅指挥部调二十五团主攻东门；命二十七团占领县城西南南关和姜家沟等村，太行军区四十一团和四十二团占领庙沟村，配合二十六团攻南门；由七旅二十团占领黑沙岭围堵西关并阻击阳泉援敌，由此形成三面围敌之势。25日下午5时半，攻城各部队按照指挥部的命令向平定城发起总攻。晚9时，攻城部队扫平了东、西、南门外的阎军阵地，二十五团炸开了东门，二十六团摧毁城南大碉堡，二十七团冲入下城与敌人展开巷战。经过一场激烈战斗，下城攻下，攻城部队俘敌千余，剩余敌军溃退于上城顽守。午夜，三纵西进阻击平定、阳泉阎军西逃。是日，阎锡山为挽救危局急调其第三十三军七十一师和暂编四十六师的各1个团，由太原乘火车于当日夜间抵达阳泉。

4月26日，阎军三十三军与独立十总队、保安五大队共6000多人从东、南两路增援平定，晋察冀野战军三纵队以第八旅二十三团阻击由阳泉沿公路南进之敌，二十四团歼灭从阳泉绕到白羊墅南援平定的敌人。野战军二十四团二营随团阻截援平之敌途中，发现白羊墅以东铁路线上有一铁甲车，经侦察认定，此铁甲车是阎军猖狂活动在正太路上的"飞龙号"铁甲车，由9节车厢为列，具有铁甲厚、火力强的优势，以二营当时的装备和经验对付此铁甲车有一定困难，而为了不让"飞龙号"铁甲车起到增援平定之敌作用，毅然决定将其消灭。下午5时，野战军二营先以全营轻重机枪齐射阻敌前行而无效，后用两炮齐击才迫敌后退至白羊墅以东约200米的凹道内，敌铁甲车凭借有利地形向野战军二营阵地猛烈射击。野战军二营曹步墀营长在无炮弹无强攻武器的情况下，果断做出将敌铁甲车炸瘫于凹道之内的决定，命令第五连组织爆破组首先将凹道两端铁轨炸

晋察冀野战军围歼阎锡山"飞龙号"铁甲战车

断，致"飞龙号"铁甲车瘫痪，使其由"活碉堡"变成"死碉堡"。"飞龙号"铁甲车被困后，敌人恐慌万状，战斗力大减，野战军二营乘敌混乱之际命令爆破组占据铁路两侧绝壁石崖投掷炸药包。有的爆破手在敌人打开掩护盖进行反击的时候，乘机将手榴弹和炸药包投入铁甲车内，敌人被炸得血肉横飞，生存者纷纷争相逃命，寻求保命。爆破手宁桂庭将飞龙尾部一节车厢炸翻后，接着二、三、四节……相继被炸掉。在铁甲车被炸后，解放军李庆华班长带领登车组迅速登上"飞龙号"铁甲车切断敌通信电话线路，使敌失去联系并无法指挥，致敌完全丧失反抗能力。深夜时分，解放军利用俘虏喊话攻心，使3个车厢的敌人缴械投降。次日拂晓，二营解放军向"飞龙号"铁甲车发起总攻，剩余5个车厢里的百余敌人在解放军震撼山谷的喊杀声中伸出白旗全部投降。击毁"飞龙号"铁甲车，缴获野炮1门、轻重机枪18挺、掷弹筒12个、步枪22支，还有许多其他武器弹药。

4月27日，晋察冀野战军攻势直指阳泉镇，阎军赵承绶唯恐在被围中就歼，一面命独立十总队荊谊坚守阳泉，一面则命三十三军七十一师和暂编四十六师争取时间突围西逃，企图回师孤守太原。为阻击敌人西撤行动，晋察冀野战军三纵早于25日午夜攻克平定下

城后即奉命追歼残敌而西进，四纵主力也疾进攻占了寿阳以北的宗艾、解愁，并攻克了芹泉、测石等要地，斩断了敌人西逃的退路，阳泉之敌已置包围之中。是日，平定（路北）县后勤指挥部晨时按纵队"所有物资集中荫营，准备总攻阳泉"，傍晚又按"物资运往三郊村待命"的通知将纵队所需物资运输到位，攻克阳泉重镇的战役已完全准备就绪。

  1947年5月1日傍晚，三纵队八旅的旅长宋玉林同志，随带几名机关人员，匆匆来到担任警戒的五连阵地上。他把连长张增池、指导员李子光唤到跟前说道："有一个临时的紧急任务，你连由吕顺副营长带领，迅速查明白羊墅车站及其附近的敌情。那里敌人原来兵力约一个营。但现在不知是增是减，要走要留。你连尽量秘密接近敌人，赶快查明敌情，急速报告。"正说着，吕副营长带着两个侦察员也赶到了连队。

  天黑后，全连便在山坡下集合了，连长向部队讲解了当夜要执行的侦察任务，并提出了明确的要求："为了不暴露自己的实力，在接敌中不许打枪，如果谁随便打了枪，就犯了战场纪律，就难以完成任务。"李指导员又作了些补充动员，部队就立刻向正太线上的白羊墅车站出发了。

  这个连队的素质好，战斗作风硬，执行命令从不打折扣，秘密快速地接近车站等地的一系列动作也很神速。当时连的卫生员（后任师后勤部副部长）邸文彬同志都看得很清楚，他回忆说，当在夜幕里发现铁路上的电线杆、车站的屋宇和附近的碉堡时，连长便命令一个排在附近隐蔽，令两个排上起刺刀，并分两路秘密地向车站和碉堡摸索前进。

  不一会儿，突然从敌方传来失魂落魄般的嘶喊声："八路来了！八路来了！"随着是一片混乱，接着另一片也惊呼："八路！八路！"又是一片混乱。这情景真有点像河堤决口的样子。霎时间，先车站、后碉堡，由东向西乱作一团。原来这是敌人发现八路军端着刺刀摸上来后，丢下阵地碉堡，边喊边跑。五连接敌的班排战士，就尾追不舍，形成了敌逃出一个碉堡，八路军就占领一个碉堡，而每进占一个碉堡，顺手就烧着一个碉堡的局面。不大工夫，车站附近的几个碉堡都升起了熊熊的烈焰，碉堡内的弹药随着火势在轰隆轰隆地爆炸。白羊墅以西几个碉堡的守敌也都跟着狼狈溃逃。五连战士仍尾追其后，照烧不误，就这样边追边烧，一直追到铁路与平定公路的汇合处，吕副营长才传话要停止追击。

敌人全线崩溃，五连一面将所得的情况报告上级，要求主力赶快跟进，一面抓紧战机，进占阳泉。当五连进入市区的时候，已是5月2日的黎明。这时后面传来"直插阳泉敌府"的命令。战士们经过几番周折，终于在一条南北街的西侧找到敌人的政府。

随着占领地区的扩大，连里发现了车站（阳泉火车站）上还停着一列升火待发的铁甲车。西北的河上还横着一座木桥。连长立即派一排去占领车站，并控制铁甲车。派三排固守桥头，向北岸警戒。一排占领车站和铁甲车时，也没有遇到敌人。战士们对铁路、火车虽不陌生，但对铁甲车可从没见过。这次他们登上了车，看了个够啊，一切都是新奇的，车皮上涂着一块绿、一块黄的保护色，里边还安装有底座可以转动的重机枪和长管炮。

白羊墅作为八路军正太线西进阳泉的最后一个车站，距阳泉3千米，地理位置不言而喻，敌人构筑坚固工事，顽固抵抗。英勇的人民军队在曾经不可一世的反动封建势力面前敢于亮剑，令其失魂落魄，闻风溃逃。英勇的人民军队在曾经坚不可摧的顽固欺压人民的堡垒里燃起熊熊烈火，令其轰然坍塌，夷为平地。突袭白羊墅我大军压境让阳泉无障可守，危在旦夕的反动势力闻到了其掘墓者嘹亮的号角和进军的炮声，阳泉全境解放指日可待，近在咫尺。

同日，晋察冀野战军第四纵队对平定城发起总攻。配合三纵队埋伏于阳泉寿阳间的二纵、四纵对阳泉阎军形成包抄之势。被困阳泉之敌突围西逃，行至测石受晋察冀野战军四纵阻击，敌七十一师暂编四十六师被歼于测石车站以南山地。

5月2日凌晨4时，平定城被晋察冀野战军第四纵队攻克，阎军十总队保安第五大队以固守狮脑山作掩护，会同蒋阎阳泉行署党、政机关一起逃窜。下午6时，晋察冀野战军第三纵队第八旅进入阳泉后，即命二十三团围困狮脑山，随之，二十三团三营很快将狮脑山守敌保安第五大队包围。是日，阎军独立十总队同平定、阳泉阎政权机构部分官员西逃至测石时，被晋察冀野战军四纵队阻击在车站以北的山地和河道，独立十总队司令荆谊、参谋长杨俊、保安二团团长张国栋、三团团长白瑞珍、阳泉行署专员李崇才、平定国民党政府县长焦光三、大汉奸段琛等均被生俘。

人民解放军攻占测石车站

5月3日，包围阎军的野战军二十三团三营按照团党委以军事进攻与政治攻势相结合迫敌投降的指示，一面向敌军送劝降信，一面对狮脑山外围之敌展开进攻。二十三团三营在占领发电厂，控制水泵房而断绝狮脑山水源的同时，展开强大的军事攻势。

5月4日早晨，因狮脑山守军保安第五大队全由阎锡山所接收过来的日军官兵改编而成，缺乏顽强战斗意志，在野战军二十三团的军事围困和政治瓦解攻势威逼下，由

《新华日报》刊登的解放军解放阳泉的报道

大队长兰雄信（本名膝田雄信，原日本独立混成旅第四旅团大队长）率全体日本官兵240多人和家属150多人，交付武器清单，就地架枪，列队投降。

据新华社正太前线报道：1947年4月，解放军死死地围定阳泉，令守军日日胆战心惊，不知攻击在何时何处突然发起，赵承绶立即

命令阳泉守军独立第十总队的荆谊部向寿阳转移。荆谊接到命令后，80人的队伍浩浩荡荡沿着铁路向西跑。5月2日晚上，先头部队在阳泉至寿阳之间的测石驿附近与整编四十六师会合，荆谊以为自己安全了。但他还没有来得及喘口气，解放军聂荣臻部的总攻击开始了，激战两昼夜，5月4日将敌军全歼于测石驿地区，此战役共歼敌一万一千余人。

据新华社正太前线1947年5月5日电："从寿阳城沿公路走两天可到，第一天我们经过测石村附近，什么吃的也找不到。这里我们曾经包围了敌人七八个团于方圆数里地带，敌人把老百姓的鸡、米、玉茭、菜，全抢去吃了，甚至把自己的马也杀死吃了。群众对阎锡山极为痛恨，都说阎锡山是个老灰鬼越来越灰了。"

新华社正太前线1947年5月9日《攻如猛虎，守如泰山，胜利奋战坡（铺）岭梁》一文，对这场战役中测石驿西侧的坡（铺）岭梁战斗作详细记载。其中一段写道："…经过5月2日一天一夜的战斗，阎伪军万余人被压缩在测石火车站北部的狭长地带。他的指挥部设在火车站南狼峪高地。"

1947年5月2日18时，人民解放军一举解放阳泉。图为解放军进入阳泉街区

测石驿之战，是阳泉解放的终结日，1947年5月4日这天，阳泉全境解放。

5月8日，正太路战役在寿阳大捷的凯歌声中结束。正太战役的辉煌胜利，解放了阳泉全境，使饱受战火苦难的阳泉人民从此走向了光明。至此，晋冀鲁豫边区和晋察冀边区两大战略区连成了一片。

四、阳泉建市

1947年5月4日随着阳泉解放，冀晋区党委、行署决定，将阳泉镇及小阳泉、平潭街、平潭垴3个行政村从平定县划出，设置为阳泉市，下设3个区。平潭街、平潭垴划为二区，小阳泉划为三区。自此，该区域始设市辖区。

1947年6月，原属平定（路南）县的大阳泉村（含王家峪村、神峪村）、义井村划归阳泉市。7月阳泉市调整区划，将一区和二区合并为一区，三区改称二区。区域内设立阳泉市第二区，区委书记白兴华、区长韩文媛（女），区机关驻地在小阳泉，辖平潭垴、平潭街、小阳泉、大阳泉、王家峪、神峪7个村。

1948年8月，在平定（路北）县与平定（路南）县合并的同时，为了发展阳泉市工矿业生产，华北人民政府决定将区域内的荫营、河底一带地区68个行政村从平定（路北）县划归阳泉市。阳泉市全市区划调整为4个区。至此，除一区仍辖市区外，区域内设立了二、三、四区。二区先后驻平潭垴和石卜嘴，王三才任区委书记兼区长，辖21个行政村；三区先后驻李家庄和甄家庄，刘杰任区委书记、刘志远任区长，辖23个行政村；四区驻荫营，王振邦任区委书记兼区长，辖24个行政村。

1949年1月4日，白泉等25个村、东村等42个村分别由平定县、盂县划归阳泉市后，2月，全市区划调整为6个区，其中本区内设二、三、四、五、六区，辖136个行政村。二区先后驻平潭垴、石卜嘴，辖21个行政村，张志功任区委书记，张子祥任区长；三区先后驻李家庄、甄家庄，辖23个行政村，吴健任区委书记，王文心任区长；四区驻荫营，辖31个行政村，刘杰任区委书记，王德志任区长；五区驻东村，辖41个行政村，谢希贤任区委书记，韩崇全任区长；六区驻下白泉，辖20个行政村，杨官义任区委书记兼区长。

1949年9月，阳泉改称工矿区。

1947年8月18日，中共平定（路北）县委组织部发出《关于党的公开问题》的指示，就全县党组织的公开问题做了具体部署，要求全县共产党员在组织公开后要继续发扬密切联系群众、相信群众、依靠群众的工作作风，直接受人民群众的批评和监督。自此，各区、村党组织逐步由秘密转向公开活动。1949年10月，本区内的党组织共有基层党支部136个，68%的行政村都建立了党的组织，有党员3485人。

1947年12月23日，中共平定（路北）县委召开代表会，参加会议的农民代表530人，其中男441人，女89人；以阶级成分划分，贫农239人，雇农147人，中农29人，工人114人。会议采取广泛民主的办法，总结检查了整党及土改运动的经验和出现的"左"倾偏差的教训，解决了262件代表提案所提出的问题，选举产生了农民代表委员会。

第三节　土地改革

一、实施土改

（一）土地改革概况

阳泉市郊区为旱作农业区，土地贫瘠。旧社会，历经战乱，灾害频繁，加上封建地主阶级对土地的垄断，广大农民过着饥寒交迫的生活。据1949年阳泉市土改总结中对所属100个村的统计显示：1937年共有农户20760户，87911口人，土地152085亩，人均1.6亩，其中地主37户，富农1198户，6350人，有地19337.77亩，人均3.05亩；富裕中农771户，4330人，有地10771.95亩，人均2.49亩；中农6830户，28112人，有地60706.13亩，人均2.16亩；贫农16913户，44198人，有地58385.48亩，人均1.32亩；工人947户，2807人，有地2666.37亩，人均0.95亩；手工业者39户，193人，有地179亩，人均0.93亩；手工业资本家2户，6人，小商贩50户，143人，有地22.03亩，人均0.16亩；雇农10户，28人，有地15.6亩，人均0.56亩；地主、富农占总人口的7.2%，却占有12.7%的土地，而贫农占人口的50%，仅占有土地的37.7%。有的地区，土地更趋集中，贫雇农占地极少，甚至无立足之地。据平定县1947年档案记载："下千亩坪村有地主4户，20人，占地471亩，人均23.5亩，富农8户，147人占地598亩，地主富农占有全村67%的土地，其中大地主张某某一家占有土地250多亩，出租地100余亩，靠出租地、放贷、经商为生。常年雇工5个，养有羊40余只，家有房屋30余间，全家人都不劳动，每年的收租米20余石，租额亩平均2大斗米。雇着4人放贷，其利息高达3—3.5分，开着一个铺，资本2000余元。群众说：'咱村地主就占了半个天，看看人家的院，像一盏灯一样。'"

1946年5月4日，中共中央发表了《关于清算减租和土地问题的指示》（即《五四指示》），宣布在各解放区开始实行土地改革。1946年冬，平定（路北）县委遵照中共中央指示，进行土改试点，并逐步在包括区域内一些村庄在内的老区开展土地制度改革运动。

1947年5月8日，平定（路北）县委在荫营召开土改工作会议，总结检查全县贯彻《五四指示》以来的情况，研究制定在不同地区进行土改工作的方法和要求。会议针对70个新解放区村庄土改尚未进行、封建剥削制度依然存在的实际，提出了发动群众进行土地改革的具体要求，贯彻了新解放区工作的方针，决定开展土改运动，并对有关具体政策作了明确规定，对斗争方式、果实分配等具体工作作了部署安排。此次会议，使广大干部群众明确了当前新解放区工作的具体任务，提高了对放手发动群众的认识。会议之后，各区根据不同类型的村庄，分别进行了研究部署。贯彻《五四指示》，实行土地改革的运动迅速在各区全面铺开。

1947年5月中旬，中共晋察冀中央局、边区政府派出由中央局社会部部长许建国为团长，中央局秘书长、党校副校长杨献珍为副团长的华北大队工作团（简称"华大"），到平定（路北）县帮助开展新解放区土地改革，"华大"工作团总部设在荫营后沟，试点工作首先在白泉和阳泉市第二区的平潭垴村进行。本月21日，在"华大"的指导下，平定（路北）县委发出老解放区进行复查、新解放区发动群众完成土地革命的指示。本月29日至6月10日，平定（路北）县委召开土改工作会议，县区级干部及新解放区党员干部共

1947年5月，路北新区土地革命开始，各地召开群众动员会参加土地革命

250余人参加了会议。会上杨献珍作了目前形势、群众路线问题的报告。会议根据中央的《五四指示》，讨论了有关政策界限，决定老解放区和半老解放区展开复查，新解放区由"华大"和县委抽调干部组成的工作组领导土改工作。

1947年6月10日，平定（路北）县土改工作会议结束后，县委抽调县区干部组成工作组，进驻区域内的白泉等村开展新区土改试点。白泉村工作组由王元寿等12名组员组成，县委组织部部长韩瑞义担任组长。工作组进村后，由于新区的群众基础差，工作难以开展。共产党员王元寿深入到群众中去，找到了上白泉村祖辈以乞讨为生的王瞎牛家，与他同吃、同住、同劳动，不嫌脏、不怕累、不避苦，在共同生活中，以自己扛长工受尽地主剥削压迫的苦难经历，启发王瞎牛的阶级觉悟。经过艰苦细致的工作，苦大仇深的王瞎牛积极参加了土改工作，成了贫农团的骨干，上白泉村的土改工作打开了新的局面。6月下旬至7月，平定（路北）县委主办的《翻身导报》、中共冀晋区党委主办的《晋察冀日报》、中共晋察冀边区党委主办的《晋察冀》分别以《访瞎牛》《学习王元寿工农本色》《王元寿访瞎牛》为题报道了王元寿的事迹并发表评论。7月,冀晋区党委发出向王元寿学习的号召。平定(路北)县的土改运动,在王元寿访瞎牛的模范行动推动下,很快打开了发动群众的局面。

《晋察冀日报》报道平潭街小学儿童团积极参加土改运动的事迹。1947年8月31日,《晋察冀日报》报道:"平潭街小学儿童团积极参加当地的土地改革运动,他们在学好文化课的同时站岗放哨、查路条,维护社会治安,对土地改革运动的顺利开展起到了积极的作用。"

土改结束后,据对100个村的统计显示,各阶层占地情况为:地主147户,339人,占地1221.33亩,人均1.43亩;富裕中农789户,3887人,占地8977.75亩,人均2.31亩;中农7327户,30230人,有地67930.93亩,人均2.1亩;贫农8375户,34532人,有地59074.22亩,人均1.71亩;工人3394户,12565人,有地17062.5亩,人均1.35亩;手工业者232户,1750人,有地921.47亩,人均0.53亩;手工业资本家25户,127人,有地124.56亩,人均0.98亩;小商贩179户,602人,有地224.89亩,人均0.37亩;雇农15户,154人,有地165.82亩,人均1.7亩。土改彻底推翻了封建土地所有制,农民真正在经济上、政治上翻了身。

1948年4月,平定(路北)县委召开会议,全面总结了全县贯彻《土地法大纲》、进行土地改革和结合土改进行整党所取得的巨大成就,并总结检查了工作中出现的"左"的倾向的严重教训。当月19日,县委做出《平定(路北)县土地改革总结》报告,全县土地改革运动胜利结束。土改前,区域内70%的土地集中在封建地主和富农手中。土改后,46.5%的无地少地的农民获得了土地,从封建压迫和剥削制度下解放出来,胜利实现了农村生产关系的伟大变革。

区域内各级政府为农民确定地权,颁发土地证。1948年9月,晋中区第一行政督查专员公署发出布告,指示凡已完成土改的地区,工作目标全面转向恢复与发展生产,陆续为农民颁发土地证,确定地权。农民的土地,允许自由经营、买卖和出租,各阶层土地与财物所

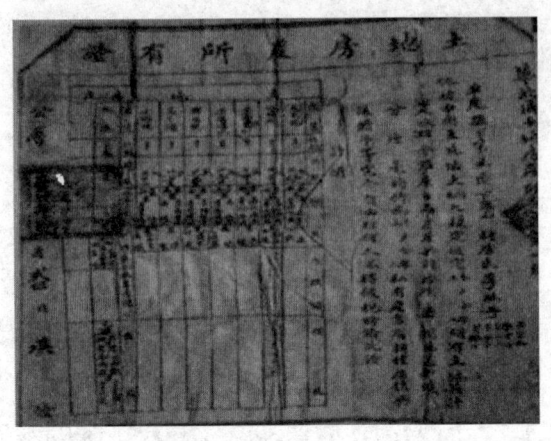

土改后华北区人民政府颁发的土地房产所有证

有权受法律保护。号召群众发挥劳动热情,努力生产。各级人民政府根据布告精神,立即在广大人民群众中进行深入细致地宣传。翌年春,开始丈量土地,确定地权,陆续给农民颁发《土地房产所有证》。到1951年春,发证工作结束。

二、抗灾自救

阳泉解放后,正当人民满怀胜利喜悦进行土地改革、恢复战争创伤、努力发展生产之时,又遭受了严重灾荒的威胁。

1947年6月中旬,区域内严重干旱,平定(路北)县政府向全县发出通知,号召全县人民迅速行动起来,抗灾度荒。7月27日,平定(路北)县委召开抗旱度荒扩大会议,决定将县、区、村生产委员会改为抗旱度荒委员会,以此加强对抗旱度荒工作的领导。为指导全县的抗灾度荒,专门办起了《抗灾度荒》小报。7月30日,县抗旱度荒委员会发出《紧急动员起来,抗灾度荒》的紧急指示。要求各行各业,一切围绕抗灾度荒,一切为了抗灾度荒,全县干部深入第一线,帮助各村抗灾度荒。各级政府要采取有效措施,广开生产门路,通过清理村财政、减少开支、压缩非生产人员等,努力减轻群众负担。同时县政府筹集粮食73471公斤,救济区域内1024户断炊户。

1947年,平定县普遍遭受严重的干旱和风雹等自然灾害,据当

时老年人说:"这是光绪三年(公元1877年)以来的大灾年,灾情比'民国'九年(公元1920年)还重。"由于灾害,粮食价格急剧上涨,仅7月下旬到8月初,半月时间,小米价格上涨二倍到三倍,由每斤3(万)元,涨到9(万)元,3斤小米就能买一只羊,一头大花驴上市出卖只值4升米。由于刚刚解放,群众生活很困难。严重的灾荒无疑是对全县人民的一个极大威胁,因此,灾情引起了各级领导的重视,平定(路北)县委、县政府先后召开各种会议,及时采取了一系列有效措施,动员全县人民积极开展生产自救,节衣缩食,抗灾度荒。在县委、县政府的直接领导下,荫营周边各村都很快行动起来,建立了专门的抗灾度荒领导组织——抗灾度荒委员会,并根据荫营的有利条件,制定了以发展煤铁生产、增加收入为主的抗灾度荒计划。根据县委指示,土改工作组的工作中心也转向抗灾度荒。在土改工作组的帮助指导下,各村认真贯彻晋察冀边区政府《关于土改中保护工商业问题的指示》,纠正了"左"的偏向,并从各方面鼓励和扶植群众发展生产。在党的各项政策的调动下,各村的铁炉、煤窑都相继恢复生产,一些铁矿和坩窑也随之开办起来。为发挥集体优势,上荫营5个村把土改的斗争果实抽出一部分各办了一个合作社,占全村总人口34%的社员入了股,社员的107头驴、32条骡子参加了合作社的运输,12个工人合作炉以团体社员资格加入供销社。到1948年后半年,荫营的工矿业得到了较好的发展,大泉眼裕民煤矿公司由政府接管经营,政府还投资开办了硫铁矿。

在抗灾度荒斗争中,鉴于荫营有生产弹壳的基础,县委、县政府把发展军工生产作为重点项目,确定上荫营几个铁炉试制"八二"炮弹壳,支援全国解放战争。

荫营、河底等村铸造的手雷、弹壳、地雷壳、"八二"炮弹壳

为帮助荫营试制"八二"炮弹壳，晋察冀军区平山南冶兵工厂派出军代表袁宗汉和兵工厂技术人员来荫营指导生产。他们在县委、县政府的支持下，同荫营的村干部、炉工们反复研究，经过多次试验终于成功。荫营人民为支援全国解放战争立了大功。

"八二"炮弹壳试制成功后，随即开始批量生产，收入可观。当时生产"八二"炮弹壳的有铸造炉、焖弹炉和打制弹翅的熟铁炉。铸造炉每炉出120多个弹壳，每个9斤小米，一炉可收入2石多小米；焖弹炉一炉出500个弹壳，可收入小米8斗至1石；弹翅熟炉一炉出弹翅30斤，每斤2.4斤小米，一天一炉可收入72斤小米。有的铁炉还生产手榴弹壳，一炉出500个，每个价值小米1.2斤，每炉收入600斤小米。

工矿业的发展，带动了商业、运销业和其他行业的发展，荫营办起了许多商业货铺，市场商品逐渐多了起来。在各级政府的支持下，煤铁销路畅通，荫营每天人来车往，运输队伍络绎不绝。随着工矿业和其他行业的发展，群众收入增加，生活水平明显改善。

在党和政府的领导下，荫营人民组织起来，生产自救，经过一年多的努力，完全战胜了严重的自然灾害，胜利地度过了灾年。不少群众说："今年这年景，要不是共产党领导，还不知有多少人被饿死，这是托了共产党和人民政府的福。"

第四节　经济建设

一、农业生产

1941年，日本侵略者对解放区实行残酷的"扫荡"，并实行经济封锁，给解放区造成严重的财政经济困难。为了克服困难，解放区军民开展了大规模的生产运动。遵照党中央提出的"发展经济、保障供给"的总方针，号召解放区军民自己动手，丰衣足食，以艰苦奋斗的革命精神，开展大规模生产运动。

1942年4月，平定（路北）县委、县政府就日伪不断扫荡而致全县农具畜力缺乏、春荒严重等灾情，号召受灾严重的三、六区根据地群众开展平地加工、多施肥料、深耕原有土地，恢复荒去的熟地145亩，倡导试种棉花126.1亩以解决棉布困难，还组成各种变工队，帮助162户抗属及孤寡老人耕地581.5亩，播种520亩，至5月底基本完成全县春耕春播任务。此外，县政府还提倡全县人民发展家庭农副业和生产运销业，号召"一人一鸡，十户一猪，户户有羊"。在全县10个村推广家庭纺织业、编织业；组织游击区一、四、七区275名灾民、牲口536头开展生产运销业，通过商店、合作社将纸张、钢铁、粮食运到平山等地，将油、盐、布等生活必需品换回到游击区；贷款给三、六、七区灾民组成运煤队，平均每月运煤42143斤至麦家岩、狮子神煤栈，将煤卖出获取收益。至9月底，全县通过农牧业、家庭纺织业、生产运销业共新增羊832只、猪9头、鸡17486只，全县543名妇女学会纺线，共有纺车91架，平均每人纺线4两。二、三、六、七区农民利用农闲编织草帽、席、筐、笤帚3428件，得现金69776.1元。由巩固区运往游击区的油、盐、棉花及购回根据地的纸、铁、粮食等两项营业总额达1174933.15元，获利107219.15元。七区运煤队半年获现金505569.5元。较好的收益，调动了人们生产积极性，全县有48个村的932名妇女、1774名儿童也积极参加到生产战线上，全县大规模生产救灾工作取得初步成效。

  1943年初，晋察冀边区政府鉴于根据地遭受5年日军的破坏，人民积蓄耗尽，生产力下降，军民面临严重的经济困难的实际，而号召全区人民以生产运销业为主，开展大规模生产救灾工作，拨给平定（路北）县3950元贷款发展生产。平定县很快建起合作社，各区也都建立了合作社办事处，并采取生产和集资入股的方式普遍建立了村级合作社。这些合作社，开辟多条运输渠道，建立多处煤炭、铁货转运站，冲破日军白泉、河底、荫营、盂县城、牛村等据点的封锁，将当地丰富的煤铁产品运至平山、阜平、冀中等地，换取钱物而解决军需民用困难的问题。

  1946年6月，平定（路北）县委、县政府结合实际，制定出了

"党领导全县军民，以农为主，全面发展，利用本县优势，以多种形式恢复农、工、副业生产，为解放战争奠定物质基础"的方针和"着重农业，提倡和鼓励农民变工组，奖励生产模范，引导农民走组织起来的道路；煤铁冶炼业建立劳力和技术结合，劳力、技术和资金结合，单纯劳力结合和合作社集体经营4种经营方式；运输销售方面主要推广三泉、三都创造出的增产分红制和半工资半分红制"的政策。当年，平定（路北）解放区内，31.5%的劳力和73%的畜力参加了互助合作生产组织；全县建造生、熟铁冶炼炉由上年的280座增加到了460座，建立了由15487人组成的1031个运输组，收入小米100万斤，换回草席、皮麻、药品等物资，解决了战争中的军需民用问题。

1947年2月，平定（路北）县政府坚持自卫战争，武装保卫生产、互助合作、节省劳力的原则，不违农时，大力增产粮食，积极发展工矿业、手工业、家庭副业，保证军需民用。本年农业增产小米10万石，组织起来的劳力占到劳力总数的45%。

1948年春，中共平定（路北）县委针对久旱不雨的严重局面，大力宣传先进经验，积极鼓励农民多种经营，充分发动群众大搞生产运动，开展抗灾救荒。水峪村发展各种形式的工矿业、运输业、大搞生产；桃坡、柳沟、甄家庄等村农民通过集资方式和劳力组合等多种形式组织起合作社，经营煤铁业，建起铁炉30座，成功地恢复了生产；甘河村，党员干部带头组织全村劳力，合作开采硫磺、煤铁工矿业，半年赚小米7万斤，不仅做到了生产自救，而且为支援前线做出了贡献。12月3日，《人民日报》刊登消息，赞扬平定人民在党和政府领导下，充分利用本地区的各种生产条件，积极组织生产自救，战胜了自然灾害，使广大受灾群众度过了荒年。同时，《人民日报》还刊登了平定六区战胜灾害的通信。

二、工业生产

自宋代以来，该区域内个体手工业就逐步发展，清代为兴盛时期，主要有采煤、冶炼、铸造、炼磺、砂器陶瓷、白灰、黑矾、火药等10多个行业。1909年，荫营镇出现了第一家民族资本家联营企业——荫营硫铁矿公司，时有矿场1个，碱炉6盘，矿工20人。到民国初年，民间铸造技艺有了很大进步，铁锅等日用器具和车串、锄、锹等工农业用具远近驰名，还出现了零星的坩土采掘业。1946年，河底镇成立了河底铁业联社，组织起23个手工业生产合作社，从事铁业生产和运销。

　　1947年，区域内普遍遭受严重的干旱和风雹等自然灾害，群众生活非常困难。市人民政府组织开展手工业生产，进行生产自救。政府对手工业实行贷款、贷粮等扶植措施，使手工业生产迅速发展，手工业者以组织合股、私人集股或以劳力代股金进行生产。当时，从事铁矿业生产的村庄10个，从事煤炭业生产的村庄19个，从事生铁冶炼的村庄24个，从事熟铁冶炼的村庄12个。计有生、熟铁炉60余座，生产的生铁货产品近千种，熟铁货产品200多种，年产量约为1.5万吨，从事煤铁业生产的手工业者约18000人。

三、集市贸易

　　1938年5月，中共晋中特委成立了晋中人民救国合作社，并在平西县设立了由霍士俊、霍雄升、唐鸿等人负责的分社。晋中人民救国合作社平西县分社，为解决根据地人民的生活和抗日所需，起到了很大作用。1940年8月，平定（路北）县在西家庄建立起一个合作社，该社有社员1242人，有股金1242元。9月，平定（路北）县政府成立贸易局。12月，平定（路北）县合作社发展到了23个，共有社员4092人，拥有股金4874元。平东、平定（路北）两县商业合作社，均坚持为生产服务、为群众服务的经营方向，业务以经商为主，兼营铁木农具、印染、磨面等手工业生产。1942年5月，平定（路北）县抗日政府设立贸易管理局，隶属晋察冀边区五专署贸易局。平定（路北）县贸易管理局，管理着由五专署贸易局在平定（路北）县交通要道上所设的十三（吊沟）、十四（东垴）两卡，经办着一个兴隆号商店。平定（路北）县兴隆号商店，从事采购运销，管理局设在麦家岩，拥有新定资金3万元、旧有民股1万元，共计4万元资金，五专署贸易局还从局统累税项下拨增两万元支持运铁。兴隆号商店，经理史云龙、副经理王清太、会计王道儒，他们经过艰辛的工作，在日用品供应上、土产品的运销交流上、集市的发展繁荣上，为根据地军民解除了生活上的困难，极大地调动了根据地人民的抗日积极性。1944年初，平东、平定（路北）两县分别在测鱼、麦家岩建立县合作联社，皆设业务、社务、财务三部。随之，村级合作社很快发展到300多个。合作社除搞好供销合作保障人民生活日用品之需外，还发展了纺纱织布生产。到1944年冬，平定（路北）县联社根据"民办公助"的方针，以信贷为公助，各区合作办事处、各村供销合作社也都以集资入股的方式，开展生产运销业等业务。到1945年6月，平定（路北）县建有合作社186个，社员71964人，拥有股金28500910元。这样，群众的收入增加了，更加调动了群众的生产积极性。

在战争时期，商行经营的军民所需物资货源，采集组织起来相当困难和艰辛，当时，由于敌军对根据地实行经济及道路封锁，有许多物资，需由采购人员冒生命危险去敌占区购置，采集到的货物，也必须在部队和民兵的武装保护下穿越敌区才能运回。在组织采集物资货源上，由日军侵入到阎军被打垮，即1938—1948年的10年中，平西、平东、平定（路北）三县合作联社联合组织商品，完成采购业务410次，物资总值达1530万元，年均122.7万元。

四、互助合作组织的建立

抗日战争与解放战争时期，为适应对敌斗争形势的需要，区域内人民，响应毛主席"组织起来"的号召，自愿组合，建立"互助组""合作社"，开展互助合作生产，这些互助合作生产组织，建立在不改变土地等重要生产资料私有权的一家一户个体经济基础上，是劳力自愿组成的集体劳动互助组织。互助形式有人力、畜力或是工具，有临时性、季节性，还有常年性。互助组坚持自愿、互利、民主三原则，各自记工等价交换，采取还工和计价结算相结合的办法。互助合作运动的展开，有力地促进了生产，并发展了经济。

1944年春，中共平东、平西、平定（路北）三县县委、县政府根据各边区党委指示，广泛组织农民成立拨工队、变工队、互助组。5月，平定（路北）县生产委员会为突击敌碉堡，组织起了有1180人参加的变工大队。

1945年4月，为搞好春耕播种，县政府首先在全县组织起了5个合作社。合作社建起了3个铁匠炉、2个木匠铺。并在全县共组织互助组12个，有826人参加，有耕畜522头。9月，平定（路北）县委、县政府为发展生产、支援前线、抵制阎军蚕食，贷出小米17500斤，在上荫营开设了裕民煤矿公司，组织起300多工人生产。战时开办的这一企业，不仅解决了人民的生活问题，而且为前方军队提供了物质帮助。是年6月，平定（路北）县委、县政府结合实际，制定出了"着重农业，提倡和鼓励农民变工组，奖励生产模范，引导农民走组织起来的道路；煤铁业建立四种冶炼经营方式，即劳力和技术结合形式、劳力和技术与资金结合形式、单纯劳力结合形式和合作社集体经营形式；运输销售方面采用多种分配方式，主要推广三泉、三都创造出的增产分红制和半工资半分红制"的有关互助合作生产的政策。

1947年，上荫营5个村从土改的斗争果实中抽出了一部分，各办了一个合作社，占全村总人口34%的群众入了股，社员的107头驴、32条骡参加了合作社的运输，12个工人的合伙炉以团体社员资格加入了合作社。

1948年8月，平定（路北）和平定（路南）两县合并恢复了平定县建制，中共平定县委、县人民政府一成立，为解决贫苦农民生活困难，支援全国解放战争，立即做出迅速转入大生产的决定，号召全县干部集中力量，发展组织小型合作社，组织农民互助合作，发展农业生产。

五、金融业的兴起

解放以前的金融业主要以银钱业、典当业为主。清光绪年间至民国初期，先后有当铺10家、钱庄6家。日军侵占后，当铺相继倒闭。

1946年，区域内北舁村设晋察冀边区银行四专办事处平定营业所，有职员6人，1947年撤销。1948年7月，区域内西南舁村设晋察冀边区银行平定县支行，有干部职员6人，资金0.62万元，有效地支持了当地经济的发展。

第五节　兴办事业

一、教育

区内素有重教兴学的优良传统。辛亥革命前，各种民办塾馆广布区域内村镇。民国初，旧馆被明令取缔，新学制得以推行。"七七"事变后日军侵入阳泉，区域内初具规模的现代教育遭受严重挫折，而解放区抗日学校在共产党领导下却办得颇有生机。1947年阳泉解放后，现代教育在区域内迅速恢复和健康发展。

（一）小学教育

1937年10月，日军侵入，初见雏形的现代上荫营两等学校教育遭受严重摧残。其间，区域内有三种办学情况：一是沦陷区办的新民小学。包括荫营、河底、白泉以南的多数村庄。二是解放区办的抗日小学，区域内北部村庄均属路北抗日政府管辖，所设教育科专门负责辖区内教育事宜。戴家庄、王家庄、孔南庄、北舁一带，村村办有初级小学，推行新的教学方法，使用统一编印的抗日课本。三是游击区办的两面小学。牵牛镇、中佐、三泉等村办的小学即属此类。以民办私立的名义，备有两种教材。平时使用抗日课本，日伪军来临时，使用战前旧课本以应付敌人。

1946年，区域内解放区在反蚕食、反内战的艰苦条件下坚持办学。1946—1947年，平定县立师范的前身路北高小两度移至东南舁村办学。1946年6月，河底高小北迁盂县境内，在白土坡村创办了"河白高小"。

1947年11月，区域内建立学区制，规定小学实行"四二制"，统一了学制和课程。

(二) 高级小学校

1937年初，平定全县计有各类高初两级小学校15所。10月，日军侵入平定，学校停办。1940年12月，中共平定（路北）县委为使根据地小学毕业生继续读书，也同时为了解决青年干部的来源，派李华在小前村筹建起了一所抗日高小，有学生20多名。1942年夏，平定（路北）县抗日高小和盂县抗日高小在麦家岩合并后转至大前村，经过整顿，加强了教学力量，学生增加到了80多名，分编为两个班级。1943年春，该校迁址盂县垴上村，学生由露天进入教室上课；秋时，第一届高小生毕业；冬天，学校搬至盂县东庄头，李雪明任校长。1944年，石平任校长，学校迁驻理家庄村。1945年8月日本投降后，平定（路北）县抗日高小改为干部高小，迁驻岳家庄、铁金沟村，又转东南舁，学生增多，设立干部班和师范班共4个。1946年春，平定（路北）县干部高小迁往西南舁村，1946年秋，改为平定县师范学校。1946年冬天，因阎军疯狂"蚕食"进攻解放区，师范学校又先后移驻理家庄、石宝、阳坡等地。1947年秋，学校重返西南舁村，1948年秋，学校迁至平定上城（原平定中学旧址），李雪明任校长，1949年2月，平定县师范学校与晋中一部分师生合并建为山西省立平定师范学校。平定（路北）县抗日高小，以抗大精神为榜样，教学内容以文化课和政治课为主，还学习唱歌和开展军体活动，学生学满二年毕业后由县委组织部分配工作。该校由李静仁、苏宁、石平、李雪明先后担任校长，历任教员有李受田、贺国民、周慧生、张秀文、李雪明、蔡力夫、王达三等，他们为抗日和解放事业培养出了大量的革命干部和优秀人才，该校党支部还在学生中培养发展了数十名共产党员。

(三) 农民教育

区域内农民教育始于抗日战争时期。1940年，根据晋察冀边区政府的指示精神，为了宣传群众、组织群众、武装群众，北部乡村开展了冬学运动。各村成立冬学委员会，建立了街头识字牌、识字班等。1943年后，冬学运动发展为以识字为主并结合政治、时事、生产、卫生等教育内容的农民学校。1949年冬，区域内有34个村建立民校或识字班（组），有学员1067名。1951年春发展为51所民校，学员增加到2162名，60%以上的学员能识一千字左右。冬学和民校学习内容有政治、文化、生产知识和卫生常识等。

二、文化

本区域历史悠久，文化广博璀璨。以明代的李应奎、李念、李愈，清代的张佩芳、张穆，民国以后石评梅和张恒寿为主要代表，区域内文人学者层出不穷，位显学博，多有传世佳作。区内有枣圈旧石器遗址、平潭古城遗址、关氏世系墓、林里关王庙、下章召禅智寺、柳沟六泉庙等文物古迹。民间剪纸、面塑、舞蹈及民歌、民谣世代相传，尤以评说、迓鼓极具地方特色。

当时有名的演出（戏班）团体有：

（一）燕龛娃娃班

亦称年老五娃娃班。1912年，五台县艺人年老五在盂县鹤山村创办中路梆子科班，1924年冬迁入燕龛村。入班带徒并同班演出的名角有史风春（燕龛旦）、张玉印（玉印红）、冀计（刀马旦）等，曾聘"老虎子"（生）、"二江湖"（红）、"银锁子"（丑）、"二占子"（旦）、"脆红枣"（旦）、"浪倒旗杆"（小旦）等艺人搭伙串演。教师授徒不循死打硬记，注重启发示范。共办三期，带出艺徒近百名，多擅长戏剧表演，塑造的各种人物形象栩栩如生，时有"年老五的娃娃会做戏"之美誉。成名于后的有吴本贞（三牛生）、吴本荣（二牛生）、段玉明（河底红）、聂金鳌（桃沟旦）、刘昌锁（粉条旦）、吴桂生等。1937年，因班主负债无力偿还，拍卖戏箱后悄然离去，戏班不解自散。

（二）史巨才戏班

1930年，荫营街上的小煤窑主史巨才出资创办中路梆子剧团。

因史氏绰号"烂计",故称"烂计班"。以张家口籍艺人张宝善(疤老旦)为承事掌班,顶梁作柱的名角有礤石红(艺名)、王红计(荫营红)、马兆麟(根根红)、张春明(二计黑)、郝二孩(花脸)、宋宝翠(机器面)、史宝才(赶驴旦)、温玉珍、南玉英、蔡仪(春成生)、董寨生(艺名)、杨步云(山药蛋),演出剧目有《龙山》《上天台》《金沙滩》《刺僚王》《少华山》等。戏班活动于境内及平定、盂县、寿阳、昔阳等地。1937年,因班主负债,长期拖欠艺人工资,导致戏班解体。

(三) 上章召业余晋剧团

1943年,上章召村民杨玉枝偕同本村晋剧爱好者郭秉池、郭田维、郭忠礼、张清源等人共同发起倡导成立中路梆子业余剧团,初名上章召剧团。抗日战争时期,除排演部分古装剧目外,还自编演出了《新杀江》《拜年》等时装剧目。1946年至中华人民共和国成立初,自编演出的时装剧目有《反阎》《离婚》《三打一》,移植演出的时装剧目有《刘胡兰》《王贵与李香香》等。

(四) 胜利剧团

1945年11月,民间艺人赵富喜(花脸)约王红计(荫营红)、葛秀枝(秀枝红)、荆瑞铣(甲子旦)、许志林(锁来旦)、王寿猫、王庙祥、杜兰香(坤角)、程宝先、王三孩、王丙子、赵蛋小等"流散路北"的戏剧艺人,在西头岭村(时属平定县(路北)政府管辖)组建中路梆子剧团,即胜利剧团。剧团排练演出了思想进步、讴歌正义的剧目,其中古装剧有《反徐州》《斩赵王》《打渔杀家》《火焰驹》《汴梁图》《明公断》等,时装剧有《兄妹开荒》《血泪仇》等。主要活动于区域内西南昇及同属晋察冀边区政府管辖的黄统岭、岔口、白土坡、牛村一带。在团艺人甘冒枪林弹雨不畏白色恐怖,多次承担并出色完成扩军劳军、庆功祝捷等项演出任务。1947年5月阳泉解放后,剧团停办。赵富喜、许志林等人随即转入市新华剧团(市晋剧团的前身)。

（五）三泉曲艺队

中华人民共和国成立前，尤其是抗日战争爆发后，三泉村的民间艺人自发组织，编排曲目，在农闲季节、传统庙会和"元宵"前后进行街头演出，逐步形成一支以迓鼓、莲花落、评说等说唱形式为主的曲艺队伍。

（六）河底剧团

1947年，河底小学教师胡爱文倡导成立河底青年业余剧团，移植演出了《白毛女》《王贵与李香香》等时装剧。

三、体育

1912年，小河初等小学开设具有体育锻炼性质的游戏课。1913年，赛鱼高等小学开设体操课。1925年，河底国民小学开设体育课。1932年，河底两等学校配备专职体育教师1名。抗日战争时期，荫营、河底抗日高小开展了投弹、刺杀、爬山等军事训练。

第六节 支援全国解放战争

一、支援晋中及太原战役

为配合全国各主要战场的战略大决战，人民解放军先后在山西组织和发动了运城、临汾、晋中和太原战役。在支援解放晋中和太原的战役中，平定（路北）县人民参军支前，不怕牺牲，为全省的解放做出了积极的贡献。

1947年，平定（路北）县内7000余名民兵、民工自带牲口、铁锅、干柴和粮草，组成向导队、担架队、运输队、破坏交通队等配合前线作战。在晋中战役、太原战役中，区域内10000余名民兵、民工组成担架队，与前线战士一道浴血奋战。

1948年4月1日，平定（路北）县武装部召开各区民兵大队长和指导员会议。根据晋察冀边区1948年的总任务，提出全县民兵工作的三大任务：一是加强人民武装，保卫大生产；二是加强边沿区的对敌斗争，开展群众性的游击战争，巩固解放区阵地；三是积极准备支前参战，配合大兵团作战。

支援太原战役的平定担架民兵大队全体功臣合影

会议根据不同地区的实际情况，做出了具体的安排与部署。在边沿区要求以小区为单位，组织联防作战，盘查行人、严密岗哨，加强缉私，靠近寿阳县的第一线地带，民兵组织互助变工，边战斗边生产。在巩固区要求迅速组织一、二、三梯队形式的战勤组织，做到动员面广，负担平衡，较大限度地结合生产；整顿、健全后勤参战组织。组织形式上要求小区划分后成立乡队部，设正、副中队长和指导员。以村为单位，恢复中队部，下设民兵自卫队。

在边沿区，18—35岁的青壮年自愿组成民兵队，其余编为自卫队。在巩固区，18—35岁的青壮年统编为民兵队，除以区为单位组织4个民兵连，编为前方担架队、运输连外，自卫队统编为后方担架队。

5月4日，中共平定（路北）县委为了适应战备需要，对后勤指挥部重新进行了调整充实。各村战勤队很快组织起来，至5月6日，全县各区的支前组织全部落实。5月7日，各区进行了检阅。全县受检阅民兵连1个，共119人，配备枪75支；前方担架连12个，并有担架136副，队员1741人；后方担架连15个，担架35副，队员2175人；运输连34个，队员2448人，牲畜1625头。

5月7日，分区司令部下达第二批动员令，调平定运输连骡子160头，支前骡马队按照司令部的要求，于5月13日准时赶赴盂县集中。为及时运送伤员医治，5月11日，河底兵站武建民致电县后勤指挥部，根据晋察冀部队的命令，于12日向平定转送伤员170名。县后勤指挥部政委张布克、副主任王继平接到通知后，迅速抽调干部及工作人员，准备担架100副、牲口21头，顺利地完成了转送伤员的任务。

1948年6月17日至7月21日，《晋察冀日报》以《平定人民的热爱》为专题，报道了区域内人民支前的事迹。

7月14日，华北军区发起晋绥、太原战役。为了支援解放军对太原作战，平定（路北）县委、县政府后勤指挥部又连续发出组织人力物力支援太原战役的指示，号召留在后方的人员，立即组织起来，行动起来，发挥正太战役精神，搞好后方生产，迅速组织支援前线。9月3日，支前司令部在辛兴村召开万人誓师大会，当日支前队伍450人在支前大队长率领下出发，经寿阳县宗艾镇到达阳曲前线。当月中旬，支前司令部在平定城再次召开出征大会，数千名支前大队人员又开赴太原前线，参加三打牛驼寨战斗。支前民工在党员干部带领下，舍生忘死，救助伤员，运送物资，为太原解放做出了贡献。11月7日，前线部队党委致函平定县委、县政府，表扬了平定支前大队。当月15日，《新华日报》报道了平定支前大队的英雄事迹。

二、适龄青年踊跃参军

阳泉解放后，翻身农民迅速掀起了参军支援解放战争热潮。1947年10月，平定（路北）县委和县政府提出了"参加反攻胜利军，活捉蒋介石，捎带阎锡山"的口号，动员青壮年参军支前，在两天之内全县七个区报名参军人数就达3000多人。

1947—1949年全国解放期间，仅荫营地区先后又有400多名青年踏上了解放战争前线，有43名青年为人民的解放事业献出了宝贵的生命。

为了支援全国解放战争，平定（路北）人民先后有2000多名优秀青壮年自愿走上前线；有4900余名民兵、自卫队参加了晋中战役的支前工作；2000多名担架队员、运输队组成了支援太原战役的支前民工连队，为支援全国解放做出了重大贡献。

三、选派干部南下北上

1947年10月，平定（路北）县委按照上级指示调李靖仁、高仪德、赵武科、荆子高、王从德、刘三祥、甄子宏、张铁弓8名干部支援全国解放。这8名干部，先在华北局党校学习后编入华北南下干部训练班，又在河北阜平县学习一段时间而经石家庄、邢台、邯郸、长治、晋城、安阳南下到了驻河南省宝丰县的中原局报到，由中原局分配，分别到了河南、湖南工作。

1948年2月，中共晋察冀中央局决定从平定（路北）县直接调出韩瑞义、高锁、马天真、王建平、邵宝增、王进财等20多名干部南下。这些干部，到石家庄后，与外省的同志合编成南下干部工作团，经由邢台、邯郸、长治、晋城、洛阳到中原局报到后，被分配到了湖北、湖南、陕南等地工作

4月，中共晋察冀中央局决定从北岳区调一个相当区党委的全套干部到豫陕鄂边区。平定（路北）县委按北岳二地委指示抽调党员干部乔步英、石志烈等39人。这39名干部于4月20日到河北省灵寿县陈庄西七里大湾村中央党校报到学习后，分配到了豫、陕、鄂三省工作。

1947年12月整党以来，平定（路北）县委共调出优秀党员干部77名，除9名属本边区调动外，其余68名分别南下和北上支援全国解放。这68名干部中，有10名县级党政干部，58名区级和一般干部。输出的干部名单如下（按县委组织部记载）：

县委书记	张布克	副县长	郭茂生
宣传部部长	谢　黎	民运部长	崔全印
副县长	任子玉	武装部长	徐广先

| 县委书记 | 赵鹏飞 | 组织部部长 | 韩瑞义 |
| 县委副书记 | 徐奋斗 | 宣传部副部长 | 陈　琳 |

县区科局级和一般干部有王风瑞、刘松亭、赵子珠、李月庆、史吉义、王子平、冯士文、梁仓元、刘忠堂、晋青、李长旭、赵子卿、赵蔚海、王俊鸿、胡金铭、韩风英、王如岐、王有金、杨金儒、王值光、朱子华、王毓秀、王建平、高忠秀、王进财、郭培山、赵建平、高珠和、高秀清、高秀书、蔡俊卿、刘守中、李德同、赵玉明、邵宝增、王子仁、吕田、李仁真、郄海金、王和尚、王子明、李福田、王运本、李子英、曾友仁、王存成、高志鸿、闫吉庆、刘致武、李善元、段玉所、王志珍等。

四、加强党的建设

(一)解放战争时期平定(路北)县解放区党组织的发展

1945年8月日军投降，平定(路北)县除铁路沿线和巨城、白泉等地仍由敌军占领外，大部分地区解放。9月起，平定(路北)县党组织进入快速发展时期。年底，平定(路北)县建有党支部328个，有党员5125名，全县党员中有男性党员4248名、女性党员877名。年底，支部总数比前半年支部总数(164个)增加314个；年底党员总数比前半年党员总数(2415名)增加2710名，增加党员数量为前半年党员总数的1.12倍。

1946年6月，蒋介石挑起内战，驻阳泉阎军向平定(路北)县解放区大举进攻，平定(路北)县的基层党组织在同阎军进行反蚕食斗争中，遭受到严重的摧残和破坏。在残酷的斗争环境中，有45个支部被敌人摧垮，有165名共产党员被捕，有34名党员光荣牺牲，有295名党员向敌人自首，有38名党员投敌叛变。1946年，从全年看，党组织力量持续壮大，前半年处于国共和谈时期，党组织发展平稳。后半年党的组织虽遭破坏，基层组织数量下降，党支部总数(266个)比上年(328个)减少62个，但党员数量在增加，党员总数(6261名)比上年增加1136名。1946年，全县党员中，有男性党员 4984 名，比上年增加 736 名；有女性党员 1277 名，比上年增加 400 名。

1947 年上半年，平定（路北）县有党支部 256 个，有个别关系的村 17 个，支部总数比上年减少 10 个；有党员 7464 名，比上年增加 1203 名。全县党员中，有男性党员 5603 名，比上年增加 619 名；有女性党员 1861 名，比上年增加 584 名。

1948 年上半年，平定（路北）县有党支部 285 个，比上年增加 29 个；有党员 7732 名，比上年增加 268 名。全县党员中，有男性党员 5732 名，比上年增加 129 名，有女性党员 2000 名，比上年增加 139 名。9 月，中共平定（路北）县委与中共平定（路南）县委合并建立中共平定县委，中共平定（路北）县委撤销。

（二）解放战争时期平定（路北）党组织的整党运动

1946 年 4 月 7 日，中共平定（路北）县委召开全县各区组织、宣传工作会议，按中共冀晋二地委指示，整顿党的基层组织。县委召开的全县各区组织、宣传工作会议决定，这次整顿的重点是一、二、四、五、七区可能被国民党军队占领的村庄；整顿的要求是清除暗藏的奸细特务分子，保证党的队伍纯洁，增强党的战斗力；在斗争尖锐的村庄建立平行支部，由区委单线领导。本月，中共平定（路北）县区委对坡头、连庄等 40 多村的支部进行了整顿。5 月下旬，平定（路北）县在全县干部中开展"盘三代（回忆）"运动，以克服某些干部已滋长的享乐、右倾、工作松懈、脱离群众等不良倾向。在整党运动中，许多干部追昔抚今，深深体会共产党对自己的恩情，从而进一步提高了思想认识，提高了革命觉悟，树立起为人民服务的人生观。

1947 年 8 月 18 日，中共平定（路北）县委组织部发出《关于党的公开问题》的指示。该指示要求全县党员公开后，要继续发扬密切联系群众、相信群众、依靠群众的工作作风，直接接受人民群众的批评和监督，并指出，各地党组织要结合土改进行整顿。8 月 20 日，中共冀晋二地委在盂县召开整党会议，平定（路北）县委副书记刘松青、县委委员王俊鸿、武装部长徐广先编为一个代表团参加地委整党会议。11月21日，各代表团以党小组为单位普遍开展查阶级、查思想、查作风的"三查"运动。

  1948年5月初，中共北岳二地委召开会议，贯彻中央关于土地改革和整党工作的有关指示，平定（路北）县党员、干部参加了会议。会后，中共平定（路北）县委依照中央关于土地改革和整党工作的有关指示，总结检查了前段土地改革和整党运动中出现的"左"的错误。

第二编
社会主义革命和建设时期
(1949.10—1978.12)

第一章　社会主义过渡阶段

第一节　巩固新生政权

一、区域变更

1950年2月，阳泉工矿区所辖郊区境内的东村、白泉、王垅、山头、西南舁、山底等67个村又分别划归平定县和盂县，阳泉工矿区辖区缩小，随之调整为3个区。郊区境内设立了第二、三区，辖51个行政村。二区驻甄家庄，辖25个行政村，王文心任区委书记，赵子臣任区长；三区驻后沟，辖26个行政村，王德志任区委书记兼区长。

1953年4月17日，下白泉、黑土岩等17个村和西南舁、山底等18个村分别从平定县、盂县划归阳泉市。4月30日，阳泉市结合生产调整区划，全市实行区乡制，共划分为2个区，35个乡镇。区内设立了第二区，王立瑞任区委书记、王玉田任区长，区委、区政府驻后沟，辖河底镇、牵牛镇乡、苏家泉乡、苇泊乡、任家峪乡、三都乡、韩庄乡、山底乡、三郊乡、东垴乡、林里乡、干亩坪乡、南小西庄乡、北小西庄乡、东南舁乡、西南舁乡、上荫营乡、下荫营乡、上白泉乡、山头乡、杨家庄乡、黑土岩乡、三泉乡共1镇22乡70个行政村。

1956年3月15日，阳泉市第二区改称荫营区，区委、区政府驻后沟村，马维华任区委书记，王玉田任区长。同时对所辖乡镇进行调整，将原1镇22乡合并为4镇9乡，分别为：荫营镇、河底镇、西南舁镇、白泉镇、黑土岩乡、南小西庄乡、三泉乡、干亩坪乡、三都乡、三郊乡、韩庄乡、山底乡、东村乡。

1957年8月，阳泉市荫营区与站上区在平潭垴西谷窑（现阳钢医院）联合召开人民代表大会。会议根据市委、市人委撤销站上区、荫营区的决定，重新选举组建阳泉市郊区人民委员会。站上区所辖的义井、大阳泉、五渡、甄家庄、甘河5个乡镇归郊区领导。郊区区委、区人委于9月1日开始办公，驻平潭垴。林一新任区委书记，兼区人委主任。郊区下辖4个镇14个乡。

二、机构建设

司法机关。1955年6月，市人民法院在后沟村设立荫营人民法庭，主要负责区内民事案件的审理。

统战组织。1956年9月28日，中共荫营区委对加强全区统战工作的领导做出具体安排，决定把统战工作放在重要议事日程，并确定有一名委员负责统战工作。区委要求各级都要建立健全统战工作的组织领导，切实加强统战政策的宣传教育，同各方面党外人士保持密切联系，虚心听取他们的意见，解决他们的实际问题。

工商业组织。郊区工商业联合会组织最初于1948年在郊区境内河底镇成立，至1953年，市工商联在区内建立了57个工商小组和8个行业联合会。

卫生机构。1956年，荫营区将1951年成立的机关卫生所改组成荫营区人民医院，并为其增设化验室，配备医务人员16名。

妇联组织。1947年各区建立了妇女工作委员会。妇女组织随区级行政机构的变动设置。1948年1月改称妇女联合会（简称妇联会）。1949年10月，改称民主妇女联合会，1958年又改称妇女联合会。

工会组织。最早产生于抗日战争时期。解放战争开始后，原各区的工人救国会改称工会联合会。1948年2月，随着阳泉市总工会的成立，各区工会组织相继建立，工会组织团结广大手工业者，教育调动他们参加社会主义革命和建设的积极性，以维护劳动者的合法权益。

青年团组织。1948年8月，各区成立青年联合会（简称青联会），1949年1月，区内各区设中国新民主主义青年团工作委员会，调配了专职青年团工委书记。

1949年3月，市青委贯彻中共中央关于建立新民主主义青年团的决议，在各区统一抽调青年专职干部组成工作组，在郊区的义井、街上两村试建青年团的基层组织。义井村工作组由刘昌玉负责，黄树彬、张承铭三人组成；街上村工作组由田培根负责，张守祥、刘兰秀三人组成。工作组进村后，通过召开党员大会、青年大会等形式，广泛宣传中共中央关于建团的精神。4月底，义井村团支部正式成立，成为郊区内农村最早的团支部，青年党员张改林任首任团支部书记。

1952年各区建立团委。1950年1月区内各学校相继成立了中国少年儿童团。1954年2月改称中国少年先锋队。

三、民主政治建设

(一) 民主政治的建设

1947年12月23日，中共平定（路北）县委召开代表会，参加会议的农民代表530人，其中男441人，女89人；以阶级成分划分，贫农239人，雇农147人，中农29人，工人114人。会议采取广泛民主的办法，总结检查了整党及土改运动的经验和出现的"左"倾偏差的教训，解决了262件代表提案所提出的问题，选举产生了农民代表委员会。

1954年10月，区（阳泉市第二区）第一届人民代表大会在上荫营乡后沟村召开，出席会议的代表有81名。会议贯彻学习了《中华人民共和国宪法（草案）》，审议了区人民政府1954年前半年的工作报告。选举王玉田为区人民政府区长，张世万、武勇、梁贵为副区长，选举产生了区出席阳泉市第一届人民代表大会代表59名。

1956年3月，区（阳泉市荫营区）第二届人民代表大会第一次会议在上荫营后沟村召开，出席代表116名。会议听取和审议了区人民委员会工作报告；选举王玉田为区人民委员会主任，武勇、张世万、郭年隆为副主任。

（二）民主改革的实行

民主改革是新民主主义革命胜利后必须继续完成的民主革命的任务。区内的民主改革主要是开展禁烟禁毒运动和婚姻制度改革，从而为迅速恢复与发展国民经济、实现新民主主义向社会主义转变，创造必要的社会条件。

1. 开展禁烟禁毒运动

中华人民共和国成立初期，党和政府严厉禁止吸毒、赌博，坚决制止同旧中国反动统治势力和黑社会势力有密切关系的社会毒瘤。

1950年1月25日，为了巩固新生的人民民主政权，恢复和发展工农业生产，消除各种社会丑恶现象，区内党组织根据中央人民政府政务院发布的《关于严禁鸦片吸毒的通令》和华北局人民政府发出的禁烟禁毒办法以及山西省公安厅的具体部署，积极行动。一方面进行广泛的宣传教育，用典型案例教育群众，提高群众的觉悟，让吸毒者、嗜赌者自觉地戒毒、戒赌；另一方面发动群众有力打击借此谋利的制毒、贩毒者和赌头、赌棍，并以村为单位订立禁烟禁毒公约，开展了声势浩大的禁烟禁毒运动。同年5月，阳泉工矿区公安局在王家峪设立了戒烟所，分两批对吸毒者实行强制戒烟，专门规定了染瘾者的戒除办法，根据烟民不同年龄、身体强弱、烟瘾轻重等情况，分限期戒绝。经过不懈的努力，戒烟所78名吸毒者戒烟成功。

2. 贯彻婚姻法实现婚姻自由

1950年5月1日，中央人民政府颁布了《中华人民共和国婚姻法》，这是中华人民共和国的第一部婚姻法。婚姻法规定："废除包办强迫、男尊女卑、漠视子女利益的封建主义婚姻制度，实行男女婚姻自由、一夫一妻、男女权利平等、保护妇女和子女合法利益的新民主主义婚姻制度。"这是几千年来中国社会家庭生活的一次伟大变革。党和政府为广泛宣传婚姻法和贯彻执行婚姻法进行了大量的思想和组织工作，有效地推进了我国妇女的解放。

1950年6月，区内党组织和人民政府认真宣传贯彻《中华人民共和国婚姻法》。一方面在群众中开展了婚姻法的宣传教育活动，另一方面加大了对侵犯妇女权利方面犯罪行为的打击力度，并对贯彻执行婚姻法的情况进行了大检查。经过大量细致的宣传，妇女的思想觉悟进一步提高。她们在党的领导下和妇联的组织下，由逆来顺受或消极反抗开始自觉地走上了积极反抗旧婚姻制度的斗争道路。不少妇女摆脱了封建婚姻的苦海，离婚和自由结婚的新鲜事不断涌现。据统计，1951年依法批准结婚480对，批准离婚48对，查处包办婚姻、虐待妇女、重婚纳妾等婚姻案件68例，表彰了婚姻自由、家庭和睦的好典型100余例。

通过深入地宣传贯彻，区内的买卖婚姻数量锐减，欺辱妇女现象受到人民政府和社会的批评谴责，自觉履行婚姻登记的人数逐年增多，婚姻关系相对稳定。婚姻法的实施对保护妇女权益和地位、提高婚姻质量起到了积极的作用。

四、抗美援朝

1950年6月25日，朝鲜内战爆发。美国政府从其全球战略和冷战思维出发，做出武装干涉朝鲜内战的决定，并派遣第七舰队侵入台湾海峡。1950年10月初，美军不顾中国政府一再警告，悍然越过三八线，把战火烧到中朝边境。侵朝美军飞机多次轰炸我国东北边境地区，给人民的生命财产造成严重损失，国家安全面临严重威胁。值此危急关头，应朝鲜党和政府请求，1950年10月8日，中国共产党和政府以非凡气魄和胆略做出"抗美援朝、保家卫国"的历史性决策。1950年10月19日，中国人民志愿军在彭德怀司令员兼政治委员的率领下进入朝鲜战场。这是以正义之师行正义之举。

伟大的抗美援朝战争，抵御了帝国主义的侵略扩张，捍卫了中华人民共和国的安全，保卫了中国人民的和平生活，稳定了朝鲜半岛局势，维护了亚洲和世界和平。抗美援朝战争的伟大胜利，将永远铭刻在中华民族的史册上！永远铭刻在人类和平、发展、进步的史册上！

1950—1953年，区内人民与全国人民一道，一面进行着艰巨的经济恢复和开展重建家园的工作,一面开展抗美援朝运动,全力支援志愿军,源源不绝的物资供应和正气磅礴的精神鼓舞,成为抗美援朝战争的坚强保障。

工矿区广大农村(区境)在抗美援朝运动中,努力提高农业产量,踊跃交纳公粮,支援抗美援朝

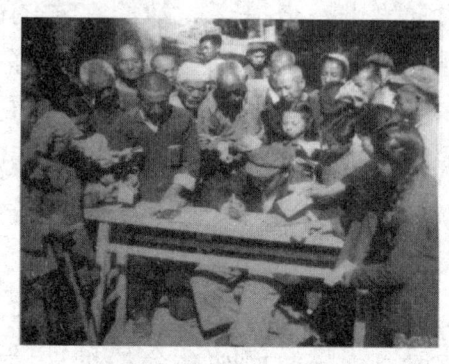

工矿区各界群众踊跃到指定地点为抗美援朝捐款

1951年春,区内社会各界捐款7000万元(旧币),有2000多名青年报名参军,198名青年参军入伍。同年7月,区内人民也积极开展了抗美援朝、保家卫国、捐献飞机大炮运动。

为保证运动顺利开展,区委在各村支部书记、村长参加的全区联席会上向全区发出号召,并在全区抗美援朝代表会上作了宣传动员。至7月15日,全区共捐款3亿元(旧版人民币),人均8255元。参加捐献的有干部、工人、农民、手工业生产者、资本家。捐献飞机大炮运动,极大地激发了全区人民的国际主义和爱国主义热情,同时也促进了工农业生产的发展。

1953年7月27日,《朝鲜停战协定》在板门店签订,标志着历时3年的朝鲜解放战争取得了伟大的胜利,也宣告了抗美援朝战争的胜利结束。抗美援朝的胜利,粉碎了美帝国主义妄图征服朝鲜、进而扩大战争的计划,保卫了祖国的安全。

"雄赳赳,气昂昂,跨过鸭绿江,保和平,为祖国,就是保家乡"。这首让人心潮澎湃的《中国人民志愿军战歌》经典歌曲,书写的正是抗美援朝的烽火岁月。让我们聆听区内一些幸存的志愿军战士当年催人泪下的故事，还原战火纷飞的峥嵘岁月，感受一代军人深厚的家国情怀。

(一) 李三宝——抗美援朝显身手，保家卫国尽忠心

郊区下荫营村人李三宝，1946年为了响应党中央解放全中国的号召，参加了中国人民解放军，服役于一九六师五八七团二营七连十班。1947年加入了中国共产党。1950年10月24日晚上，他所在的师部全体官兵秘密登上一列火车，缓缓驶出天津西站，26日凌晨踏上了炮火连天的朝鲜战场。

为了打好出朝的第一战，李三宝所在的三十八军三十八师给每人发了10颗手榴弹，战士们有了枪弹，好比老虎长了翅膀，敌军哪是他们的对手。27日9点多，他们隐蔽在公路两旁的山上。当美军摩托旅猖狂地、毫无戒备地出现在狭窄的公路上的时候，突然一声号响，志愿军的手榴弹密密麻麻从天而降，敌人像无头的苍蝇到处乱窜，仅仅13分钟，美军的摩托旅便成了一个废铁旅。恼羞成怒的美军便派出了王牌军，500多架飞机开始轮番轰炸志愿军所在的新义州。志愿军严格遵守"宁愿死一个，不能暴露全军"的命令，在震耳欲聋的爆炸声、机枪扫射声、飞机轰鸣声中，眼巴巴地看着自己的战友被炸伤或炸死，个个义愤填膺，更增添了他们的决心和信心，痛击敌人，为战友报仇。

让李三宝最难忘的是车轮关战役。因为敌我双方力量悬殊太大，为了避免白天的正面战争，他所在的连采取了游击战的战略战术，利用车轮关山高林多的优势，白天隐蔽在林里，晚上偷袭。有的战士从老百姓家里要到稻草，有的战士献出自己的棉被，偷偷塞进敌人坦克的车轮，致使坦克无法前进，还有的是把五六个手榴弹绑在一起，引爆美军坦克，如此地打打停停、停停打打，志愿军最终取得了胜利，但同时部队也付出了沉重的代价。其中李三宝所在的七连就由出朝鲜时的205人，到回国时只剩下了18个人。

1958年李三宝转业回到郊区，从事电影放映工作。从那以后，他在自己的工作岗位上默默地奉献着自己的青春年华。

（二）张志明——克服困难保供给，战地真情永流传

郊区西南舁乡大洼村的张志明，在烽火硝烟的朝鲜战场也亲身经历、目睹了中华儿女饱受战火洗礼的苦难，也见证了中华儿女不屈不挠的抗争史实。

1952年11月，为了响应党和政府提出的"抗美援朝，保家卫国"的号召，16岁的热血男儿张志明，在家人的支持和鼓舞下，报名参加了中国人民志愿军。1953年1月初，被批准正式入伍，光荣地成了一名志愿军战士。

入伍后山西籍新兵200多人首先在榆次集结完毕，集训了一个星期后乘专列开赴朝鲜。经过长途跋涉，他们安全到达了三八线附近。他被安排在一三四师四〇〇团三营十连，主要负责运送伤员和武器弹药。根据上级的指示，为了最大限度地减少伤亡，保存自身力量，白天他们只能隐蔽在树林里。一到晚上，所有士兵就都得打起精神，奋力前行。一路上只能看到残垣断壁的废墟，听到断断续续的炮弹声。他们住的都是民工用树枝在山沟里搭的棚子，当时的天气还比较寒冷，加之当地昼夜温差大，一到晚上更是寒气逼人，虽然地上铺着稻草，但还是冷得出奇。早上起床后，胡须、眉毛、被子都是一层白霜，战士们个个僵直，上下牙"咯咯"打响。即便是这样，战士们也没有被困难吓倒，依然有秩序地进行着后勤保障工作。遵照统一安排，三人一组，背负武器弹药向山上运送，返回时每人背着伤员或牺牲的战士。就这样他们每天平均要往返40多趟，每趟将近两千米，或许是年轻的缘故，或许是被惨烈的战斗场面所感染，张志明总是感到有使不完的劲。

由于志愿军的隐蔽作战，给美军制造了不少麻烦。于是美军把打击的目标锁定在志愿军前方和后方的生命补给线上。每隔几天美军就会对志愿军所在的公路和交通要塞进行一次毁灭性的轰炸，企图破坏志愿军的人员运送和物资补给。

有一次，敌人对志愿军阵地发动了全面进攻，志愿军战士舍生忘死，顽强战斗。因为敌人火力很猛，当地群众的野菜和粮食运不

上来，他们只能在山上挖草吃，没过几天，整个山就变成光秃秃的一片了，哪还有荒草植被，只有石头和硝烟。就这样，他们被困了三天三夜，为了保存体力，很少说话，有事就用手语交流，饿到极限的时候，有些人就啃一啃自己的皮腰带。

其实，张志明所在的运输队不光担负着伤员的运送和物资补给任务，还配合志愿军占领了阵地，挖战壕，筑防御工事，当时由于铁锹不够，大家就用手刨，张志明及战士的手都磨起了血泡，谁也没有叫苦，谁也没请假休息，而是继续干，拼命挖。

那时的战场根本没有任何机械设备和运载工具，战士们只能用手将石子和沙土装到袋子里，然后扛起袋子，送往数百米的工地。除了吃饭，几乎24小时就在两点间穿梭，因为过度劳累，他好几次晕倒，时常就被硬硬的路基撞醒，然后很快又投入到抢修战斗。

一天，美军飞机又光顾了他们的抢修现场，一枚炸弹在人群中爆炸，正好把一名战士炸伤，张志明立马扔下袋子跑过去背起伤员跑向医院。当时飞机依旧在上空盘旋投炸弹，说实话，张志明随时都有被炸的危险，但是为了战友他别无选择，也许是志愿军的义举感动了上苍，张志明背着伤员穿过硝烟弥漫的工地，平安到了医院。多亏及时抢救，伤员才脱离了生命危险，事后才知道这名伤员是我们郊区老乡张富仓。

1954年10月，朝鲜早早就飘起了雪花，此时他们班奉命押运一批军火向后方转移。在下坡时，车轮突然打滑，恰好路面狭窄难行，军车立刻倾斜，大家都不同程度地受了伤，尤其是张志明的一条腿被压在了车下，严重骨折，无法继续完成任务，他被战士们送到了附近医院，通过两个月的治疗，才恢复了健康。回到了部队，他一边进行日常的军事训练，一边还积极参与了朝鲜人民战后的恢复重建工作。

1958年10月，志愿军部队全部撤离朝鲜，张志明返回阔别六年的祖国母亲的怀抱，同年他转业回到了阳泉，在阳泉钢铁厂从事机械动力工作。1962年为支援农村建设，他毅然放弃了优越的城市生活，回到了家乡，从事了面朝黄土背朝天的农业生产。今天已步入古稀之年的张志明，依然清晰地记得当年在朝鲜的日日夜夜，那是他一生中最有意义、最珍贵的记忆。

(三) 郭景秀——思想工作做在前，出奇制胜"白虎团"

郭景秀，又名郭尊禄、郭计虎，1923年3月出生。1940年4月加入中国共产党。1941年6月参加八路军，历任班长、排长、指导员、教导员、六〇九团政委、六十八军工区副政委等职。参加过抗日战争、解放战争、抗美援朝战争。1956年荣获中华人民共和国三级解放勋章、独立自由奖章、解放奖章及朝鲜民主主义人民共和国三级国旗勋章。1960年被授予少校军衔，1964年晋升中校军衔。1971年任山东省公安机关军事管制委员会副主任。1975年离职休养。1976年1月病逝于山东德州，安葬于山东省济南市英雄山革命烈士陵园，1997年9月迁回郊区代家庄老家安葬。

那是在1951年6月的时候，郭景秀随六十八军奉命入朝参战。入朝后，部队长途行军奔赴前线。当时正逢朝鲜几十年一遇的暴雨，山洪暴发，桥梁、道路冲毁，敌机疯狂轰炸，部队行军十分艰难，加之后勤保障严重不足，每人每天只能吃到几两粮食。部队到达前线接防朝鲜人民军阵地后，即刻转入阵地防御作战。在防御战中，郭景秀任六〇九团一营指导员，他积极开展政治思想工作，教育广大干部、战士克服畏难情绪，树立必胜信心。战斗中，他亲临前沿阵地，带头冲锋在前，英勇作战、不怕牺牲，誓死坚守阵地。在13个月的朝鲜东、中线防御作战中积极主动开展政治工作，出色完成了各项战斗任务，战后荣立三等功一次。1953年7月，为配合朝鲜停战谈判，志愿军总部决定发起夏季反击战（金城战役）。六〇九团作为二〇三师第一梯队，担任对直木洞、栗洞南山防守之敌（南朝鲜首都师第一团即"白虎团"）的突破，向敌人阵地纵深穿插迂回的任务。六〇九团一营（配属第七连及团侦察排）作为主攻营，负责攻占敌人主阵地，为穿插营实施穿插打开缺口，扫清障碍。接受主攻任务后，他立即进行深入的政治动员，号召部队坚决打好这一仗，为国争光。战斗开始后，他率领部队分六路同时对敌发起攻击，仅用1小时45分钟就攻占了敌人主阵地,提前完成了进攻任务,为穿插营顺利穿插、歼灭"白虎团"创造了条件。战后,郭景秀荣立三等功,他所在的六〇九团一营荣立集体二等功。

志愿军在抗美援朝战争中,发扬了高度的爱国主义和革命英雄主义精神,他们在战斗中不畏艰险,英勇顽强,许多战士付出了宝贵的生命,最终赢得了战争的胜利,保卫了国家,也为国家为民族在国际上赢得了荣誉,志愿军战士是我们"最可爱的人"!

五、镇压反革命运动

1949年8月,中共阳泉市委、阳泉市人民政府贯彻华北人民政府关于取缔封建会道门的公告精神,在全市各区广泛开展取缔反动会道门工作。首先选择了"一贯道""先天道"活动较为严重的任家峪、上章召、赛鱼和前庄4个村作为取缔试点。通过开展试点工作,这4个村有50名中小道首登记集训,400余名受骗群众声明退道。

1950年3月18日,中共中央向全国发出了《严厉镇压反革命分子的指示》。根据中央的指示,区内一方面总结对镇反工作轻敌麻痹的教训,一方面将重点取缔反动会道门和坚决打击反动匪特、恶霸、军政党团骨干的破坏活动相结合,有步骤地开展镇压反革命运动。

1951年5月30日,一区在下荫营村召开控诉反革命罪行千人大会,有20多人进行了血泪控诉,当场扣押不法地主、反动道首、特务、杀人犯共24人。据不完全统计,至12月5日,一区、二区共惩处反革命分子384人,其中枪决16人,关押73人,回村管制265人,教育释放30人。共查出"一贯道"道首141人(前人18人,点传师15人,坛主108人),道徒6391人;"先天道"道首1252人,道徒10019人;"八方礼"200人、"理教会"180人,"安清会"156人,"三义堂"150人,还有"五龙道""金丹道"等12种反动会道门137人。对罪大恶极的反动道首依法惩处,对一般道首进行登记集训,其中对交代彻底、认罪态度好的免予处分;不主动交代，由群众揭发且罪行不太严重者，经教育释放回家或进行集中劳动改造。

这场斗争的胜利，极大地巩固了人民民主专政，保证了土地改革、抗美援朝的顺利进行，为经济恢复和发展创造了条件。

六、"三反""五反"运动

"三反""五反"运动是从1951年底到1952年10月，在党政机关工作人员中开展的"反贪污、反浪费、反官僚主义"和在私营工商业中开展的"反行贿、反偷税漏税、反盗窃国家财产、反偷工减料、反盗窃国家经济情报"斗争的行为。

1952年1月，根据中央的部署，为回击资产阶级"糖衣炮弹"的进攻，各区在各级党政机关、群众团体、企事业单位和学校的国家干部和职员中深入开展了反对贪污、反对浪费、反对官僚主义的"三反"运动。运动大张旗鼓地进行了揭发和批判，虽有一些过火行为，但总体上有力地振奋了干部队伍的革命精神，发扬了廉洁奉公、艰苦朴素、密切联系群众、全心全意为人民服务的良好作风。

同年3月各区又在工商界深入开展了反对行贿、反对偷漏税、反对盗窃国家财产、反对偷工减料、反对盗窃国家经济情报的"五反"运动。先后组织工作组和检查组，深入各行各业充分发动群众，检举揭发资本家的违法行为，并通过对资本家采取"过五关"（工商户小组关、会计关、工人关、工会关和检查组关）的办法，有力打击了不法资本家的犯罪活动。"三反""五反"运动于同年9月结束。

这次运动在区内的开展，清除了党和国家干部队伍中的腐化分子，使党在同资产阶级的限制和反限制斗争中取得了胜利，它为加强中国共产党的自身建设，巩固新生的人民民主政权和促进中华人民共和国的发展积累了宝贵经验。

第二节　社会主义制度的初步建立

一、过渡时期总路线的学习贯彻

1952年底到1953年初，中国的发展面临新的形势和新的问题。抗美援朝有望结束、土地革命的任务已在全国范围内基本完成、国民经济恢复工作提前实现预定目标、第一个五年计划即将开始、中国社会生活中也出现了一些新的矛盾。新的形势和新的问题，需要提出新的任务和目标。

1953年6月15日召开的中共中央政治局会议提出："党在过渡时期的总路线和总任务，是要在十年到十五年或者更多一些时间内，基本上完成国家工业化和对农业、手工业、资本主义工商业的社会主义改造。"[①] 中央政治局会议后，毛泽东在中共中央宣传部起草的关于总路线的宣传提纲上，把党在过渡时期的总路线进一步完整准确地表述为："从中华人民共和国成立，到社会主义改造基本完成，这是一个过渡时期。共产党在过渡时期的总路线和总任务，是要在一个相当长的时期内，逐步实现国家的社会主义工业化，并逐步实现国家对农业、对手工业和对资本主义工商业的社会主义改造。"12月，中共中央批准并转发了《为动员一切力量把中国建设成为一个伟大的社会主义国家而斗争——关于共产党在过渡时期总路线的学习和宣传提纲》，标志着总路线的最终形成。1954年2月，中共七届四中全会通过决议，正式批准了党在过渡时期的这一总路线。

过渡时期总路线提出以后，区内党组织向全区人民进行了广泛深入的宣传和教育工作，迅速统一了认识，并在全区人民中取得广泛理解和拥护，使党和国家的工作全面转向动员一切力量，为把我国建设成为一个伟大的社会主义国家而奋斗的新阶段。

---

① 张士义. 中国共产党历史（简明读本 1921—2016）[M]. 北京：红旗出版社，2017：130.

按照中央批准的学习和宣传提纲，区内党组织高度重视，迅速将过渡时期总路线的宣传教育活动推向政府机关、国营企业、广大农村、学校以及各民主党派和人民团体。通过举办各种报告会，向文化教育、新闻出版、科学技术、医药卫生工作者宣传总路线。

1953年11月，为了在机关事业单位深入学习宣传过渡时期总路线，区内召开了多次会议，制定学习宣传计划、安排部署本地区的学习教育工作。此次学习教育活动采取的主要方法是领导领学与群众自学相结合、座谈讨论与个别指导相结合。

1953年11月11日，《人民日报》连续发表《必须大张旗鼓地向农民宣传过渡时期的总路线》《领导农民走大家富裕的道路》等多篇社论，用通俗易懂的语言，阐述了国家为什么要实现工业化，工业化与农业发展、提高农民生活有什么关系等道理，使广大农民群众懂得了为了支援国家搞工业化，就要多卖粮食给国家，而要多打粮食，必须组织起来。在总路线的学习和宣传当中，区内采取轮训和抽调大批干部深入农村的办法，与农村干部一道，以标语、口号、读报座谈、放映电影幻灯片等多种形式，向农民讲解国家工业化、农业合作化的好处。通过具体深入的宣传，广大农民表示积极拥护总路线，要求参加互助组、合作社，支援社会主义建设。

从1953年底开始，在区内企业普遍开展了对总路线的学习和宣传活动。11月25日，中华全国总工会下发《关于学习、宣传与贯彻过渡时期的总路线的指示》，要求务必使每一个职工和家属懂得：只有实现国家社会主义工业化和对农业、手工业和资本主义工商业的社会主义改造，才能使中国由落后的农业国变成一个社会主义工业国，才能满足工人阶级和全体劳动人民日益增长的物质和文化需要。工人阶级对实现这一伟大而艰巨的历史任务，担负着主要的责任。按照总工会和市委的要求，全区各企业党组织鼓励职工群众积极行动起来，一方面对资本家进行教育，并协助其改善经营管理，发展有利于国计民生的生产和经营；另一方面对资本家实行监督，促使他们遵守国家的政策法令。通过这两个方面来引导资本家走上国家资本主义的道路。

1953年11月12日，第一届中华全国工商业联合会会员代表大会通过决议，郑重宣告接受和拥护国家在过渡时期的总路线和对私营工商业所采取的利用、限制、改造的政策。会后，中华全国工商业联合会在工商界开展了学习宣传过渡时期总路线的活动。工矿区及时开展教育学习活动，为打消私营工商业者的疑虑，专门召开专题讲座，为他们讲述总路线的实质、特点，使私营工商业者充分理解党的方针、政策。1954年1月24日，第二区在荫营村举行为期十天的物资交流会。其间人流量日均7000至8000人，通过这次盛况空前的物资交流会，促进了城乡经济的交流与发展，改善了工农群众和私商的关系，鼓励了私营工商业的生产积极性，促进了私营工商业的发展。

区内各级政府和党组织对过渡时期总路线的学习和宣传，是中华人民共和国成立后在全党、全国人民中间普及社会主义观念的一次空前规模的学习活动。这次学习和宣传活动切实解决了区内由新民主主义逐步过渡到社会主义的思想转变问题，明确了中国走社会主义道路是历史的必然选择，进而把党内外的思想认识基本统一到过渡时期总路线上来，坚定了工矿区人民沿着社会主义道路实现国家工业化的信心。在统一思想的基础上，过渡时期总路线成为团结全党、全国人民为建设伟大的社会主义国家而共同奋斗的行动纲领。

二、对农业的社会主义改造

从1953年起，在国家开始实行第一个五年计划的同时，中共中央酝酿和提出过渡时期总路线，在过渡时期总路线的指引下，区内开展了对农业、手工业和资本主义工商业全面的社会主义改造，以便逐步实现向社会主义的转变，全面确立社会主义基本制度。

区内对农业的社会主义改造，采取了从低级到高级逐步过渡的形式。在农村全面完成土地改革以后，区内广大农民积极响应中国共产党提出的"组织起来，发展生产"的号召，逐步开展了农业互助合作运动。1948年4月，响应阳泉市委号召，西南舁乡北大西庄村李喜金等3户农民建立了区内解放后最早的农业生产互助组织。1949年，东村、大洼等村共组织变工组60个，互助户125户，有

174人、115头牲口参加。魏家峪村为解决从工和军属缺乏劳力的困难，组织季节性互助组6个。根据1951年9月通过的《中共中央关于农业生产互助合作的决议》，区内党组织和人民政府在领导农业生产互助合作工作中坚持"自愿两利"的原则，采用典型示范的方法和步骤，把农民引导到互助合作的道路上来。同年区内69个村就建立互助组61个，有378人参加，占参加农业生产劳动力的3%。1952年，区内农业互助组进一步发展，达到了1361个。其中常年性的互助组有177个，季节性互助组有376个，临时性互助组有808个。参加互助组的男女全半劳力近1107个，占总劳力的30.3%，占参加农业生产劳动力的47.3%。大洼村高忠发领导的互助组在山西省召开的劳模会上被誉为"盂县一枝花"。西峪王瑞金互助组当年粮食亩产比单干时的86.5公斤多产15公斤。同时出现了两个丰产互助组，亩产超过所在村亩产的63.63%。1953年，经过巩固提高，区内74个村共有互助组1096个，参加农户占到总农户的38%，共有组员1.7万人。1954年，区内已有常年性互助组528个，临时互助组1119个，参加户数占到农户和半工半农户的44.26%，经营土地占总耕地的54.34%。当年，区内粮食亩产达107公斤，比1952年的85公斤增长20%，总产比1952年的1940万公斤增长3.6%，互助组的粮食平均亩产比同年的单干户平均亩产多产5公斤以上。

初级农业合作社采取由点到面、由少到多、由示范到普及的方法，稳步发展初级社，主要经历了以下阶段：

1952年冬至1954年秋，是重点示范阶段。荫营区于1952年冬至1953年春选择常年互助组基础较好的东垴、大洼、高垴庄试办了3个初级农业合作社。

东垴村办的初级社取名"前进社"。是以劳模李如祥为首，与李自存、李毛小共3个互助组在自愿的基础上组建起来的，是区内最早的初级农业生产合作社，全社共有30户、101口人，38个男劳力、23个女劳力，大牲畜14头、羊210只，耕地285亩，大小农具210件。该初级社按劳动力的专长又分3个耕作组、3个副业组，实行人和土地入社，统一经营，肥料作价入社。1953年，该社种秋作物236亩，平均亩产135公斤，超过计划指标；副业方面收入3313万元（旧币），超收1%。之后，区内又办起大洼初级社和牛家峪初级社，试点社扩大为3个，参加农户88户、317口人。由于初级社比互助组更有利于发挥集体的威力，能在更大程度、更广范围内解放生产力，所以办社当年，农户收入普遍有较大增长。以户计算，当年收入超过上年30%的有28户，超过10%以上的有33户，两项合计占到入社农户总数的69.3%。试点的成功，推动了初级社的发展。到1954年，区内共建起初级社15个，入社农户625户，占总农户的2.5%，耕地6252亩，占总耕地的3.7%。

从1954年冬到1955年春，是全面推广建社经验、村村建立初级社阶段。这期间，农业合作初级社进入高潮。坚持入社自愿，不作任何强迫命令；积极稳妥，成熟一个建一个。到1954年底，已建新社135个，入社农户3818户。与此同时，15个老社也进行了扩社，由625户增加到905户。新老社共建成150个，入社农户4724户，占区内农户、半工半农户的22.9%。其中100户以上的社1个，50—100户的社20个。从此，区内36个乡镇中的30个乡镇、154个行政村中的91个村建起了初级社。

从1955年冬至1956年春，是整顿和巩固初级社的阶段。1955年1月10日，中共中央发出《关于整顿和巩固农业和合作社的通知》。针对前一段建社中出现的偏重数量、忽视质量的问题，区内农村进行了巩固进而整顿的工作。到8月初，经过整顿后，农业社达到175个，入社农户6646户，占总农户的30.8%；入社人口29288人，占农户总人口的32.5%；入社土地57766亩，占总耕地的33.25%。

由于农村全面开展农业互助合作运动，使饱受战争创伤的农业生产迅速得以恢复和发展。人们总结了初级社的八大好处：一能做到人尽其力，不论劳力强弱都有事干，专职专责一心一意搞好生产；二能做到地尽其力多打粮，坏地能变好地，远地能变近地（田间道路修得好）；三能做到财尽其用；四能做到生产有计划、因地种植、按地施肥，农具俱全要啥有啥，耕作方便，不种啥也能吃上啥；五能改进技术,学习外地经验,有利于克服困难;六是集体劳动便于学习讨论问题,能改变人的落后思想,树立集体主义观念,发扬互助友爱精神;七能大家富裕,不受贫困;八能带头执行政府法令。

1956年初,随着全国农村掀起的社会主义革命高潮,全区又开展了由初级社向高级社的升级工作。土地收归集体所有,牲畜、农具等生产资料作价收购,实行统一经营、按劳分配,农业合作社由初级转向高级。在升级高潮中,荫营区的234个初级社先后并转为70个高级社,再加上区并转的36个,全区共组成106个高级社。就这样,农业的社会主义改造基本完成,从数量上,社会主义成分的农业经济在区内的农业生产中占到了主导地位。

对农业进行社会主义改造,是一场空前广泛、深刻而又复杂的社会大变革。高级社的建立,将延续了几千年的农民个体经济比较顺利地改造成了社会主义集体经济,使广大个体农民走上了社会主义共同富裕的道路,这是一次伟大的历史性飞跃。农业合作社的实现,进一步巩固了工农联盟,推动了城市手工业和资本主义工商业的社会主义改造,对促进农业和整个国民经济的协调发展,具有深远的历史意义。

三、对手工业的社会主义改造

对手工业的社会主义改造,区内大体上采取了同农业合作化相类似的政策和步骤。最初是组织手工业供销小组,然后发展到手工业供销合作社,再发展为手工业生产合作社,即从供销入手,由小到大,由低级到高级,逐步对手工业进行社会主义改造。

1947年,政府对手工业实行贷款、贷粮等扶植措施,使手工业生产迅速发展,手工业者以组织合股、私人积股或以劳力贷股进行生产。当时从事铁矿业生产的村庄有10个,从事熟铁冶炼的村庄有12个。

1949年,区内合伙开采铁矿的个体手工业有21户,从业人员158人,年产铁矿石2198.8吨。1950年,三泉磺业生产合作社、任家峪铁业生产合作社等9个手工业生产合作社相继成立。到年底,区内成立的半社会主义性质的手工业合作社14个，社员1200人，年总产值83万余元。1951年，上章召村郭秉池、郭田维组织本村100多个小手工业者，集资3000多元，成立了上章召铁业生产合作社，以三眼窑洞作厂房，设有焖铁炉、炒炉、打供炉，共计10盘，日产铁钉3包，焖铁2500公斤，炒熟铁900公斤。1952年12月，阳泉市手工业生产合作社联合社成立，区内的手工业生产和基层手工业生产合作社归市联社领导。年末，手工业合作社（组）发展到49个，社（组）员总计6300多人。1953年区内沿用多年的土化铁炉被圆炉取代。在"巩固提高旧社，积极发展新社"的方针指导下，区内手工业生产合作社发展到65个，社员人数发展到7028人。其中铁业手工业者5543人，已组织起来的社员占90%；磺业手工业者1362人，已组织起来的社员占68.9%。手工业行业拓展到煤、铁、碱、石灰、砂货、砖瓦、皮革、缝纫、木工、纺织、修理、化工、印刷13种。1954年，手工业生产合作社发展到97个，手工业生产小组8个，社（组）员增加到11415人，行业发展到23种，工业总产值达到928万元。据不完全统计，个体手工业发展到401户，7975人，涉及煤、铁、皮革、石灰、砖瓦等行业，年产值119万元。

1950年，甘河磺业社土炉炼磺生产场景

1955年10月，在农业合作化运动的推动下，1132个分散手工业者新组织了11个合作社。到年末，区内手工业系统基本实现了合作化。

(一) 任家峪铁业的改造

1947年8月,阳泉解放后,84个铁业、铸造手工业者以14盘"半背半泻"土炉,自发组织"工人合伙炉"。此后多次改组,1949年10月名为"任家峪铁业联社"、1950年9月名为"任家峪供销社附设生产部"、1951年9月名为"任家峪铁业生产合作社"。

1958年到1965年10月经过多次改组,"任家峪铸锅厂"逐步发展成为隶属于市二轻局的集体所有制企业,职工200多人。该厂生产的"任"字牌铁锅品质最佳,多次荣获部、省、市、区荣誉称号。

任家峪铁业生产社的发展过程就是农村小手工业者"组织起来"的过程。它是在一条曲折的道路上发展起来的。当地群众用"黑行(指铁业)不动,百行无用"这句话来形容它的作用。

第一,从合伙炉到生产社的发展。该村在1947年实行土地改革后,就有84个从事铁业生产的手工业者,以14盘铁炉为中心,组织起来,集体生产。但各炉独立经营,自负盈亏。他们把这种组织形式叫作"合伙炉"。两年之内,合伙炉不断发展,铁炉由14盘增加到24盘,人数由84人增至192人。两年时间,合伙炉共生产了242万斤铁货,销货收入合154万斤小米,每个成员每日的平均收入是10斤小米。

人们的收入增加了,对于生活资料的需求也增加了。当时他们购买生活资料,必须跑到邻村,既误工,又花钱,有时还买不上好东西。于是大家组织了一个以供应生活资料为主要任务的铁业联社。铁业联社兼营推销铁货的业务。一年时间,铁业联社供应额达105万斤小米,盈余10000多斤小米。在推销铁货产品业务中也盈余10000多斤小米。当时就产生了一个问题,盈余是分掉呢,还是留在联社?经过大家讨论,就把盈余的小米分了。不久淡季到了,但是旺季的积累被分光了,淡季就难以维持再生产了。有五盘合伙炉因发不出工资而停了工,其余没有停工的也遇到很大的困难。在这种情况下,大家感到了加强领导的重要性。他们找到了阳泉市供销总社。合伙炉都改为生产小组,附属于供销社的生产部内。

由于有了统一的领导,各生产小组的原料供给和产品推销问题都解决了,生产大有起色,各小组有了公共积累。这一年共盈余了9万多斤小米,除劳动分红40%,福利及教育金各用5%,上交10%外,还积累了36000多斤小米的公积金。社员们从此深刻地体会到组织起来的好处。

原料供应和产品推销问题解决以后,大家要求进一步提高生产,改进工具,统一经营。这时阳泉市生产联合社筹委会已经成立,任家峪铁业生产合作社就在联合社筹集委会组织领导下建立起来了。

第二,成立生产社,彰显优越性。生产社成立以后,很快地显示了它的优越性。比如,在统一管理以前,各生产小组都有一个干部负责购买原料、推销成品、登记账目;27个小组就需要27个人。成立生产社以后,同样的事,只用12个人就行了,节省了15个人力,每年还可节省4500万元的管理费用。生产社用社员的股金和过去的公积金定制了27套"木风机",代替原有的"牛斯拜"(一种落后的扇风工具)。由原来的每炉每日平均出330斤铁货,发展到能出427斤,增加了29.4%。技术的改进给了社员很大的教育,他们真正认识到要改进生产技术,是非走集体化的道路不可。

生产社的工资制度更加合理了。过去各生产小组都实行平均工资制度,不问产量多少,一律以每工10斤小米计算。技术好的闹情绪,说"这是吃大锅饭"。生产社参照当地甘河硫黄生产合作社的工分包件制,实行了"多劳多得,少劳少得,以劳计酬"的劳动工分工资制。即在各炉的销货额中,扣出4.5%的管理费,扣除生产社供给各炉的原料、燃料以及补助原料的费用,再扣除13%的公共积累,剩下的数目就是工资,按民主评定的"分"数比例分配。

这种工资制的优点是,工资与产量相结合,产量越多,工资越多;工资与原材料相结合,原材料消耗越少,所得工资越多,这种办法能发挥社员的创造性和积极性。

第三,发展铁业生产,改变社员生活。铁业生产社的巩固和发展,大大地改变了社员的生活状况。

生产社刚成立的时候,在1951年第四季度,社员每个工作日的平均工资就增加到18236元，1952年第一季度更增加到22600元，其中工资最高者如十六号炉的任忠连，每个工作日的工资是53600元。

生产社社员中积存1000斤小米以上者，有50%以上；生产社社员在信用社的存款共有95750斤小米，全村已经没有"拉饥荒"的了。任家峪村供销合作社九个月来销货额626430000元（旧币），每人每月在供销社的购买力平均约为6万元，比附近一般农村人民的购买力高出三倍。1951年该村共为抗美援朝捐款18000000元（旧币），其中生产社社员捐献的就占了12000000元（旧币）。

任家峪铁业生产社是在手工业与农业开始分离的基础上成长起来的。1953年1月，中华全国总工会参观团到任家峪铁业生产合作社参观。

任家峪铁业社正在生产铁锅

任家峪铁业社已故老工人陈凤喜，在1955年经过反复试验，将砂模铸锅中的检模改为脱模，减少了十几道烦琐工序，被称为铸锅史上一次又快又好的技术革命，后来又陆续试制成功硬模锅和"广锅"，他设计浇铸的铁锅，销往全国20多个省、市、自治区。1962年任家峪铁业生产的广锅，被评为"全国第一流产品"。1991年"任"字牌双边铸铁锅，在全国铸铁锅行业评比中夺得第一，获得"部优产品"称号。同获部优产品称号的还有"任"字牌单边铸铁锅。

（二）小西庄砂锅的传承

"平遥的牛肉太谷的饼，平定（指现在杨家庄乡小西庄）的砂锅亮晶晶"，山西的民歌里这样唱着；"砂锅子不打，一辈子不漏"，山西人的俗语里这样流传着；"砂锅产州北之中""村民陶为器皿，货之他乡"，山西篇平定的州志里这样记载着。

平定州志说的"州北"就是指阳泉市郊区杨家庄乡的小西庄、孙家沟等地。小西庄村生产砂货相传已有上千年的历史。唐朝称砂壶为"梁壶"，宋朝称为"明壶。"中华人民共和国成立后，小西庄村曾经发现过明朝初期砂货生产的遗迹，证实了阳泉砂货的生产历史，距今至少有五六百年之久。

平定州产砂锅的地方虽然很多，但因原料、工艺不同，这些地方砂货的成色多为银灰色，只有小西庄的砂货具有山西民歌中唱到的"亮晶晶"的特色。

砂货的主要原料是黏土，黏土主要分布在煤系地层以上，在盛产原煤的阳泉是取之不尽、用之不竭的，这是砂货源远流长的主要原因。

砂货从其诞生一直到中华人民共和国成立前，一直是一家一户的个体生产。父传子、子传孙，代代相传。据考证，小西庄村李氏家族有七代从事砂货生产的家史。清光绪年间前后，在小西庄一带几乎家家都有砂货炉，人人会捏砂壶。真可谓："黄坡流黑水，砂烟蒸日头。"砂货是这一带人民赖以生存的传统产品。中华人民共和国成立后，小西庄村的砂货生产也走了集体化道路。1951年相继成立了生产社，任玉成担任经理，全村村民集资200股，当时每人每天可捏砂锅100个，生产实行自负盈亏。1956年高级社成立，全村分5个组，砂货统归集体经营。1958年成为大集体，全村砂货统归一厂，归市手工业局管辖。1966年后，手工业局撤走工人，砂货厂又回归与小西庄村。其间，不管所有者、经营者如何变动，砂货的经营方式始终是定额管理。不管是什么时候，什么情况下，砂货都始终受到民间百姓的青睐，厂家从不亏本。

现代工业的发展突飞猛进，炊事家具也日趋先进，但砂货确以其独特的优势经久不衰。如今，小西庄砂货厂也实行了承包责任制，经营规模也较为可观。1981年和1982年，砂火锅、砂药壶被评为省、市优质产品，砂锅列为有标准的产品。

为了使砂火锅这一传统、享有盛誉的餐具更适合现代化生产和生活的需求，1984年，小西庄村与阳泉市应用技术研究所研制成功了电砂火锅，其效果比原来烧木炭既经济卫生，又方便耐用，成为消费者喜爱的餐具，也是当今宾馆、饭店、酒家的必备品。

历经千年的砂货烧制工艺，在小西庄村辈辈相传、生生不息，以耳闻目睹、口传心授、实践积累、自悟自得的传承方式，延续着这项古老的经验绝技，砂货烧制工艺成了中国手工业发展史上一颗熠熠生辉的明珠。

（三）牵牛镇陶瓷业的发展

中华人民共和国成立后，牵牛镇村陶瓷制作业不断发展。1950年，有瓷窑13座（瓮窑8座、碗窑5座），制坯轮17盘（瓮轮7盘、碗轮10盘），泥池5处，作坊12处，铺面12处。有从业人员130余人，年产瓷器约128.6万件。1953年，该村有3户村民自愿合作，组成互助瓷厂，资产为私有。1954年，以互助瓷厂为基础，成立了牵牛镇瓷业生产合作社，

牵牛镇陶瓷

集中经营9座瓷窑（瓮窑4座、碗窑5座），年产瓷器113.7万余件。1955年，规定入社人员每人交股金80元，成为股份性质的合作社。1956年，私有资产大部分折价归集体所有，瓷业社正式成为集体性质的工副业——牵牛镇瓷业生产合作社。瓷业社集中经营8座

瓷窑，其中瓮窑 5 座，碗窑 3 座，同时有专供烧瓷窑用炭的炭窑 1 座，瓷业从业人员总数 150 余人。牵牛镇陶瓷业发展较快，瓷器由市土产日杂公司批发，各基层供销社零售。1949—1960 年区内销售细瓷 320 万件，粗瓷 480 万件，年均销售细瓷 26.6 万件，粗瓷 40 万件。

四、对资本主义工商业的社会主义改造

通过贯彻执行中央指示，区内对资本主义工商业的社会主义改造有了新的进展，由单个企业的公私合营发展到全行业的公私合营。

（一）供销商业的发展

民营商业：1947 年，人民政府实行贷粮扶商政策，使私营商业的发展更为迅猛，当地人办经商、外地商人也纷至沓来。1947—1952 年，经营行业达 28 种，经商总户数 110 多户、从业人数 300 人左右，资本总额约 5.5 亿元（旧币）。1953 年，区内私营商业已恢复发展到 396 户，其中独资商户 355 户，合资商户 41 户，从业人员达 860 余人，全年销售总额达 10.8 亿元。1955 年国家对私营商业采取改造、安排相结合的方针，使私营商业逐步纳入国家计划轨道，当年有 222 户私营商业，295 人分别组成了 18 个合作小组，资金总额达 15 万元。1956 年 1 月，国家对私营商业全面进行社会主义改造，有 30 户 37 人，资金 2.79 万元，转业 101 户 147 人过渡到供销合作社。由 40 人组成一个公私合营总店，由 52 人组成 6 个合作小组，有 70 户 70 人转为代销，继续自营的有 25 户 29 人。国家对 3.9 万元私股资金实行赎买政策、付给定息，派出公方代表，并妥善安排私方代表担任企业领导职务。1958 年，继续自营的 25 户 29 人全部参加了合营总店和合作小组。

集体商业：1949 年 2 月，燕龛村的 3 名退伍残废军人史恒祥、史根成、史华珠组织群众入股，每股 7.5 公斤小米，组建了荣军合作社。同年阳泉工矿区供销合作总社成立，区内共建立村基层合作社 6 个，有职工 25 人。1952 年发展为 44 个，职工 211 人。1954 年以乡并社,将52个村社合并为34个乡供销合作社,有网点64个、职工252人。1956年又合并为24个乡供销合作社,下属网点增加到93个,职工375人。

国营商店:1948年1月,阳泉"宝兴亨"在河底开设兴隆号支行,是区内最早的国有商店,主要经营河底附近村生产的铁锅、铁壶、铁盆、车链等,并兼营粮、布、盐、油等生活用品,资本总额5万元,从业人员20人,年营业额10万元。

(二)河底工商业的发展

1947年5月阳泉解放后,人民政府实行贷粮扶商政策,商业得到恢复。次年,河底村商业联合会成立,管理工商业各项事务,并帮助政府稳定私商,巩固和发展工商业。至1953年底,各类工商业户稳定在136户,其中独资企业133户,合资企业3户,从业人员168人,全年销售总额达4582

河底商业一条街旧址

万元(旧币)。同年,原经营铁货的商业归铁业生产合作社统一管理销售。其时,部分私商、摊贩害怕国家政策有变动,提前申请报闭,到年末,经营户数减少57家,从业人数减少60余人。1954年,棉布、粮食实行统购统销,经营棉布、粮油的商户,归供销社统一管理。1955年,国家对工业、农业、资本主义工商业进行改造,采用合营的方法,使私营商业逐步纳入国家计划轨道。河底的79家商户、108人按类组成4个商业小组,直接由商会管理。1956年1月,牵牛镇15户私营商户,按类归口手工业联合社及供销社。河底工商兼营者8户39人(资金18838元)转入阳泉市手工业联合社,6户13人经申请批准过渡到河底供销社;47户51股(人)组成一个公私合营总店,分设棉布、日用品、药材、估衣4个店(组);4户组成一个合作小组；7户10人转为河底供销社代销员。国家对公私合营总店的28164.44元私股资金实行赎买政策，付给定息。当时股金达1000元以上的共有7户，最多的为元兴恒（2股）5200元，其次为复兴永（巩风山）3812.42元。政府在公私合营企业派有公方代表，并妥善安排私方代表担任企（商）业领导职务。1958年，又有坚持自营的6户6人申请参加了公私合营总店。同年9月，商店药材组7户11股（资金11400）撤出总店，归供销社管理。1959年10月转入阳泉市药材公司，成为其第七门市部。

（三）贯彻执行统购统销政策

1953年11月，全区贯彻执行国家的统购统销政策，先后对粮食实行了统购统销，对食油、棉布实行统销。粮食实行统销后，为方便群众出售粮食、互换品种、活跃城乡物资交流，组织了白泉、河底、西南舁3个粮食初级市场。1954年8月，召开全区粮食工作会议，认真贯彻了统购统销政策，缩小了粮食供应面，给国家节约了大批粮食。9月，在加强对资本主义私营工商业改造的同时，实行了棉布统销政策，棉花、棉布开始实行凭票证供应。全区45户棉布商，其中7户变为国家代销店，其余38户帮助其进行了转业。在实行统购统销的基础上，实行了按标准亩计算的方法，进行统购和供应，在"征、购、供三位一体"的粮食工作方针指导下，完成了征收公粮1191654.5公斤的任务。统购方面，全区计算余粮户6424户，计算余粮1129311公斤。实售余粮户5198户，售粮684681公斤，完成上级分配任务的70.41%。统销方法，全区计算缺粮户12049户，计算缺粮3120649公斤，实需供应2547106.5公斤，比计算数减少了8.1%；牲畜饲料实需供应2052016.5公斤，总共需供粮食5177069公斤，比计算数字减少了16.63%，比1953年实供数字减少6.64%。

1955年11月，中共中央政治局通过了《中央关于资本主义工商业改造问题的决议（草案）》。区内认真落实决议精神，在完成农业社会主义改造的同时，对资本主义工商业也随之进行相应改造。年底，全区出现了资本主义工商业公私合营的高潮。到1956年5月，全区手工业社员发展到6456人，占手工业从业人员的93.9%。各乡镇的私营工商业者改造为公私合营合作商店或代销小组的共241户，占商业总户数的75.5%。

1954年9月15日，郊区开始实行棉花、棉布凭票证供应。阳泉地方粮票也开始流通

区内对农业、手工业和资本主义工商业的社会主义改造，从方向上来说是符合过渡时期总路线的，取得了历史性的社会进步。三大改造的完成，标志着经济战线上的社会主义革命事业已取得了决定性的胜利。生产资料私有制的社会主义改造的基本完成，几千年来的阶级剥削制度历史的基本结束，社会主义经济制度的基本建立，这些是区内历史上最深刻、最伟大的社会主义变革，它使全区的社会主义经济结构发生了根本的变化，确保了区内经济制度上的社会主义性质。

五、工业生产的发展

区内矿产资源得天独厚，尤以黑（煤炭）、白（铝矾土）、黄（硫铁矿）著称，工业发展历史悠久。据史料记载，最迟在北宋时期，区内已有采煤、冶铁业；元明时期，已在焙烧陶瓷、砂器；明代中叶，煤炭已普遍用于炊事；清代至民国时期，冶炼铸造业逐步兴盛，酿造业、建材业、炼磺业逐渐发展。中华人民共和国成立后，区内工业生产得到迅速发展。1949年区内煤炭、铁矿开采业共计有260户、1353人，产值达到227784元。1950年1月甘河成立了区内第一个磺业生产合作社，燕龛煤铁业生产合作社也宣告成立。1956年荫营煤业社成立，为区内第一家集体所有制企业的雏形。

（一）煤炭工业

1948年，阳泉市人民政府对区内的煤矿进行了审查登记，为中、小型私营煤矿发放登记证。中华人民共和国成立后，阳泉市工商局抽调矿管人员，首次对区内各煤矿进行审查登记和整顿工作，至1950年10月，为生产煤矿发放了登记证，结束了区内煤矿开采无政府、无组织的状态。之后，根据山西省人民政府的有关规定，由市煤业管理局下设的私改科开始对区内私人开办的煤矿进行改造，使其逐步向合理化、集体化经营方式转变，国家收回了矿产资源所有权。"文化大革命"结束后，市矿管部门先后停止了季节性开采、破坏资源严重的小煤窑，为新建煤矿进行了审批，使煤炭资源管理逐步走向正规。

1954年10月，甘河矿业社成功安装凿岩机

1949年底，区内共有煤矿145座，从业人员1390人，占阳泉市煤矿工人总数的42%，年产原煤16.5万吨。1949—1956年，以下三座煤矿率先生产：荫营镇坪上村煤矿，建矿时间1952年，井田面积1.15平方千米，保有储量385.0万吨，开采煤层12#、15#；东村乡红土岩村建矿时间1952年，井田面积2.24平方千米，保有储量638万吨，开采煤层8#、9#、12#、15#；东村乡小沟村建矿时间1953年，井田面积1.19平方千米，保有储量387.4万吨，开采煤层8#、12#、15#。

(二) 硫化工

中华人民共和国成立后，炼磺业得到恢复和发展。1949年7月，解放不久的阳泉，遭受严重旱灾。早有磺业生产传统的甘河村，在阳泉市人民政府、国营"宝兴亨煤铁总站"给予粮食借贷的资助下，由村人李玉藻等带头修复"七七事变"前荫营人史三毛开采遗留下来的两个磺窑竖井，重开磺业生产。到次年1月，经过短时间的设备添置、技术改造，在集资入股、实行"自报公议，民主评定"的工资制度前提下，成立了甘河磺业生产合作社。李玉藻担任合作社主任，此为阳泉市成立磺业生产合作社首开先河。1949年从事磺业生产者达到1103人，年产量达到318吨。1950年1月5日，区内第一个磺业生产合作社——甘河磺业生产合作社成立。1952年9月，甘河磺业生产合作社被中华手工业合作总社评为全国模范生产合作社。该社生产的硫碳纯度达99.95%，远销苏联、朝鲜、日本、澳大利亚等国。到1954年，区内硫铁矿手工业开采的有26户（个）、3372人，占阳泉市手工业人数的21.58%，年产矿石49976吨，炼磺357吨，总产值152.47万元；其中手工业生产合作社（组）17个，社员3120人，年产矿石46226吨，年产值141.97万元，占93.11%。

(三) 耐火材料

1950年，坪上村王智儒等人在太钢技术人员的帮助指导下，创办了区内第一个小型耐火厂，生产耐火砖。1951年，铝矾土采掘单位2个，从业人员50余人。1953年，采掘铝矾土的个体合伙者有8户、360余人。1954年，有坩土采掘生产合作社1个，社员102人；个体合伙者80户、387人；年产量约2万吨。同年，桥上耐火厂建成投产，主要产品为普通黏土耐火砖。1956年，老虎沟耐火材料厂建成投产，年生产能力1万吨。

1954年,山底铁业浇注场面

(四) 铸造业

中华人民共和国成立后,区内铸造业向规模化发展。1950年10月,以王万成为首的8个社员,每人出股一石小米,在平潭垴搭起简易工棚,借用原机械厂的一座化铁炉,建起晋兴铁业社,为晋东化工厂加工手榴弹壳,日产400公斤。1951年,山底胜利铁业生产合作社联合本村的福兴炉、同和炉、恒兴炉、联合炉共4家私人合伙经营小炉场的手工业者,成立了山底铁业生产合作社,共有社员184人,产品以铁锅、灰生铁为主。同年,关家峪村成立了铁业生产合作社,购买了一台旧汽车发动机带动鼓风机,推广圆炉化铁新技术,产品以铁锅为主。1952年,山底铁业生产合作社又购置25马力煤气机,推广圆炉化焖铁技术,生产出铸水管、架子锅等,被评为华北五省二市模范生产合作社。同年,龙光峪村成立铁业生产合作社,铸造产品有锅盖、饼蒸、吊炉、茶壶、把把锅、铁盒等。1953年,河底村成立铁业生产合作社,全村的18座生炉、159名从业人员全部加入。1954年,山底铁业生产合作社建起全省手工业系统第一座8立方米小高炉，日产灰生铁10吨，开辟了土法炼铁生产技术改造新途径。20世纪50年代初期，阳泉市在任家峪村建成铸锅厂，采用砂模铸锅。1955年，河底铁业生产合作社引进煤气锅驮机鼓风。1956年，龙光峪铁业合作社引进煤气锅驮机，传统的鼓铸土炉改变为半机械化圆炉。

第二章　社会主义建设在探索中曲折发展

第一节　"大跃进"运动

一、"大跃进"运动发起

1958年，在全国工农业生产大跃进的形势下，1月18日至23日，郊区召开了农业"大跃进"会议。参加会议的有各乡党委书记、乡长、乡团委书记、乡妇联主任、农业社支部书记、社长、女副社长、乡供销社主任及郊区机关干部等共550人。会上区委书记林一新作了关于《向自然进军，实现农业大跃进》的动员报告。从此，"大跃进"运动在区内轰轰烈烈地开展起来。

1958年5月3日至6日，阳泉市郊区第三届人民代表大会在平潭垴西谷窑召开。会议听取审议了区人委工作报告和郊区1958年至1962年农业发展综合规划报告。会议提出了工农业生产等方面的跃进指标，经济工作中的冒进思想进一步出现。

当时，一些新闻媒体为宣传总路线精神，提出"人有多大胆，地有多大产""不怕做不到、就怕想不到""一天等于二十年"等冒进口号，客观上促使了"大跃进"思想的膨胀，致使以"快""高"压倒一切的"大跃进"热浪在区内一波连一波地掀起。

二、工业化建设掀起高潮

区内煤炭、铁矿石资源丰富，采煤、炼铁历史悠久，尤其是土炉炼铁技术在阳泉市首屈一指，而且名声远播。

铸造是以生铁为原料，冶炼成铁水浇铸产品。此业在宋代就有了很大进步。清朝末年至民国初期，区内铸造业日渐兴旺。抗日战争时期，村里就有多座铸锅炉，以生产"足锅"为主。"足锅"即三角鼎力，薄而坚固、轻而耐用，盛饭几日不铁腥。阳泉解放以来，三泉村铸铁业不仅能够生产各种型号的足锅等60多个品种的生铁货，还能生产京钉、寸钉、车钉、车瓦等150多个品种的熟铁货，时称"泉小货"。产品久享盛名，畅销全国各地。当时有行话流传："从东口至西口，喇嘛庙至包头"。这里说的"东口"，指的是现在的内蒙古自治区赤峰市；"西口"指的是现在的河北省张家口市。"喇嘛庙"的地址，在今天的河北省张北县境内；包头就是今天的内蒙古自治区包头市。1954年2月，苏联科学院副院长巴尔金在中国驻苏联大使王稼祥的陪同下，到郊区三泉铁业生产合作社参观访问。

1958年6月29日至7月25日，全国手工业合作总社和轻工业部组织参观团，分批参观区内山底铁厂土洋结合炼铁、荫营铁业社土高炉炼铁、南窑庄磺业社综合利用和苇泊铁厂建筑过程的不同建筑结构和操作技术。此次前来参观的有来自辽宁、吉林、黑龙江、河南、河北、湖南、湖北、广东、广西、浙江、江苏、陕西、四川、青海、内蒙古、江西、山东、甘肃、北京等20个省、市、区的420多名代表。

1958年8月17日，中共中央在北戴河召开政治局扩大会议，通过了《全党全民为生产1070万吨钢而奋斗》的决议。从此，郊区境内掀起了轰轰烈烈的全民大炼钢铁运动。各部门、各农村都把钢、铁生产和建设放在首位，为"钢元帅升帐"让路；各级党委第一书记挂帅，大搞群众运动，大搞土高炉土法炼钢。同年8月，荫营铁厂成立。

1958年11月，东村第二冶炼厂钢铁战地留影

山西新闻电影制片厂在该厂拍摄纪录片《荫营铁厂展红旗》,详细报道了该厂大炼钢铁的事迹。

1959年4月2日至7日,山西省小高炉生产现场会在苇泊钢铁厂召开。会议通过现场参观、讨论、访问等形式,着重交流了苇泊钢铁厂15立方小高炉经常保持高产的经验和全省各地小高炉高产、优质、低成本的经验。会议对全省各地小高炉的生产指标、措施、技术操作、原料管理、设备维修等问题进行了研究讨论。1959年6月30日,中共山西省委书记陶鲁笳到苇泊钢铁厂视察。同年10月,西南舁公社、市交通局、山底铁厂开展了以钢铁生产为中心的修路、运输、采矿"一条龙"连环竞赛活动。其经验在全市推广,被誉为"三家村"。

煤炭:炼铁需要大量的煤,1957年底,共有煤矿59座,年产原煤39.19万吨,比1949年增长137.5%。1958年后,各社队充分利用当地煤炭资源优势,积极发展采矿业。同时按照国家有关政策,对私营煤矿进行"关、停、并、转"。

砖瓦:1959年,三泉村建起了青砖厂,从业人员14人,年产青砖360万块;1965年,改为机械制砖。此后,区内制砖业逐步向半机械化、机械化发展。

耐火:区内的耐火工业快速发展。1958年,杨家庄耐火厂建成投产,年生产能力600吨。其时的产品主要为普通黏土耐火砖。二十世纪六七十年代,三泉、东梁庄、上白泉、鸡洼、林里、义井、上烟、东垴、黑土岩、下荫营、东村、杨家庄、王垅、下千亩坪等地均建成耐火材料厂,主要生产耐火砖、耐火罐等。

任家峪送变电工程开工兴建。1958年8月1日,随着区内北部乡村冶炼企业的兴起,为配合"大炼钢铁"运动,市供电部门投资兴建以任家峪变电站为主要枢纽的35KV阳泉—任家峪—盂县送变电工程。同年12月3日,10KV单母线二回工程建成送电。一回为54三都线,全长15千米,向杨树沟、三都、三郊等村供电;另一回为538山底线,全长8.5千米,向河底、山底村供电。第二年3月,535任家峪线架通,向荫营煤矿供电,至此全部工程完成。

第二节 人民公社化运动

一、农村人民公社的建立

掀起大办人民公社的热潮　　　　人民公社"大兵团"作战

1958年9月遵照阳泉市委、市人委的指示，区内农村掀起大办人民公社的热潮。同年9月9日，区内（含平定县）成立荫营、河底、李家庄、辛兴等23个人民公社，平均每个公社有1.3万户农民。同年11月21日，撤销阳泉市郊区，改设平定、荫营、东回、岩会4个人民公社，其中荫营公社农民达5万户以上。人民公社实行"政社合一""一大二公"，生产资料归公社所有。组织上实行工、农、兵、学、商五位一体，按军事化要求，"大兵团"作战，大食堂生活；生产上实行计划管理，其生产纳入国家计划；分配上实行工资制和供给制相结合的分配制度。据当年统计，仅荫营公社就建立457个集体食堂，全社加入集体食堂的农户达18177户，占总户数的94%。

1959年，撤销了大公社建制，区内设立了荫营协作区。不久又撤区建社，区内又设立了荫营、河底、李家庄、义井、西南舁、白泉、辛兴、旧街8个公社。第二年春天，全面展开了整顿和巩固人民公社的工作,完善了以"四大管理"(计划管理、劳动管理、财物管理、财务管理)为主的管理制度。1960年冬至1961年春,进行了以反"五风"(一平二调风、浮夸风、强迫命令风、生产瞎指挥风、干部特殊化风)为中心的整风运动。1961年,将人民公社下设的管理区改为生产大队,下设生产队。同年6月,又遵照中共中央《关于坚决纠正平调错误,彻底退赔的规定》,全年共退赔农村平调价值764万元。同时,根据群众意愿,取消了供给制和公共食堂,恢复了自留地,对个人所有的房屋、农具、家禽、零星树木和其他生活资料等也给予明确保护。在分配上坚持"各尽所能,按劳分配"的原则。1962年2月,根据中共中央《关于改变农村人民公社基本核算单位问题的指示》,区内进行了基本核算单位的下放工作。同年5月,区内调整为144个生产大队、708个生产队,实行生产队独立核算的有33个大队、123个生产队。1963年2月,区内又增设了东村、杨家庄、三郊3个人民公社。人民公社深入贯彻中共中央制定的《农村人民公社工作条例》,即《农业六十条》,进一步整顿完善了"三级所有,队为基础"的基本经营制度,大力发展农业生产。在技术上实行科学种田,因地制宜推行农业"八字宪法",推广传统农业生产技术,使农业生产得到迅速恢复。1963年,人民公社掀起了农业学大寨运动,大搞农田基本建设,农业生产发展迅速。1965年,虽然旱情严重,但农业生产仍获得较好收成,粮食总产2933万公斤,单产140公斤。

集体大食堂

1959年社员养鸡

各个人民公社大办公共食堂。1958年9月,随着人民公社化运动进入高潮,阳泉市郊区各人民公社刮起大办公共食堂的"共产风"。仅荫营公社,全社19344户,加入公共食堂的就达18177户(占全社总户数92%)。办起457个集体公共食堂(其中幼儿食堂52个,学生食堂57个,敬老食堂36个),为5865个幼儿建立80个幼儿园,为6824个婴儿设置托儿所(组)345个。

人民公社对孤老残幼实行"五保"政策。1958年,区内人民公社对孤老残幼实行"五保"(吃、穿、住、医、葬)政策。"五保"对象的生活费用,由所在生产大队的公益金解决,并享受国家救济。当年,区内享受"五保"的共614户744人。

为农村社员分配自留地、扶持发展养猪鸡。1959年5月20日,郊区区委、区人委根据中央和省委关于分配私人自留地,以利发展猪、鸡、鹅、鸭问题的指示,结合人民群众的要求,迅速采取措施为社员分配自留地,并对自留地的分配标准、经营权属、分配办法等作了具体规定。

同时为发展畜禽养殖,具体采取了"公有公养、私有私养""两条腿走路"的办法,大力扶持社员户私人养猪、养鸡,发展养殖业。

农村人民公社化运动在一定程度上一定时间内促进了经济的发展和农业的稳定。

二、"四清"运动的开展

在积极准备的基础上,阳泉市委于1963年8月31日提出了《关于"四清"试点工作方案》,决定由市、区、社三级共43名干部组成"四清"工作组,分别进驻三郊公社的韩庄大队、李家庄公社的侯家沟大队、白泉公社的窑沟大队,进行"四清"工作试点。"四清"的主要任务是把经济上,特别是近两年以来生产队的账目、工分、仓库、财务不清的问题向群众交代清楚;在政治上划清阶级界限,达到正确贯彻执行《农业六十条》的规定和民主办社、勤俭办社的方针,使群众真正成为集体经济的主人,为下一步大规模开展的"四清"运动提供经验。9月3日,首批"四清"工作组28人进驻韩庄大队,开展工作。

9月15日,《韩庄"四清"试点工作的第一期简报》通报了韩庄大队通过"四清"查出的问题:全大队79名大小队干部中,有62人不同程度地存在着贪污、盗窃、偏分多占等问题。随后,市委又派出"四清"工作组进驻侯家沟大队和窑沟大队开展工作。9月27日,中共中央又发出了《关于农村社会主义教育运动中一些具体政策的规定(草案)》(简称"后十条"),对全国的"四清"运动提出了新的要求,在强调"以阶级斗争为纲"的同时又指出了团结95%以上的农民群众和农村干部的重要性,明确了依靠基层组织和基层干部,以及正确对待地主、富农子女等政策。12月4日,中共华北局也做出决定,要求大力宣传"前十条"和"后十条"(时称"双十条")。1964年1月,荫营区委组织全区各级对两个文件进行了认真宣讲,并要求必须积极搞好干部的学习和对群众宣读讲解工作,务必做到家喻户晓、人人皆知,进一步调动一切积极因素,推动当前"三反""四清"和增产节约运动的深入开展。随后,区内农村进驻了工作组,宣讲"双十条"。同年春,区内有28个大队进驻工作组,开展"四清"运动。

为了加强对"四清"运动的领导,1964年5月,区内各公社都建立了"四清"工作中队(市委建立了"四清"工作大队),开展"四清"工作的生产大队建立了工作队。1964年9月,中共中央召开工作会议,对"后十条"作了重要修改,规定整个"四清"运动都要由工作队领导。还规定了贫下中农是否发动起来、干部"四不清"问题是否彻底解决、干部是否参加劳动、是否建立起一个好的领导核心、是否发动群众对坏分子进行了斗争、生产是否增加等检验"四清"工作的六条标准。根据"后十条"(修正草案)精神,区内农村各生产大队进驻"四清"工作队,开展社会主义教育运动。

1965年1月7日,按照市委、市人委做出的《关于开展以贫下中农讲习所为中心的冬学运动的指示》,全区农村广泛开展冬学运动。冬学的内容以政治教育为主,同时开展文化、技术教育。政治教育的讲授内容主要是阶级斗争教育、社会主义教育和爱国主义教育；文化教育主要以扫除文盲和巩固扫盲成果为重点，大搞群众性文化革命运动；技术教育以农业"八字宪法"为纲，以农田基本建设为中心，结合冬季生产，组织了多种形式的技术学习班。

1965年2月15日，市委认真贯彻落实中共中央1月14日印发的《农村社会主义教育运动中目前提出的一些问题》（也称"23条"）指示精神，做出了《关于宣传23条的安排》，具体部署安排"23条"的宣传工作。"23条"规定了城市和乡村的社会主义教育运动，今后一律称"四清"，即清政治、清经济、清组织、清思想。"23条"对1964年下半年以来"四清"运动中某些"左"的偏差做了纠正，指出对待干部要一分为二，干部中好的和比较好的是多数，要逐步做到依靠干部和群众的大多数，实行群众、干部、工作队三结合；提出不许用任何借口反对社员群众，反对搞神秘化和繁琐哲学，严禁打人和其他形式的体罚，防止逼供。

1965年9月，市委从市、区、社抽调722名干部连同太原机械学院师生747名，总共1469人编为5个工作团，分别进驻荫营、三郊、西南舁、北大街、矿区5个公社65个大队开展"清政治、清经济、清组织、清思想"为内容的"四清"运动。

1966年10月26日，由于"文化大革命"运动开始，"四清"工作难以继续进行，市委决定"四清"运动暂缓进行，工作队从各村撤出，区内"四清"工作结束。

第三节　国民经济的调整

一、"八字宪法"的贯彻执行

在"大跃进"导致的严重挫折面前，全党和中央逐步清醒起来，决心认真调查研究，纠正错误，调整政策。1961年1月，党中央召开八届九中全会，正式决定从1961年起对国民经济实行"调整、巩固、充实、提高"的八字方针。这表明党的指导思想的重要转变，表明"大跃进"的方针实际已经停止，国民经济政策的调整首先从农村开始。党的八届九中全会前，1960年11月，党中央就发出了关于人民公社当前政策问题的紧急指示信，要求全党用最大努力来纠正"共产风"，重申彻底清理"一平二调"，坚决退赔，加强生产队的基本所有制。实行生产小队的小部分所有制，允许社员经营少量自留地和小规模家庭副业，恢复农村集市。八届九中全会上，毛泽东号召大兴调查研究之风，使1961年成为实事求是年、调查研究年。1961年2月1日开始，根据山西省委指示精神，区内农村人民公社设的管理区一律称生产队（管理区主任称大队长）。原管理区下设的生产队一律改称生产小队。原管理区为人民公社的基本核算单位，改称后的生产队仍是人民公社的基本核算单位。

八届九中全会后，党中央还对工业进行调整。起初，工业的调整成效不大。1961年八月至九月，党中央在庐山召开工作会议，强调必须当机立断，该退的坚决退下来。国家计委根据这个精神，对1961年的计划指标作了较大的调整。工业调整不仅在计划指标方面，而且在企业秩序方面。针对"大跃进"给企业管理带来的许多混乱现象，党中央制定了《国营工业企业工作条例（草案）》，即"工业七十条"。这个文件不仅恢复了在"大跃进"中被废弛和搞乱了的企业规章制度，而且建立健全了一些以前不曾建立的制度。"工业七十条"的贯彻执行，使企业出现一些新气象。广大干部和职工反映，原先感到企业问题很多，脑子很乱，千头万绪，现在"七十条"帮助理出头绪来了。

同经济工作相配合，文化工作的各个领域也开始进行调整。这方面的调整是从制定科学、教育、文艺等方面的工作条例着手的。1961年到1962年春，在中央领导下，中央有关部门分别制定出"科学十四条""高教六十条""文艺八条"等条例。

二、《农业六十条》的宣传试行

1961年3月15日至23日，在广州召开的中共中央工作会议，讨论和制定了《农村人民公社工作条例（草案）》（简称《农业六十条》)。《农业六十条》对人民公社的性质、组织、规模和管理都作了具体的规定,指出以生产大队的集体所有制为基础的农业三级所有制,是现阶段人民公社的根本制度;生产大队和生产队间的经济关系采用"三包一奖四固定"的办法去解决;社员的家庭副业是社会主义经济的必要补充。

《农业六十条》发布以后,阳泉市郊区区委积极组织广大党员干部认真学习,广泛宣传,逐条落实。1961年4月11日至17日,郊区区委召开三级干部会议,传达贯彻农村人民公社工作条例"六十条"。参加会议的有各公社党委书记、主任,各生产队党支书、公社和生产队工作组组长以及市、区各部门负责人共584人。会议根据中央精神,对经营管理、分配、公共食堂和"三定"等问题进行广泛的讨论。

同年4月25日,根据中共阳泉市委〔1961〕42号文件《关于阳泉市、平定县分设的通知》精神,阳泉市、平定县正式分开办公。郊区原辖的义井公社、荫营公社、白泉公社、河底公社(所属的燕龛、曹家掌、程庄、西沟、北庄、郊里6个村划归平定县)、西南舁公社(所属的辛庄划归平定县)、北大街公社、站上公社、矿区公社归阳泉市领导。6月12日,根据市委批转市委农工部《关于人民公社若干经营管理问题的初步意见》,区内各人民公社推行"三包一奖"的经营管理办法。"三包一奖"的形式主要有四种:(一)"三包一奖"。产量、用工、投资确定后,实际产量超过包产任务者,超产部分的大部分或全部奖给生产队;完不成包产任务者,赔偿减产部分的50%~60%。(二)"按产付工"。产量、用工投资确定后,按完成包产任务的比例付给工分和工资,即超产或减产百分之几,劳动日和投资也在原定基础上增加或减少百分之几。(三)"以产定工"。产量、用工、投资确定后,算出每个工的平均产量,作为交产指标,秋后交几个工的产量记几个劳动日,并按完成包产任务的比例付给投资。(四)"四包双奖"。即包产量、包产值、包用工、包投资。使生产队既重视产值,又重视产量。实行这种办法、产量、产值分别计算,分别奖惩。

同年10月13日，根据中共中央6月15日发出的关于讨论和试行《农村人民公社工作条例（修正草案）》的指示精神，市委做出了《关于讨论和试行〈农村人民公社工作条例〉的安排试行草案》，宣传和试行《农村人民公社工作条例（修正草案）》。市委要求，在宣传讨论和贯彻执行《农业六十条》中，要抓好以下六个方面的工作：（一）坚决纠正平调错误，彻底进行退赔；（二）正确贯彻分配政策，坚决纠正平均主义；（三）进一步改进与加强以"三包一奖"为中心的经营管理工作；（四）牲畜管理应从有利于保护、繁殖、发展出发，领导群众认真讨论和确定牲口的所有制和饲养形式，建立与健全饲养、使役制度，加强牲口的管理工作；（五）根据中央"关于城乡手工业若干政策问题的规定"组织手工业者归队，调整手工业所有制，迅速恢复发展手工业生产；（六）进一步改进干部作风，克服生产上的瞎指挥，提高领导水平。讨论和试行《农业六十条》的步骤大体分秋前和到1962年三月到四月两个阶段进行。第一阶段主要开展广泛深入的宣传活动，无论农村、城市、机关、厂矿、商店、学校、医院、部队等都要进行大会讲解、小组讨论，真正把《农业六十条》贯彻到每家每户，做到人人皆知。第二阶段主要是进行退赔工作，搞好1961年收益分配工作，制定好1962年的生产计划和"三包一奖"方案，更好地保护、繁殖、发展牲畜，组织好今冬明春的农田基本建设。按照市委安排部署，郊区农村认真开展了上述工作。

在宣传试行《农业六十条》期间，1961年12月，根据阳泉市委《关于收益分配中几个问题的通知》精神，在收益分配工作中，区内实施了如下分配方案：（一）扩大按劳动日分配的实物比例，克服分配上的平均主义。在实物分配上，首先要考虑调动劳动积极性，同时统筹安排，兼顾困难户。按劳动日分配的粮食，至少要达到大队集体分配口粮的10%~15%；大队集体分配的口粮每人平均125公斤至140公斤，应达到15%~20%；140公斤以上的应达到20%~25%。扩大按劳动日分配的粮食比例后，对老弱病残和小孩应适当照顾。（二）认真执行"三包一奖"。在奖赔办法上，过去是多奖少赔，现在可以全奖全赔，也可分成奖赔。蔬菜的奖赔，应采取粮菜换算办法，以粮计算，用粮奖赔。（三）正确处理积累和消费的关系。凡每人平均收入在七八十元以上的大队，应扩大公共积累，这样可以保证社员收入稳步上升，并为扩大生产积累资金。（四）抓兑现。分配决算应在1962年1月底前全部完成，并采取各种措施做好兑现，不给社员分空头账。

　　由于认真贯彻《农业六十条》，并对农业和农村政策进行了一系列切实有效的调整，区内以后几年的农业生产呈现出了持续发展的良好局面。1962年，粮食作物播种面积17.2万亩，总产量1563万公斤，亩产91公斤，比1949年增长42%；蔬菜播种面积4.9万亩，总产量5940万公斤，亩产1203公斤，比1949年增长92.5%。1965年，粮食总产量2933万公斤，亩产140公斤，分别比1962年增长87.65%和53.8%；蔬菜播种面积1.7万亩，总产量2607万公斤，亩产1536公斤，亩产比1962年增长50%。随着农村形势的好转，广大农民群众的生活也得到了明显改善。

第三章 "文化大革命"时期的经济社会发展

第一节 "文化大革命"运动

一、"文化大革命"运动的展开

1966年12月,在阳泉市"造反"组织的影响下,荫营地区也先后成立了两大派"造反"组织。1967年4月10日,在阳泉市"三·一六"夺权的影响下,荫营区"造反"组织夺取了荫营区的党政领导大权,成立了"三结合"(站出来的革命领导干部、武装部、革命群众组织)的领导班子。之后,各公社也相继夺权。两派的相互夺权,带来了一连串的恶果。社会秩序空前混乱,人民生活不得安宁,人心浮躁不安,荫营区经济工作遭到极大破坏。但同时,"造反"组织的武斗夺权也在逐步唤醒广大人民群众。1968年以后,随着"文化大革命"斗争的内容和形式愈来愈荒诞,不少运动初期加入"造反"组织并参加"造反"活动的群众,有了一种被利用、受蒙骗的感觉。于是,有的跳出了"造反"组织,有的消极观望,不积极参加"造反"活动。有些党员和干部群众对这种行为产生了更多的怀疑,并以多种方式进行抵制。

二、革委会和"核心小组"的成立

1967年12月27日,省核心小组发表了"制止武斗的九人声明",指出要"对挑动武斗,制造停产、停水、停电,阻碍交通,破坏国家和集体财产的坏头头严肃处理"。同时,从1967年至1968年5月,中共中央连续四次召开解决山西问题的会议,要求山西各派组织实现联合,停止武斗。中央的指示及省核心小组的"声明"传达到阳泉后，使荫营区"造反"组织派性斗争的混乱局面有了好转。1968年6月，经中共阳泉市核心小组批准，成立荫营区革命委员会，李同顺任区革命委员会主任。

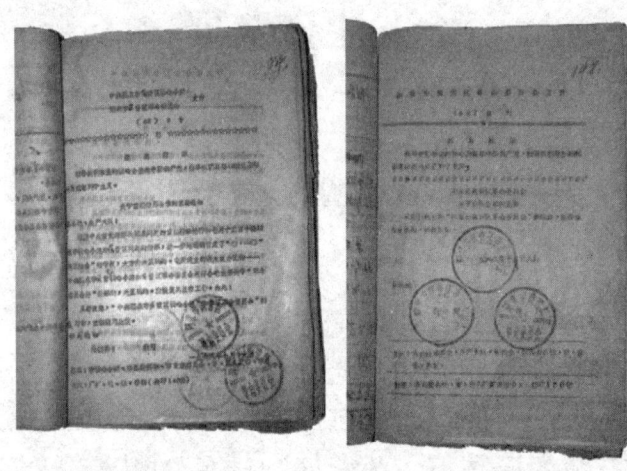

1968年7月19日，关于启用"中共阳泉市荫营区核心小组"和"荫营区革命委员会"印章通知

同年10月13日，阳泉市革命委员会常委会议讨论通过，同意西南舁、荫营、三郊、李家庄、白泉、杨家庄、东村，包括矿区和北大街的9个人民公社成立革命委员会；10月16日后，经市革委常委会议讨论通过，河底人民公社革命委员会和义井人民公社革命委员会相继成立。

1969年1月9日，阳泉市进行区划调整，决定撤销荫营区革命委员会名称，在此基础上成立阳泉市郊区革命委员会。原站上区革命委员会所属的义井公社、北大街公社、李家庄公社划归郊区革命委员会领导。郊区革命委员会成立后，原农建局革命领导小组和农机水利革命领导小组、副业处即行撤销，其业务工作由郊区革命委员会承办。原义井公社所属的7个居民区划归城区。郊区下设荫营、河底、东村、西南舁、三郊、白泉、杨家庄、北大街、义井、李家庄10个人民公社。郊区革委会驻地由后沟迁至下荫营村东。同年1月26日至2月3日，区革委在河底公社下章召大队召开了常委扩大会议和全委扩大会议（前4天是常委扩大会议，后4天是全委扩大会议）。出席会议的有区革委常委和委员，公社革委主任和副主任，战备宣传队领导组组长、指导员，大队革委主任等共261人。会议的主要精神是学习下章召大队的先进经验，通过看、听、忆、比、找、查、订等方法，促进领导班子思想革命化。

1969年3月，市革委抽调270多名工人、贫下中农、解放军代表组成"工农兵毛泽东思想宣传队"进驻郊区三泉、桃坡等13个因派性干扰未建立领导班子的"老大难"大队，帮助建立领导班子。同年7月16日，阳泉市革命委员会下达"批示"，同意成立阳泉市郊区革命委员会核心小组。核心小组由刘尚文、赵学诚、王维伦、张九河、陈树林五人组成，刘尚文任组长，赵学诚任副组长。

三、郊区党委会的恢复和党代会的召开

1971年5月15日至17日，中共阳泉市郊区第一次代表大会在三都大队召开。出席会议的代表有367名，其中妇女党员代表60名，占16.3%；另外还有27名列席代表和3名特邀代表。中共阳泉市郊区革委核心小组组长李同顺向大会作了题为《高举毛泽东思想伟大旗帜，沿着毛泽东的革命路线奋勇前进》的报告，会议讨论通过了《进一步开展农业学大寨运动》的决议和《关于修建温河水利工程的决议》。大会选举产生了中共阳泉市郊区第一届委员会，选出22名区委委员和2名候补委员。第一届第一次全委会议选出区委常委7名，李同顺当选为书记，赵学诚、张进才当选为副书记。

20世纪70年代末，位于荫营东大街的郊区政府旧址

同年7月6日，阳泉市委阳发〔1971〕31号文件向郊区革委会党的核心小组发出《关于建立中共阳泉市郊区委员会的通知》。通知称，经中共晋中地区委员会批准，中共阳泉市郊区委员会由22名正式委员和2名候补委员组成。李同顺任书记，赵学诚、张进才任副书记。

第二节　经济和社会发展

一、农业学大寨运动的开展

（一）掀起农业学大寨运动

郊区区委、区人委运用各种宣传工具，深入宣传大寨大队"政治挂帅、思想领先的原则，艰苦奋斗、自力更生的精神，爱国家、爱集体的共产主义风格"的基本经验，并多次组织区社队各级干部和部分群众，亲赴大寨参观学习，并结合郊区实际，制定了"学大寨经验，建设大寨式新农村"的措施。冬初，全区迅速掀起了以建设"大寨田"为重点的农田水利基本建设群众运动。

阳泉开展农业学大寨运动早于全国，大体经历了三个阶段：第一阶段从1962年到1964年前半年，可称之为农业学大寨运动的初始阶段；第二阶段从1964年6月6日至1975年10月，为农业学大寨运动逐步深入开展阶段；第三阶段从1975年11月至1978年12月，是农业学大寨运动发展为建设大寨县的阶段。

1968年11月22日，全市"农业学大寨"会议在三郊公社召开，会期20天。参加大会的有市、区和各公社、生产大队、生产队、有关企事业单位的负责人以及担负"支左""支农"任务的中国人民解放军指战员，共1632人。会议传达了省第二次"农业学大寨"会议精神，介绍了南山大队开展农业学大寨运动的经验，交流了下五渡、驼岭头、大西庄、长岭、河坡等7个大队实行贫下中农管理学校的经验，并围绕学大寨问题引出的所谓"两条路线斗争"进行了讨论。会议针对当年郊区遭到严重干旱和雹灾的情况，指出"发扬大寨精神，狠抓革命，猛促生产，彻底改变阳泉农村的落后面貌"的口号，要求"更大规模地掀起农业学大寨的高潮"。会后，"农业学大寨"运动在区内农村普遍掀起。

下章召大队成为全市"农业学大寨"典型。下章召大队原是河底镇一个有名的人穷、地穷、集体穷的村子，粮食亩产仅有90多公斤。"农业学大寨"运动开展后，在村党支部的带领下，发扬大寨自力更生、艰苦奋斗的精神，仅用一年时间就在本村的秃南垴青石山上修建起了可蓄水万余立方米的水池，实现了"三上山"（水上山、林上山、路上山），粮食平均亩产达到260公斤，改变了全村的面貌，结束了长期靠国家救济的历史。

1969年回乡插队干部——下章召大队党支部书记王进军，高举"农业学大寨"红旗，和贫下中农一起战天斗地，"三出勤，两担饭"，在三道梁、四条沟里，顶风冒雪，苦干四十多天，修建了二百亩大寨田。夏天又带领群众战胜洪灾。1969年，粮食亩产由1968年的99.5公斤提高到256公斤，彻底改变了下章召大队吃粮靠国家的面貌。

为了让下章召大队的学大寨精神和经验在全市迅速推广，1969年11月18日至12月9日，市革委召开全市"农业学大寨"抓革命、促生产会议。会上，下章召大队首先被树为学大寨的典型。以后，阳泉

下章召大队插队干部王进军

市多次召开现场会，号召全市人民"学大寨、赶昔阳，以下章召为榜样"。

由于下章召大队在"农业学大寨"运动中取得的突出成绩，1970年秋，陈永贵、李顺达、申纪兰等人先后到下章召大队进行了参观。1971年2月3日至11日，市革委核心小组召开了市、区、社、大队、生产队五级干部会议。会上下章召、三都大队又被树为

学大寨的先进典型，侯家沟大队被树为阳泉市学大寨的一面旗帜。当年，下章召大队粮食亩产437.5公斤，跨过了"长江"。1969—1971年，下章召大队投工6万多个，把土地全部深翻了两遍，修复塌墙1.7万多米，从石头缝里抠出200万担荒土垫进地里，使700多亩薄土地土层增厚到一尺以上。为了加强水土保持工作，区内在风口、陡坡、易发洪水的地方种植了上万亩木材树和果树，形成了许多片能抗旱减洪的小林区。同时，大力发展养猪事业，保证了每亩白土地、红土地使用农家肥达到150担。经过综合治理，把1000多亩"拉腿田"改造成稳产高产田。粮食总产提高4倍多，人均粮食达到579公斤；向国家提供55万公斤商品粮；林、牧、副业收入占到农业总收入的四分之一以上。300户人家中，有270户在银行有了存款，改变了历史上没有一户在银行有存款的现状。

他们自力更生奋战5年，在温河上建起高17米、宽6米、长50米的双曲拱石桥；大面积改土垫地，青石坡上造出丰产田，创造出适用于谷子合理密植的"丰产楼"，在山顶上修建了可浇灌600亩旱地的"胜天池"，使谷田平均亩产达到535.5公斤，最好的地，创造了亩产1028公斤的纪录，5年共向国家交售粮食75万公斤，超过应征任务的5倍；在红岭山顶新造出150亩木材林、288亩果园，改变了荒山秃岭；劈山断石，开辟了52里盘山道；还在山岭上修架了4条6里长的空中索道；大队还办起了农具加工厂、砖厂、粉坊等小企业。

为了扩大影响，让人们全面、深入地了解下章召大队学大寨的战斗历程及做出的成绩，由赵绍敏等人执笔，阳泉市《下章召》编写组编写了《下章召》一书。1975年7月，由山西人民出版社正式出版。全书40万字，详细介绍了下章召大队从1969年以来，高举"农业学大寨"旗帜艰苦奋斗的事迹。

(二)农业学大寨运动在全区展开

1970年以来，全区建成大寨田6万亩，相当于"文革"前的10倍；兴修各种水利工程4000余项，发展水浇地2.5万余亩，比"文革"前增长4倍多，并建成了农机修造网。农业生产在连续几年干旱的情况下，仍然获得好收成。

农业学大寨时期，郊区农田基本建设场景

1971年6月29日，《新阳泉报》以题为《我市农业学大寨群众运动滚滚向前形势大好》的文章报道了郊区在去年冬今年春农业学大寨运动中大搞农田基本建设所取得的成绩。全区共修建大寨田5万余亩，劈山改河、开沟造地1000余亩；建水池、水库60多个，打水、凿井110多眼，新增水浇地1000余亩，扩大可灌溉面积7000余亩。文章还说，在今年旱灾十分严重的情况下，广大贫下中农以"人定胜天"的革命气概，采用开沟下种、担水点种、创窝下种、空实两耧播种、水耧播种等方法，完成了10万余亩大秋作物的播种任务，为夺取当年农业新丰收打下良好的基础。

1972年9月2日，《阳泉报》又以题为《鼓足干劲学大寨，抗旱抗到水利化》的文章报道了郊区农村各级党组织坚持因地制宜、土法上马、以蓄小配套为主的原则，发扬自力更生、艰苦奋斗的精神，创造了许多行之有效的好办法。主要有：修旱池、打旱井，把天上的水蓄起来；寻水源、挖水井，把地下的水抽上来；修水池、建电灌，把河里的水引上山；铺管道、修渠道，把城市废水用起来，把煤窑的水引出来；利用小溪小水，挖泉截流、打坝蓄水，做到滴水归田，小水大用。阳泉市有20多个企业把30多台水泵、变压器等配套物资，及时送到农村，有力地支援了水利建设。据统计，至

1972年底，全区新增水浇地8000亩，新建大寨田3万亩。

1968年，赛鱼大队社员垦荒造地

1973年3月9日，区委召开常委会议，传达了省、市农业学大寨会议精神，研究了尽快把郊区建成大寨区的具体措施：1. 大力宣传会议精神，常委要分头下去传达和贯彻。2. 区、社、队举办干部学习班，时间10天，主要是大学、大批、大干，并组织生产队以上干部和社员代表到大寨参观。3. 区、社领导要亲自带领机关干部深入下去，蹲点包片，把点作为自己的家，把机关当成店，会议开在下边。4. 6月底，把郊区农业学大寨的全面规划由下而上全部搞出来。规划要建立在解放思想和大学、大干的基础上，要长远和当前相结合，区、社、队办相结合；改变生产条件，尽快建成大寨式郊区。5. 社、队领导班子要详细研究分析，分类排队，好的要总结经验，差的要举办路线教育学习班，极个别的要进行调整，立足点要放在教育和提高上。6. 要了解大队书记和会计去年实际参加集体生产劳动的天数，好的要总结经验加以推广，差的要提出今后的要求。7. 3月20日前召开全区科学种田会议，主要解决种玉茭、谷子及施肥等问题。月底前组织社、队干部进行全区备耕大检查，并召开现场会，会后投入春耕生产。

1973年8月25日至28日，为了贯彻市委8月在东村召开的农村工作会议精神，区委召开了有各公社、生产队负责人、部分生产队长、区直企事业单位党支部书记共350多人参加的农业学大寨经验交流会。29日开始，各公社以5至6天时间，召开了有支部委员、革委会正副主任、生产队长及贫代会代表、青年、妇女、民兵干部等共2500多人参加的"三级"干部会议。会议采取看、听、议、订的方法，参观了部分学大寨先进单位，交流了学大寨先进经验，讨论了三年能否建成大寨区的问题，制定了大干大变的规划。会议批判了"重钱轻粮""以副伤农"等所谓的修正主义思想，批判了一些基层干部在"农业学大寨"运动中所谓的懒汉懦夫世界观和够吃够穿的小农经济思想，以及怕这怕那的右倾保守思想。会议还提出了"举纲抓目学大寨，加快步伐赶昔阳，苦干大干促大变，1975年建成大寨区"的口号。

义东沟村作为阳泉市蔬菜供应基地之一，在治山治水、大抓大寨田建设的同时，积极开展科学种田，做出了较为突出的成绩。1965年，义东沟村进行了塑料薄膜小拱棚北瓜栽培试验，获得成功。1974年，又建起郊区第一个塑料大棚，试种黄瓜和芹菜，获得成功。之后，塑料大棚技术被普遍推广。义东沟每年可供阳泉市商品菜近100万公斤，多次被评为市农业学大寨先进典型。1976年12月10日，义东沟村党支部书记张清，作为阳泉市农业学大寨先进集体的代表，赴京参加全国第二次农业学大寨会议。

（三）开展农业学大寨的措施与成果

第一，全区开展深翻土地运动。市革委根据山西省革委《关于立即行动起来，投入深翻土地的紧急通知》精神，于1970年10月30日，召开紧急会议，号召全市人民动员起来，大打深翻土地的"人民战争"，会后全市很快掀起了一个深翻土地的群众运动。市直机关干部120人、其他行业2万人下乡到郊区农村帮助深翻土地。11月1日，全市出动5万余名"支农深翻大军"。参加深翻土地的人员被编成连、排、班，安营扎寨，自备工具，吃派饭，打破8小时工作制，进行挑灯夜战。至11月22日，全区共完成深翻土地

83793亩，人均7.6亩。此后，全区连续几年秋季开展一次深翻土地群众运动。

第二，生产大队大搞土化肥厂。1971年9月4日，市革委在河底公社任家峪大队召开了利用煤矸石造化肥现场会。在会上任家峪大队介绍了利用煤矸石造化肥的经验。市革委要求各单位立即行动起来，放手发动群众，自力更生，土法上马，发展"五小"工业，大打煤矸石造化肥的"人民战争"，为夺取农业更大丰收做出新的贡献。会后有小煤窑生产的66个生产大队，学习推广了任家峪大队的经验，因陋就简，土法上马，均办起了土化肥厂。

第三，全区推广良种，科学种田。1971年12月3日，市革委召开了科学种田和良种选育会议。会议传达贯彻了全省农作物良种选育推广工作会议的精神。会上下章召、矾窑、义东沟等8个大队介绍了科学种田经验。会议还讨论了《全市一九七二年农作物良种选育推广工作计划和第四个五年计划的规划》。会后，全区普遍推广科学种田。至年底，全区建成42个种子繁育基地，60%的大队都建立了留种田，成立了配制良种专业队和科研小组，确定了试验、示范、繁育、推广相结合的方针。各种农作物的优良品种开始在全区推广。

第四，全区大力推广农业机械化种田。1971年12月23日，郊区自力更生大办社队工业，大大加速了农业机械化进程，区、社、队三级农机修造网已基本形成。已有10个人民公社建起了农机具修配厂，70%的生产大队建起了农机具修配站；85%以上的生产大队通了电；46%的大队有了拖拉机，机耕土地面积达20%；近70%的大队有各种水利排灌机械；87%的大队碾米、磨面、铡草等都用上了机械。农副产品加工机械设备台数比"文革"前增加了4.3倍，农村各种运输车辆比"文革"前增加了3倍（其中拖拉机120多台，脱粒机、粉碎机等农作机具1570多台，汽车、胶轮马车352辆）。

第五，农业建设，成绩喜人。1971年，全区农业总产值完成2220万元，比上年增长9.5%（按1980年不变价格计算）。主要工农业产品产量：粮食4522万公斤，比上年增长9.1%；油料15.5万公斤，比上年下降11.4%。农村经济总收入3948万元，比上年增长9.4%。

1972年1月4日《山西日报》报道了阳泉市郊区是山西省粮食平均亩产250公斤以上、跨过"黄河"的七个县区之一。同年，工农业总产值完成4964万元。其中农业总产值1468万元，比上年下降33.9%；工业总产值3496万元，其中乡镇工业总产值3220万元（以上按1980年不变价格计算）。工农业产品产量：粮食2582万公斤，比上年下降42.9%；油料9.2万公斤，比上年下降40.6%；原煤50.9万吨；铁矿石1.4万吨；硫铁矿2.1万吨；耐火砖5.2万吨。农村经济总收入4019万元，比上年增长1.8%。

1974年，全区粮食产量4073.5万公斤，比上年增长14.7%；32387亩小麦平均亩产120.5公斤，比上一年增加47.5%；下烟、小沟、齐家岩、小固庄、上五渡大队和15个生产队亩产超过200公斤，李家庄公社和27个大队亩产153公斤，19个大队夺得历史最高水平。24万公斤小麦征购任务超额完成。

1975年1月16日，在市委召开的农田基本建设经验交流会上，郊区义东沟、燕龛、大阳泉等5个大队在会上做了经验介绍，与会人员还参观了小阳泉、泊里等10个生产大队的农田基本建设工地。当时郊区农村出勤人数达6万多人，是中华人民共和国成立以来投入农田基本建设人数最多的一年，动工的农田水利建设项目达600多项。

同年3月1日，在阳泉市举办的全市农业学大寨展览上，展出了郊区农业学大寨的成果：1970年以来，全区建成大寨田6万亩，相当于"文革"前的10倍；兴修各种水利工程4000余项，发展水浇地2.5万余亩，比"文革"前增长4倍多；并建成了农机修造网。农业生产在连续几年干旱的情况下，仍然获得好收成。1974年全区粮食产量达4050多万公斤，比1963年增长71%。

1975年，工农业总产值完成7700万元，比上年增长22.3%。其中农业总产值2559万元，比上年增长20.8%；工业总产值5141万元，比上年增长23%，其中乡镇工业4755万元，比上年增长23.5%（以上按1980年不变价格计算）。工农业产品产量：粮食

4342.5万公斤，比上年增长6.6%；油料27.5万公斤，比上年增长175%；原煤52万吨，比上年下降9.5%；铁矿石0.86万吨，比上年下降1.2%；硫铁矿0.76万吨，比上年下降77%；耐火砖9万吨，比上年增长73%。社会商品零售总额1813万元，比上年增长12%。农村经济总收入5599万元，比上年增长11.2%。

1976年8月26日，《阳泉报》报道了郊区小麦生产喜获丰收的消息。小麦亩产比上年增长65.4%，总产比上年增长57.3%，创历史最高水平。

二、温河水利工程

水，是万物之源。如果缺水，不要说发展农业生产，就是人畜生存都会受到严重威胁。

温河灌区水利工程——这条盘绕在悬崖陡壁上的"人造天河"，是动员全区人民参与的，举全区之力历经10年之久建成的一项惠民富民工程。这项工程属基建补助项目，当时财力、物力、科技等方面，均有很多困难，但郊区人民没有被困难吓倒，所需资金主要靠地方筹集。总投资达796.8万元，其中国家补助270.6万元，市投资134.44万元，区自筹368.27万元，荫营煤矿、工农钢铁厂、部分手管局企业共集资23.57万元。由市水利局勘察、设计，采用边设计、边施工、边受益的方式进行。以自流引水为主，高灌站提水为辅，由导流坝、总干渠、南干渠、北干渠、高灌提水站、支渠六大部分组成。经过10年的艰苦奋斗，终于建设成为初具规模的中型灌溉渠，解决了8个公社（乡）十几万人的吃水难的问题，并发展了1.2万余亩水地。促进了郊区农业的发展，并逐渐改善了郊区人民的生活。

1971年11月10日，为解决郊区北部4个公社严重缺水的状况及农业用水问题，郊区区委做出了《关于兴建温河提水工程的决定》（下简称"决定"），经阳泉市革委会批复同意，决定从11月正式动工兴建温河提水工程。该决定要求要大搞群众运动，从各大队抽调300名精壮劳力，组成专业队，负责主体工程建设；由各公社组织

20世纪70年代温河水利工程高灌站落成典礼

2000名社员,分段负责南、北两条干渠工程建设。发扬"愚公移山""一不怕苦,二不怕死"的彻底革命精神,坚持"独立自主""自力更生""艰苦奋斗""勤俭建国"的方针,靠战无不胜的毛泽东思想,靠用毛泽东思想武装起来的革命人民群众,靠自己的力量,以大寨精神学大寨,以林县经验赶林县,设备自己搞,材料自己找,没有经验干中学,充分发挥群众的智慧和创造力,克服各种困难,保证按时完成任务,夺取革命生产和温河提水工程的双胜利。温河提水工程,是关系到全区12万人民生活利益的大事。工程建成后,将从根本上改变郊区北部4个公社严重缺水的状况,满足人畜用水,并可扩大农田灌溉面积6万亩左右,促进工农业生产新飞跃。

1971年11月13日,区内正式打响了修建温河引水工程的战役。该工程由区、社、队三级联办,"蓄、引、提"相结合,按设计工程分三期进行。

一期工程从1971年11月13日动工到1974年3月25日完成。主要工程项目是:高灌站工程,即在东村乡大河北村的两岔河修建通向南、北干渠的5万立方米提水前池1个,双曲拱桥1座,滚水坝1条,高灌机房1座,装机720千瓦,架设由任家峪变电站到高灌站的专用高压线路8千米。修筑经东村、河底、三郊乡到荫营镇的南干渠22.29千米,设计流量2立方米/秒,其中明渠13.8千米,渡槽3座长0.4千米,涵洞22个长3.88千米,倒虹吸6条长4.214

千米。修建经大小河北、小西庄而后经二级加压到西南舁乡的北干渠11.2千米，设计流量1立方米/秒，其中明渠9.98千米，涵洞9个0.75千米，倒虹吸两条0.47千米。1974年3月24日，温河一期工程竣工后，东村、河底、三郊、西南舁、荫营等公社的43个村和驻区3个厂矿开始受益，共解决4.7万人、3000头大牲畜的饮水，控制浇地面积1.2万亩。

温河水利工程是一项跨县（区）的工程，特别是二期工程开工后，战线长，难度大，仅在盂县牛村镇、清城乡的7个村庄就住过郊区的600多名民工。

二期工程于1974年9月1日动工，主要工程项目为总干自流引水工程。共抽调专业人员1200多人，共投工515000多个，动用土石199000多方，在温河上游修起长86米、宽5.2米、高2米的导流坝1条，进水闸1座，抬高水位。沿河在丛山峻岭中，开挖了9.1千米的总干渠道，设计流量3立方米/秒。其中凿通隧洞15个，长2.05千米，架设渡槽5座，长0.28千米。筑明渠68千米。建起以沉沙池、石拱渡槽、渡桥、隧洞、竖井预应力水管为主要项目的两岔河倒虹吸枢纽工程，使之与南、北干区连为一体。建起容量为100万方的油瓮水库1座。此外建成年产万吨的小水泥厂1个，架设供水专用通信线路32千米。还修通盂县温池到指挥部的山区简易公路10千米，以及工作厂房、窑棚164处共3238平方米。工程完工后，每年可自流引水1000万立方米，控制灌溉面积4万亩。二期工程于1977年7月1日竣工，6个公社47个大队3个厂矿开始受益。

1977年7月2日，区委、区革委在温河灌区指挥部驻地大河北村召开二期工程竣工庆祝大会。市委、市革委、市人民武装部、市有关厂矿企业单位的负责人参加了大会，省水利局向大会发来了贺电，市委副书记马维华在会上讲了话，市委书记李好山为二期工程竣工通水剪彩。

三期工程从1977年8月开始，主要计划在盂县温池修建容水2000万立方米水库1座。围绕建库，专业人员进行了3年的前期准备工作。首先请市水源队进行地质勘探，先后在温池、乌河一排打钻孔7个，人工开挖坑井，槽探14处。根据地质报告，工程设计技术人员经过昼夜奋战拿出了温池水库建设初步设计书并上报，但因种种原因工程未上马，此时期水利专业队利用间隙主攻了南、北干渠的苇泊、三郊、小河北、小西庄4条倒虹吸的改造，变原临时铸铁管为预应力混凝土管，解决了工程的瓶颈问题。

温河工程地处偏僻，主要工程多在崇山峻岭、悬崖绝壁、深山峡谷中施工，交通不便，工程十分艰巨。但是经过广大水利战士的艰苦创业，共完成土石方70万立方米，其中土方32万立方米，石方36.5万立方米，混凝土方1.5万立方米，超过计划工程量的30%。

广大水利战士不仅把温河水引回了自己的家乡，而且在深山峡谷中，留下了象征友谊的进水闸门，穿山越岭的条条隧洞，流水潺潺的宽阔渠道，凌空飞架的座座渡桥，古朴庄重的石拱渡槽，宛若长龙的倒虹吸枢纽，碧波荡漾的水库、巍然耸立的水库大坝，机声隆隆的高灌泵房等一处处宏伟的工程景观呈现眼前。

"条条渠道绕山转，座座水库映蓝天，沟沟建起高灌站，郊区变成小江南"。近乎鬼斧神工的建筑物，在如此险峻的地势中实施建成，心灵深处被深深震撼！感叹温河精神：直面困难、敢于亮剑的勇气；改天换地、勇敢决绝的胆气；不达目的誓不罢休的豪气；追求创新，妙用科学原理的巧气。

温河水利工程是郊区人民自力更生创大业的首次尝试，也是郊区范围内首次大型骨干工程，被专家誉为山西的"红旗渠"。

三、知识青年上山下乡

知识青年上山下乡运动发端于20世纪中期，至20世纪70年代末结束，有近1800万城镇知青被下放到农村。它不仅改变了一代青年的人生道路，还牵动了亿万城乡居民的切身利益。

中华人民共和国成立后，我国教育事业的发展，由于经验不足等原因，未能升入高等和中等学校的人数一次又一次地攀升。从1966年下半年开始到1968年，各地学校基本停课，大学不招生，工厂基本不招工，这三年积压初中、高中毕业生老三届全国约有1000万人，其中就业问题成了亟待解决的一大难题。1968年12月22日，各新闻媒体发表毛泽东的指示："知识青年到农村去，接受贫下中农的再教育，很有必要。要说服城里的干部和其他人，把自己的初中、高中、大学毕业生的子女，送到乡下去，来一个动员，各地农村的同志应当欢迎他们去。"① 从此，全国出现了知识青年上山下乡的热潮。毛泽东指示发表后，郊区革委会立即进行了学习宣传、贯彻执行和组织落实。当月29日，郊区就接受了阳泉市的首批410名知识青年到农村插队落户。

以后阳泉市每年都有大批知识青年到郊区农村插队，包含有不少外省的知识青年。

1973年12月20日，郊区区委做出《关于认真做好下乡知识青年管理教育工作的几点意见》。区委要求，对下乡知识青年，一要抓好教育，二要抓好学习，三要抓好劳动，四要抓好生活，五要加强领导。至本年底，全区已接受545名知识青年到农村安家落户，其中集体插队540名，分布在7个公社的19个生产大队，分散插队5名。

当时做好"知识青年上山下乡"工作就成了郊区党委及各级党组织的一项严肃的政治任务，区、社和大队都成立了知识青年上山下乡领导组或相应的管理机构，对下乡知识青年从教育、学习、劳动、生活等方面进行全面管理。到1975年，已有4000多名知识青年来郊区下乡落户，其中有290多人入党、入团，1032人被评为模范社员，480人被选进社、队领导班子，200人当上了农业技术员、拖拉机手、医生、饲养员。1975年6月3日，在市革委召开的全市上山下乡知识青年代表会上，上章召大队、白家庄大队等19个先进插队知青集体和梁胜利、夏大明等16名先进个人受到了表彰。1978年，国家做出知青回城的决定后，知识青年上山下乡的政策随之被取消。

---

① 我们也有两只手，不在城里吃闲饭 [N]. 人民日报, 1968-12-22.

第四章 走向伟大的历史转折

第一节 揭批"四人帮"斗争

一、"揭、批、清"运动的开展

1976年12月下旬，按照市委的统一部署，全区召开了万人参加的揭批江青"反革命集团"搞分裂、阴谋篡党夺权的罪行大会。区委领导在会上带头做了批判。之后，全区还运用广播、电视、报刊等各种新闻媒体组织一系列批判文章，各单位也组织群众召开了批判会、声讨会，全区很快形成了揭批"四人帮"反革命罪行的高潮。至次年6月，全区共召开批判会、声讨会1400余次，出专栏、板报4100期，漫画730幅。

按照中共中央关于"清查同'四人帮'篡党夺权阴谋活动有牵连的人和事，是揭批'四人帮'的重要组成部分"的指示精神，区委在领导全区人民集中揭批"四人帮"反革命罪行的同时，加大了清查工作的力度。按照当时省委的规定，要着重清查1976年前"四人帮"横行时期的问题，清查的重点是"四人帮"帮派体系的骨干分子。

揭批和清查"四人帮"反革命集团及其帮派骨干在山西、阳泉郊区进行反革命活动的罪行，有力地激发了全区广大干部群众的政治热情和生产积极性。区委在领导和部署揭批斗争中，及时将群众的热情和积极性引导到搞好工农业生产方面，促进了全区国民经济和各项社会事业的发展。

二、检验真理标准问题大讨论的开展

1978年5月10日，中共中央党校内部刊物《理论动态》发表

了《实践是检验真理的唯一标准》的文章。5月11日,《光明日报》特约评论员又公开发表了此文。文章重申了实践是检验真理的唯一标准这个马克思主义认识论的基本原理,针对"两个凡是"的僵化思想,鲜明地指出:"马克思主义强调实践是检验真理的标准,强调在实践中对于真理的认识永远没有完结,就是承认由于历史的阶级的局限性,我们的认识可能犯错误,需要由实践来检验,凡经实践证明是错误的或者不符合实际的东西,就应当改变,不应再坚持。"《实践是检验真理的唯一标准》一文的发表,在全国引发了一场关于真理标准问题的大讨论。1978年10月13日至14日,中共山西省委召开常委扩大会议,省委第一书记王谦表态支持真理标准问题的讨论。此后,山西逐步掀起了全省性的真理标准问题讨论的热潮。当月,郊区区委召集有关部门认真学习《实践是检验真理的唯一标准》,开展关于真理标准的讨论。全区各级党组织联系工作实际,从思想上、工作上和活动上检验工作,从实践中分是非、划界限,正本清源,拨乱反正。大家一致认为,开展真理标准问题的讨论具有重大的现实意义和深远的历史意义。它是关系到党的思想路线、政治路线能够端正,关系到党和国家的前途和命运的大问题,只有经过实践检验的理论,才能够体现它的真伪,只有经过真理标准问题的大讨论,才能获得思想的大解放。

郊区和全省全国一样,关于真理标准问题的讨论一直持续到党的十一届三中全会之后。这次真理标准问题大讨论,确立了马克思辩证唯物主义的思想认识路线,从而为全区工作的重点转移到社会主义现代化建设上来,奠定了坚实的思想基础。

第二节 国民经济的复苏和社会事业的发展

一、经济建设

(一)农田基本建设

1976年6月20日至25日,市委召开农田基本建设专业队代表会议。那次会议一致认为：农田基本建设专业队是无产阶级"文化大革命"运动中涌现出来的社会主义新生事物，是建成大寨县的新鲜经验。要求各级党委要把农田基本建设专业队办成"阶级斗争的战斗队""生产斗争的突击队""建设大寨区的骨干队"。

70 年代郊区大搞兴修水利垦荒造地

温河水利专业队、小河大队深井专业队等 15 个先进单位在会上做了经验介绍，农田基本建设涌现出的 82 个先进集体和 68 名先进个人受到了表彰。当时郊区农田基本建设专业队已达 182 个，人数达 7200 余人，占农村劳动力的 82%。这些专业队以大寨、昔阳为榜样，常年战斗在农田基本建设第一线，为建设大寨区做出了贡献。全区共兴建了水利工程 600 余项，蓄水能力比"文革"前增长 4.5 倍，新建大寨田 6 万多亩，初步治理了三郊河、苇泊河、义井河、荫营河、后峪河、燕龛河，新增土地 8000 余亩。12 月 25 日，郊区粮菜突破了"双亿关"。粮食总产量比 1975 年增长 18.1%；菜农每人向城市提供的商品蔬菜比 1975 年提高 20.45%，商品蔬菜总产量比 1975 年增加了 26%，是历史上最好的收成。

1977 年 7 月 28 日，区委常委实行了包社蹲队，区机关三分之二干部深入基层，蹲点包队。前半年区机关干部平均参加劳动 50 天以上，公社干部人均劳动 70 天，公社党委成员人均劳动 61.5 天，全区大队支部委员人均劳动 139 天。全区 115 个大队，一类支部由 48 个增加到 52 个，二类支部由 36 个增加到 55 个，三类支部由 31 个减少到 8 个。全区组织区、社、队农村基本建设专业队共 5000 余人，共动土石1100多万方；刮黑皮、垫荒土34000余亩，新建大寨田12000余亩。全区新开水利工程275项。全区上半年荒山造林800亩，植树8万余株，育苗900亩；养猪2.4万头；社办、队办企业分别比去年同期增长50%和10%。从8月1日开始，用45天时间，大打农田基本建设突击仗。修复了大面积塌堰，大搞温河配套工程，治理好了5条公路干线，把13万亩土地建成旱涝保收的稳产高产田。有足够的信心实现当年粮食总产量4500万公斤以上，亩产375公斤的奋斗目标。

1977年，郊区大搞农田基本建设

1978年元旦佳节，阳泉市委、市革委、市人民武装部的领导，带领市级机关干部和解放军指战员450余人，分别参加了治桃工程和农田基本建设劳动。除工交、财贸和政法部门的机关干部到治桃工地参加劳动外，其余机关干部和解放军指战员，由市委领导李好山、张步英等带领到河下大队四亩湾等工地参加了农田基本建设劳动。

（二）温河水利工程再建设

1979年10月，为了解决杨家庄、白泉、李家庄三个公社人畜用水和浇地缺水的问题，郊区区委决定由区、社、队组成三结合专业队，开工建设动工于1978年又停建的东灌区工程。该工程由阳泉市郊区东灌区工程指挥部设计，建有4个水泵站和1.5千米长的管道。

经过一年多的努力,于 1980 年 12 月竣工。该工程的建成,基本解决了上述 3 个公社的人畜及企业用水。

经过大搞水利建设,到 1980 年,全区有效水地达 3.28 万亩,占全部耕地的 16%,比中华人民共和国成立初期增长 109 倍;建成灌溉机井 433 眼;建成机电灌站 276 处,装机容量 2.1 万千瓦;建成小型水库 8 座,总容量 221 万立方米;建成蓄水池 772 个,总容量 173 万立方米;建成喷灌 94 处,喷灌面积 3925 亩。全区农田机耕面积达到 5 万余亩,占总耕地的 25%,农业生产的不少环节都推行了半机械或机械作业。

(三) 小河深井工程

小河缺水由来已久。干旱缺水折磨着小河人,使小河人苦不堪言。

为了解决生活用水的困难,有的人家便在自家的院子里打水窖,在大门外硾水窖。没有条件打水窖、硾水窖的人家,下雨天便用水瓮及锅锅盆盆储存雨水;刚下过雨的一段时间,人们会到附近的山沟里寻找"控山水";雨水快用完时,人们便在干完农活儿后,到三四里、七八里地外的白羊墅井台、泊里四方井、井坪沟旱井、义东沟村,甚至更远的地方去挑水。

小河深井是个奇迹。这是一眼主巷道平均高约 2.5 米、宽约 3 米、平均坡度近 35°、深 736 米(垂直深度 394 米)的步筒斜井,既是人工开凿的斜巷道,又是在斜井下用钻机钻成的机井,再加上平台、泵房以及各种配套设施,错综复杂,撼动人心。

从井口向下 292.3 米处有一长约 16 米的不规则偌大平台,这个平台称第一平台,平台上装一台绞车。过第一平台后再向下 83.3 米处又是一个平台,称第二平台。第二平台再往下约 150 米处,曾开凿了一条高 3.5 米、宽 3 米、深 60 米的平巷道,底部开凿了一个长宽都是 8 米、高 12 米的钻井平台。在这个平台上打了 299.38 米深的机井一眼并装了一台潜水泵。但没有多长时间,这个位置就被井水淹没了,只好顺着斜巷道往上退到离第二平台 70 余米处又开凿了一条约 188.4 米长的平巷道，在底部开凿一个长、宽、高均约 10 米的钻井平台，并先后在钻井平台上打了深度均为 200 多米的机井 5 眼，装了五台潜水泵。

在祖祖辈辈认定小河地区没有地下水的"公论"压力下，各种各样的冷嘲热讽中，"一穷二白"的条件下，敢于决定打深井，而且偏偏要在一疙瘩青石板上开工，这在当时，有人不解，有人反对，有人说："简直是疯啦！"

村领导和打井队员硬是顶着这种压力，憋着一股劲，奋战不息。当斜井打到 420 余米深时，清澈的地下水，还真是被这些当代愚公给"疯"出来了。

一开始，他们手使的工具是几根钢钎，几个铁畚箕，几把铁锤、铁锹、耙子；他们的运输工具是仅有的三辆小平车；没有电缆用电线；没有灯泡家里拿。他们文化水平不高，技术革新点子却不少；他们不计得失，不讲报酬；他们志存高远，他们"胆大包天"，就是凭着一股子骨气，硬是凿穿了东垴山，挖出了幸福泉。

据不完全统计，打井 8 年，排出近 30000 立方的渣石。如果小河到太原按 115 千米计算，那么这些渣石就可以铺一条宽 1.2 米、厚 0.22 米通往太原的便道。

小河人，苦战 2900 多个日日夜夜，用 8 年时间终于打成了这眼深井。而当年，给予这些打井队员的待遇是什么？是每个工人 0.8 元，入坑费每班 0.4 元。

这眼深井，不仅在小河村的历史上是破天荒的，而且在当时的华北地区乃至全国也是首屈一指的。当年阳泉市水利局局长潘慕贤说，水利部领导称此井"国无先例"。

8 年的深井工程，可以分成两个主要阶段：第一阶段是 1973 年 12 月—1979 年的 6 年多时间，这是深井成型阶段；第二阶段是 1980、1981 年两年，这是深井工程拓展和完善配套设施阶段。

因为有了深井水，村里新修和修复了分布在山上的、可存水总量约 4 万立方的大小水池 10 个，同时铺设环山管道 3000 多米。水池、水井星罗棋布，管道、水槽四通八达，东山西山的水利管网连成一片，极大地改善了全村土地的灌溉条件。仅丰台水池储满水后，就能保障约350亩土地做到旱涝保收。

深井水，一是使小河村逐步铺设了自来水管道，实现了自来水进户。二是为小河发展工副业生产也提供了先决条件，小河砖厂、氟化盐厂、轻钙厂、裁剪学校、饭店、美容美发店以及猪场、鸡场等才得以发展。三是获得了较好的经济效益和社会效益。为了解决冷却水水源问题，1992年7月8日河坡电厂与小河村签订了供水协议。仅1992、1993年两年，就为河坡电厂供水300余万吨，极大地缓解了河坡电厂的冷却水压力，还相继为阳钢二铁厂、铝氧厂、铁路南货场、阳泉市供销总社、昔阳转运站、小河驾校教练场、康泉纯净水厂、南沟砖厂、雪儿纯净水厂等10余家驻地单位解决了用水问题。

（四）抗灾保收

郊区人民为确保农民收成，一方面全民动员，兴修水利，大搞农田基本建设；另一方面众志成城，抗灾保收，与大自然做着不懈的斗争。

1977年5月29日傍晚，郊区受到了暴雨夹冰雹的突然袭击。当时灾情最严重的是李家庄、杨家庄2个公社，地面积雹达15厘米以上。全区平均降雨量80余毫米。山洪冲毁土地2020余亩，冲倒石坝23000米，冲倒石堾253333余米，损坏果树47000余株。25000余亩粮田和1200余亩菜地均受到冰雹的毁灭性打击，急需重种。粮田总受灾面积45000余亩，倒塌房屋136间。李家庄、杨家庄2个公社的26个大队，共有7300余亩小麦、1100余亩蔬菜、12000亩玉茭、4300亩谷子、1100亩高粱几乎全被砸平。到第二天中午，有的背阴地面还积有一尺多厚的冰雹。灾情发生的当天，区委、区政府领导迅速和区、社干部冒雨奔向灾区，发动广大群众，进行抢险。区委组织了5个公社23个大队的社员，带干粮、籽种、菜秧、牲畜、拖拉机等物资赴李家庄、杨家庄2个公社进行救灾，力争使灾情减小到最低限度。6月3日，省委、省革委派出慰问团先后在郊区

19个受灾严重的大队进行了慰问指导。6月26日，区委对在这次抗灾斗争中的25个先进单位和248名先进个人进行了通报表彰，并号召全区人民向他们学习。

1977年8月11日下午1点半至2点，郊区8个公社的72个大队普遍遭受暴雨、大风袭击，受灾严重。总受灾面积32700余亩，其中玉米19000余亩，谷子12000余亩，高粱1500余亩。因灾造成减产的有2万余亩，减产约在30%~50%。当天下午，区委主要负责人就深入各受灾社队，同社队干部一起检查灾情，研究救灾措施，直至深夜。不少社队干部彻夜未眠。第二天，区委又召集了各公社负责人和受灾大队负责人召开救灾动员紧急会议，并立即派出区机关干部分头深入重灾社队帮助救灾，要求在两天内完成扶苗任务。灾情发生后，市委书记李好山等主要领导亲临郊区指导抗灾工作。市各单位共派出1430人来郊区支援救灾。至12日，已扶苗15000余亩。

1978年5月，郊区春旱十分严重，且继续加重。4月降水只有2.1毫米，5月上半月只有0.1毫米。河水大量减少，地下水位普遍下降，水源严重不足，造成十几个大队人畜吃水发生困难，土壤大量失墒，干土层普遍达一尺左右，严重威胁着大秋粮田的下种、蔬菜的

1978年5月，郊区农民抗旱担水点种场面

下秧和小麦的生长。根据市委指示，全区很快形成了男女老少齐参战、争分夺秒抢时间、千方百计战干旱的群众运动热潮。截至5月16日，完成玉米播种任务110451亩，占94.1%；其中担水点种86151亩，占已播面积的79%。完成蔬菜下秧任务8906亩，占64.5%。播种高粱2915亩，套种薯类13882亩。从玉米出苗的情况看，已出苗的7万多亩中，出苗率在80%以上的有34880亩，占已

出苗面积的49.3%；出苗率在70%~80%的有16100亩，占已出苗面积的22%。为了保证全苗足垄，普遍开展了查苗补种，共移苗补种27670亩。对35000亩小麦浇水8000余亩，占22.86%。全区开展的"一抗三保"成绩显著。

（五）工农业经济指标

在农业学大寨运动过程中，郊区的农田基本建设取得了很大的成绩，为全区工农业的发展提供了坚实的基础，同时也提振了全区干部、群众干事创业的信心和决心。

1976年，工农业总产值完成8264万元，比上年增长7.3%。其中农业总产值2945万元，比上年增长15%；工业总产值5319万元，比上年增长3.5%，其中乡镇工业占4925万元，比上年增长3.6%（以上按1980年不变价格计算）。工农业产品产量：粮食5039.5万公斤，比上年增长16%；油料30.7万公斤，比上年增长11.6%；原煤54.5万吨，比上年增长4.8%；铁矿石1.25万吨，比上年增长45.3%；硫铁矿5.1万吨，比上年增长571%；耐火砖7.7万吨，比上年下降14.4%。社会商品零售总额2050万元，比上年增长13%。农村经济总收入6278万元，比上年增长12.1%。

1977年，工农业总产值完成9445万元，比上年增长14.3%。其中农业总产值3170万元，比上年增长7.6%；工业总产值6275万元，比上年增长17.9%，其中乡镇工业占5765万元，比上年增长17%（以上按1980年不变价格计算）。工农业产品产量：粮食5367.5万公斤，比上年增长6.5%；油料98.6万公斤，比上年增长221%；原煤57.1万吨，比上年增长4.8%；铁矿石0.58万吨，比上年下降53.6%；硫铁矿4.14万吨，比上年下降18.8%；耐火砖13.3万吨，比上年增长72.7%。社会商品零售总额2317万元，比上年增长13%。农村经济总收入7023万元，比上年增长11.9%。

1978年，工农业总产值完成10774万元，比上年增长14.1%。其中农业总产值2063万元，比上年下降34.9%；工业总产值8711万元，比上年增长38.8%，其中乡镇工业8126万元，比上年增长

41%（以上按 1980 年不变价格计算）。工农业产品产量：粮食 3870.5 万公斤，比上年下降 27.9%；油料 24 万公斤，比上年下降 75.7%；原煤 83.7 万吨，比上年增长 46.6%；铁矿石 0.71 万吨，比上年增长 22.4%；硫铁矿 10.76 万吨，比上年增长 159.9%；耐火砖 13.2 万吨，比上年下降 0.75%。社会商品零售总额 2526 万元，比上年增长 9%。农村经济总收入 7234 万元，比上年增长 3%。

二、社会事业建设

（一）教育

阳泉解放建市以后，市人民政府就按照中央"民族的、科学的、大众的文化教育"的新民主主义教育总方针，在"恢复整顿，稳步前进"办学思想指导下，积极恢复学校教育，大力倡导学校为工农子女开门，稳步兴办各类教育，使教育事业在短期内有了较大的恢复和发展。

1. 幼儿教育

1956 年，多数农村在集体食堂附近的私人宅院或古庙办起了托儿所或幼儿园，由保育员教一些简单的拼音字母、独体字或歌谣、歌曲，形成了最初的幼儿启蒙教育。河底、大阳泉幼儿园始建于 1956 年，因为种种原因 1962 年停办。1973 年，部分生产大队重新办起了幼儿园，但条件极差，幼教队伍素质不高，幼儿入园率普遍低。

2. 小学教育

为加强对初等教育的管理，1954 年区内小学分四批进行整顿，划定石卜咀小学为阳泉市第二完全小学，河底小学为市第三完全小学，荫营小学为市第四完全小学，三泉小学为市第五完全小学，白泉小学为市第六完全小学。区内 30 户以上的农村设立初小 115 所，小学教育网初步形成。1961 年，贯彻中央"调整、巩固、充实、提高"的八字方针，小学教育得到恢复，教学质量显著提高。由于加强学校的思想政治工作，大力开展学雷锋活动，学校形成了良好的校风。1963年,大阳泉小学、河底小学被确定为山西省重点小学。到20世纪60年代中期,区内基本形成了小学由各公社联校管理,联校有中心依托校,大村有完小,村村有初小的小学教育网络。1965年,区内有学校160所,在校学生22862人。1966年"文化大革命"开始后,小学改为五年制,较大的小学都"戴帽"增设初中部,成为七年制学校,有的还办了高中班,挂牌九年制学校。这一时期戴帽学校多达100所,挤占了小学的校舍、设备和师资,教材也极不统一,教学质量普遍下降。

1971年3月10日,市革委发出《关于1971年学校招生及有关事项的通知》,指出:全市教育事业发展总的要求是全面普及小学和初中教育(七年制教育),大办各类型的中等专业技术学校和中技班,有计划地发展高中。要求每个大队(自然村)都有小学,社社都有高中,以方便农民子女就近入学。该通知下达后,郊区农村小学五年制教育很快得到普及。

3. 中学教育

初级中学:1958年,按照中共中央、国务院《关于教育工作的指示》精神,区内利用古庙、民房,因陋就简地办起了6所初级中学:荫营初级中学、白泉初级中学、中佐初级中学、西南舁初级中学、义井初级中学和桃坡初级中学。1964年9月,义井初级中学改为阳泉市第四中学。1965年9月,区内有初级中学教学班30个,在校学生1482名。

高级中学:1970年春,荫营、白泉、中佐、西南舁4所初中升格为高中,杨家庄、三郊、李家庄、东村4个公社新建4所高中,全区共有高中8所。1971年,燕龛高中由平定县归属郊区。1978年,辛兴、旧街高中归属郊区,平坦增设庙上中学。至此,全区高中增至12所。当时的高中教学设备简陋,师资严重不足,各校根据"五七"指示,办起了各种专业班,如农机班、农医班、农林班、财会班等,除了上文化课外,较多的时间是进行建校和支农劳动。此外,有少数规模大的小学如石卜咀小学、北舁小学等都"戴帽"为九年制学校,也承担了高中教学任务。1978年9月,郊区办高中重点班 2 个，1 个是在荫营中学办的理科重点班，1 个是在杨家庄中学办的文科重点班。全区高中校部分骨干教师被抽调到重点班任教。

4. 职业教育

初等职业教育：1959 年 1 月，按照中共中央发出的在农村侧重办农业中学的指示，区内人民公社及大一点的大队创建农业中学 22 所。办得比较好的有南窑庄农业中学、河底农业中学、李家庄农业中学等。1960 年，河底农业中学、龙光峪红专学校被评为省先进办学单位并受到表彰。1961 年，因自然灾害等因素，农中停办。1964 年，随着经济形势的逐渐好转，区内公社及大队又陆续办起农业中学计 28 所，实行半耕半读、以农养校、勤工俭学，学制为两年。

中等职业教育：1970 年，郊区开始兴办中等职业教育。当时西南舁中学、中佐中学、东村中学、三郊中学、荫营中学、白泉中学、杨家庄中学 7 所中学的高中部根据各地实际情况都附设 1 个职业班，侧重于农技、师训、财会、机电等专业的学习，学制均为两年。

5. 成人教育

1949 年冬，区内有 34 个村建立民校或识字班（组），有学员 1067 名。1951 年春发展到 51 所民校和识字班（组），学员增加到 2162 名，60% 以上的学员能识 1000 字左右。冬学和民校的学习内容有政治、文化、生产知识和卫生常识等。1952 年，根据教育部《关于扫盲标准、扫盲毕业考试等暂行规定办法的通知》精神，农村掀起了群众性的扫盲热潮。区内各村推广祁建华"速成识字法"，采用《速成识字课本》，小学教师密切配合。1953 年冬，区内共有民校 103 所，分设速成识字班和普通识字班（组）108 个。到 1954 年春，有 98 所转为常年民校。1955 年 5 月 7 日至 8 日，阳泉市第二区召开了冬学奖模大会，参加会议的有冬学模范个人 55 人，模范集体代表 4 人；列席人员有乡总支宣传委员 23 人，农业社社长（劳动模范）2 人，扫盲联、分校校长和专职教师及工作人员 14 人，另外党、政、团、妇联等各部门负责人也参加了大会。会上区委副书记郭圮做了政治报告、区长王玉田做了《关于郊区三年来农民业余文化教育的基本情况及今后工作意见》的报告、团区委做了《团委积极协助党和行政搞好农民业余文化教育》的发言，东垴、大洼农业社社长李如祥、高祥会介绍了以社办学的经验，区委、区人委表彰了冬学模范集体和个人。这次会议的召开，极大地激发了广大群众学政治、学文化的热情，有力地促进了全区农民业余文化教育的开展。

1955年12月9日，阳泉市第二区召开全区规模的扫盲进军大会，贯彻落实中共中央"积极发动，全面入学"的方针，开展了声势浩大的全民扫盲运动。到1956年初，运动到达高潮，全区共办了139所民校，有扫盲班283个，学员10205人；扫盲识字小组459个，参加小组学习的3560人；包教的小先生774人，共包教群众1043人。全区总计参加扫盲学习的14808人，其中男7673人，女7135人，占原计划15560人的95%。参加高小班学习的学员4010人，占原计划3500人的114%。以上两项总计参加学习的人数为18818人，占原计划19060人的98.7%。全区有159个农业社和37个手工业社以社办学，共开办了316个班、425个学习小组，同时还组织了62人的包教大队，参加学习的社员共15755人，占社员总数的83.8%。全区有三郊等11个乡完成或超额完成了发展任务，有4个乡和5个村制订了扫盲计划，全区70个自然村先后编印了扫盲课本，区人民委员会还在三泉乡试建了扫盲协会，有效促进了扫盲工作的开展。1958年，扫盲和业余教育出现了"大跃进"局面，区内农村各类业余学校发展到152所。

1973年12月11日，市革委对农村生产队、自然村开办政治夜校，对业余教育工作做出安排，要求办好政治夜校，今冬明春完成扫除文盲5800至6000人。脱盲的标准是能识1500字左右，能看书报，小学五年毕业的和扫盲毕业的学员，还要参加业余高小、初中班的学习。采用的方法是农闲集中学、农忙分散学、下田地头学、回家炕头学，生产队和小队两级办学。扫盲教材是《识字课本》。按照市革委的安排部署，1973年底至1974年初，全区农村普遍开办了政治夜校和开展了扫盲活动。

1976年7月，郊区教育局组建了成人教育科室，重点抓扫盲和农民技术教育。

6. 教师队伍

中华人民共和国成立以后，随着教育事业的发展，教师队伍迅速壮大起来。1949年，区内有小学教师210人。1965年，区内有教师1030名，其中小学教师917名、中学教师113名。1954年，河底、东村、西南舁的部分小学开始聘用民办教师，区内对各类学校进行整顿。1974年，一批阳泉师范首届毕业生被分配到郊区任教。此后，国家统一分配大中专毕业生，乃是郊区公办教师师资来源的主渠道，且以阳泉师范本籍毕业生居多。

（二）文化

郊区境域，文化悠久璀璨。20世纪70年代，广播、电影、电视迅速普及，农村业余文艺宣传队自编自演文艺节目，形式多样，丰富多彩。

1. 演出团体

河底剧团：1949年，河底村程先贵、樊守信等人倡导成立河底戏剧班，聘请老艺人史金鳌（河底红）出任开班教师，次年正月始在本村开场演出，首授古装剧有《回荆州》《血手印》《七星庙》《二进宫》。1950年3月集资购置戏箱，编排演出了《取洛阳》《回龙阁》《界牌关》《空城计》《金沙滩》《汴梁图》《明月楼》《三滴血》等剧目。50年代至60年代，河底青年业余剧团编排演出的时装剧目有《断肠草》《刘胡兰》《打樱桃》《走西口》等。1969年成立河底大队业余文艺宣传队，以演出小型节目为主。自70年代末，其每年都要编排部分歌舞、说唱节目，参加市、区、社三级文艺汇演，在这一过程中多次获奖。1978年重建了河底业余剧团，主演传统剧目，兼演歌舞说唱。

上章召业余晋剧团：20世纪50年代中期至1965年间，上章召业余晋剧团排演的古装剧目有《明公断》《牧羊圈》《国公图》《五女兴唐传》等，移植演出的现代剧目有《夺印》《社长的女儿》《三世仇》《柳树坪》等。"文化大革命"期间改称上章召大队业余文艺宣传队，先后移植演出了《红灯记》《沙家浜》《智取威虎山》《红色娘子军》《补锅》《掩护》《红嫂》等现代剧目。1977年后易名为上章召业余晋剧团,恢复古装戏演出,代表剧目有《忠烈千秋》《雏凤凌空》《杨八姐游春》《破洪州》等。1969年,王德芝编写的现代剧本《珍宝岛》由市晋剧团排练上演。

区文艺宣传队：成立于1975年1月,初成立时有队员17名,后增至30名。演出以小型节目为主,兼演现代戏曲（片段）。同年5月编排出歌舞《擒旱魔》《战温河》、小舞剧《扎根鞋》、民乐合奏《百鸟争鸣》等一批配合形势的小型节目,在郊区生产大队及驻地厂矿巡回演出。1976年移植演出了中路梆子现代戏《刘巧儿》《万紫千红》。其间曾多次赴娘子关、程家、岩会为驻军部队进行慰问演出,并代表区参加市级文艺汇演、调演。1978年3月停止活动,部分演职人员转入区文化馆工作。

2. 活动网络

郊区文化馆：郊区文化馆成立于1976年5月,总面积为1800平方米,设办公室、图书室和群众文化、美术、摄影、创作4个组。建馆初,区文化馆积极创办和协助基层文化站室举办音乐、舞蹈、美术、书法各类培训班,开展歌曲、小品、评说、摄影等项创作活动和民歌、民间故事的收集整理。

乡镇文化站：1952年,区内5个区分别设立文化站。1958年,区内各人民公社在驻地生产大队设立中心俱乐部。1962年,区内人民公社全部设立文化站。"文化大革命"期间,公社文化站活动中断。

农村文化室：20世纪50年代末,区内始办农村俱乐部。1962年,区内有农村俱乐部138个。1963年部分农村俱乐部改称文化室。

3. 影剧院

荫营镇影剧院：位于荫营镇西大街,原名"大众戏院",始建于1955年。占地面积1200平方米,有观众座位1015个,使用35毫米移动式放映机。

三泉影剧院：位于荫营镇三泉村,始建于1976年。占地面积1100平方米,有观众座位1152个,使用5502型松花江座机。

义东沟影剧院：位于义井镇义东沟村，始建于1978年，占地面积1500平方米，有观众座位1300个，使用550松花江座机。

4. 摄影

1948年，梁俭水（东梁庄人）在河底开设"新生"照相馆，为区域内拍摄人物照之始。60年代前，区内照相业主要拍摄人物头像和全家福照，除接待来馆顾客拍照外，还派员到乡村流动服务。1969—1975年，荫营照相部摄影师梁玉亭在温河干渠工地和三都、下章召等村，拍摄现场写实照片多幅，部分作品被选入阳泉市农业学大寨展览会展出。1976年，区文化馆设摄影室，购置照相器材，并配备专职摄影创作人员。

5. 电影放映

1950—1957年，省、市下派的电影队在区内农村放映电影。1958年，荫营、河底公社分别成立电影放映队。1959年和1962年，义井、西南舁公社先后成立电影放映队。1970年8月，东村、三郊、白泉、杨家庄、李家庄5个公社同时成立电影放映队。至此，公社电影放映队在全区最初得到普及。每队有放映员1至2名不等，使用16毫米提包机，在所属生产大队及驻地厂矿流动放映。

1976年5月，区电影发行放映管理站成立，时有工作人员8名，负责全区电影发行、拷贝管理、技术指导和器材供应等。1978年始在平坦、辛兴、旧街三个公社试办农村电影放映队59个，使用8.75毫米提包机，主要在本村放映。

6. 新闻事业的发展

广播：1953年，区内始有单管及三管收音机。1956年7月，阳泉市有线广播站在荫营区公所（后沟）院内设立广播分站，有旧式广播机1台，通过电话线路传送中央和省、市广播节目信号，各农业生产合作社装有舌簧喇叭200只。1959年，有线广播在区内各人民公社得到普及，各生产大队相继建立广播室，安装了扩音机和高音喇叭。1965年，区内有扩音机55台，有高音喇叭270只。1969年市广播站投资重新架设了阳泉-李家庄-荫营有线广播线路，增设荫营-三郊-韩庄-西南舁、韩庄-河底-东村、荫营-白泉-杨家庄有线广播线路。方形水泥线杆居多，亦有部分木质线杆。

1970年9月，阳泉市郊区人民广播站成立，设编播组、机线组，有工作人员13名。除按规定转播中央及省、市广播台站节目外，还自办有"郊区新闻""各公社广播站联播"节目。每日3次，每次20分钟。同年，全区建立公社广播站8个，架设公社至大队广播专用线路283.5杆千米，安装广播喇叭9873只，其中高音喇叭540只。

1974年10月，区广播站建立水泥制杆厂，开始生产有线广播专用线杆。1975年，区广播站开始全面整顿区站至各公社广播站的有线广播线路。同年，全区公社广播站增至9个，有线广播专用线路增至375杆千米，广播喇叭增至31000只。

1977年9月，公社广播站改称公社广播放大站。1978年1月，全区公社广播放大站增至13个。

电视：1969年，筹建中的区广播站购置了区内第一台37厘米电子管黑白电视机。1970年，电视机开始进入家庭。1976年，全区有黑白电视机144台。

7. 图书

1956年，区内供销社建立图书经销点11个，代销点172个。1958年，在市新华书店指导下，区内各人民公社相继办起小型书店11家。1959年，除保留荫营书店外，其余全部撤销。1971年，区供销社设有图书代销专柜12个。1985年，乡镇级供销社（除义井外）全部同市新华书店签订图书代销协议。

（三）卫生

中华人民共和国成立后，从建立联合诊所开始起步，区内医药卫生事业发展迅速。除阳泉市第二人民医院（郊区人民医院）、区疾病控制中心（原卫生防疫站）和妇幼保健站设在郊区中心地带外，乡镇以及驻地单位（荫营矿、固庄矿）都建有卫生院，村村办有卫生所。

第三编
改革开放和社会主义现代化建设新时期

(1978.12—2012.11)

第一章　中国特色社会主义的开创

第一节　拨乱反正

一、传达学习党的十一届三中全会精神

1978年12月18日至22日，党的十一届三中全会在北京召开。这次全会是中华人民共和国成立以来在党的历史上具有深远意义的伟大转折。全会公报发表以后，在全区引起了强烈反响，广大工人、农民、知识分子、干部职工认真学习，热烈讨论，一致认为全会把党的工作重点转移到社会主义现代化建设上来的重大决策反映了历史的要求、人民的愿望，表示坚决拥护三中全会的各项重大决策，一定要紧跟党中央的战略部署，适应新形势的要求，领会精神，落实行动，为实现社会主义现代化而努力奋斗。

二、纠正冤、假、错案

1978年，中共十一届三中全会后，为全面复查落实"文化大革命"及历史遗留的案件，郊区区委成立了落实政策领导组及专门办事机构，本着实事求是、有错必纠的原则，对"文化大革命"中造成的冤、假、错案和"四清"运动中处理的错案进行了认真的平反纠正，同时还解决了许多历史遗留问题。并于1980年6月26日，向市委做出了《关于落实政策工作的总结报告》。1982年8月底，区委撤销落实政策领导组。全区应复查落实各类案件共2381件、2462人。其中，"文化大革命"运动案1396件、1479人，"四清"案（清工分、清账目、清仓库、清财务）769件（人），审干对象186件（人），右派改正案8件（人），投诚人员2件（人），"四类分子"（地主分子、富农分子、反革命分子、坏

分子）摘帽案188件（人）。"文化大革命"运动案已全部复查落实，全错全平的584件，部分错部分纠正的267件，维持结论的545件；"四清"案件已全部复查落实，全错全平的377件，部分错部分纠正的45件，维持原结论的347件；起义投诚、右派改正、审干案件全部复查落实；"四类分子"摘帽的162人，平反的15人，宣布无效的7人，继续戴帽的4人。1981年1月2日，区委做出关于给郭玘同志恢复名誉的决定，决定将强加在他头上的一切不实之词统统推翻。郭玘为原荫营区委书记，在"文化大革命"期间，受到了错误审查，身心受到严重摧残，于1969年10月13日逝世。郭玘同志1948年参加工作，工作勤勤恳恳、兢兢业业，做出了一定贡献，是个好党员、好干部。

新定、改定成分、出身情况是：已改定4136人，其中社员3859人，工人241人，干部16人，教师20人；改定第二代700人，其中社员694人，工人5人，干部1人；改定第三代2445人，其中社员2269人，工人145人，干部11人，教师20人；改定第四代863人，其中社员777人，工人82人，干部4人；改定第五代128人，其中社员119人，工人9人。

落实党的政策，纠正冤、假、错案，以及新定、改定成分、出身后，进一步调动了广大干部、群众的积极性，巩固和发展了全区安定团结的大好形势。

三、区级职能机构的扩充

1984年2月，市委决定，市农工部、市农委与郊区区委、区政府分设，郊区按县级建制独立行使政权职能，设立财政和有关机构，市农口六局归市委农工部、市农委领导。郊区人民政府形成独立的财税体制，各职能部门从市级分离或相继独立，由派出性机构成为独立行使政府职能的县级政府。

第三编 改革开放和社会主义现代化建设新时期

1984年3月20日，阳泉市人民政府《关于批转建立郊区财政体制实施方案的通知》

1984年2月，阳泉市郊区人民政府《关于实行政社分开建立乡政府的通知》

四、设立乡（镇）政府

1984年2月28日，区第九届人大常委会第十八次会议审议通过了区政府《关于实行政社分开，建立乡（镇）政权的报告》。4月16日，区第九届人大常委会第十九次会议审议通过区政府《关于建立荫营、河底镇人民政府的报告》。4月22日，区第九届人大常委会又审议通过了区委制定的《关于政社分开，建立乡（镇）党委和政府的工作方案》。5月，郊区政社分开，建立乡（镇）政府工作全部完成，并于5月26日报请省政府批准。郊区以原公社管理范围为基础，撤销公社建制，改设2个镇、11个乡人民政府，同时，将生产大队改称村民委员会，生产队改称村民小组。

五、民主法治的恢复和加强

党的十一届三中全会后，为适应经济建设的需要，阳泉市郊区相继成立了以下机构：

1981年9月召开阳泉市郊区第九届人民代表大会，依法选举产生了阳泉市郊区人民政府、人民法院、人民检察院领导班子并设立了人民代表大会常设机构——人大常委会。依法选举产生人大常委会组成人员：王维伦当选为人大常委会主任；郭鸿文、卢杰、孟成田、高润杰当选为人大常委会副主任。同时下设的13个人民公社也先后召开了人民代表大会，选举产生了人民公社政权组织领导班子。1981年9月至1987年10月，阳泉市郊区共召开过3届人民代表大会。为了适应政治建设、经济建设和法制建设需要，1981年设置了司法局、人事局，工交办公室改为经济委员会。这些机关的建立，为发展社会主义民主，健全社会主义法制，维护安定团结的政治局面，有效发挥了地方国家权力机关的作用。

在此期间，区级政协组织尚未成立，但在市政协的领导下，郊区政协委员仍行使它的职能作用。

粉碎"四人帮"后，阳泉市郊区各群团组织相继恢复。1976年，区工会建立后，工会工作逐步开展，特别是1978年中共十一届三中全会后，工会工作更加广泛。全区各级工会组织把职工参与民主管理和维护职工合法权益放在工作重要位置，充分发挥共产主义精神的作用，结合职工思想、生产和生活实际，对广大职工普遍进行"双基"（党的基本路线和基本国情）教育、形势和政策教育、民主与法制教育，以及"四有"（有理想、有道德、有文化、有纪律）、"四职"（职业责任、职业道德、职业纪律、职工技能）等思想政治教育，坚定了广大职工的社会主义信念，激发了投身改革开放的积极性。

各级青年团组织紧紧围绕全区的经济发展目标，动员广大团员和青年充分发挥主力军和突击手作用。从1979年开始，团区委号召全区团员青年开展"争当新长征突击手"活动。先后有上章召大队青年农机组被团中央命名为"全国新长征突击队"，下章召大队团支部书记王书文、下白泉玻璃厂厂长葛长艮被团中央命名为"全国新长征突击手"。党的十一届三中全会以后，团区委紧紧围绕党的各项中心任务,根据改革开放的新形势,积极开展各项活动。各级团组织通过多种形式对团员青年进行思想教育。1978年恢复少年组织活动,全区有少先队大队190个,少先队员22000余名,辅导员628名。

各级妇女组织始终坚持把维护妇女儿童的合法权益放在工作的重要位置,采取法制宣传、法律知识讲座、法律知识培训等多种形式,积极开展了以《中华人民共和国婚姻法》为主要内容的普法宣传教育,妇女受教育面达90%以上。区妇联和各基层妇女组织都建立了维护妇女儿童合法权益的信访机构,形成了三级信访网络。区乡妇联共接待信访案件560余件,结案率为100%。区妇联还成立了"少儿工作协调委员会",配合教育部门创办"家长学校"190个,组建校外辅导站90个,设立辅导员223名,形成了学校、家庭、社会三结合的教育格局,促进了少年儿童的健康成长。

随着民主政治建设的推进和多党合作制度的不断完善,全区的民主党派得到迅速发展。党的十一届三中全会以后,相继建立了中国国民党革命委员会、中国民主同盟、中国民主促进会、中国农工民主党等民主党派的区级组织。

1980年,郊区公安局刑警队、预审科成立,刑侦工作走上了专业化、系统化、法制化轨道。治保会的主要任务转变为"四防",即防特、防盗、防火、防灾害事故。1980年,区人民检察院设立一科(刑事检察科)、二科(法纪检察科)和三科(经济检察科),开始对公安机关提请逮捕、移送起诉的案件进行审查,并对公安机关的侦查活动和人民法院的审判活动进行监督。经济检察科依法查处经济犯罪案件,打击经济犯罪活动。1980年,区人民法院建立刑事审判庭后,开始受理第一审刑事公诉案件,无期徒刑以上案件仍由市中级人民法院受理。

各方面工作逐步纳入正规,各项事业相继恢复和发展,标志着阳泉市郊区的社会主义民主法治工作在党的十一届三中全会精神的指引下,顺利实现了伟大的历史性的转折,以崭新的姿态,跨入了加快社会主义现代化建设的新时期。

第二节　工作重心转移

一、国民经济的调整

1979年4月,中共中央在北京召开工作会议,提出了用三年时间对国民经济实行"调整、改革、整顿、提高"的"八字方针"。5月,中共山西省委召开工作会议,传达贯彻中央工作会议精神,安排部署了全省的国民经济调整工作。6月,中共阳泉市委召开工作会议,分析了阳泉的经济形势,提出了全市国民经济调整工作的具体措施。之后,阳泉郊区区委召开工作会议,按照省、市会议精神,提出了全区的国民经济调整工作的具体措施。

贯彻落实"八字方针",切实搞好调整、改革是摆在全区面前的一项刻不容缓的任务。区委根据省委提出的"压缩长线,拉长短线"的要求,结合阳泉郊区的具体实际情况,提出了"骑在马上"调整的4年奋斗目标:一是经过3年的努力,使所有企业的多项经济技术指标,能够恢复到历史最高水平或达到全省同行业中上游水平。二是在企业内部通过挖潜改造、填平补齐,达到原设计能力,力争翻一番。三是企业的技术管理水平要提高一大步,建立起一个强有力的生产指挥体系和一系列比较完整、科学的规章制度,培养出一批熟悉生产业务的生产技术骨干和企业管理干部。四是要将70%左右的企业建成大庆式的企业。五是要在调整结构、抓好生产的同时,兼顾小城镇建设和社会事业发展,努力改善人民群众生活条件。

在贯彻"八字方针"的过程中,郊区主要采取了以下措施:

第一,加大对农业的投入,特别是农业用的化肥、农机产品的生产和水利设施的建设。为发展农业配套,利用煤炭供应的协助关系,向外地的化肥厂家引技术、资金,改造和扩大本地的生产厂家,这样使本地的企业不断壮大。

第二,加快轻工业的发展步伐。对郊区原有的轻工业进行改造。经过技术改造的企业,生产能力有显著的提高。

第三,对部分重工业企业进行整顿和改造。对部分企业进行了关停并转。

第四,加强一些非生产性基础设施和公用行业的配套建设。完成小城镇总体规划,新建一批职工宿舍,新确定的部分学校、医院、商场及城市的几条主要道路建设也陆续上马,小城镇内的环境和居民的生活条件逐步改善。

贯彻"八字方针"取得明显效果。经过历时3年的调整、改革、整顿、提高,收到显著的成效。大多数企业产业结构趋于协调,产品质量有了较大的提高,呈现出了良好的发展态势,保证了全区财政收入逐年增加。

二、乡镇企业的崛起

1980年5月,郊区从实际出发,提出了以发展"黑(煤炭)、白(矾石)、黄(硫黄)"等采掘业为主的社队企业的规划,以采掘业为主的社队企业得到了进一步发展。1982年,农村改革"三级所有"体制后,大量的剩余劳动力从农田中解放出来,8万多农民成了离土不离乡、进厂不进城的工人。

1984年后,郊区区委、区政府学习贯彻中共中央办公厅、国务院办公厅转发农牧渔业部《关于开创社队企业新局面的报告》的通知和1985年中共山西省委、省人民政府做出的《关于加速发展乡镇企业的决定》,抓住机遇,提出"多轮驱动、多业并举""集体个人一齐上,千家万户办企业"和"三转三结合"(由地下采掘业向地面加工业转移,采掘和加工相结合;

1984年12月17日,全省乡镇企业中最大的水泥厂河底镇兴华水泥厂建成投产(立窑生产)

由初级加工产品向深度加工产品转移,初加工和深加工相结合;由传统工艺向现代化技术转移,老工艺和高新技术相结合)的方针,下大力发展乡镇企业。郊区乡镇企业由小到大，由弱到强，实现了"量"的扩张，"质"的飞跃，走出了一条适合本地区特点的道路，为农村工业化奠定了基础。

郊区乡镇工业初步形成了以煤炭、化工、建材、冶金、耐火、机械制造为主，包括交通运输、建筑、商饮服务和农副产品加工在内的多层次产业结构。之后，在市场急剧变化、产品销售不畅的困难形势下，郊区区委、区政府为认真贯彻中央对乡镇企业提出的"积极扶持、合理规划、正确引导、加强管理"的方针，又提出了"挖内涵、扩外延、上水平、创名优、增效益"的指导思想，以提高经济效益为目的，对乡村两级乡镇企业进行了整顿，并派出一百多人的技术管理服务队深入乡镇企业，积极帮助工作，组织培训专业人才，坚持"内涵与外延并重，发展与提高并重"的方针，依托资源优势，面向国内外市场，实行分类指导，调整产业结构，开发新产品；大力发展横向联合，推进技术进步和技术改造，强化企业管理，加强社会化服务，提高经济效益，从而使乡镇企业扭转了被动局面，走出困境，在更高的水平上发展壮大。

（一）乡镇企业的产权制度改革

1992年，改革开放和社会主义现代化建设的伟大事业进入了一个崭新的历史发展阶段。郊区区委、区政府以此为契机，对乡镇企业进行了两次产权制度的改革，实施了"超常规、跳跃式发展"和"再上新台阶意见"，实现了历史性的大跨越。随后，由"速度效益型"转向"质量效益型"发展，变观念，调结构，迈开了二次创业的艰难步伐。

1. 第一次产权制度改革

1992年的中国共产党第十四次全国人民代表大会的召开，明确了建立社会主义市场经济改革目标。为贯彻党的十四大精神，在企业改制的发展过程中，继续坚持了"发展中求规范，规范中求发展"的原则，以企业制度、组织制度、管理制度的改革为重点，跳出旧框框，营造新机制，全面推进股份合作制的改革。全区有423个集体企业完成了改制,其中,地面集体企业完成374个,占全部地面企业的64.7%。改制企业中,股份制或股份合作制企业89个,总股达到2.27亿元;内部拍卖、出售、转让企业142个,成交金额5863万元,租赁企业176个,年上缴租金1163万元,托管、兼并13个,破产抵贷返租3个。同时,按照市场导向、产业政策和效益原则,发展规模经济,组建不同形式的企业集团,其中荫营耐火城被农业部命名为部级示范区。

股份合作制的推行,明晰了产权,改变了过去单一的集体所有制形式,出现了多元化的所有制结构,把职工和企业的利益紧密地联系在一起,"厂兴我兴,厂衰我衰,利益共享,风险共担"的意识大大增强,使乡镇企业开始摆脱了落后管理、粗放经营的传统模式,逐步走上规范化、民主化、科学化的管理轨道,提高了经济效益。

2. 第二次产权制度改革

郊区政府按照1996年11月6日阳泉市政府下发的《关于加快推进农村股份合作制的意见》,结合本地实际,进一步明确了推行股份合作制的基本思路是扶大、股中、放小,同时坚持"发展与规范并重,边发展,边规范,争取一步到位"的原则,力求规范改造达到80%以上,掀起了全区乡镇企业的第二次改革高潮。这次改革的特点是由点线发展转向梯次推进,由小型企业改制扩大到向较大企业改制,由加工企业改制为主转向采掘业、加工业改制同时并举,由单一的资产、实物入股转向有形、无形资产多种资本同时入股。

根据1997年2月28日阳泉市政府出台的《关于阳泉市创建明星乡镇企业活动的意见》,区委、区政府结合全区实际,制定了创建明星乡镇企业的实施方案,旨在促进全区乡镇企业不断上规模、上管理、上水平、上效益,增强发展后劲和竞争能力,使企业在各自不同起点上循环攀登,不断提高,加快发展。

(二) 乡镇企业实现了历史性大跨越

随着改革开放的不断深入,郊区乡镇企业迎来了一个历史上最快的发展时期。1992年提出"超常规、跳跃式发展",1994年又提出"再上新台阶意见",出现了两年一个新台阶的发展势头。伴随着国家实施两个"根本性"转变,由"速度效益型"转向"质量效益型"发展,实现了历史性的大跨越。出现了全国乡镇企业同行业最大的耐火材料基地——荫营耐火城;全国最大的氧化锆生产线——千亨氧化锆厂,郊区跨入山西省乡镇企业发展二十强县(区)行列。

为了确保郊区"九五"计划和2010年远景目标纲要确定的"强区战略"及乡镇企业发展总目标的实现,围绕党的十四届五中全会提出的"两个转变"(一是经济体制从传统的计划经济体制向社会主义市场经济体制转变,二是经济增长方式从粗放型向集约型转变),区委、区政府大力实施"四大战略"(规模经营、科技兴企、名优产品、外向带动),力争实现"六个突破"(规模经营突破、科技进步突破、名优产品突破、对外开放突破、产业结构突破、经济效益突破)。"十一五"期间,为了提高改制企业的经济运行质量,促进乡镇企业不断上规模、上管理、上水平、上效益,增强发展后劲和竞争能力,郊区乡镇企业围绕建设文明郊区、生态郊区、富裕郊区的目标,对于工业园区的建设方面,在继续完善白泉工业园区的同时,加大杨家庄高载能工业园区和旧街的铸造工业园区的建设。民营经济的发展及农村工业园区的建设,对阳泉市郊区农村工业化的实现起到了积极的作用。

2002年,党的十六大报告提出全面建设小康社会的宏伟目标。实现这个目标的重点和难点都在农村、农业和农民上。而乡镇企业的发展,在解决"三农"问题上起着重要的作用。这是因为乡镇企业:一是农村剩余劳动力转移成本最低、方式最简单、基础最牢靠、最符合农村和农民实际且最易接受的渠道;二是农民增收的主渠道;三是推进农业产业化的有力支撑;四是推动农村工业化、小城镇建设、工业园区及非公有制经济发展的主要力量。

为认真落实十六大精神,努力做好农村工作,全面建设小康社会,区委根据市委九届六次全会提出的"一体三化"(以小康建设和提高人民群众人均收入为主体,农业产业化、农村工业化、农村城镇化)的指导思想。同年,"阳泉市郊区乡镇企业管理局"更名为"阳泉市郊区中小企业局"。2005年以后，郊区重点抓了乡镇企业民营化和农村工业园区的建设。白泉工业园区应运而生，对郊区农村工业化和农村产业化的实现起到了积极的作用。

三、农村双层经营生产责任制的确立

我国农村的双层经营是指在土地所有权属于集体的前提下，集体经营层次和农户家庭经营层次同时并存的生产经营体制。这种体制有利于发挥集体和家庭两个经营层次的优势和积极性，能够适应我国农村生产力发展水平。

中共十一届三中全会作出了实行改革开放的全新决策，提出要把全党全国的工作重心转移到经济建设上来，开启了建设中国特色社会主义的航线。会议通过了《关于加快农业发展若干问题的决定（草案）》和《农村人民公社工作条例》。以此为契机，郊区经过艰苦的探索，逐步形成了全新的双层经营体制。这一探索过程大体经历了三个阶段：1979—1982年的探索试验阶段；1982—1984年的普遍推行阶段；1984年之后的不断完善阶段。

（一）探索试验

中共中央十一届三中全会召开以后的一段时间，全区干部群众认真学习会议精神，思想认识上做了充分的准备。1979年11月17日至22日，市农村三级干部会议召开。与会的区、乡、村干部认真进行真理标准问题的讨论补课，在进一步解放思想的基础上，联系实际，认真回顾总结了十一届三中全会精神在郊区的贯彻情况，着重讨论了放宽农村经济政策问题，进而形成了《农村三级干部会议纪要》。其主要内容是：①自留地退给社员自己经营。②允许并积极扶持社员发展家庭副业，允许社员出售自己的农副产品。③关于林权问题，坚决执行"谁种谁有"的政策，已经发放的林权证有效，自留地的树木归社员所有。④关于社员建房问题，由各大队统一规划，社员自建或村集体统一建设折价给农户。⑤生产大队主要干部的工分，可以高于同等劳力。⑥关于实行生产定额和报酬问题，要

贯彻"多劳多得"的分配原则：凡适合定额的农活，都要实行定额管理，要把质量放在第一位；不适宜搞定额的可以按件计酬或按时计工加民主评议，也可包工到组、联产计酬；建立生产责任制，实行"四定一奖惩"（定产量、产值，定集体投工，定成本开支，定对国家集体的贡献；超产奖励，减产受惩）；生产队对作业组，可实行定领导、定劳力、定任务、定质量、定时间、定报酬、定奖惩。⑦关于所有权、自主权和核算单位过渡问题，继续执行公社、生产大队、生产队三级所有，以生产队为基本核算单位。人民公社各级的集体生产资料归劳动群众所有，不得随意平调。生产队范围的土地归生产队所有，生产队有权因地制宜制订种植计划，生产队有权在维护国家集体利益的前提下自主决定本队产品和收入的分配，蔬菜队在完成合同任务后有权对剩余的蔬菜进行处理。

郊区地少、人多、土地条件差，农民单纯依靠农业生产，是不会很快富起来的。但郊区矿产资源丰富，"黑白黄"闻名全国，历史上手工业比较发达，因此可以在发展农业的同时，大力发展乡镇企业，使郊区农民尽快脱贫致富。在农村改革中，确定逐步下放大部分土地由社员家庭耕种，而保留全部社队企业由集体统一经营或实行承包经营责任制。

从1980—1982年底，郊区普遍推行了多种形式的生产责任制。主要形式有以下五种：①统一经营、联产到劳。即在生产队统一经营的前提下，把田间管理或全套农事作业的任务承包到每个劳力，分散进行生产活动，联系产量计酬。此种责任制坚持由集体统一制订生产计划，统一进行经济核算，统一管理水利设施和大中型机械，统一规划农田基本建设，统一分配现金、粮食等；劳动者则具体承包从耕地到收打的全套农活作业或只承包从农作物出苗后到收获前的田间管理任务。②小段包工，定额计酬。即在集体统一经营的情况下，按照农时需要，对社员实行小段包工作业，定人员、定任务、定时间、定质量、定报酬的"五定"责任制。一些领导力量较强的队实行"五定"责任制后，收到了较好的效果。③统一经营，包产到户。即在生产队统一领导、统一计划、统一核算、统一分配的前提下，把大部分或全部耕地划分到户，以户为单位组织生产，实行包产、包工、包投资，超产奖励，减产赔偿。④包干到户。即在坚持基本生产资料所有制和生产队集体经济主体地位不变的情况下，把耕地承包到户，牲畜和中小农具也相应固定到户（或几户一组）管理使用，既包国家上交任务，又包集体提留。当时的说法叫作"交够国家的，留够集体的，剩下都是自己的"，集体不再分配口粮。⑤两田制。即把集体耕地分成两部分：一部分是口粮田，按人口分配，包干到户，社员多产多吃，少产少吃，集体不提留，不投资，也不再分配口粮；另一部分是包产田，承包到劳，按劳动能力的强弱承包土地，以地定产，以产记工，参加现金分配。包产以内的粮食主要用于上交国家和集体提留，有剩余时也作为劳动粮分配，并按实际产量兑现奖惩。

1979年，郊区部分农村开始试行"小段包""定额计酬"生产责任制

（二）全面普及

1982年，中共中央下发了1号文件《全国农村工作会议纪要》。这是指导农村改革的第一个"1号文件"，其意义在于宣传解释了"包产到户""包干到户"同其他形式的责任制一样，"都是社会主义集体经济的生产责任制"，"它不同于合作化前的小私有的个体经济"。阳泉市委于1982年9月25日召开千人大会，传达贯彻了党的十二大精神，进一步解放了广大农村干部群众的思想，推动了农村

改革的进程，加快了落实生产责任制的步伐。从1982年秋冬到1983年春，郊区普遍实行了以家庭两次承包为主要形式的农业生产责任制。

1980年10月，郊区传达贯彻《中共中央关于进一步加强和完善农业生产责任制的几个问题》，全区开始实行"包产到户""联产承包"的生产责任制

以"包产到户""包干到户"为主要形式的家庭联产承包责任制的核心内容：一是在维护基本生产资料公有制的大前提下，把土地经营承包到户；二是把生产和分配承包到户，通过承包合同，妥善地处理国家、集体、个人三者关系。家庭联产承包责任制的推行，使农民获得充分的生产经营自主权，实现了生产力要素的最佳结合，农民的生产成果和利益直接挂钩，从根本上改变了束缚农村生产力的旧管理体制，极大地调动了农民劳动致富的积极性。此外，林业、畜牧业也实行了多种形式的承包责任制。

（三）巩固完善

家庭承包责任制的普遍实行，标志着农村双层经营体制的初步确立。从此，郊区区委区政府开始了巩固和完善双层经营体制的工作，并取得显著成果。

1. 强化集体统一经营层次

在普遍把土地下放到户经营的同时，对当时不适宜家庭承包经营的工矿企业实行了集体承包、统一经营，奠定了乡、村集体统一经营层次的经济基础，并在此基础上从三个方面不断加以强化：

（1）大力发展乡村集体企业。

（2）在乡、村两级建立合作经济组织。（3）逐步建立起比较完善的服务体系，为农户家庭经营提供了所需的多种服务。

2. 发展壮大农户家庭经营层次

土地承包到户经营，只是双层经营的初步实现。郊区人多地少，分户经营后，农户在产前、产中、产后存在不少问题需要解决。为不断壮大家庭经营层次，区委区政府高度重视，采取了一系列措施。

（1）落实延长土地承包期的政策，给农户吃了"定心丸"。中共中央于1984年下发的《关于1984年农村工作的通知》，要求将农村土地承包期从3年延长到15年。1993年，随着承包使用土地的年限陆续到期，党中央提出在"原定的耕地承包到期之后，再延长30年不变"的要求。为落实好这次延长土地承包期的工作，郊区以稳定政策、尊重民意、因地制宜、促进发展的指导思想，于1993年冬和1994年春，选择了不同经济类型和不同土地管理形式的几个村进行了试点，取得了成功的经验。在此基础上，根据市委、市政府于1994年10月22日发出的《关于搞好农村延长土地承包期工作的意见》，区政府做了明确说明和明确规定，现有耕地承包期再延长30年不变，贫困山区、老区延长50年不变，拍卖或承包给农民开发治理的"四荒"（荒山、荒沟、荒丘、荒滩）使用权延长到100年不变；土地承包期内，实行"增人不增地、减人不减地"的办法；延长土地承包期，原则上都要在过去各自承包关系的基础上保持相对稳定；村集体为保证国家建设和农村社会经济发展，可保留占本村总耕地面积5%以内的机动田；鼓励土地合理流转和自愿组合，允许和支持农民在承包期内转让土地使用权。

（2）减轻农民负担。实行双层经营体制后，郊区村级合作经济组织将农户承担的义务，如农业税、公积金、公益金、管理费和乡统筹费的数量以及积累工、义务工、订购粮的数量，通过与农户签订承包合同加以确定，以保证社区合作经济组织的正常运作。2003年，随着全国经济的快速发展，各级财政收入逐年较快增长，郊区开始减免农业税，并根据中央、省、市的规定，开始对小麦、玉米等大宗农产品实行补贴。

（3）大规模实施以工补农。党的十一届三中全会后，阳泉农村大幅度调整产业结构，乡镇企业迅速发展起来，一大批农村劳动力从土地转移到了工矿业生产。区委、区政府在总结改革开放以来发展农村经济的经验教训的基础上，实施了以工补农、以工建农。大体经历了三个阶段：第一阶段为直接补钱阶段。1983年前后，不少地方实行按承包土地数量补钱的办法，一般每亩30元至100元。这种办法对平衡务工、务农劳动力的收入和鼓励农民承包土地起了一定作用。但这种分配性的补助办法，只是补助了生活消费，对种好地没有大的促进作用。第二阶段，经过认真总结经验教训，多数地方实行了"投入产出两头补"的办法，即补助农户化肥、优种、农药等生产资料；有些地方则按出售国家商品粮数给以补助。第三阶段为补助生产项目阶段。从1985年起，农村把以工补农资金投向农田水利基本建设、购买农机具、推广农业实用技术、增加服务设施等方面，促进了农业生产条件的改变和科技进步，增强了发展后劲。以工补农向以工建农的转变，有力地促进了农业的发展。

（4）建立农业合作基金制度。1984年的中共中央1号文件提出"允许农民和集体的资金自由地或有组织地流动"。之后，党中央、国务院和省委、省政府曾多次发文，强调要大力推行农业合作基金制度。根据市委、市政府1993年12月10日发出的《关于大力兴办农村合作基金会的意见》，郊区把建立农业合作基金会作为农村小康建设的一项措施并予以重视。宗旨是：为农民服务，为农业生产服务，为发展农村经济服务。基本任务是：挖掘农村资金潜力，促进农村经济发展，增加集体的积累，壮大集体经营层次实力，促进农户增产增收，进一步稳定和完善双层经营体制。

（5）扎实推进农村产业结构调整，积极发展农业产业化经营。随着家庭联产承包责任制的实行和一系列支农促农政策的落实，全国农产品全面增产，但农产品流通不畅、质量不高、品种不全、产业和产品布局不合理的问题日益凸显出来。中共中央于1985年1月1日发出《关于进一步活跃农村经济的十项政策》（即第四个中央1

号文件），其中提出两项革命性措施：一项是改革农产品统派购制度为合同定购和市场收购"双轨制"，结束了执行30年的农产品统购统销制度；第二项是放开了部分农产品价格，较好地解决了农产品流通问题。这两项措施对农村产业结构的调整和农业产业化经营起到了巨大的促进作用，标志着农村经济向社会主义市场经济体制迈出了重要的一步。

1995年，在全省农村小康建设阳泉现场会上，省委、省政府提出要"积极加快贸工农一体化，推进农村产业化进程"，从此，郊区农业生产开始了产业化经营的探索。即按照市场要求和资源条件，确立农村发展的主导产业，各产业实行区域化布局、专业化生产、一体化经营、社会化服务、企业化管理、逐步形成种养加、产供销、农工商、内外贸、农科教一体化的生产经营体系，形成市场牵"龙头"、"龙头"带基地、基地连农户的经营格局。围绕农业产业化的发展，全区各级党委、政府认真制订发展规划，筹集资金，加大投入，引进人才，采用先进设备，推广科学技术。经过几年的努力，到2000年，全区初步建成一批较大规模的"龙头"企业，并且在引导农民由一家一户的小规模生产向产供销一体化的市场农业转化过程中，形成了几个初具规模的农副产品产业链。如以田园乳业有限公司为龙头，其加工鲜奶能力达到每年6000吨，带动全市20个奶牛基地建设和1018户农民成为养牛专业户的奶牛养殖、奶制品加工产业链；以魏家峪肉鸡加工厂为龙头，带动农民饲养肉鸡的肉鸡养殖、加工产业链；以三来食品厂为龙头的土豆、食品加工业带动土豆和粮食种植业发展的农产品生产、加工产业链。近几年，伴随着农业产业化的进程，郊区桃林沟村旅游观光农业、咀子上山楂休闲采摘、三昇牌苹果采摘、辛庄红色旅游等一批特色农业项目涌现出来。农业产业化经营成为在社会主义市场经济条件下双层经营的更高形式，为农民增加收入和农户家庭经营与市场接轨闯出了一条更加新颖的路子。

第二章　中国特色社会主义市场经济体制建立

第一节　党的建设与法治建设的加强

一、学习贯彻党的十四大、十五大精神

为了总结十一届三中全会以后14年的实践经验，确定一个时期的战略部署，加快改革开放步伐，把经济建设搞上去，中国共产党召开的第十四次全国代表大会。

1992年10月8日，荫营镇党委书记王敬瑞作为山西省1800个乡镇书记和郊区8000多名党员的唯一代表赴京参加了12日在北京召开的第十四次全国代表大会。

10月12日上午，区委组织五大班子领导成员收听收看了党的十四大开幕盛况，并就十四大的工作报告进行了广泛讨论。区委、区政府要求全区各级党委认真组织党员学习大会文件，在领会其精神实质的基础上，按照报告的要求，结合郊区区情，落实各项发展措施，努力实现"八五"农村经济翻番的目标和任务。

11月初，区委要求把学习贯彻党的十四大精神作为首要任务，学习中把握实质，突出重点，提高"八个认识"，即把握改革开放十四年的基本经验和历史结论，统一对党的基本路线正确性的认识；把握建设中国特色社会主义理论的主要内容，统一对这一理论重要性和邓小平同志重大贡献的认识；把握改革是"又一次伟大革命"的论述，统一对社会主义发展动力的认识，把握党的基本路线的实质，统一对坚持党的基本路线一百年不动摇的认识；把握以后的战略部署和主要任务，统一对奋斗目标的认识；把握社会主义市场经济的基本规律、主要内容和运行方式，统一对经济体制改革目标及加快改革步伐的认识；把握我国对外政策，统一对我国改革开放和现代化建设争取有利的国际环境，集中精力把自己的事情办好的认识；把握新时期党的建设的根本任务，统一对用中国特色社会主义理论武装全党的重要性认识。

随着全区学习党的十四大精神的逐步深入，郊区区委又发出通知，要求各级党组织要以饱满的政治热情和严肃认真的态度，切实把党的十四大精神传达学习好，贯彻落实好，并要求1992年年末到1993年春节为集中学习阶段，以后适时转入对中国特色社会主义的理论专题学习。

通过广泛深入地学习宣传党的十四大精神，全区广大党员、干部群众进一步加深了四个认识：一是以经济建设为中心，坚持四项基本原则，坚持改革开放；二是改革是社会主义发展的动力；三是我国经济体制改革的根本目标是建立社会主义市场经济体制；四是新时期党的建设的根本任务是用邓小平建设中国特色社会主义理论武装全党，从而为郊区大踏步迈向市场经济，推动经济建设再上新台阶奠定坚实的思想基础。

1997年9月12日，在我国改革开放和社会主义现代化建设事业承前启后、继往开来的重要时期，党的十五大胜利召开，全区广大干部党员和群众迅速掀起了学习贯彻党的十五大精神的热潮。

当天，区五大班子全体领导收听收看了大会开幕实况录像。9月23日，区委理论学习中心组成员集中学习了中共十五大工作报告。区委对全区深入学习贯彻党的十五大精神提出了新的要求：一是在学习中重点掌握和正确理解报告中新概念、新理论和对重大问题的阐述。二是牢固树立"发展是硬道理"的理念，坚持以经济建设为中心，坚持党的路线不动摇，正确处理改革、稳定、发展的关系。三是坚定搞好企业产权制度改革的信心。

二、"三讲"教育活动的开展

1998年11月21日，中共中央下发《关于在县级以上党政领导班子、领导干部中深入开展以"讲学习、讲政治、讲正气"为主要内容的党性党风教育的意见》，确定了"三讲"教育的指导思想、总体要求和方法步骤。随后，山西省委做出具体部署，在全省范围由点到面，推开了党内集中进行"三讲"教育的工作。1999年4月，阳泉市作为全省"三讲"教育的试点城市，率先铺开了这项工作。

根据市委的统一部署，2000年2月29日，郊区召开县级领导班子、领导干部"三讲"教育动员大会，并进入第一阶段（即"思想发动，学习提高"阶段）。会议决定按照中央和省、市委有关"三讲"教育的一系列指示精神，组织和动员全区广大干部群众，充分认识开展"三讲"教育的重要性和紧迫性，立即行动起来，积极参与，并大力支持区委、人大、政府、政协和纪检委、公安分局、检察院、法院、组织部、宣传部四套班子六个单位把"三讲"教育工作搞好，使每个班子及其成员通过学习"三讲"教育，在思想上有明显提高，政治上有明显进步，作风上有明显转变，纪律上有明显增强，从而更好地带领全区人民把郊区的各项事业进一步推进。

3月1日，郊区"三讲"教育进入第一阶段，区四套班子和六个单位领导成员进行了2天的封闭学习，并进行了5次的集中学习，班子成员每天晚上的自学时间达到2个小时以上。在学习内容上，严格按照中央规定，做到38篇必读篇目有眉批、有笔记、有心得、有体会。区四套班子和六个单位班子成员共撰写出心得体会文章240篇，其中有10篇被区四套班子和六个单位所有领导成员参加的大会拿去进行了探讨。在学习形式上，坚持了分散与集中、通读与精读、专题讨论与个人思考相结合的办法，围绕"理想信念、政治立场和政治方向、政治纪律、组织原则、思想作风和工作作风"五个专题展开讨论。通过学习、交流，大家对1992年以后班子及个人的工作实际进行了认真反思，思想认识逐步提高。

3月8日，郊区"三讲"教育进入第二阶段（即"自我剖析，听取意见"阶段）。区委书记、区"三讲"教育领导组组长对第一阶段的情况做了初步总结，区四套班子、六个单位领导班子及其成员的思想认识得到了进一步提高，主要收获表现在：一是受到了一次系统的马列主义、毛泽东思想，特别是邓小平理论的教育；二是受到了一次关于群众路线、群众观点的教育；三是受到了一次党性、党风、党纪的教育；四是初步查找出区级领导班子、领导干部中存在的问题。会议对全区第二阶段的工作进行了安排。省委"三讲"教育巡视组就郊区如何搞好第二阶段的"三讲"教育工作提出具体要求。

3月30日，郊区"三讲"教育第三阶段（即"交流思想，开展批评"阶段）开始。区委、区政府、公安分局、法院、检察院的一把手分别就各自班子在民主生活会上开展批评与自我批评的情况、揭摆出的问题、努力方向及整改措施向大会做了通报。五个班子的成员一致认为，通过民主生活会，各成员之间做到了交流思想，坦诚相见，批评一针见血，成员之间知无不言、言之有物，进一步消除了隔阂，增强了班子的凝聚力和战斗力，对以后各项工作的开展大有裨益。

4月16日，郊区"三讲"教育第四阶段（即"认真整改，巩固成果"阶段）开始。郊区县级领导班子领导干部开展"三讲"的主要做法：一是提高认识，统一思想。这是搞好"三讲"教育的坚实基础。二是区委认真组织和巡视组严格把关。这是搞好"三讲"教育的关键所在。三是找准问题，深刻剖析。这是搞好"三讲"教育的主要内容。四是开好民主生活会，敢于正面交锋。这是搞好"三讲"教育的重要环节。五是严格把握政策界限和充分发动群众。这是搞好"三讲"教育的有力保证。六是坚持边整边改，让群众满意。这是搞好"三讲"教育的根本标志。

12月，为扩大"三讲"教育成果，根据中央和省、市委的安排，郊区区级领导班子、领导干部"三讲"教育"回头看"活动深入展开，推动领导班子、领导干部"三讲"教育经常化、制度化。区委明确提出："回头看"要注意抓住征求意见、自查自看、民主生活会及整改方案的完善等几个重点环节，着力解决好领导班子和领导干部党性党风方面的突出问题、群众反映强烈的热点难点问题、影响改革和发展的重点问题。要坚持时间服从任务，进度服从质量的原则，确保"回头看"活动的高标准、高质量。在"三讲"教育

"回头看"活动中做到了"三个一样""四看三讲""五个带头"。

"三个一样"即征求意见的范围、形式和"三讲"集中教育的要求一样，民主生活会的质量、标准要和"三讲"集体教育要求一样，整改方案的完善、落实要和"三讲"集中教育的要求一样。"四看三讲"即：一看"讲学习、讲政治、讲正气"的自觉性是否真正得到了提高，政治意识、大局意识、责任意识是否得到明显增强；二看"三讲"集中教育阶段查摆出来的突出问题，特别是群众反映强烈的问题是否得到了解决；三看领导班子、领导干部精神状态和工作作风是否有明显改进，与基层党员和广大群众的关系是否有明显改善，是否有力地推动了当前的各项工作；四看"三讲"教育的成功经验是否自觉地运用到党的建设经常性工作中去，批评与自我批评的优良传统是否在党内生活会中得到保持和发扬，领导班子解决自身问题的能力是否得到明显提高。"五个带头"就是参加"三讲"教育的各个班子主要负责人要带头搞好学习，带头搞好自查自看，带头开展批评与自我批评，带头深入基层调查研究，带头搞好整改工作。

在"回头看"活动中，进一步提高了领导干部对"三讲"教育重要性的认识，增强了他们的政治意识、大局意识和责任意识。其中，全体党员干部以高昂的政治热情、科学务实的态度，带领广大群众认真学习贯彻党的十五届五中全会精神，努力践行"三个代表"的重要思想，全面落实市委常委扩大会议和区委五届二次全体会议提出的各项任务，进一步把郊区的改革开放、经济发展和社会各项事业推向了一个新阶段。

三、党政机构改革和公务员制度的推行

随着改革的深入，公务员制度建设中一些深层次问题慢慢浮出水面，一是管理的权威性不够，执法检查机制不健全、强制力不够；二是不利于加强党对机关干部队伍的统一领导，也不利于干部在不同机关之间的交流；三是公务员的职业发展阶梯过于单一，基层公务员晋职升级空间很小。公开选拔、竞争上岗制、领导干部引咎辞

职制、部分职位的聘任制等创新成果，都急需通过公务员立法予以吸纳、确认。1993年4月，国务院通过并颁布了《国家公务员暂行条例》，并于同年10月起施行，这标志着我国公务员制度的初步形成。

1994年4月，郊区开始推行国家公务员制度，干部队伍由传统的统一集中管理变为公务员队伍和专业技术人员队伍两种管理模式，公务员队伍依照《国家公务员暂行条例》进行管理。按照人事部印发的《国家公务员暂行条例》和全市的统一安排要求，区委坚持"凡进必考"的原则，严把公务员"进口"关。同时，全区所有的公务员队伍和参照公务员队伍管理的单位，对公务员及其单位员工的德、能、勤、绩四个方面进行每年一次的年度考核，年度考核的结果记入档案，以作为晋升职务、工资档次和级别以及年终奖励的依据。

1997年，根据省、市有关政策规定，区政府制定了《阳泉市郊区国家公务员制度实施方案》和《阳泉市郊区国家行政机关现有人员过渡为国家公务员实施办法》。国家公务员制度的实施工作，在区委、区政府的统一领导下进行。区直各部门、各单位和各乡（镇）都组成了由党政领导负责的工作班子，负责各部门、各乡（镇）实施国家公务员制度的统筹规划和组织协调工作，区人事局在区委组织部的支持、参与和帮助下，负责具体实施工作。同年，郊区在团区委实行公开选拔竞争上岗。5月，全区建立和推行国家公务员制度进入了全面实施阶段，共有852人参加了人事局举办的国家公务员拟过渡人员培训班，其中政府机关509人，党群机关69人，乡镇机关343人，担任领导职务的274人。经过培训、资格审查、过渡考试、过渡考核、任职回避审查、过渡审批职位分类、职能测评及竞争上岗、职务任命、人员分流10个法定程序，区级机关人员向公务员的过渡于1998年1月基本完成了。全区区级行政机关有455人过渡为公务员，实际分流了16人，分流人数占总人数的3.5%，过渡考试不及格无法过渡的6人，占1.3%。在过渡人员中，大学本科学历的有29人，占6.3%；大学专科的有195人，占42.8%；高中、中专的有217人，占48%；初中以下的14人，占3%。按照"三定"（定职能、定机构、定编制）方案编制的职位设置，区级机关正科级公务员职数共计39人，占总人数的8.5%，比过渡前降低了0.9%；副科级职数66人，占总人数的14.2%，比过渡前降低了1.1%。按照《国家公务员暂行条例》规定，有25名领导职位进行了职位任职轮换。

1998年和2000年，郊区对乡镇主要领导的选拔任用，均采取了竞争上岗的办法。在2001年区、乡机构改革中，对区、乡镇机关一般干部和乡镇事业单位工作人员的选拔任用，又采取了竞争上岗的办法。区级公务员168人参加考试和考核，录用了160人；乡镇有415人参加考试和考核，其中录用了355人，有60人未录用，而进入乡镇工业、农业发展中心（发3年基本工资）。2001年，郊区又在副科空缺岗位上，通过笔试、面试和考核，公开选拔了10人进入了领导岗位。

推行公务员制度，促进了全区干部队伍的分类管理，推动了干部人事制度的全面改革，加强了郊区政府系统干部人事管理的民主化、法制化和科学化，弥补和克服了以往干部制度的缺陷和弊端，建立了精干、高效和强有力的行政工作体系。

从20世纪90年代起，分税制开始实施，乡镇企业在市场经济逐渐深化过程中由繁荣转为落后。乡镇管理机构在收入减少、开支增大的情况下，把创收的算盘锁定在包产到户后生活条件有所改善的农民身上。此现象一直持续到2000年。应对乡镇机构的财政危机，减轻农民负担，推进乡镇机构改革，转变政府职能，破除城乡二元结构，构建和谐社会，撤乡并镇是一个有效方法。

2000年12月15日，区委、区政府出台了《阳泉市郊区撤乡并镇方案》，撤乡并镇后，乡镇由原来的4镇9乡变为4镇4乡，其中三郊乡、白泉乡并入荫营镇；东村乡、燕龛乡并入河底镇；辛兴乡并入平坦镇；义井镇和李家庄乡、西南舁乡、杨家庄乡、旧街乡未做变动。

撤乡并镇对于加快小城镇建设，完善乡镇职能，减轻财政压力和农民负担,促进经济和社会发展,加快农村向城市迈进具有十分重要的意义。郊区对党和人民高度负责的态度,从改革和发展的要求出发,把乡镇领导班子配成干大事、创大业的好班子、实班子,为经济建设提供了有力保证。

四、法律体系的完善和依法治区的实施

20世纪末,我国正处于改革发展的关键时期。这一时期,既是经济社会发展的重要战略机遇期,也是人民内部矛盾凸显、刑事犯罪高发、对敌斗争复杂的时期。党的十五大确立了"依法治国,建设社会主义法治国家"的治国方略。

2000年1月3日,郊区召开进一步推进依法治区动员大会。区委出台了《关于进一步推进依法治区的决定》实施意见,要求加快郊区依法治区的进程,依法保障、规范和引导全区改革与经济建设的健康发展。该决定提出依法治区的主要措施:一是坚持依法决策,依法行政;二是坚持公正执法,维护法律尊严;三是强化宣传教育,增强全民法律意识;四是健全监督机制,加大执法监督力度;五是完善服务体系,搞好法律服务;六是狠抓队伍建设,提高执法队伍整体素质;七是加强对依法治区工作的组织领导;八是强化责任,把依法治区工作落到实处。

3月10日,根据上级统一部署,区综治委出台了《阳泉市郊区企地共建安全社区创建方案》,在全区开展了企地共建安全社区活动。企地共建安全社区的主要任务:一是严厉打击涉企犯罪,依法严惩犯罪分子;二是加强治安管理、集中整治治安乱点;三是坚决贯彻关闭"五小"(小煤矿、小炼油、小水泥、小玻璃、小火电)政策,压缩落后生产能力;四是妥善处理企地纠纷,防止引发群体性事件。通过开展共建活动,企业周边地区共同建立起了共保平安、共促发展的良好机制,涉企刑事案件明显减少,涉企治安案件、企地纠纷也相对减少。

2001年1月起,针对郊区城郊接合部存在赌博现象的问题,区委、区政府高度重视,重拳打击"黄赌毒",在全区开展了一场

"百日严打整治"活动,对全区范围内的歌舞厅、桑拿浴池、录像厅、电子游戏厅、招待所、旅店、网吧等200余处公共娱乐场所进行了地毯式、拉网式、过筛式的清理检查,并清查路边的旅店、出租房、商店、集贸市场、特种行业场所等1000余处。此次行动出动警力400余人次,共责令22家活动场所进行整改并停业整顿,取缔歌舞厅1家、桑拿浴室1家,打击赌博游戏机场所7个,没收游戏机100台,罚款3.6万元,行政拘留2人,警告120人,抓获卖淫嫖娼101人,依法严惩了一批作恶多端的严重刑事犯罪分子,有效地遏制了刑事犯罪活动的上升势头,全区治安秩序持续稳定。

2002年7月,聘任法制副校长工作在全区中小学全面铺开。至年底,全区16所乡镇中小学、2所区直高中和1所小学聘用了有专业法律知识的人员为法制副校长。2002年9月,区司法局与区委组织部、区人事局联合举办了全区公务员依法行政培训班,分期分批对全区745名公务员进行了依法行政轮训,307名副科级以上领导干部、438名一般干部考试合格,取得了由市委依法治市领导组颁发的普法合格证书。同年12月,郊区副县团以上领导干部28人参加了省委依法治省领导组举办的法律知识考试,成绩合格率为100%。

改革开放以来,郊区在政治、经济、文化和社会事业各方面所取得的巨大成就与长期坚持不懈地抓好法制建设是分不开的。实践证明,普及法律常识,进行法治教育,对提高人民群众的法律意识,加强社会主义民主和法制建设,维护全区的长治久安具有十分重要的作用。

五、"三个代表"重要思想学习教育活动

2000年2月,江泽民在广东考察及参加高州市领导干部"三讲"(讲学习、讲政治、讲正气)教育会议时发表了重要讲话,提出了"三个代表"(要始终代表中国先进生产力的发展要求、要始终代表中国先进文化的前进方向、要始终代表中国最广大人民的根本利益)重要思想。5月8日至15日,江泽民先后在江苏、浙江、上海考察,重点就加强新时期党的建设发表重要讲话。他强调"三

个代表"重要思想是我们党的立党之本、执政之基、力量之源。

2001年2月14日,全区学习实践"三个代表"骨干培训班开班。这次培训班旨在深刻领会"三个代表"重要思想的实质,联系郊区农村、农业工作中存在的突出问题,通过学习研讨、深入调查,为全区广泛开展"三个代表"重要思想教育培养了一批精干高效的骨干队伍,带领全区广大干部群众努力学习实践"三个代表",为全区改革、发展、稳定做出新的贡献。

3月2日下午,全区"三个代表"重要思想学习教育工作会议召开。会议要求,全区要迅速行动起来,掀起"三个代表"重要思想学习教育活动高潮,通过学习教育,进一步提高全区机关和基层干部的素质,切实增强基层党组织和各级领导班子的凝聚力和战斗力,把郊区的各项事业进一步推向前进。此次学教活动的目标是干部受教育,群众得实惠。基本要求:一是调整农村经济结构,在增加农民收入上取得新进展;二是在减轻农民负担上要切实见到成效;三是在基层班子建设和干部思想作风上要有明显改进;四是在精神文明建设和民主法制建设上要进一步加强;五是在基层党组织建设上要再上新水平。对象和范围是乡镇机关的所有干部,重点是乡镇领导班子成员;驻乡镇站所的全体干部;区直部门的所有干部,包括部门所属单位的领导班子成员和工作人员,重点是区直部门领导班子成员;区人大、政协各工作委员会的所有干部,重点是各委员会的正副职领导干部;驻区单位按照省委组织部的要求,均在区委统一领导下开展学习教育活动;农村党组织和村委会领导班子全体成员。

会上下发了区"三个代表"重要思想学习教育活动领导组办公室关于派驻各乡镇、区直各部门"三个代表"重要思想学习教育督查指导组的通知,传达了市"三个代表"重要思想学习教育活动领导组办公室有关精神,对全区学习教育活动工作做了部署。"三个代表"重要思想学习教育活动历时约1年零2个月。全区8个乡镇、65个区直部门、17个驻区单位、121个乡镇站所的领导班子成员、185个行政村的两委委员,共计3356人参加了此次有计划、有步骤的"三个代表"重要思想学习教育活动。其间，区农行、团区委、区报社联合举办了"农行杯"引深"三个代表"重要思想学习教育活动有奖征文活动。整个活动分两批进行，各乡镇和区直部门、驻区单位为第一批；各行政村和部门驻乡镇站所为第二批，有学习培训、对照检查和整改提高三个阶段。区委成立了"三个代表"重要思想学习教育活动领导组，实行领导包点责任制和"一把手"负责制，着力解决群众反映的热点、难点问题，促进了全区经济和社会事业的快速发展。收到的主要效果：一是党员干部思想认识普遍有了提高；二是全区经济呈现恢复性增长势头；三是干部作风得到明显改进。活动期间全区党员干部共为群众办实事、办好事1200余件。

通过学习，全区党员干部的思想得到进一步净化，群众得到了实实在在的实惠，形成了为民办实事、办好事的社会风尚，一些歪风邪气得到遏制，党员干部在群众中的形象得到较大改善。

第二节　小康县区建设

一、郊区进入全省首批小康县区

党的十四大提出了发展高产优质高效农业和奔小康的决定，奔小康成为农村改革的主旋律。"顽强拼搏""快马加鞭""加快速度"这些用语反映了尽快进入小康生活是人民群众的强烈愿望，也符合农村建设小康社会的发展规律。

1992年11月，郊区政府提出了"瞄准市场、调整结构、建设基地、强化服务、高产优质、提高效益、服务城市、富裕农民"的发展"两高一优"农业指导方针，并制定出台了《关于发展城郊型高产优质高效农业的实施方案》和十条优惠政策。

1993—1995年，郊区在发展城郊型高效农业，加快小康建设步伐的道路中探索出八种做法：一是调整农业内部结构；二是推进科技进步；三是采取多渠道筹集资金，增加农业收入；四是抓好重点工程；五是增强农业综合生产能力；六是发展农业机械化；七是促进商品农业发展；八是转变政府职能。

到1995年末，全区粮食产量基本稳定在4000万公斤左右，亩产稳定在270公斤左右，做到减地不减产，初步建成以西南昇、东村、三郊、白泉、杨家庄为主的粮食基地。商品菜产量达到6000万公斤，年均增长6%，初步建成以义井、平坦、荫营、辛兴、河底为主的蔬菜基地。果品产量达到435.8万公斤，年均增长14%，初步建成以辛兴、旧街、义井、荫营、西南昇为主的果品基地。肉、蛋、奶产量分别达到200.3万公斤、212万公斤、33.9万公斤，年均增长分别为18%、12.4%、8.7%，初步建成以河底、燕龛、杨家庄、义井、平坦为主的畜牧基地。林业生产发展迅速，全区林地面积达到18万亩，森林覆盖率达到18.9%，比1990年提高了5.1%。全区共建造中低产田5万亩，高产稳产田5万亩，复垦和开发土地7400亩。

1992年12月，区委、区政府出台了《关于全区农村提前达小康的实施意见》《关于农村经济翻番的实施意见》《鼓励发展特村、特企的实施意见》《关于推进全区农村在"八五"期末提前达小康的实施意见》，其中《关于推进全区农村在"八五"期末提前达小康的实施意见》确定了郊区农村达小康的标准和措施，要求到1995年，全区农村经济主要指标在1991年的基础上再翻一番，乡镇企业总产值力争达到20亿，农民年人均纯收入达到1100元，所有行政村到2000年全部达小康。

1993年3月29日，为动员和组织全区广大党员和人民群众进一步解放思想，提前六年即在1994年全区达到小康水平，区委、区政府制定并出台了《关于推进全区农村提前六年达小康的实施意见》。根据此实施意见，郊区坚持以推进科技进步、优化产业经济结构、提高经济效益为重点，大力发展城郊型高产、优质、高效农业和加快发展第三产业，使全区农村达到小康水平取得了显著成效。按照小康标准验收，荫营、河底、燕龛、平坦、义井、三郊6个乡镇基本达到小康水平，119个村建成了小康村，分别占到乡镇和村总数的46.2%和62.6%。同年10月6日至7日，参加山西省农村小康建设阳泉现场会的代表分两组，并分别由省委副书记郑社奎和副省长王文学带队到郊区牵牛镇村学习，对河底卫生院、青山水泥厂、青山铝矾土矿、第三钢铁厂、瀑里村、下千氧化锆厂、东风耐火厂、荫营大街、区光荣院等10个小康示范点进行了参观。为反映郊区小康建设成果，展示郊区改革开放风采，7日晚，区委、区政府在区影剧院举办了隆重的《走向辉煌》专场文艺晚会，省委书记胡富国、省长孙文盛、省委副书记郑社奎、省人大常委会副主任光敏、副省长王文学、省政协副主席汤枋德等领导和全体与会代表观看了文艺演出。

1994年11月10日，全区小康建设现场会在河底镇牵牛镇村召开。区委、区政府出台了《关于整体推进全区达小康建设的实施意见》和《关于城郊型高产优质高效农业迈上新台阶的意见》。同年，郊区在基本达小康的基础上，积极实施了小康建设"十个一"（一项硬指标，农民人均纯收入达到1903元；一条硬化路，全区有133个行政村进村公路得到硬化，占村总数的71.9%；一段新街道，完工或正在施工项目达90个村，占村总数的48.6%；一座标准校，已建成115所标准学校，53所标准幼儿园，占到村总数的62.2%、28.6%；一组程控线，开拓程控电话村162个，占村总数的87.6%；一所卫生所，达甲级卫生所的村152个，占村总数的90%；一处供水点，有167个村用水达到自给自足，占村总数的90.3%；一个电视网，69个村安装了闭路电视，占村总数的37.3%；一份保险金，已投保的村162个，占村总数的87.6%；一支联防队，设专职联防队的村143个，占村总数的77.3%，专兼职联防人员达2600多人）的工程，并取得了明显成效。

1995年，郊区成为全省首批达小康的县区。

二、实施科教兴区和人本战略

区委、区政府以经济建设为中心，大力促进产业结构调整，实施科教兴区和人本战略，以巩固提高乡镇企业为重点，大力发展城郊型农业，逐步推进科技进步，使全区国民经济保持稳定发展的好势头。

1992年，郊区被列入省农村教育综合改革实验县区。为指导农科教等部门积极参与科学兴农"大合唱"，区委、区政府成立了农村教育综合改革领导组和教育委员会，出台了《关于农村教育综合改革实施方案》和《1991年至1995年教育发展五年规划》，确定了郊区"八五"期间教育改革的基本思路和主要任务。基本思路是：以推行农村教育综合改革，全面提高教育质量为重点，以力争将郊区教育推向全省先进行列为发展目标，逐步形成各类教育协调发展；教育结构基本合理；办学条件根本改善；教育质量稳步提高；既符合国家战略，又适应郊区经济发展，且具有城郊特色的教育新格局。一是全面推行农村教育综合改革，建立教育、科技、经济协调发展、相互促进的良性循环机制。二是有计划、分步骤推进九年义务教育实施进程，1995年底前全区实现普及九年义务教育目标。三是从根本上改善办学条件，1995年底前全区基本实现校舍设施规范化。四是幼儿教育再上新台阶，力争跨入省级或国家级先进行列。五是全面提高教育教学质量。"八五"时期教育改革的主要内容和重点包括农村教育综合改革、招生制度改革、普通教育学制改革、学校人事管理的改革等。与此同时，结合形势，抓好学校的师德教育、学生的养成教育和各科的渗透教育，力争学校德育工作取得突破性发展。

1993年，郊区各校坚持为当地经济建设服务，实行"成职教一体、厂村校联办、长短班并存"的办学模式，初步建立了以区办职业学校为龙头、乡办职业学校为骨干的职业技术教育体系。全区有职业学校15所，成人校2所，成人培训中心5个，村办农技校66所，招收新生432人，郊区被省政府评为"农科教结合先进县（区）"。

1994年1月14日，区科学技术协会第二次代表大会召开。会议明确强调，郊区必须牢固树立"科技是第一生产力"的思想，逐步适应社会主义市场经济的新体制，把科技普及、科技攻关作为"科技兴区"的重要措施，抓出成效。

1995年1月28日，区委、区政府出台了《关于开展创建科技工作先进区活动的实施意见》。该意见指出：开展创建科技工作先进县（区）活动，是科技体制改革的重要组成部分，是科技兴区系列工程中的重要内容。其目的是推动农村科技进步，促进农村经济发展，实现兴区富民的宏伟目标。开展创建科技工作先进县（区）活动，对提高全区科技意识，实施科技兴区战略，推进农科教相结合，实现全区经济再上新台阶和农村整体达小康都有着十分重要的意义。此外意见也明确规定，开展此项活动需要完成的任务有：一是进一步树立"科技是第一生产力"的思想，确实把科技工作放到战略首位。继续贯彻区委、区政府制定的《关于加速科技进步若干意见》《关于推进农科教结合，确保全区经济再上新台阶的实施方案》等文件精神。二是区、乡镇都要相应成立创建科技工作先进乡镇领导组，加强对创建工作组织的协调和督促检查。三是健全科技领导体系。四是进一步完善科技进步政策体系。五是改善区、乡（镇）科委的工作条件，在主要经济部门设立总工程师及技术科（室）。六是认真抓好科技兴农工作。通过承包等多种形式或开展科技结合的综合配套服务，形成面向产、供、销全程的科技服务体系。七是进一步开展创建科技先导企业活动，把技术进步指标纳入企业承包责任制考核指标。八是切实抓好农科教统筹的科技培训工作。九是建立多渠道、多层次的科技资金投入体系，使全社会的科技投入不断增加。十是依靠科技进步，提高经济效益，使工农业总产值和国民收入增长高于全省平均增长幅度，使科技进步在工农业总产值平均增长贡献份额中提高5个百分点。

同年，全区13个乡镇全部荣获省科委授予的"科技工作先进乡镇"称号。同时，郊区也成为全国"科技工作先进（县）区"，这是继平定县之后，全省第二个获此殊荣的县区；并跻身"全国科技实力百强县（市）"行列，成为全省第一个获此殊荣的县区。"八五"期间，郊区科技工作取得了突破性进展，主要标志是："一把手"抓"第一生产力"形成制度，全民科技意识明显增强。据统计，全区科技进步在经济增长中的贡献份额，1994年达到48.5%，

1995年达到55.4%，在全市、全省名列前茅。科技队伍不断扩大，一大批科技先进工作者脱颖而出。到1995年底，全区有农村科技服务组织368个，拥有各类科技人员8678人，其中农民技术员2276人，他们在经济发展中发挥着重要的作用。科技含量逐步增大，产品由低档向高档转型步伐加快。"八五"期间，全区共实施科技项目83项，其中国家级3项，省级11项，市级58项；有54项获市以上科技进步奖，其中省级15项；有26项填补了国内空白。不少产品在国内外参展中获奖，其中金奖15项，银奖16项，铜奖10项，实施专利43项。在第二届全国农业博览会上，郊区以1金、7银、9铜的成绩居全省参展县区之首。产品的开发对全区经济增长方式由粗放型向集约型转变起到了开拓性作用。人才开发走出路子，借人才、引人才、育人才的良好风气基本形成。"八五"期间，积极探索并实践了"高级人才靠引进，中级人才靠培养，初级人才靠培训"的路子。全区外聘工程技术人员1000多人，其中高工、教授级620人。同时郊区与全国200多家大专院校、科研单位、大中企业进行了广泛技术合作。在培养中级人才方面，每年选送200多名乡镇企业职工到大专院校、国有大中型企业学习深造。在培训初级人才方面，全区百万元以上企业都成立了职工技术学校，形成"育人"基地。据统计，"八五"期间，共培训15万人次，企业职工年培训面达80%以上。

1991—1995年，是全区科技工作不断推进，并取得突破性进展的五年；是"科技是第一生产力"思想深入人心，优秀科技人才脱颖而出的五年；是科技实力明显增强，支撑全区经济建设不断取得新成就的五年。

三、李荫路扩建

为了缩短郊区与市区的时空距离，在要想富先修路大市场背景下，郊区区委、区政府根据省、市的总体布局，决定改建李荫路（荫营路）。

李家庄至荫营段公路属省道，原为山岭重丘区三级公路，路面窄、坡度大、弯道多、车流量大,导致经常交通堵塞,车祸频发,与太旧路、阳泉市两路开通后的交通极不适应,严重制约着区域经济和社会的发展。为此,区委、区政府提出,郊区第十三届人民代表大会第四次会议审议通过,经申请省计委立项,该段路列入1997年国省道两路计划,由省交通科研所负责勘察设计。1996年8月29日开工,1997年6月25日全线剪彩通车。李荫路全长6.9千米,为山岭重丘区标准一级公路,路面宽为26米,其中机动车道宽16米,非机动车道为7米(3.5米×2),两侧有部分人行道,总造价为6579.58万元,其中全区各单位集资1000万元,集体单位捐资110万元,个人捐资105.5万元,机关干部以资代劳捐资146.3万元。工程路基部分分七个标段施工,由省公路分局阳泉勘测设计所承担。施工期间面临资金短缺,社会各界积极捐资捐款,为工程顺利进行奠定了基础。

李荫路被誉为全区的赶超路、致富路,它的建成,不仅缩短了城郊之间的距离,促进了人才的流动与商品的流通,方便了郊区人民的出行,而且也为以后招商引资,拉动荫营地区以及沿路两侧乡村经济的快速增长搭建了平台。

四、瑞丰小区建设

为贯彻落实《国家安居工程实施方案》和《阳泉市深化城镇住房制度改革方案》,加快郊区经济适用住房建设,加大住房改革力度,缓解职工住房紧张的状况,郊区区委、区政府积极在全区开展经济适用住房的建设工作。

瑞丰花园小区位于荫营镇中心地段,总投资4.5亿元,总用地面积41.3公顷,建筑面积约12万平方米。工程本着"规划超前、建设一流、设施齐全、环境优美"的设计原则,共建设"梅、菊、桃、杏、桂"五个花园式组团,五个组团之间由通而不畅的自由式小区主干道路相连接,平面布置以条式为主,各组团之间相互呼应,又各具特色。工程于1998年9月15日破土动工,是郊区实施国家安居工程的经济适用住房建设项目,也是郊区区委、区政府抓住机遇拉动经济快速发展的重大举措。小区根据"统一规划，合理布局，综合开发，配套建设"的方针，配套建设了超市、商厦、市场购物中心、写字楼、办公楼等生活服务设施，水、暖、气、电齐全，道路、绿化配套，是全区居住环境优美、配套设施齐全的居民住宅小区之一。

1998年9月15日瑞丰花园小区奠基仪式

瑞丰花园小区规划方案、总体构思、结构布局等各项技术指标均合乎国家建设标准，其设计之优、规模之大、质量之高排全省小城镇建设、经济适用住房建设之首，被国家建设部列为全国小城镇建设示范单位。

荫营作为郊区政治、经济、文化中心，李荫路改建和瑞丰花园小区建设两项工程的设施，对郊区冲出娘子关，融入全国经济发展的大环境，加快改革开放和经济建设的步伐有着重大的现实意义和历史意义，也为将来的城镇化建设奠定了坚实的基础。

第三节　强工、兴农、促三产

改革开放以后我国经济的外向度不断加重加大，经济全球化已经成为世界经济发展的大趋势，投资自由化和贸易自由化的进展对我国一些产业提出严峻挑战,并已产生了负面影响。

2000年9月23日,在区委五届二次全体(扩大)会议上确立了郊区以经济建设为中心,围绕"强工、兴农、促三产"发展思路,以发展城郊型经济和非公有制经济为突破口,大力实施人才、金融、体制创新工程,确保实现农民增收与财政增长,推动全区经济持续、快速、健康发展的发展思路。

一、强工

工业经济通过抓管理、抓规模、抓科技实现上效益、上档次、上水平。以扶优扶强为根本途径,重点培植特种耐火材料、特种水泥2个企业集团。同时,积极发展光振磨块、包膜钛白粉、刚玉、碳素以及生物制药等科技含量较高的产品,逐步形成新兴产业。

抓管理,上效益。郊区企业多为资源型、粗加工型企业,所以管理粗放,效益低下者居多,这充分说明了企业在管理上存在着很多漏洞,因此必须要加强三个方面的管理:一是资金管理。企业资金除用于正常的生产周转外,做到"三不欠",即不欠息、不欠税、不欠工人工资。同时,企业每年结余资金的80%必须用于自身扩大再生产,不能再把大部分资金上交村里,搞非生产性建设,并作为一项制度定下来。二是加强成本管理。郊区企业产品大多附加值较低,利润率低,所以要加强成本核算,把消耗降到最低,以获取利润,实现扭亏为盈。三是加强现场管理。郊区许多企业的现场管理存在着脏、乱、差的现象。脏,是环境卫生脏;乱,是原材料、产成品堆放乱;差,是工人的劳动纪律差。

抓规模,上档次。2004年,郊区列入国家划分的规模以上企业即500万元以上企业只有50个,1000至2000万元的企业只有8个,2000万元以上企业只有4个,说明郊区的经济发展还是以小而散的群体形式去参与市场竞争。因此,必须以强烈的忧患意识和竞争意识去抓企业的规模上档。一是抓低成本扩张,盘活一批。加大资产重组、兼并、整合的力度,尽最大可能盘活闲置资产。二是抓潜力产品扩张,壮大一批。把特种水泥、特种耐火、瓷质建材、卫生洁具、高标号水泥等潜力产品做大做强，形成规模优势。三是抓引资合作，提高一批。充分借鉴特水、石卜咀卫生陶瓷厂强强联合、租赁合作的经验，进一步扩大对外开放，改变企业的经营模式，提高经营水平。四是抓环保达标，淘汰一批。以国家产业政策调整和环保达标为契机，淘汰一批浪费资源、污染环境、效益低下的小微亏损企业。

抓科技，上水平。一是坚持高级人才靠引进、中级人才靠培养、初级人才靠培训的方针，继续完善聘请、吸纳、培养、培训人才的机制，引导好、发挥好、保护好各类人才投身郊区经济建设的积极性和创造性。二是坚定不移地走产学研联合的技术创新之路。坚持走出去、请进来，寻找技术合作伙伴、技术靠山，聘请常年技术顾问，与高等院校、科研机构密切合作。三是积极扶持企业集团建成股份合作型的产学研联合体，企业以厂房、资金、设备入股，学校和科研单位以知识产权、技术入股，实现优势互补、风险共担、利益共享。四是调整产品结构，做到生产一代，开发一代，储备一代。五是通过技术创新，改造传统农业，兴办新型农业，不断提高工业经济总量和运行质量。

郊区种植业的发展

二、兴农

农业以产业化为方向，以市场需求为导向，以经济效益为中心，以农民增收为目标，大力发展集观光、生态、高效为一体的城郊型农业。加强政府对农业产业化的科学调控，推进全区农业产业化的实施。同时，科学处理好近期效益与长远效益的关系、生态效益与经济效益的关系。根据城郊型农业的特点，围绕阳泉城市人口和节假日做文章，大力发展生态农业、餐桌农业和假日观光农业，极大地推进农业产业化进程。农业生产重点抓两个龙头企业（西河土豆醛粉、魏家峪肉鸡加工），扶持两个潜力产品（绞股蓝养生醋、金果粥），实施八个种养项目（山头食用菌、肉鸡养殖、东村乡蛋鸡养殖、矿务局奶牛场、招远奶牛场、李家庄千头鹿场、仁用杏种植、蔬菜园区建设）。

三、促三产

三产发展以房地产开发、专业市场建设和旅游观光景点建设为重点，科学规划，分步实施。义井、平坦、李家庄、荫营、河底围绕房地产开发的总目标，加快小城镇建设步伐。对义东沟、赛鱼、李荫路、荫营镇区的市场建设采取的办法是尽量使各个黄金地段形成特色，从而发挥了最佳经济效益。旅游开发以"一庙（关王庙）、两院（张家大院、石家大院）、三寺（圣泉寺、王兰寺、甘泉寺）"为重点，加快假日旅游景点的建设，形成"一点两线"的旅游格局。

围绕"强工、兴农、促三产"的总体思路，以发展城郊型经济和非公有制经济为突破口，为郊区提前跨越富裕型小康社会奠定了坚实的基础。2002年，全区工业总产值为40.05亿元，工业增加值7.39亿元，规模以上工业企业实现销售收入6.09亿元，实现利税0.72亿元，以新型碳素材料、颜料为主的新兴材料工业也从无到有逐步发展起来，并形成了一定的规模，工业总体经济实力日益壮大。蔬菜总产量69169吨，水果产量1853吨，人工造林面积2853公顷，肉类总产量1617吨（其中猪肉产量1255吨），特种养殖业悄然兴起,并以较快的速度发展。第三产业增加值为44324万元,较上年增长3.2%,占社会生产总值的33%。

四、三项重点工程建设

2002年,区委、区政府坚定不移地把完成桃河治理、公路建设、退耕还林三项工程作为经济和社会发展的重点工作,这是大力改变郊区整体形象、优化居民生活环境的重大举措,也是为广大群众办实事、谋实惠的重要工程。

实施桃河治理。桃河东西横贯全市,是阳泉人民的母亲河,长年来饱受工、农业废水、废渣、生活垃圾的严重污染,已经成为满目疮痍、污水横流、自然灾害频发的"黑水河"。2002年,市委、市政府审时度势,下定了决心治理桃河。8月12日,全区桃河综合治理动员会在区宾馆召开,会议出台《桃河阳泉城区段综合治理工程第五(郊区)标段实施方案》。按照市委、市政府安排,郊区承担了硫铁矿公司到五渡桥段,总长度为1.5千米的河道综合治理工程任务。在3个月的施工期间,总投资1886万元,除市、区下拨1411万元外,有475万元缺口全部由全区人民集资捐款补齐,各乡镇承担石料、煤运公司负责黄沙、区直机关和驻区单位承担土方。工程共挖土方310490立方米,回填土226680立方米,砌块垒石53724立方米,绿化面积99500平方米。桃河治理郊区段共完成南北内堤砌筑2834米、弯道护底22000平方米、出口护底32000平方米、滩槽碾压成型115000平方米、排水渠3条、涵洞3条、南北2500米排水沟2条、桥基加固1000立方米、管线防护70米、挖锁坝2100米、总砌石66000立方米、浇注混凝土75600立方米。区煤运公司供应黄沙33500立方米,出动机械设备200多台,运输车辆20000车次,上马劳力2000多名。共建成南北防洪通道2800米,安装栏杆1000根,建设人行下滩口2个,防洪通道出口2个,电器控制管理房2个,各种检查井110个;共建成喷灌系统22个,铺设治水管14250米,安装喷头825个,铺设供水线路16800米,安装庭院灯86个,音箱43个、草坪灯137个、射树灯18个、种植各类乔木2351

株、灌木 8615 株，建设模纹色块 20 个，栽植灌木 244112 株、爬山虎 7552 株、花卉 12496 平方米、草坪 77478 平方米。在市治桃指挥部组织的第一次评比活动中，一举夺得流动红旗。在二次评比中获得质量第一名和特殊贡献奖两面红旗，圆满完成了治桃任务。

加快公路建设。交通运输是国民经济的基础产业，要想富，先修路。公路运输是社会综合运输体系的基础，尤其是郊区不沿边、不靠海、不依江，经济以能源材料为主，因此公路运输在全区经济和社会发展中的地位作用更为重要。郊区把加强公路交通基础设施建设放在优先发展的战略地位。根据全市再掀公路建设新高潮的统一部署，结合郊区道路交通的实际状况，从 2002 年起到 2005 年，全区实施"四个一批"（每年完成一批市级重点公路建设工程，每年完成一批县级公路恢复工程，每年完成一批乡级公路改造工程，每年完成一批村级公路硬化工程）、"五级联网"（国道、省道、县道、乡道、村道五级联网）公路建设工程。2002 年 9 月 30 日，郊区区委、区政府在河底镇召开了大干 50 天圆满完成全区公路建设任务现场会，会议提出了"四个一批，五级联网"的工程目标。同年，荫营镇三都村投资 110 万元硬化了

扩宽荫营东大街

2 千米通村公路；西南舁乡张家井村为修通公路，村两委成员主动拿出自己的存款作抵押，贷款 9 万元，硬化 1300 米公路；杨家庄乡白白线是区公路建设的重点路，为完成建设，乡党委、乡政府班子成员每人筹资 1 万元，乡机关干部职工每人垫资一个月，用来购买材料；李家庄乡汉河沟村采用石料铺设渗水层解决了路基渗水问题；河底路第三期工程，投资 1589 万元，动用土石方 521417 立方米，全线共建涵洞 17 条、桥梁 1 座，工程最高端下挖 18 米，最低回填高度 20 多米。全年共投资 3708 万元，完成 39 条 61 千米的公路建设任务，投工 11 万工日，上马机械 14000 台班，动用土石方 55 万方，

高质量、高标准完成公路硬化53.8千米，完成路基63.85千米。新增7个通硬化路的村，全区硬化路的村达到141个，占行政村总数的76.2%。

完成退耕还林。退耕还林（草）工作是国家进行生态环境建设，实施可持续发展的重大战略部署。2002年3月20日，区委、区政府召开了全区退耕还林（草）植树造林暨镇区集中整治动员大会。会议对全区退耕还林工作做出安排，涉及全区8个乡镇。会议要求，各级、各部门要充分认识退耕还林（草）和植树造林是防治土地荒漠化，实施可持续发展战略的重大部署，要加强领导，精心组织。会后，全区健全了领导机构。从此，拉开了退耕还林此项国家级重点工程的序幕。为了保证退耕还林任务的圆满完成，相关机构随着工作的进展及时进行了资料宣传和技术培训。全年全区共印发宣传材料2万余份，下发造林技术要点等资料0.5万余份；开展区级培训5次，培训乡镇技术骨干1000余人次；乡村开展培训15次，培训人数5000余人次，确保了退耕还林政策、办法及技术家喻户晓。

万亩生态森林公园建成

退耕还林工作政策性强、涉及面广，与传统的林业工程有所不同，即退耕还林的林权所有者为农户，从而实现了林权所有者与森林经营者的统一，有利于森林的经营与管护。同时，各项优惠政策的出台，也为民营林业大户的生产提供了条件，并促进了他们经营林业的积极性。到11月，全区共完成退耕地造林1.4万亩，配套荒山造林1.9万亩,造林预整地1.8万亩,栽植刺槐、侧柏、栾树、元宝枫、毛白杨等树种近700万株,圆满完成了任务。退耕还林中,共发展民营林业大户16户,经营面积15411亩,其中经营面积达500亩以上的11户。从而为农业产业结构调整及庄园经济、生态旅游的发展奠定了良好基础。杨家庄生态园区、西南舁牧森生态园成为典型代表。12月,市、区林业部门对退耕还林的作业设计、工程面积、工程质量、承包合同、土地手续等各方面进行了检查验收。

为取信于民,检查验收后,郊区在春节前及时为首批退耕还林的83个行政村2450个农户发放面粉64余万公斤,医、教补助款252228.8元,使老百姓真正享受到了国家政策带来的实惠,进一步增强了退耕还林的积极性。

桃河治理、公路建设、退耕还林三项工程时间紧,任务重,涉及面广,但各有关单位坚持"软工作,硬开展;软指标,硬考核;软项目,硬奖惩"的标准,圆满完成了各项任务。三项工程是造福人民群众、惠及子孙后代的德政工程,是为民办好事、办实事的具体体现,是提升城市品位、改善交通状况和生态环境的重大举措,对农业产业结构调整、农村劳动力解放、农民增收、人们生存环境改善、生活质量提高都有着积极而重大的意义。

第三章　科学发展观和全面建设小康社会

第一节　探索新的经济发展模式

一、发展战略的实施

（一）四走、四变、四集中

为进一步调整工作思路，改变发展模式，更好地促进经济发展，2004年1月31日，郊区召开了区委六届二次全体（扩大）会议，确立了实现"三化"（农村工业化、农业产业化、乡村城镇化）目标，必须大力实施"四走四变四集中"战略，即企业走出村庄，土地变工厂，企业向园区集中；人才走进企业，能人变老板，资本向优势企业集中；农民走向城镇，农民变工人，人口向城镇集中；干部走出机关，管理变服务，精力向发展经济集中。

企业走出村庄，土地变工厂，企业向园区集中。遵循优化生产力布局的原则，依照城镇建设的总体规划和保护环境的要求，郊区以开发一片、收获一片、滚动发展一片的思路，开辟和建设工业园区，打破企业行政"割据"，让更多的企业走出村庄，走进园区，彻底改变"村村点火，处处冒烟"的传统产业布局。让本来产出甚微、仅在农民手中作为生产要素存在的土地变成资本，投入到工业生产的增值过程中来，为农民和农村产出更大的效益。同时实行最严格的耕地保护制度，切实保护好基本农田，做好荒地开垦和废地复垦。正确处理工业用地和保护农民利益之间的关系，做到占补平衡。新建项目和企业扩建，都要入园建设，形成规模集聚。在抓好窑沟耐火园区建设的同时，开工建设阳煤工业园和杨家庄化工园。

人才走进企业，能人变老板，资本向优势企业集中。让人才这个第一生产要素,通过参与生产增值过程而实现资本化,让知识、技术、管理这些创造财富的源泉充分涌流,解决发展人才"瓶颈"。鼓励各种人才走进企业,真正成为经济发展的主力军。一是鼓励村干部辞掉行政职务,带头办企业,为农民就业和增收拓展更大的空间。同时,村干部原则上要从有市场意识和企业经营经验的人员中挑选担任,真正让村干部带头致富。二是聘请专业技术管理人才进企业、当股东,聘请科研院所、大专院校、大中企业的专家教授和厂长经理等科技和管理人才,为郊区的民营企业当家理财,重点搞好产品研发、技术攻关、市场营销、财务核算。企业要给予关键岗位上的人才一定股权或期权,加速人才的资本化过程。三是允许党政机关干部到市场前景好的企业去投资入股。政府出台政策,鼓励有一技之长的党政干部,以自主创业或合作参股的方式,参与民营经济的发展。四是选派一批优秀干部到企业挂职,进行帮助工作,具体人选由企业提出,组织人事部门办理相关手续。离岗干部的身份、职务、编制不变,工资、福利、提薪、提职与在岗干部相同。五是发挥区职校等培训基地的作用,以耐火产业为突破口与学校签订定向培养协议,同时,还定期选送企业技术岗位人员到大专院校和相关企业去培训,以解决企业中人才的短缺问题。

农民走向城镇,农民变工人,人口向城镇集中。加快农民的转移步伐,让他们走入城镇,变为工人,尽快致富。具体措施:一是向集镇、中心村转移一批。缩并自然村、搬迁偏远村,改革户籍政策,降低农民进入城镇的门槛,吸引农民举家迁往镇区或中心村。二是向工业园区转移一批。依托工业园区,让从土地上解放出来的农民走进园区、走进工厂,使农民变成真正意义上的产业工人。三是向城镇服务转移一批。通过扩大城镇承载能力,大力发展服务城镇的第三产业,加快农村剩余劳动力转移。

干部走出机关,管理变服务,精力向发展经济集中。提倡"机关围绕基层转,领导围绕企业转,一切围绕发展转"的作风,把区直部门的注意力和兴奋点都引到经济建设的主战场。一是各级干部从机关走出来,深入企业、深入基层、深入群众,切实了解和解决他们在生产生活方面的困难和问题；二是各级政府部门要从权力自我服务的误区中走出来，切实转变政府职能，变管理为服务，真正树立为纳税人服务的意识，切实帮助企业把"围墙外的事情"办好；三是执法部门要把法律标准、发展标准和稳定标准统一起来，严肃执法，促进发展，维护稳定。

"四走四变四集中"战略，不仅是财政收入的增长，更是为财政收入增长提供有力后劲的固定资产投资和城乡居民人均收入的增长；不仅是GDP增长，更是就业岗位的增加和就业率的增长；不仅是经济的发展，更是经济同人口、资源与环境的可持续发展；不仅是经济、政治、文化的发展，更是人的全面发展。实施这一战略不仅要看速度，更要看质量；不仅要看当前，更要看长远；不仅要看局部，更要看全面。

实施"四走四变四集中"战略，落实八大措施，关键在党，根本在人。为此，进一步加强基层党组织和干部队伍建设，是掀起新一轮经济建设高潮的根本所在。首先，要加快党员队伍年轻化的步伐，不断提高党员队伍素质，真正成为群众致富的带头人。同时通过"两评一考核"等制度建设，真正理顺"两委"关系，切实加强支村两委班子建设，使之成为带领群众共同致富的"火车头"。其次，要按照党政干部管理条例选好干部，配强班子，树立正确的用人导向，引导干部把精力用到干事创业上，推动各乡镇、各部门自觉提高班子的"五种能力"，推动各级领导干部不断提高自身素质，使其能尽职尽责，完成好使命。

（二）走好五条路子，实现五个突破

2008年，区委、区政府团结带领全区广大干部群众认真落实党的十七大精神，深入贯彻科学发展观，紧扣"加快科学发展，促进社会和谐"主题，围绕"打造阳泉新北区，建设荫营明珠城"的目标，以城乡一体化和新农村建设为统领，以构建城郊型产业体系为主线，大力实施"开放带动、项目立区、民营主导、人才支撑"战略。

围绕这一思路,做了"五篇"文章。即立足郊区,做活区位文章;服务城市,做足耕地文章;创新产业,做优资源文章;扩大开放,做精山地文章;改善生态,做好绿色文章,也就是要"走好五条路子,实现五个突破"。

围绕农民增收,走好高效农业富民之路,在设施带动、集约经营上求突破。在坚持一、二、三产业互动发展、齐头并举的基础上,着力解决低收入家庭的增收问题,突破点是面向城市,做足耕地文章,把有限的耕地效益最大化,做到地尽其力,在提高农业的比较效益中增加农民收入。郊区既有区位优势,又有产业基础,要按照政策引导、科技支撑、市场运作的原则,坚定不移地推进高效农业发展。

围绕自主创新,走好传统工业振兴之路,在联合重组、做大做强上求突破。资源是郊区的优势,也是传统工业赖以发展的基础,但粗加工、高污染、高能耗的发展方式,始终是制约传统工业做不大做不强的症结。全区按照节能减排、发展循环经济和可持续发展的要求,围绕联合整顿、延伸增值、改造提升的思路,做优资源文章,推动产业创新,坚定不移地走产业创新型现代工业道路。

围绕扩大开放,走好产业转型跨越之路,在借力发展、培育新产业上求突破。既创新传统产业,又引进新型产业,实现优化组合、素质提升、产业转型。按照多条腿走路、多元化发展、内外并举、优势互补的思路,牢固树立大开放、大项目、大园区、大发展理念,以招商引资为抓手,以园区建设为平台,切实做精山地文章,积极引进符合城郊发展的大项目、新产业。在引资引智、招商择商中实现产业对接、消化、创新,逐步形成结构更加合理的新型产业体系。

围绕新区打造,走好城乡统筹发展之路,在拉大框架、优化设施上求突破。新北区,对于培育郊区经济、政治、文化中心意义重大。它是加快发展的机遇点、经济增长的突破点、形象提升的闪光点,更是牵引和统领新农村建设的重要支撑。必须立足郊区,做活区位文章,主动融入城市,接受城市产业辐射。按照超前规划、房路先行、城乡并举的思路,从基础设施入手,加大开发力度,实现城乡一体化。

围绕园林创建，走好生态文明和谐之路，在构筑绿色屏障、生态靓区上求突破。打造阳泉新北区，明确建设荫营明珠城的战略定位，郊区既有选择地发展产业，又在建设绿色郊区上下功夫。紧紧围绕"创建国家园林城市"目标，立足山上治本，突出身边增绿，做好绿色文章，努力把郊区打造成一个生态文明、产业和谐的"宜居宜业区"，打造成阳泉市的"绿色屏障"和"后花园"。

区委提出的"走好五条路子，实现五个突破"发展思路，抓住了郊区的优势，体现了科学发展观的要求，明确了农业面向城市增效、农民面向城市增收、产业面向城市壮大的"三个面向"战略取向。

通过实践，"走好五条路子，实现五个突破"的思路深入人心，效果明显。一是高效农业稳步推进。全区共投资4.7亿元，大力发展"3+3"高效农业。累计发展温室大棚4778亩，果园2万亩，核桃2.4万亩，养殖小区65个，建立专业合作社80多个。二是传统产业不断提升。煤炭行业按照"关小上大"和小煤矿、大流通的思路，加快资源整合，延伸产业链条，47座煤矿重组为8个主体矿井。耐火行业实施扶持、限制、淘汰政策，形成4个联合体。三是新型产业借力发展。始终坚持内外并举、优势互补的原则，加大招商引资力度，引进新型产业，优化产业结构，提升发展水平。装备制造、电力工业、现代物流等新型产业成为全区经济转型的"助推器"。四是新区建设步伐加快。围绕"打造阳泉新北区，建设荫营明珠城"的目标，进行了57平方千米的阳泉新城建设。城乡统筹坚持从改善基础设施、提高建设档次入手，累计投资20多亿元。五是生态建设深入推进。投资2亿多元，林木覆盖率达到11%，比"十五"末增长4%。

（三）"三区"建设

2011年2月19日，在区委区政府召开的全区三级干部会议上，做出了《扩大开放率先转型，建设三区跨越发展，努力实现"十二五"经济社会良好开局》的安排部署,对"三区"建设战略进行了进一步细化,明确指出了2011年是实施"十二五"规划的开局之年,是全面建设小康社会、加快转变经济发展方式的攻坚时期,也是全省实施"转型综改试验区"的第一年。按照省、市委转型跨越发展的要求,郊区提出了"三区"建设的发展思路:以党的十七届五中全会精神为指导,以科学发展观为统领,以转型跨越发展为主题,以转变经济发展方式为主线,以招商引资为抓手,以"城乡一体化示范区、现代农业示范区、新型产业集中发展区""三区"建设为重点,以"民生事业、作风改进、安全稳定、组织建设"为保障,继续走好五条路子,实现五个突破,大力实施"开放带动、项目立区、民营主导、人才支撑"战略,全面推进工业新型化、农业现代化、区域城市化、城乡生态化,确保全区经济社会又快又好发展。

以推进城乡一体化示范区为载体,突出新城打造,加快推进区域城市化。按照建设"阳泉生态新城"的总体要求,充分发挥郊区的地缘优势和主场优势,主动对接,先行建设,加快融合,率先实现区域城市化。具体措施有:1. 全力启动生态新城建设。积极配合市政府做好57平方千米阳泉生态新城的城市总体规划,重点围绕路网建设完成漾泉大街一期、李家庄互通、李荫路改线、双营路续建、南区中兴路等道路工程。加快实施温河净水、河坡电厂热电联产、天然气进家入户等配套工程。加快开发南区二期、集中供气和供暖、检察院技侦大楼、区档案馆等工程。加快旧村改造步伐,并要与新城建设统一规划,从严管理,坚决杜绝非法占地和私搭乱建,确保广大农民在新城建设过程中失地不失业,失地不失利,成为城市化建设的最大受益者。2. 因地制宜加快中心集镇培育。按照近郊城市化、远郊城镇化、因地制宜、特色发展的思路,走以城带乡、城乡互动的发展路子。荫营、李家庄、杨家庄三个乡镇全力配合生态新城建设,力争成为引领全区城市化进程的桥头堡。平坦、义井两镇加快城中村改造步伐。河底镇重点打造了工矿物流集中发展区和现代农业综合示范区。西南舁乡加快农产品集散地和耐火材料园建设步伐。旧街乡积极利用地缘优势，建设经济重镇。3. 升级上档推进新农村建设，进一步修订完善新农村建设总体规划，把发展农村经济、扩大农民就业、增加农民收入作为新农村建设的重中之重。重点培育20个新农村典型，抓好20个新增省级重点推进村的街巷硬化。4. 加快推进城乡生态化。重点实施白泉万亩新城森林公园和桃林沟园林生态景区两大绿化工程，高标准完成了阳五高速通道绿化和214省道及所涉路段的加厚增绿工程，全力抓好"两点六线二十五村"的绿化工程。加强环境保护，推进节能减排，确保区域内污染物排放稳定控制在指标之内。继续大力整治城乡环境。

以建设现代农业示范区为统领，突出农民增收，加快推进农业现代化。紧紧抓住郊区被列为全省现代农业示范区的契机，逐步用现代物质条件装备农业、现代科学技术改造农业、现代产业体系提升农业、现代经营形式推进农业，走出一条城郊型发展现代农业的特色之路。具体措施：1. 抓园区搞示范。重点抓好以河底农业园、桃林沟农业园、西南舁万亩果园为代表的10个示范园建设，引领现代农业发展。2. 抓发展上规模。重点发展了适时蔬菜、优质果品、优质核桃、健康养殖四大产业。全区新增温室大棚1000亩，果品2000亩，核桃2000亩，开工建设10个健康养殖小区。3. 抓典型培龙头。抓好农业典型的培育和现有加工企业的发展，积极探索"龙头+合作社+基地+农户"的发展模式。4. 抓服务活流通。结合乡镇机构改革，健全乡镇农业服务体系，强化基层服务功能，拓宽农产品流通渠道，积极规划建设河底、西南舁、李家庄3个集仓储、运输、加工、配送为一体的农副产品综合批发市场。5. 抓升级搞延伸。抓住郊区被列为全省"休闲农业和乡村旅游示范区"的机遇，重点培育一批集休闲、采摘、观光旅游为一体的乡村生态旅游农业示范典型，延伸产业链条，拓展增收渠道。6. 切实加强农村基础设施建设，进一步改善农业生产条件。完善农村饮水安全工程，实施第二轮农网升级工程，不断提升农村电力保障，完善乡村公路建设工程，落实最严格的耕地保护和节约用地制度，积极争取上级"沉陷区"治理政策，实施生态修复工程。加强防火、防汛、防洪、防震等自然灾害应急体系建设，提高应对自然灾害和风险的能力。

郊区养殖业发展

以打造新型产业集中区为目标，突出项目实施，加快推进工业新型化。按照全市建设"三大"基地的总体要求，郊区坚持打造以"新型产业集中发展区"为目标，重点实施"一区四园"战略。一区：河底、杨家庄新型产业集聚区。四园：平坦镇桃林沟农业产业园、旧街循环经济园、西南舁耐火工业园和义井装饰材料园。一是大力提升传统产业，夯基础增活力。在煤炭行业力促8个主体矿井加快升级改造，继续抓好煤炭深加工，并切实做好煤与非煤行业的联动发展。在耐火行业抓联合上规模，抓产品上档次，抓资源严管理。在建材行业支持重点企业的落地投产，新型建材产品的开发利用。在冶金铸造行业支持符合国家产业政策的化工企业和项目扩大生产，高度关注市场变化，避免重复建设。二是大力发展新型产业，培亮点增后劲。大力发展制造业、电力产业和现代服务业等产业，充分利用"物联网"等信息技术，构建物流产业网，开展电子商务，努力实现传统服务业向现代服务业的跨越。三是大力实施投资拉动，抓项目强根基。坚定不移地把项目建设作为推动转型跨越发展的重要载体和根本抓手，精心实施，强力推进。

截至2011年末,"三区"建设推进顺利。城乡一体化示范区迈出新步。李家庄互通工程竣工,漾泉大道一期、双营路、南区新城主干道等重点工程全部按计划推进,阳泉新城区框架基本形成。启动河底、旧街、西南舁3个中心集镇规划,河底镇步入全省"百镇建设工程"规划行列。郊区被省委、省政府评为"新农村建设先进区"。

现代农业示范区建设进展顺利。全区新增温室大棚446亩,果园1880亩,核桃8342亩,耕地1519亩,建成健康养殖小区10个,生猪出栏6万头,蛋鸡存栏150万只。桃林沟、北舁两村被评为全省"一村一品"先进村,泊里、东村等5村被命名为全国首批"一村一品"示范村和专业村。裕盛源农产品开发公司跻身全省"513"农产品深加工龙头企业行列。东村蔬菜基地与华龙超市实现农超对接。金凤凰养殖场被农业部授予"蛋鸡标准化示范场"称号。

新型产业集中发展区成绩显著。北京中机伟林5万千米电力电缆项目和华越机械项目建成投产,华鑫电器和中嘉磨具年产2万吨黑刚玉树脂磨具项目快速推进。石油支撑剂项目成为全区新的经济增长极,企业达15家,产能达48万吨,实现税收2000万元以上。大型三产物流项目发展迅速,经济比重占34.1%,净增1个百分点。休闲农业和乡村旅游发展迅速。全年收入近9亿元,增长28.6%,桃林沟被评为"山西省休闲农业与乡村旅游示范点"。

二、园区平台的打造

为把区委六届二次会议提出的"四走四变四集中"发展战略中"企业走出村庄,山地变工厂,企业向园区集中"这一举措落到实处,2003年3月,郊区成立了白泉工业园区建设指挥部。2004年2月,又成立了阳泉市郊区白泉工业园区管理委员会。

白泉工业园区范围以白泉片为中心(北起千亩坪、南至驼岭头,与开发区东区接壤、西连李荫路、东至巨城),总占地面积80平方千米,规划建设面积27.61平方千米。园区以义白路、玉泉路、桃荫路、李荫路、大西线、阳井县6条主要干线为轴线,辐射包含了荫营镇的上千亩坪、下千亩坪、西梨庄、东梁庄、下白泉、上白泉、林里、上烟、下烟、窑沟、三泉、山头12个村和杨家庄乡、李家庄乡的所有村。具体划分为耐火工业区（面积5.81平方千米）、新型工业区（面积5.5平方千米）、循环经济区（面积7.44平方千米）、生态农业区（面积8.16平方千米）、商业区（面积0.7平方千米）5个小区。2003年6月至2004年6月，累计投资2亿元，修建了入园公路，水、电、通信设施配套，建成占地1.1平方千米的窑沟耐火工业区。区委、区政府出台了《关于阳泉市郊区招商引资的优惠政策（试行）》，简化了入园企业的有关审批手续，不断加大项目引进的力度，以快捷式、一站式的形式为入园企业提供更优质的服务。同时，提出实施园区三期平台建设项目，该工程总规划面积5600亩。同年10月，建成长2千米、宽9米、混凝土路面的1号路和2号路，与窑沟路、义白路、207国道贯通，形成了耐火小区的总体框架。2006年1月，白泉工业园区首批被命名为"山西省示范工业园区"。同年，彻底解决了所有入驻企业的用电问题。在平台建设和项目引进中，为充分保证农民群众的利益，依据阳郊〔2004〕13号文件《关于在园区范围内进行土地开发整理的实施意见》和阳郊政办发〔2004〕50号文件《关于下发〈园区土地使用补偿（补助）程序〉的通知》进行补偿，分别按协议补偿期限逐年如期兑现。农民个人补偿标准为：一类耕地每亩600斤玉米，二类耕地每亩500斤玉米，三类耕地每亩400斤玉米。并可根据农民意愿调剂品种或按当时的市场价格折现兑付。村集体部分标准为每亩每年200元。耕地补偿期限为：一是土地二轮承包剩余年限，二是6年（施工期2年，土地熟化期4年）。

平台建成后，园区从平台中划出相应的土地返还给农户进行熟化耕种。郊区工业园区的打造，虽然起步较晚，但它首开乡镇企业走出村庄、集聚发展的先河，对于加快实施工业强区、产业布局调整、提高传统产业的核心竞争力和环境保护的农村工业化思路具有不可估量的作用。

三、耐火产业的技术改造

耐火产业一直是郊区的传统产业，更是郊区经济的支柱产业。据2002年统计，全区有耐火企业145家，倒烟窑358座，烟囱238根，年产耐火材料42万吨，消耗原煤约25万吨，向大气排放烟尘1.5万吨以上，排放二氧化硫4800吨，自然降尘量达到5900余吨。2004年，国家环保总局公布的一项关于全国35个重点污染城市排名中，阳泉位居污染最严重的前三名之列。也就是在这一年，为了彻底解决耐火企业的污染问题，区委、区政府痛下决心，在全区上下积极推行耐火工艺革命。

在发展工业经济的过程中，郊区区委、区政府始终坚持统筹人与自然的和谐发展，做到开发中有保护，保护中有开发，坚持走生产发展、生活富裕、生态良好的可持续发展之路。对废气排放要严格控制，绝不能有半点含糊；对废渣排放要严格控制，绝不能有半点手软。特别是耐火倒烟窑必须在8月底彻底关闭，要积极改进矾石生产工艺，先行先试，逐步推广，到2005年6月底前关闭"竖窑"。同时切实加大对非煤矿山资源尤其是铝矾土资源的保护力度，针对无序开采、浪费严重、粗放经营的状况，从2004年开始，郊区按照"保护资源、规模经营、行业规范"的原则，采用先进生产工艺，使全区所有矾石企业实现工业化生产、企业化管理。为搞好此项工作，6月20日，区委、区政府专门出台了《关于限期对耐火倒烟窑全部关停的实施方案》。从7月1日至12日，区关闭领导组依据《山西省工业企业环境保护供电管理暂行规定》，对未拆除耐火倒烟窑的火石岩、段家庄等19家企业下达停电生产通知。截至7月19日，区环保局按照环保法规和法律程序下达了《行政处罚事先告知书》《听证告知书》《行政处罚决定书》和《拆除通知书》等各类法律文书380份，制作现场笔录280份，为进一步彻底解决工作中存在的问题，8月9日，区领导组又召开了关闭耐火倒烟窑的专题会议，提出在最后10天之内，坚持"不变方案、不变时间、不变标准、不开口子、不惜代价"的原则，对所有耐火倒烟窑实行一刀切、一斧砍，不留任何情面，不留任何死角，不惜任何代价，坚决彻底予以关闭。21日零点，由区委、区政府及公安、法院、供电、环保、经贸、国税、地税、信用联社、工商、国土等部门组成的关停行动督查组分三路深入申辉等16个耐火企业进行督查。督查中发现龙溪、下白泉各有一座倒烟窑仍在运行，当场关闭火道，拆除火口、火门，并对其进行了经济处罚。对下白泉在接到断电通知后，擅自复电展开调查，并追究相关人员责任。对207国道旁的宏胜耐火厂的3座倒烟窑进行强制拆除，执法人员当场对其负责人下达了经济处罚决定。在这次关停倒烟窑行动中，全区450座燃煤倒烟窑全部拆除关闭，附属的83支烟囱全部废弃。同时，全区共建成63条耐火隧道窑，170座梭式窑，为全区彻底废除耐火倒烟窑烧成工艺奠定了基础。9月18日，全区关闭倒烟窑总结表彰暨工业企业治污动员大会召开。会上，区委、区政府决定拨付78000元资金奖励31个先进集体、单位及企业，拨付94850元补助自行拆除淘汰落后工艺的企业。

2004年开始拆除倒烟窑

耐火产业技术革命的实施，有效解决了耐火生产的烟尘问题，还全区百姓一片蓝天白云，也为阳泉市摘掉空气环境质量全国排列倒数第二的帽子做出了贡献，同时也实现了环境治理与经济效益的双赢。仅2004年与2003年相比，全国好于二级的天数比例增加5至10个百分点的城市有9个，阳泉名列其中。

四、传统产业的振兴

2004年，围绕"四走四变四集中"战略的实施，要实现调产突破，就要抓好区内主导产业、龙头产业和优势产品，始终抓住这一条主线，紧紧围绕各项工程提出的目标，由表及里地引深工业内部结构调整，把耐火、煤炭、化工、建材、冶金铸造五大传统主导产业做大、做强、做优。耐火工业，以窑沟耐火工业园区为平台，重点扶持千亨、下白泉、炎林、华岭、世纪金达、恒誉窑业、圣火、金银、丰泽、鸿义等重点企业的新建扩建项目。在提高硅砖、高铝砖、粘土砖和特种耐材质量，稳定市场的同时，积极开发不定型、环保、绿色、长寿的新型耐火产品，逐步挤进并占领高档耐材市场。向外寻求与大型钢厂和焦化厂的合作，形成长期稳定的合作关系，逐步成为耐火材料基地。煤炭行业，在稳定产量的基础上，进一步延伸产业链，加快原煤向洗精煤、洁净型煤和碳素制品的转化，重点扶持晋阳碳素这一行业龙头。化工行业，依托义白路，规划建设化工园区，接纳从市区搬迁出来的企业，重点扶持金石化工、白泉电化等企业，重点发展电石、硫酸及其延伸产品。建材行业，深化改制，开拓市场，重点培植狮头特水、青山水泥、天隆特水等重点企业。冶金铸造行业，加快推进林里粉末3万吨精粉项目和旧街铸造小区改造工程，重点开发粉末压件、消失模铸造产品等下游产品，延长产业链，提高附加值。

同时，下大力气加快凯鑫酒业、裕石洁具、泊里高压、兴通烟花、绿然矿泉水这些新型产业的发展，不断提高它们在整个经济增长中的比重。至年末，郊区紧紧围绕调产这条主线，大力推进传统产业改造工程和骨干企业培育工程，结构调整实现了"三年初见成效"的目标。全区全年共确定调产项目80项，完成投资7.77亿元。以耐火行业为代表的传统产业改造实现了历史性跨越，在全区450座燃煤倒烟窑关闭的同时，52条隧道窑投入了运营，耐火产业开始走上新型化发展道路。与此同时，继精还原铁粉项目列入省重点调产项目之后，絮凝剂项目也列入国家"863计划"，郊区新型产业规模化已现端倪。

2005年，在发展方向上，加快了传统产业新型化的步伐。以耐火、煤炭、建材、化工、冶金铸造五大传统产业新型化为重点，加快规模扩张和延伸开发，走新型工业化道路。耐火行业，巩固提高隧道窑生产工艺的管理水平，发挥好行业协会的指导、协调和服务作用，积极探索行之有效的联合、联动形式，千方百计扩大市场份额，基本显现出窑沟耐火工业园区的规模集群效应和品牌效应，建成了名副其实的全国耐火材料生产基地。煤炭行业，在安全生产和稳定产量的基础上，抓好资源的有偿出让和加工增值，积极探索把煤炭产业利润转化为新型产业发展资金的有效途径。建材行业，在服务好亚美水泥的同时，推动狮头、青山、天隆等企业的规模扩张、市场开拓和新产品开发，形成了百万吨以上的水泥生产能力。化工行业，采取有效措施，完成了电石企业的环保治理，积极为异地搬迁创造条件，开工建设高载能工业区。冶金铸造行业，以林里粉末冶金有限公司的精还原铁粉为龙头，在加快新线投产运行的同时，积极搞好下游产品的开发。旧街精工铸造有限公司在抓好消失模铸造工艺消化、吸收的基础上，加速规模扩张。进一步加大对新型产业和地方产品的扶持力度，重点培育高压电瓷、絮凝剂、土豆醛粉等十大潜力产品，努力通过资金、技术、人才、信息等方面的扶持，使这些新产品做成产业。继续推进农业集约化进程，加快农业工程进程，不断优化农业内部结构。同年，针对郊区产业结构重型、工艺结构落后、产品结构初级、企业组织结构分散的现状，围绕传统产业新型化和新型产业规模化这一主要任务，坚定不移地推进结构调整。在完成所有制变革的基础上，着力推进"工艺革命"耐火行业推倒倒烟窑，建起隧道窑，真正使耐火行业发展步入一个新的阶段。煤炭、建材、化工、冶金铸造等支柱产业抓住市场有利时机加快了规模扩张和产品上档步伐。林里粉末、精工铸造、高压电瓷、土豆醛粉等一批规模大、档次高、带动力强的新型企业迅速崛起，特别是晋阳碳素实现了全区"亿元企业"零的突破。"十五"时期工业调产传统产业项目工程的圆满完成，大大提升了郊区工业企业的市场竞争力，真正实现了产权改革、工艺革命、扩规上档的三大历史性突破。

2006年，结构调整力度加大，规模企业不断凸显。全区开工调产项目62项，完成投资24.6亿元，增长23%；列入市"百项工程"考核的10个项目全部开工；年初确定的十大新兴产业项目，华能瓦斯发电、阳铝5万吨型材、玉琳磨料磨具等项目均顺利完工。全区已有晋阳碳素、天泉洗煤、精工铸造、神火洗煤4个企业收入达亿元；有金石化工、神堂煤矿、龙兴化工、旧街煤矿、辛兴煤矿、千亨集团、林里粉末7个企业收入达到5000万元。郊区被授予"全省经济结构调整先进县区"称号。

虽然传统产业的提升取得了可喜的成绩，给郊区人民也带来了福祉，但是还未从根本上改变依赖资源为主的粗放型经济增长方式，企业的经济总量、规模发展还有一定的进步空间。同时，科技型产业和高级优秀管理人才的短缺，仍是郊区经济发展的短板。

五、招商引资的开展

（一）起步阶段（1984—1994年）

1. 郊区政府出台招商引资政策

1990年2月16日，郊区区委召开二届六次全委（扩大）会议，通过了《关于今后三年治理整顿发展农业的意见》《关于工交企业进一步治理整顿、深化改革的实施意见》。1992年5月9日，郊区区委、区政府出台《关于区营企业转换经营机制，深化企业改革的试行方案》。1992年9月26日，郊区区委、区政府出台《关于推进全区"八五"期末提前达小康的实施意见》。

2. 郊区招商引资对外发展过程

1988年9月，阳泉市平潭脑建筑厂生产的硫酸废渣红地砖开始销往香港、澳门等地区和出口科威特、沙特阿拉伯、巴林等国家。1992年7月14日，美国石乌工业产品有限公司经理孟晓磊等一行3人来我区考察，就该公司与郊区坡头村在阳泉车站合资经营高级餐馆事宜进行洽谈。1992年8月下旬，郊区旧街乡与香港裕通贸易公司、中国天成集团总公司、石家庄开发区天战公司达成协议，成立"天泉煤炭综合利用公司"。1992年11月1日，郊区韩庄村阳泉市第三钢铁厂邀请俄罗斯、哈萨克斯坦等6国艺术团，在市体育馆举办经济联谊会暨九二金秋国际杂技艺术活动表演。1992年，日本政府考察团来郊区考察GRCI型日光温室。1993年，东风耐火厂生产的莫来石铸口砖获第七届全国发明展览会银奖；1994年，获蒙古国乌兰巴托国际商工贸产品博览会金奖。

（二）拓展阶段（1994—2004年）

1994年以来，在郊区区委、区政府的正确领导下，坚持对外开放，解放思想，抢抓机遇，实施"以引进促开放，以开放促开发，以开发促发展"的"外向带动"战略，通过引进技术、资金、人才和管理经验，更新观念，促进全区投资环境不断改善，初步形成多层次、多渠道、全方位的对外开放格局。

1994—2000年，郊区共签订合资、合作、对外贸易等各类经济技术合作项目130项，引进国外及国内区外资金1.5亿元，完成外贸出口额1.2亿元。

1996—2000年，郊区积极组织项目参加在北京、厦门、西安等地举办的中国国际投资贸易洽谈会和在佛山举办的陶瓷专题招商会等国内大型招商活动，取得了积极成果。2001年在郊区首届关公文化节期间，借文化搭台，唱外经贸大戏，成功举办了郊区投资贸易合作洽谈会，邀请国内外客商60多名，签订各类经济技术合作项目16项，提高了郊区的知名度并推动了经济的健康发展。2002年，郊区继续大力实施"走出去""请进来"战略，招商引资工作取得了突破性进展。郊区林里粉末冶金有限公司在黎城建立了原料基地，阳泉狮头特种水泥有限公司兼并了阳泉市水泥厂，千亨实业总公司与洛阳耐火集团有限公司成功实现了强强联合，阳泉兴华水泥厂与石家庄天隆工程公司实现了有效合作。

2000年8月16日，广东佛山市政府代表团来到我区，对陶瓷工业的发展进行考察,并就两地优势互补发展经济,同市、区领导进行广泛交流。代表团一行先后深入石卜咀卫生陶瓷厂、北杨家庄耐酸陶瓷厂进行了实地考察。郊区资源丰富、交通便利,发展陶瓷业有良好的基础;而佛山陶瓷工业技术先进、人才丰富,有雄厚的实力。此次考察活动,进一步加深了两地的相互了解,为两地建立长期的互利合作关系,促进两地经济共同发展起了积极的推动作用。2001年8月,在佛山举行招商会期间,裕华公司与阳泉市形成陶瓷合作意向。经反复考察、协商,在互惠互利的基础上,该公司与郊区石卜咀陶瓷厂达成租赁合作共识,实现资产重组,并正式签订租赁合同,租期10年,租金544万元。规模企业在阳泉市成功实现租赁合作经营,石卜咀陶瓷厂尚属首家。

(三)蓬勃发展阶段(2004—2019年)

郊区招商局于2004年正式成立,以扩大对外开放为主线,以三区建设为重点,紧紧抓住郊区被列为省级"转型综改试点区"的重大政策机遇,深入开展"项目落地年"活动,将招商引资工作推向了高潮。

郊区区委、区政府在确保农民利益不受损失的前提下,大胆学习借鉴外地成功经验,搬山填沟造平台,集聚产业大发展,全力推进白泉工业园区建设,不断完善水、电、路、煤气、通信等基础设施,努力为客商打造低成本的发展平台。白泉工业园区被列为阳泉市唯一的山西省首批示范工业园,成为带动郊区经济二次腾飞的"加速器"。从最初的白泉工业园建设到现在提出的"一区四园"发展规划,每年郊区政府都把打造招商引资平台作为重要工作。

2012年以来,郊区充分利用资源优势,不断挖掘项目,经过研究、论证,使招商引资项目始终保持在80个左右,项目涉及耐火、化工、能源、基础设施、房地产、冶金、食品加工、其他八大类,并成功引进了北京金隅通达、华润燃气2个国内500强企业,加上落户杨家庄的唐山冀东水泥,郊区共引进3个国内500强企业,实现阳泉市引进国内500强企业投资零的突破。阳泉庞大汽贸集团股

2004年3月5日，区招商引资动员大会拉开了"大开放、大招商、大发展"的帷幕，图为阳煤集团80万吨氧化铝一期项目开工建设

份有限公司汽车城项目、河坡电厂关小上大项目、西上庄煤电一体化、深港产学研荫营污水处理厂、温河净水厂工程等一批拉动经济增长、改善环境及民生的大型项目纷纷落户。郊区还以委托代理的形式先后在佛山、深圳、福清、上海、中山建立驻地招商办事处。五家驻地办事处成立后，采取委托招商的市场化运作模式，在五地构成"五足鼎立"之势，充分发挥了互通信息、加强交流的桥梁纽带作用，成为郊区招商引资工作实现空间跨越的强力支点。

  2013年，全区累计接待外来投资客商127批次。在第八届中博会上签约4个项目，总签约额176.7亿元。一年里，签约了恒大帝景项目、新能源重卡物流联盟项目、陶然星城项目、新梦想生物制剂项目等25个亿元以上项目。同时加快推进了"飞地经济"项目的进展，共有5个项目"飞"入郊区，落地生根：联升办公设备制造项目、鑫利达游乐园项目、瑞阳CNG加气站项目、华验年产5000台减速机项目、新农大型农产品批发市场项目。2014年郊区共引进百万元以上经济技术合作项目31项，签约总金额164.8亿元，其中一产项目1项，二产项目8项，三产项目22项。2015年全年共引进百万元以上经济技术合作项目33项，签约总金额173.7亿元，其中一产项目4项，二产项目6项，三产项目23项。2016年共引进百万元以上经济技术合作项目34项，签约总金额217.3亿元，协议利用外资217.3亿元，其中一产项目3项，二产项目18项，三产项目13项。引进省外民企签约项目21个，签约总金额151.8亿元。2017年，全区共引进百万元以上经济技术合作项目23项，签约总金额136.1亿元，协议利用外资136.1亿元，签约并开工项目8个，开工率34.8%。2018年，全区共签订百万元以上经济合作项目18项，当年签约项目中有12个项目落地开工，开工率达到66.7%。2019年，共引进百万元以上经济技术合作项目25项，签约130.6亿元，固投资金到位11.97亿元。招商引资签约项目已开工项目19项，开工率76%；开发区投资强度394.46万元/亩；产出强度137.01万元/亩；税收强度6.7万元/亩。

六、"四议两公开"工作法的推广

2009年11月29日，山西省委常委、省委组织部部长汤涛深入郊区荫营镇山头村，针对调研中发现的山头村因资源无序开采导致村情不稳的状况，提出了改变现状、加快发展的要求。当日，区委常委召开会议，率先以山头村为切入点，在全区全面推行"四议两公开"（支部或村委会主要负责人提议、"两委"班子商议、党支部会议审议、村民代表决议，决策过程公开、实施结果公开）工作法。

在思想认识上高度重视。一是加强领导，"点对点"督查。区委领导带头重点抓，四套班子领导包乡蹲点抓，乡镇领导分片包干抓，机关干部驻村入户抓，自上而下，形成向下"压"的态势。同时，出台了《实施方案》《指导意见》和《考核办法》。二是广泛宣传，"面对面"引导。全区共有300多名驻村工作队员参与此项工作，发放宣传资料8万多份。40多个区直部门都确定了1至2个联系点，进村入户，形成向上"促"的趋势。三是边学边改，"一对一"落实；以会代训、专题培训，提高认识，掌握方法，共召开各类培训会200余次；边学边改，一件一件地进行民主决策。全区共运用工作法291次，对449件村级重大事项进行了民主决策；试点先行、以点带面、逐步推开，率先在31个不同类型的村推行。同时，实行强村带弱村、重点带一般,结对子、一对一帮扶的办法。

在具体操作上环环相扣。按照"事定性、村划类"的原则,处理好"三种关系"、划分"三种类型"、形成"三种模式"、把握"四个标准"。一是依事定性,处理好"三种关系"。即"取"与"予"、"大"与"小"、"法"与"议"的关系。凡是"取、大、议"的事项都要进行民主决策;凡是"予、小"事项由支村"两委"议定,向党员大会和村民代表大会通报;凡是"法"的事项,支村"两委"要向全村党员、村民代表以及全体村民进行通报。二是按村分类,划分"三种类型"。全区大体上划分了城中村、工矿村、纯农业村"三种类型"。对此,区委要求民主决策有针对性,让"四议两公开"工作法成为解决农村矛盾的有效措施。三是结合实际,形成"三种模式"。对本村范围内进行的道路建设、旧村改造、商品房开发、征地拆迁补偿办法、公共场所配套建设、重大活动安排等事项,要进行"四议两公开";对村集体企业改制、大额固定资产购置处置、集体资本股权股份变更、重大经济合同签订等重大事项,要进行"四议一审两公开"("一审"就是党支部在提议后报乡镇党委审核把关);对村民自治章程、新农村建设整体规划、集体"四资"处置等特别重大事项,要进行"四议一审一票决两公开"(一票决就是户代表或全体村民投票表决)。四是严格程序,坚持"四项标准"。提议要科学:党支部在提议前,要通过征求民意、汇总民意、与上级和班子成员交换意见等环节,科学确定决策议题。审议要民主:党支部在每个程序前,要以通知单的形式,与"两委"成员、全体党员和村民代表沟通,并做好解释工作。决议要合法:"四议"中,必须保证人数符合规定、表决符合程序,并做好会议记录,决议时,党员和村民代表必须签字。公开要规范:民主决策后,要通过广播、板报、公开栏、会议通报等方式及时公开。

在实施过程中效果明显。通过大力推行"四议两公开"工作法,全区经济社会呈现出了科学发展、和谐发展的新局面。群众心顺劲足了。"四议两公开"工作法,让群众有了更多的知情权和参与权。群众心齐了、气顺了,干群关系更加和谐了。通过"四议两公开",

全区因决策不科学、不民主形成上访的基本没有了，信访积案得到有效化解，同比下降35%。干部敢干会干了。推行"四议两公开"工作法后，村干部靠制度办事的自觉性和放手大干的主动性进一步增强，有了想干的念头、敢干的劲头，找到了会干的路子。2010年以后，全区农村议定的350多项修路、引水、养老等办实事计划全面铺开，其中当年完成102项，完成率达到30%。发展速度加快了。"四议两公开"工作法成为全区农村推进民主议事、科学决策、发挥群众智慧、凝聚发展动力的重要方法，为经济社会平稳较快发展提供了保证。区委、区政府确定的10项办实事计划进展顺利，64项重点投资项目开工率达到90%以上。

"四议两公开"工作法，是农村民主政治建设中一项十分重要的工作，是农村管理机制的一次重大创新，是突出党的领导、增进班子团结、加快发展的"助推器"，是凝聚民心、增强动力、实现科学发展的"新引擎"，是化解矛盾、解决问题、构建和谐的"金钥匙"。郊区推行"四议两公开"工作法受到省委有关领导的高度评价，涌现出像桃林沟、上千亩坪、路家山、固庄等市级先进典型，使山头村等一批问题突出、上访严重的农村实现了由"乱"到"治"的转变。

第二节　城镇化建设

一、新农村建设

建设社会主义新农村是社会主义进程中的一项重要内容。21世纪以后，党中央连续发布了关于"三农"工作的1号文件，将解决"三农"问题作为全党工作的重中之重。

区委、区政府紧紧围绕中央提出的新农村建设"二十字方针"（生产发展、生活宽裕、乡风文明、村容整洁、管理民主），按照市委确定的五大原则（坚持优先发展经济的原则；坚持城乡一体化的原则；坚持示范带动、分步推进的原则；坚持以农民为主体、讲求实效的原则;坚持全面协调发展的原则)和市委新农村建设《实施意见》《若干决定》,结合郊区实际,强势推进社会主义新农村建设,取得了明显成效。

发展壮大农村经济,夯实新农村建设基础。区委、区政府充分发挥区位、资源两大优势,提出了"走好五条路子,实现五个突破"的发展思路,努力把生产优势转化为经济优势,不断壮大农村经济实力。一是依靠高效农业,促进农民增收。大力发展"3+3"高效农业,即重点发展3大主导产业(蔬菜、果品、蛋鸡),扶持发展3个潜力产业(生猪、奶牛、核桃)。通过政策扶持,成立农业合作组织,培育农业典型,让农业面向城市增效,农民面向城市增收,产业面向城市壮大。2010年,新建温室大棚1007亩,果园3240万亩,核桃7780亩,养殖小区16个。二是依靠支柱产业,壮大农村经济。凭借丰富的煤炭和铝粘土资源,逐步形成以煤炭、耐火为主的农村支柱产业。通过兼并重组,形成8个煤矿,产能达到630万吨,洗配煤产能达到1500万吨。耐火行业建成国家级耐火质检中心,形成4个联合体,引进天然气烧成工艺,经济效益明显提高。三是依靠项目引进,加快建设步伐。郊区始终把招商引资作为加快农村经济发展的抓手,利用资源换资本、换技术、换市场、换项目,实现资源价值最大化,共签订213个招商引资项目,到位资金131.7亿元。

桃林沟农业生态园

促进农民充分就业,提高农民生活水平。区委、区政府始终把提高农民生活质量作为促进社会主义新农村建设的根本出发点，通过发展产业、救助弱势群体、完善社保体系，使农民生活更加宽裕。一是重点从发展产业入手，解决农民就业问题。按照郊区产业结构特点，积极开展农村劳动力技能培训，重点扶持发展市场前景好、安置就业多、具有辐射带动作用的工业企业以及三产服务业。2010年，通过实施阳光培训工程，完成了3000人次的引导性培训，转移农村剩余劳力2000余人，竞争就业岗位3300个。二是重点从关注农村低收入群体入手，逐步提高社会救助水平。积极开展农村困难家庭临时救助和慰问活动，重点解决困难家庭就医难、上学难等问题。同时，农村低保标准由2005年的每人每月50元提高到120元。三是重点从提升农民生活质量入手，逐步完善社会保障体系。累计投资7800万元，完成区人民医院、乡村卫生院所的改扩建工程；区乡村三级卫生服务体系、农村新型养老保险、新型农村合作医疗保险、乡镇敬老院实现全覆盖；医疗机构严格执行药品零差价销售。2010年，农民人均纯收入达到6837元，比2005年增加2822元，年均增速11.2%。

  开展文明创建活动，促进乡村更加和谐。开展精神文明创建活动，既是推动新农村建设的重要载体，也是改善村容环境、维护村容整洁、实现长效管理的有效手段。一是文明村创建成绩斐然。全区共创建国家级文明村镇2个，省级文明和谐乡镇2个，文明和谐村5个，文明和谐风景区1个；市级文明村29个；区级文明村57个，"十星级文明标兵户"1067户。二是农民思想道德建设常抓不懈。以爱国主义教育基地建设为抓手，在村民中开展爱国主义教育，连续组织开展了三届省道德模范评选活动。2010年，河底镇袁桂芬获得省第三届道德模范提名奖。三是农村教育事业扎实推进。中小学校舍安全改造、中小学生免费体检以及义务教育"四免一补（免学费、免课本费、免初中学生中招报名考务费、免义务教育阶段学生作业本费，补助家庭贫困寄宿学生生活费）""助学体系""营养早餐""学生免费体检""校方责任险"实现全覆盖。四是农村文化事业不断繁荣。累计投资1255万元，使乡村文化站室、有线电视实现全覆盖，图书阅览室达6500平方米，总藏书16万册，多功能文娱活动室达9000平方米，文化广场达18万平方米。五是发展环境更加和谐。积极开展"平安郊区"建设和"三和"（人和、家和、邻里和）创建活动，加强社会治安综合治理，人民群众的社会安全感明显提升，逐步形成了和谐发展的浓厚氛围。

强化基础设施建设，促进村容村貌更加整洁。"十一五"期间，郊区从改善基础设施、提高建设档次入手，重点围绕路、水、电、气、街心公园、文化广场等硬件铺开工程，共完成了10个省级试点村和79个重点推进村的总体规划，累计投资20亿元。一是积极开展"四改四化五个一"工程（改水、改厨、改厕、改圈；街巷硬化、村庄绿化、街道亮华、环境净化；每村有一个标准科技文化活动室、一个标准化卫生所、一个休闲健身场所、一个便民连锁店、一所标准化小学），累计投资14亿元。其中"四改"工程投资10亿元，铺设管路40万米，一大批农民用上了煤气、液化气、电磁炉、水冲式厕所，枣园、牛家峪等地区用上了沼气等洁净能源。"四化"投资2.5亿元，绿化131.5万平方米，硬化1500千米，安装路灯1300套，建设垃圾池100个。"五个一"工程投资1.5亿元，建成标准化文化活动室89个、卫生所89个、健身场地100个、便民店89个、小学89个。二是大力实施"十个有六个一"工程。2010年，全区60%以上的村实现"十个有"（有产业、有公园、有自来水、有洁净气、有硬化路、有亮化街、有幼儿园、有保健所、有农家店、有文化广场），30%以上的农户达到"六个一"（一项稳定收入、一部电话、一台数字电视、一辆机动车、一份养老金、一套整洁房）。三是因地制宜，分类推进新农村建设。初步形成了六种模式，以桃林沟、义东沟为代表的"融入市区型"，以西南舁、东村为代表的"产业带动型"，以魏家峪、泊里为代表的"服务城市型"，以大阳泉、小河为代表的"历史文化型"，以程庄、旧街为代表的"文明生态型"，以新庄窝、东西畛为代表的"移民搬迁型"，城镇化率达到70%，比"十五"末提高35个百分点。

基层组织建设是党全部工作和战斗力的基础，是落实党的路线方针政策和各项工作任务的战斗堡垒，尤其是在新农村建设工作中起到了重要的作用。

区委、区政府坚持把加强基层组织作为新农村建设的重要途径，全面提升基层党建工作科学化水平。一是抓实两委班子建设。二是"三级联创"活动继续深化。加强对23个重点村和难点村的指导帮扶，深入开展"送文化、送技术、送信息、送温暖、服务新农村建设"的"四送一服务"活动。三是"四议两公开"工作法全面推行。坚持"事定性、村划类"的原则，形成了"四议一审一票决两公开"的郊区特有模式，进一步建立健全村民自治新机制，强化了"四资"管理，让群众有更多的知情权、参与权。四是创先争优活动不断引深。以创建团结有力星、模范带动星、管理规范星、科学发展星、凝聚民心星"五星级"党组织和争当学习星、技能星、服务星、和谐星、文明星"五星级"党员来延伸创先争优活动，充分发挥基层党组织的战斗堡垒作用和广大党员的先锋模范作用。五是农廉工作扎实推进。确定了以保障农廉制度落实为重点的"两抓两评三创建"工作思路，采取专题讲座和培训班形式对相关人员进行专题培训，农村基层党风廉政建设取得实效。

二、新北区打造

抓住市委、市政府实施"扩容提质"战略的机遇，区委、区政府把目标锁定在"打造阳泉新北区，建设荫营明珠城"这个定位上。新北区是相对于阳泉市建成区而言的，泛指郊区全部区域。其核心区域是以荫营镇区为依托，东起义白路、西至桃林沟、南到李家庄、北至三都村100多平方千米的区域。建设新北区的主要依据：一是阳泉市区"扩容提质"战略的实施和推进城乡一体化为郊区提供了政策机遇。二是在这个核心区域内，义白路、307复线、李荫路、桃荫路等路网已经形成建设新北区的道路骨架，具备了城市建设的基础。三是郊区加快发展的迫切需要，是建设真正意义上的政治、经济、文化中心，加快发展与城市相配套的城郊型产业的需要，也是拉动郊区经济快速发展的一个新的增长点。新北区建设，是以经营城市的理念，建设一个产业集聚、人口聚居和最具活力的经济增长区。因此，把新北区定位为城市商住区、新型工业区和休闲生态区。

新城大道竣工通车

2008年，区委七届三次会议明确指出，以"新区"为亮点，精心打造荫营"明珠"。把"打造阳泉新北区，建设荫营明珠城"作为2008年工作的重中之重，以荫营明珠城和新农村建设为切入点，加快"一城五镇"建设，拉大框架，优化设施，改善环境，提升形象。

打造阳泉新北区，建设荫营明珠城。郊区聘请清华大学设计院完成了新北区总体规划。按照区域划分合理、功能定位科学、错位发展有序的"四心、一环、七通道、两组团"格局进行布局。四心，即行政办公中心、教育科研中心、物流集散中心、汽车贸易中心。一环，即绿色生态环。七通道，即贯穿两组团的五条纵向通道和连接东西的两条横向通道。两组团，即荫营和白泉组团、李家庄和杨家庄组团。2008年，重点抓了"一城五镇"建设。一城，即荫营明珠城。总体规划105平方千米，前期实施规划16.7平方千米。首先，投资3亿元新建一条从开发区进入荫营明珠城长8.2千米、宽40米的城市一级干道，形成近24平方千米的开发带；投资3.8亿元完成荫营南区8万平方米住宅小区开发、1000亩场地平整和基础设施建设；投资1.2亿元完成西大街11.5万平方米旧村改造；完成东区4平方千米详规和一期工程南窑庄段10万平方米商业开发。五镇，即河底、平坦、义井、西南舁、旧街五个"卫星"集镇。河底集镇，围绕工业重镇、农业大镇来建设，以工业立镇，靠农业富镇，辐射和带动燕龛沟、东村片发展，重点在生态农业上着力。平坦集镇，以经营城市的理念，加快城乡一体化发展步伐，重点发展城郊型生态农业，大力发展休闲旅游、房地产开发等第三产业。义井集镇，立足"城中镇"的独特优势，以服务城市的"大物流"理念推进专业市场建设，在三产强镇上求突破。西南舁集镇，围绕生态农业大乡来考虑。继续在铝矾土资源整合和万亩果园建设上下功夫，实现资源有序利用和生态效益双赢。旧街集镇，围绕生态大乡、农业特乡来推进，同时，依托精工铸造和旧街、保安煤矿发展工业经济，形成生态和谐、人口聚居、产业富集的新型集镇。

加快新农村建设，推进城乡一体化。新农村是以农民增收为前提，以集镇为辐射、中心村为带动的新村建设，是城市化进程中不可逾越的一个阶段。郊区以新北区为龙头，实施城镇化与新农村建设的"两翼"带动，按照城乡并举、统筹发展的要求，把"新北区"同新农村建设结合起来统筹规划，同步推进。一是实施"三个一批"工程建设新农村。这不仅是推进城市化的需要，更是转移农民、减少农民、富裕农民的重要途径。为此，通过社会保障救助，消化一批昨天的农民；通过技能培训提高素质，转移一批今天的农民；通过基础教育，减少一批明天的农民。二是实施村容综治工程。从农民群众最关心、最迫切需要解决的问题入手，重点实施好道路通畅、饮水安全和街道绿化、亮化、净化等建设，逐步改善农村生产生活条件，让农民充分享受文明成果。2008年，全区新增高级、次高级公路5千米，水泥路15千米，道路通畅40千米。三是实施"中心聚集"工程。按照城市化的要求，以荫营明珠城带动卫星集镇、卫星集镇辐射新农村的思路，撤小并大，有保、有建，有序推进新农村建设。

围绕生态文明，建设绿色郊区。一是按照补空、增厚、上档的要求，重点抓好市区到荫营约4平方千米区域内不易开发地段的绿化。同时，在太旧路、307复线、207国道等重要路口和主要干线交汇处，建设大型片林和景点，形成路路有景、村村见绿的格局。二是围绕新农村建设进行全方位绿化美化。经济条件好的村重点提高档次和品位，经济条件一般的村建林带、造片林，建设田园式村庄。同时，突出抓好龙泉沟、燕龛生态沟等建设，推进重点企业和学校绿化。三是高度重视资源利用和开发，重点抓好桃河上游、温河流域水利水保工程和汉河沟、李家山等地质灾害治理工程建设。继续加大环保执法力度，强化重点区域和重点企业环境治理，特别是耐火行业要走环境保护与资源开发并重的路子。积极引进北京神雾热能技术有限公司耐火窑炉节能环保脱硫技术，率先在下千耐火公司和圣火炉料公司试点并推广。

2010年，区委抓住中央关于加快城市化建设的政策机遇，按照荫营明珠城带动卫星集镇，卫星集镇辐射新农村的思路，全面铺开以新北区打造、中心集镇建设和87个新农村建设为重点推进村的基础设施建设工程。以乡镇政府所在地为中心，从搞好城镇功能定位入手，根据各个中心镇的比较优势，按照宜工则工、宜农则农、宜商则商的原则，建设一批特色明显、设施良好、配套齐全、功能完善的中心集镇。至年末，以荫营城镇建设为核心，实施新城大道、温河引水、李荫路整修、荫营大街综合改造、便民服务中心建设、区人民医院病房改造等一批重大基础设施工程，进一步完善了水、电、气、路灯配套工程，使荫营城区供水、供气、供热普及率分别达到97%、43%和50%，城市功能不断提升。积极配合省、市完成了阳五高速、307复线、207国道等路网工程。以南区开发、东区建设、荫营镇区旧村改造为重点，全面加大荫营城区建设力度，五年共完成各种住宅商贸开发47.9万平方米，是"十五"时期的4.5倍。同时加快河底、平坦、义井等中心镇建设。

打造阳泉新北区、建设荫营明珠城是荫营城区扩张、改善人居环境、实现人口聚集的又一举措，同时也提升了郊区的整体形象，打开了对外开放的窗口。

第三节　学习和实践科学发展观

一、学习贯彻党的十七大精神

中国共产党第十七次全国代表大会于2007年10月15日至21日在北京隆重举行。胡锦涛代表中共第十六届中央委员会做了题为《高举中国特色社会主义伟大旗帜，为夺取全面建设小康社会新胜利而奋斗》的工作报告，科学回答了党在改革发展关键阶段举什么旗、走什么路、以什么样的精神状态、朝着什么样的发展目标继续前进的重大问题，具有很强的政治性、思想性、战略性和指导性，是党在我国改革发展关键阶段面向现代化、面向世界、面向未来的政治宣言，是体现马克思主义中国化最新成果，是承前启后、继往开来、求真务实、改革创新的纲领性文件。

2007年10月29日，全区干部召开会议重点学习十七大精神。区委要求，学习好、宣传好、贯彻好、落实好党的十七大精神，是当前全党、全国人民的头等大事，也是各级党委、政府一项首要的政治任务。因此，必须通过学习宣传和贯彻落实党的十七大精神，努力使其成为一个统一思想、提高认识、凝聚力量的过程，成为完善思路、推动工作、破解难题的过程，成为用工作成效来体现学习成果的过程。会上出台了《全区学习宣传和贯彻落实十七大精神的意见》，会后全区各级领导干部掀起了学习和宣传党的十七大精神的热潮。

领导带头学。从区委常委做起，从各级领导班子做起，采取自学、集体学习等多种方式，先学一步、学深学透，把握主题、掌握精髓，真学真懂、学以致用。区四套班子都相继召开一次以学习党的十七大精神为主要内容的民主生活会，并将学习情况及时反馈到区委。各乡镇党委、区直各部门、各单位的领导班子和领导干部把带头学习好、领会好、掌握好、贯彻好十七大精神作为自觉行动。尤其是乡镇党委、政府主要领导，不仅自己带头学，而且还多次组织全体机关干部仔细学,集中村党支部书记和村委会主任深入学。同时,村级党支部也组织"两委"班子成员认真学,组织全体党员和村民代表反复学,真正在全区范围内迅速掀起以学习党的十七大报告为内容的群众性学习热潮。

营造氛围学。在学习党的十七大精神过程中,宣传文化部门突出宣传报道郊区在学习贯彻中的措施、效果、经验和体会。同时,区级领导还深入所分管和联系的部门、单位,深入所包乡镇、村、企业进行宣讲。乡镇主要领导、分管领导及班子成员深入村、户、企业,把党的十七大精神送到田间地头、工矿企业,送到老百姓家中。村级党组织结合新农村建设,组织广大党员集中学习;企业党组织采取短期集中培训、领导宣讲等方式开展学习教育;工、青、妇等群团组织充分发挥自身优势,广泛开展各种行之有效的学习活动,使党的十七大精神家喻户晓,深入人心。

多种形式学。区直机关以集中学习为主,乡镇党委除自学、集中学以外,还采取了座谈会、报告会、研讨会等多种形式进行。对于村级的学习,支村"两委"根据各自的实际,利用广播、板报、散发资料等形式深入开展。

联系实际学。各乡镇、各部门、各单位按照党的十七大精神的要求,根据各自的工作实际,开展了认认真真、扎扎实实、原原本本、逐字逐句的学习活动,切实把党的十七大精神不折不扣地贯彻落实到基层。

党的十七大报告指出,社会建设与人民幸福安康息息相关,必须在经济发展的基础上,更加注重社会建设,着力保障和改善民生,努力使全体人民学有所教、劳有所得、病有所医、老有所养、住有所居,推动建设和谐社会。为此,区委提出了贯彻落实党的十七大精神,必须结合工作实际,指导实践,促进工作。一是重点指标,特别是财政指标要超额完成情况,将参照省委组织部对各县区党政"一把手"的考核指标体系进行逐项考核,对完不成任务的要通报批评,问题严重的要进行调整。二是重点项目和工程,要超预期、超进度。对不达进度、不达预期的提出批评,在全区通报。三是重点工作要达到预期效果。按照保旗、争先、进位的要求，重点落实好"五项专业"会议精神。开展了"找差距、查原因、定措施、争位次"和比思路、看速度，比贡献、看进度，比实绩、看效果，比排位、看荣誉的"四比四看"竞赛活动。坚定不移地发展高效农业、坚定不移地振兴传统产业、坚定不移地推进荫营新城和新农村建设、坚定不移地扩大对外开放和招商引资、坚定不移地进行"三和"创建、坚定不移地发展社会事业。

围绕以上三个重点：重点指标、重点项目、重点工作，借党的十七大东风，区委、区政府带领全区各级领导干部，继续解放思想，提高认识，统一步调，高度重视民生问题，关心群众生活，加强了对社会弱势群体、企业下岗失业人员的扶持和帮助，并开展了"送温暖、办实事"活动，圆满完成政府承诺为民办的八件实事。

为全面贯彻和落实党的十七大精神，全区还深入开展了"加快郊区发展"大讨论，对区委、区政府初步提出的走好"三条路子"，实施好对外开放战略起到了积极的促进作用。但是，这仍然存在许多问题和不足：一是在狠抓落实上有差距。主要表现在动力不够、动作不快、方法不新、胆子不大，按部就班工作的现象仍然存在。一些领导干部对重点工作、重点项目的情况了解掌握得不深、不透、不细、不扎实。二是深入一线上有差距。干部队伍中普遍存在心浮气躁、作风不实的问题，精力不集中，心思不在服务项目、服务基层上，"吃拿卡要"增加基层负担的问题仍然存在。有些干部的工作不是围着项目转，而是围着领导转，务虚不务实，说得多、干得少，以会议传达会议，以文件传达文件，程式化的工作作风普遍存在。三是落实任务上有差距。有些领导干部抓经济的理念和方法不适应市场经济要求，仍然习惯于搞行政命令，体现为思路不新、方法不多、措施不力、效果不大。四是在解决民生问题上有差距。农村剩余劳动力的就业、农村社会保障、个别干部损害群众利益，以及涉及民生民计的一些基础设施建设的问题，在思想上没有引起重视。五是在基层党建和班子建设上有差距。有些领导干部不能很好地把抓班子建设同抓经济工作有效地结合起来，甚至存在"一阵风"的现象，导致部分村的干群关系紧张，矛盾突出。

二、"双百"活动的开展

2012年5月10日，郊区召开了干部大会，全面分析了全省、全市资源型经济转型综合配套改革及郊区转型跨越发展的形势，以狠抓法制、廉洁教育和规范农村基层民主管理为切入口，开展集中百日对农村干部法制、廉洁、民主管理进行教育和集中百名干部下基层抓党建、谋发展、促和谐为主的"双百"活动。

"双百"活动是在全区上下推动转型发展、促进社会和谐，以优异成绩迎接党的十八大召开的大背景下开展的两项主题实践活动，是以实际行动落实"作风建设年""项目落地年"的具体措施，也是推进郊区转型综改试点区先行先试的生动实践。"双百"活动的主要任务：一是发挥支村两委作用。当好村支部书记，有执行上级党组织决定的忠诚；有抓班子、带队伍的能力；有为老百姓谋福祉的强烈愿望；有严于律己、公道正派、宽以待人的素质。当好村委主任，有服从意识；有会办事的能力；增强法律意识。支部把自己的核心作用体现在为老百姓谋事和干事上。村委要为老百姓服务，给老百姓办事。二是发挥区、乡两级干部的作用。首先是抓党建。主要突出三项教育，即党员的党性教育、干部的亲民教育、群众的感恩教育。其次是谋发展。要抢抓列为全省"综改试点区"先行先试的政策机遇和新城扩张带来的机遇，积极实施启动一批、落地一批、储备一批"三个一批"项目推进战略，大力推行项目领导承包责任制、项目推进例会制和区级领导带队深入项目服务制"三项制度"，切实帮助项目和企业解决实际困难和问题，做到签约项目抓落地，落地项目抓进度，竣工项目抓投产，投产项目抓运行，确保项目早投产、早见效。最后是促和谐。把那些有培养前途、有强烈事业心的干部，派到复杂的工作环境中接受锻炼。三是扎实开展"双百"活动。要加强领导，落实责任。区四套领导班子带头，区乡两级干部全部深入下去，到自己的联系点和所包项目中开展工作解决问题。做到一级做给一级看、一级带着一级干。工作中宣传先进村、整顿后进村、提高中间村。"双百"活动的考核评价,不仅针对单位,也对个人进行奖惩,体现重奖重罚的原则。

"双百"活动全区动员会后,活动迅速进入高潮。各乡镇、各个村和区直各部门都积极行动起来,结合自身职能特点,因地制宜、突出特色、结对共建,深入推进"双百"活动。各乡镇都在第一时间召开了动员会,成立了"双百"活动领导组,确立了工作重点。荫营镇召开民主生活会和座谈会,积极推进"双百"活动有序进行;河底镇将"双百"活动细化为学习、讨论、整改三个阶段;平坦镇确定开展"抓党建,素质实现大提升;谋发展,经济实现大转型;促和谐,环境实现大改观"三大重点工作思路;义井镇结合纪念建党91周年,广泛开展党员党性教育,14个村有10个村组织相关人员外出参观学习;李家庄乡以"双百"活动为契机,掀起了"如何当好一名合格村干部"的大讨论;西南舁乡确定将"三资"清理和农村村务规范管理作为"双百"活动的主要内容;杨家庄乡在教育上做文章,请乡领导、村干部、大学生村干部、讲师团、工作队开展党性教育、形势教育、廉洁教育、法制教育、民主管理等多种形式的立体式教育活动;旧街乡推行了党员干部民事代办制度。园区管委会、区直机关工委、区档案局等单位到所包村通过召开民主生活会、党员大会、上党课等形式,了解基层情况,探讨发展路径。区委宣传部、财政局、环保局、区政府办等单位到所包村开展慰问老党员活动。李家庄乡包村单位与村进行了对接,帮助村里制订了三年发展规划。各乡镇工作队员及时到所包村走访座谈。

"双百"活动的开展,收到了预期的效果。全区共有33名区级领导、8个乡镇工作队、17个重点工作组、298名党员干部参加。截至2012年10月,工作队员深入所包村,先后召开座谈会1100多场次,走访群众4800多人,联系困难家庭460余户,解决实际问题220多个,为民办实事、好事420多件。

在廉洁教育活动中,对乡镇机关干部、支村两委成员1000余人进行了教育培训。通过举办培训班、观看警示教育片、服刑人员现身说法、到廉政基地参观学习、开展知识竞赛活动、对村干部进行约谈和明察暗访等多种形式，使各级干部的廉洁意识得到了较大提高。特别是党委书记、工作队员亲自授课，自行编印培训教材，向参加培训人员赠送廉政格言，大大激发了参训人员廉洁自律、为民办事的热情。在法制教育活动中，区委法治办组织全区

区委统战部慰问包村工作人员

20个相关执法部门精心编印了与农村农民生产生活相关的法律法规，共23类600多册，发放到了全区184个行政村。还开展"送法律、进农村、维稳定、促发展""法律面对面"宣传咨询活动13次，发放各类宣传资料近万份，接受法律咨询200多人次，向农村赠送法律书籍11000余册。在民主管理教育中，区委组织部牵头，区民政局等相关部门配合，重点围绕"讲、学、评、查、议"5个环节开展专题教育。同时围绕党性教育、亲民教育、感恩教育，组织骨干分赴各乡镇对广大党员、干部、群众进行宣讲。在教育培训中，各乡镇结合实际，创新务实。北杨家庄村"助困活动周"筹集资金7500元；"便民餐厅开放周"听取村民对办好餐厅的建议；小西庄村的"主题宣讲周"让所有支部成员轮流讲党课、讲民心课，现身说法；黑土岩村"我为党旗添光彩活动周"举办了演讲比赛、诗歌朗诵和书法展示；高垴庄村"廉政你我他宣传周"、庙岭村的"民生调解周"、南杨家庄村的"和谐发展献策月"、白家庄村的"绿色经济园招商周"、桐花树村的"宗旨意识反思周"、张家洼村的"党性教育周"各具特色，各有主题，充分体现了学习教育活动的创新提升。

通过"双百"活动的开展，农村基层干部的法制观念和廉洁意识得到进一步加强，农村基层组织民主化管理得到进一步规范，广大机关干部深入基层，谋事务实，工作作风得到进一步转变。阳泉市郊区"双百"活动的先进经验先后在"三晋红E网"、《中国组织人事报》等媒体进行了宣传报道。"双百"活动引来了满盘皆活、

生机无限的喜人局面。转型发展从被动等靠到主动出击,广大干部群众干事创业的信心得到提升。

第四节 社会事业蓬勃发展

一、教育

(一)幼儿教育

老区幼儿教育兴起于中华人民共和国成立之后。改革开放前有农村和生产大队也办起了幼儿园,但条件极差,幼教队伍素质不高,幼儿入园率普遍低。

1982年5月,区教育局在大阳泉大队召开了全区第一次幼教工作会议,开始统一使用省编《语言》《计算》课本,其他课本参照全国统编幼儿大班教材进行教学。自此,郊区幼儿教育开始步入正轨。同年,李家庄公社柳沟大队投资8万余元建起区内第一所独立幼儿园,设园长1人、幼儿教师3人,开设了语言、计算、常识、音乐、体育、美工6门课程,并为幼儿园配备了部分图书和各种玩具。《人民日报》为此发表了《柳沟大队党支部舍得投资办教育》的报道。1983年7月,全区幼教工作现场会在柳沟大队召开。之后,平坦、李家庄、义井、河底、荫营5个公社均配备了专职幼教视导员,13个公社先后办起了中心园。从1986年开始,各乡镇积极兴建高标准的独立园,到1990年,全区相继达到省级中心园标准、省级三类标准以上的独立园增加到30所。1991年后,办园力度进一步加大。1993年郊区获"山西省贯彻幼教'两个法规'先进集体"荣誉。1995年郊区被评为山西省"幼儿教育先进县(区)",被省教委评为"基本满足幼儿学前三年教育县(区)"。1996年3月,郊区被国家教委授予"全国幼儿教育先进县(区)"称号。

1999年,平坦镇大村村建成全区第一所民办园——永红幼儿园,拉开了兴办民办幼儿园的序幕。2003年,郊区再次被教育部评为

"全国幼儿教育先进县（区）"。2005年4月28日、29日，教育部、科技部联合组成的"科教兴国十周年华夏行"教育篇——《教育从娃娃抓起》摄制组来郊区进行农村幼儿教育的录制工作。摄制组深入区实验幼儿园、河底幼儿园、坪上幼儿园、北杨家庄幼儿园、南杨家庄幼儿园、义东沟幼儿园，主要撷取了反映郊区幼儿教育"都市化"、社会化、特色化的内容。

郊区幼儿园的亲子活动

11月4日，中央电视台第10套节目《当代教育》栏目《科教兴国华夏行》系列节目对郊区加大力度发展幼儿教育的经验进行了报道，展示了在经济社会快速发展过程中，郊区幼儿教育健康、快速、现代化发展的良好势头。重点介绍了郊区充分利用已有条件，紧密结合农村幼教特点，在农村幼儿园建设中因地制宜，自己动手，自制教玩具，致力于培养幼儿动手操作能力，全面实现幼儿的健康成长的情况。

2002—2008年，全区共举办了8届园长论坛，强化了园长的业务素质和管理水平。全区幼儿园园长在上岗前全部经过市级以上培训，做到了持证上岗。

2008年，全区共有幼儿园（班）111所（民办园3所），其中省级示范园2所、市级示范园1所、区级示范园11所。有81所幼儿园达到阳泉市星级幼儿园办园标准，其中有3所五星级幼儿园、10所四星级幼儿园、26所三星级幼儿园、29所二星级幼儿园、13所一星级幼儿园。全区共有335个教学班、在园幼儿6208人、入园率90.6%。共有幼教职工687人,其中公办幼儿教师90人、村办幼儿教师433人、厂矿幼教职工85人。专任幼儿教师学历合格率91%,大专以上学历达32%。有省特级幼儿教师1人,省级保教能手4人,省级骨干教师2人,市级保教能手、学科带头人20人,区级保教能手、学科带头人79人。

到2013年,全区创建省级示范园2所,市级示范园4所,区级示范园13所。根据《阳泉市幼儿园星级管理有关规定》,全区有92所幼儿园达到阳泉市星级幼儿园办园标准,其中,有10所五星级幼儿园。其间,全区共培养省特级幼儿教师1名,省级保教能手6名,省级骨干教师2名。2013年,全区3—5周岁适龄幼儿入园率达99.6%,提前完成了《国家中长期教育改革与发展规划纲要》提出的目标。

(二) 九年义务教育

党的十一届三中全会以来,郊区中小学教育恢复了正常的教学秩序。1984年,区委、区政府把振兴教育列为郊区发展的三大战略目标之一,要求充分发挥国家办学和群众办学积极性,迅速改善办学条件,使初等教育进入省市先进行列。

1. 实施育人工程,推进素质教育

2000年,郊区将素质教育纳入教育现代化建设之中,制定并在全区(中)小学校实施《育人行动计划》。2001年开始,郊区将《学校管理校本化问题的研究》列为山西省"十五"规划重点课题,加强了中心校建设,推行了学区一体化管理。2002年12月,郊区出台了《关于实施全面育人工程的意见》,提出了"关注人的发展、关注人的可持续发展、关注人的终身发展"和"不求人人升学,但愿个个成人"的育人理念,全区育人工作进入新阶段。2003年以来,全区继续实施全面育人工程,逐步形成了以"健康教育、养成教育、责任教育、创新教育"为核心内涵的素质教育"四育"模式,使素质教育的推进方向更明确,措施更具体,效果更明显。同时强化了学校、家庭、社会"三位一体"的育人网络建设，通过开展特色学校和优质学校创建活动，大力实施校园文化建设，整体提升全区学校办学水平；通过进一步完善家庭教育委员会和社区教育委员会功能，不断提升家长教育子女水平；通过成立青少年校外教育指导委员会，高标准建设区青少年活动中心，为学生参与体验、培养能力、提高素质创造了条件。

2. 课程改革，全面深化

郊区作为省级课程改革实验区，于2002年正式启动了基础教育课程改革实验。之后三年间，郊区在课程建设、研究性学习、校本教研、课堂教学改革和评价制度改革五方面取得了重大进展。2005年3月，郊区教育局被授予"山西省基础教育课程改革先进集体"。2010年，郊区举办了"基础教育课程改革十年成果展"，集中展示了中小学在基础教育课程改革中的各类教育教学成果。同年，区教育局被市教育局授予"阳泉市十年基础教育课程改革先进集体"称号。

3. 大力开发校本课程工程

2002年基础教育课程改革启动，郊区就明确将"校本课程"开发作为全区三级课程管理机制建设的突破口。以构筑地域特色、弘扬地方文化、传承中华文明为基本出发点，郊区制定出台了《阳泉市郊区校本课程、地方课程、综合实践活动课程开发方案》，全区中小学围绕教育教学类、古代文化类、阅读欣赏类、文化艺术类、资源开发类、农林牧禽类、科学生活类、信息技术类这8大主题，相继开发出了以西南舁乡为中心的种植、养殖模式，以荫营镇、河底镇为中心的耐火、煤炭资源，以林里、官沟、小河为中心的传统文化，以旧街、柳沟为中心的村史民情等区域的校本、地方课程。全区共开发8大类89种校本课程，63种校本课程和5个区域地方课程通过区教育局课程开发领导组审核，在全区中小学校实施。2009年以来，郊区又以安全教育、养成教育、责任教育、健康教育为主线，活动以校园文化建设为核心，进一步拓宽校本课程领域，开发形成了一大批彰显素质教育"四育"模式的特色校本课程，课程的文化特性和育人功能更加凸显。

4. 标准化学校建设顺利完成

2010—2011年，区政府制定出台了《关于实施义务教育标准化学校建设工程的意见》和《关于义务教育标准化学校建设实施方案》，全区义务教育学校标准化建设全面启动。2011年、2012年，

2003年，荫营中学跻身于山西名校行列

玉泉中学

郊区职业中学

荫营二中

荣誉

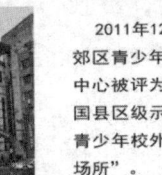
文苑小学

青少年活动中心

2011年12月，郊区青少年活动中心被评为"全国县区级示范性青少年校外活动场所"。

育才小学

文苑幼儿园

三郊村标准化幼儿园

教育工作优先发展

区委、区政府将义务教育标准化学校建设作为全区重点工程,累计投入资金2074万元,完成了全区68所义务教育学校的标准化建设和薄弱校改造工程,使义务教育学校全部达到山西省义务教育阶段中小学办学基本条件标准,学校办学条件和办学水平整体提升,区域教育均衡化水平进一步提高。2013年,区政府再次投入360万元用于义务教育学校设施设备的配套升级。2013年10月,郊区顺利通过了省级义务教育标准化学校建设验收。

5. 教育资源配置全面优化

以规模办学为切入点,教育资源配置得到全面优化。2003年、2004年,区政府先后出台了《关于进一步调整学校布局的方案》《关于中小学布局调整的实施意见》,通过实施"撤并单人校""合并相邻学校""新建和扩建寄宿制学校"三步走的策略,使学校数量从2003年的132所整合为2013年的66所。至此,全区学校布局结构进一步趋向合理,教育资源得到进一步优化配置。

(三)普通高中教育

1979年荫营中学被省确定为山西省非首批重点中学。1980年,荫营中学被确定为郊区重点高中,从中佐中学、杨家庄中学等校调入8名骨干教师充实其师资力量。之后,为提高教学质量,部分高中逐渐被撤销。1984年,高中撤销至4所(荫营中学、李家庄中学、河底中学、庙上中学),教学班37个,在校生2045人。1985年,李家庄中学改为重点单办初中校,高中部撤销并入荫营中学。1987年9月河底中学高中部撤销,全区只保留荫营中学1所高中。1988年,李家庄中学恢复高中建制。自此,全区有单办高级中学两所,即荫营中学和李家庄中学。1989年,荫营中学更名为"阳泉市郊区第一中学",李家庄中学更名为"阳泉市郊区第二中学",直属区管。

1997年,郊区一中高考学生首次考入清华、北大等名牌大学,成为省级文明学校、省级德育示范校、全国民主管理示范校。2001年8月,郊区一中恢复"荫营中学"校名,郊区二中更名为"阳泉市玉泉中学"。同年,全区开始启动普及高中阶段教育工程:一是逐

2013年荫营中学有8名学生分别被清华、北大录取

年增加普通高中招生人数，将郊区职业中学又挂牌为"阳泉市古城中学校"，实行一所学校两块牌子，招收综合高中班；二是扩建校舍，为荫营中学和玉泉中学建起教学大楼。2003年7月，区委、区政府实施了捐资助教活动，为荫营中学建起了标准400米塑胶运动场等设施。2005年，郊区进行了招生制度改革，实现了综合素质评价参与中考录取、等级制录取、招生学校加试录取等录取形式，评价结果以等级呈现，取得了良好的效果。2008年，郊区高中全面进入课程改革实验阶段，玉泉中学经市教育局批准开始增设艺术、体育特长班。

2008年，全区有普通高中2所，在校学生3665人，高中阶段教育毛入学率达到85.6%。有教职工292人。1977—2008年，郊区共为大专以上、中专院校输送学生12110人，其中高中考入大学本科、专科院校的9954人，考入中专学校的1906人。

（四）职业教育

1. 初等职业教育

党的十一届三中全会以后，教育事业有了新的发展，初等职业教育主要是在中小学各科教学中渗透。1991年，郊区进行学制改革，"六三"学制向"五四"学制过渡。区教育局组织编写了供中小学使用的乡土教材《富饶的山区》《农村实用技术》两册，共11万字。小学阶段增加乡土教材，上好劳动技术课。初中阶段除上好劳动课外，20%的时间进行职业教育，实行"3+1"模式，即前三年授文化课教材，第四年实行合理分流，开设1至2门专业技术课，保证学生在校期间学到一技之长。学生毕业时同时颁发《初中毕业证书》和《初等职业技术培训证书》。1944—1996年，"初四分流"工作在荫营镇、平坦镇、河底镇进行试点，1997年被推广到各乡镇。2004年，初中恢复"六三"学制，"初四分流"随之结束。

2. 中等职业教育

1970年，郊区开始兴办中等职业教育。1987年6月，区职业高级中学成立，实行教育局和乡镇局联合办学的"双元制"，学制3年。其先后开设财会、文秘写作、企业管理、计算机、中西医师和护士等10个专业。1989年，区职业学校通过省教委的验收，成为山西省合格职业技术学校。同年，区教育局制定了《巩固和发展职业教育三年规划》，召开了首届职教工作会议，河底、平坦等乡镇先后成立了中等职业学校。1992年5月，制定了《阳泉市郊区农村教育综合改革实施方案》。同年6月，区教育局职教科和成教科合并为农教综合改革科。1993年，区政府制定了《乡镇职业学校办学标准暂行规定》，初步建立了以区办职业学校为龙头、乡办职业学校为骨干的职业技术教育体系。各校坚持为当地经济建设服务，实行"成职教一体、厂村校联办、长短班并存"的办学模式。全区有职业学校15所，成人校2所，成人培训中心5个，村办农技校66所。当年，职业学校招收新生432人，与普通高中招生比例达1.19∶1。郊区被省政府评为"农科教结合先进县（区）"。1995年区职业高级中学成为省级重点学校。1996年全区13个乡镇职校全部达市级乡镇职校合格标准，其中河底职校、平坦职校成为省级合格乡镇职校。

1997年，区政府将区职业高级中学扩建为区职业教育中心。到1998年，区职教中心与武汉冶金科技大学材料学院联合举办耐火材料短期培训班，为郊区培养了近120名高素质技术骨干。1999年9月，市科委挂牌确定区职教中心为"星火技术培训基地"。2003年，郊区出台了《关于大力推进职业教育改革和发展的决定》《关于加强农村成人教育工作的实施意见》《关于进一步加强中小学职业渗透教育的意见》，加大了职业教育的改革力度，同年将13所乡镇职业学校合并调整为5所。2004年，郊区对重点企业、种植及养殖户情况进行摸底调查，初步建立了人才库。2007年后，郊区依据国家相关政策，为职高学生发放每人每学期750元的助学金。

2008年，郊区有区办职业学校1所、乡镇职业学校5所，教职工146人，教学班49个，在校学生1863人。另有民办职业学校2所。90%的职业高中毕业生取得职高毕业证和专业技术等级证"双证书"，就业率达90%以上，部分专业达到100%。高中阶段教育普职招生比达到1∶1.32。几年来，郊区职校毕业生对口升学一直在全省保持领先水平，其间，全区对口高考考入大专院校3004人（其中本科839人，专科2165人），实现了部分学生上大学的梦想。尤其是2008年对口高考创下新高，全区职校毕业高考参考人数301人，录取人数276人，其中本科44人、专科人数232人，远远高于全市职教系统对口高考的总和，本科录取占到全省计划的13.3%。2013年，对口高考升学参加考试242人，录取241人，其中本科12人、专科229人，录取率99.6%。

（五）成人教育

20世纪70年代中期，农民教育逐渐恢复正常。1979年，各人民公社相继成立工农教育委员会，以扫盲为重点的农民教育在区内普遍开展起来，188个大队建立了农民教育领导组。1980年，郊区农民教育由扫盲转向巩固扫盲成果，并试办农民业余技术学校。1985年1月省政府颁发《扫除文盲合格证书》，确认郊区为基本无盲县（区）。1990年，山西省农村成人教育工作现场会在东村乡召开，东村乡被评为"山西省农村成人教育工作先进乡"。1992年，全区开始进行农村教育综合改革工作。区政府于5月制定了《阳泉市郊区农村教育综合改革实施方案》，要求建成以普通教育为基础、区中等职业教育为骨干、乡镇初级职业教育为主体的农村大教育框架，形成政府统筹、各行各业办学、教育部门统管、社会多方位配合的农村大教育新体制，建立起"三教"（普通教育、职业教育、成人教育）统筹、农科教结合的农村教育体系。1993年，各农村全部达到高标准扫盲要求，非文盲率达到99.7%。13所乡办和179所村办农民技术学校教学设施基本齐备，年培训各类技术人员5105人次，80%青壮年农民接受1至2项文化技术培训，70%的农民接受不同程度的文化技术教育。同年10月，郊区被省政府评为"农科教结合先进集体"；12月，被省教委评为"山西省农村成人教育先进集体"。1994年6月，经省教委评估验收，郊区成为代表山西省较高水平的"农村教育综合改革实验县（区）"。1995年，郊区成为全省和全国首批"普及义务教育扫除青壮年文盲工作先进区"。1999年，区教委被省政府评为"扫盲与农村成人教育先进集体"。同时，成人教育重点转向扫科盲和对农民进行实用技术培训。区教育部门与区农业部门、区科委联合实施成人教育"个十百千万"工程（建设1所区级示范成人学校，建设10所乡镇示范成人学校，建设100所村企合格农技校，培养1000个科技示范户，培养10000个科技带头人）。2005年，郊区被山西省人民政府评为"山西省科教兴县（区）先进单位"。2006年，坪上、山头、东南舁、辛兴、义井、瀑里、南杨家庄7所村级农技校被省教育厅评为省农村教育改革试点校。2007年，区职业高级中学被省教育厅确定为阳光工程培训基地。平坦职校、西南舁职校被市农业局确定为阳光工程培训基地。2008年，瀑里村农技校（小学）和坪上村农技校（小学）被省教育厅评为全省第二批农村教育综合改革试点校先进单位。同年，西南舁新育职业培训学校（民办）、荫营职业学校、千宇职业学校（民办）被市农业局确定为阳光工程培训基地。2008年，有乡镇农民文化技术学校8所，村（企）办农技校184所，教职工378人。年培训人员42591人次。

（六）民办教育

2003—2013年，全区民办教育呈现出良好的发展势头。截至2013年，全区民办学校16所，在校生1830人，教职工207人，其中外聘34人。2013年，全区民办学校共招生1422人，其中学历教育人数703人，非学历教育人数719人。全区在鼓励民办教育发展的同时，按照"积极鼓励，大力支持，正确引导，依法管理"的方针，对全区民办学校进行了整顿，2005年停办1所。2006—2013年区教育局每年对全部民办学校进行考核验收。

二、科技

（一）科技队伍

中华人民共和国成立前，区内科技人员较少。中华人民共和国成立后，随着科技事业的发展，科技队伍逐渐扩大。1983年各乡镇都建立了科普协会，全区有科普协会13个，科普小组190个，会员723人。1987年，区科协开展了专业技术职称评聘工作，范围包括工程、经济、农业、教育、会计、统计、审计、体育、卫生、广播电视、档案、文化、编辑、公证员、律师、工艺美术16个系列，评出具有中级技术职称的17人、初级技术职称的234人（其中助理级23人，员级211人）。1990年首次为农民评定专业技术职称，评出具有中级技术职称的170名，初级技术职称的1149名。1994年后，全区建立了各类专业协会28个，发展会员1200人。到2002年，共办农村专业技术培训班7期，培训人数3500人。获得中级职称的496人，其中助理级技术职称851人，技术员级技术职称1178人。

2003年，乡镇机构改革合并后，乡镇科协由13个调整为8个，并在全区加强规范整顿，组织了耐火、煤炭、建材、化工、铸造、卫生、教育科学、畜牧、种植业、蔬菜10个区级技术行业协会，发展会员2400人。开展了形式多样的技术职称评定和人才培训工作，并创造条件聘用了10名在全市有影响的专家、工程师为技术顾问，依托太原理工大学、山西农大为技术依托单位，建立了郊区第一个科技中介服务机构——技术服务中心。荫营镇科协被市科协评为全市唯一出席省科协表彰会的单位。到2008年，评定专业技术职称5401人，其中中小企业评定高级技术职称42人、中级技术职称308人、初级技术职称503人。在所聘职称的工程系列、经济系列、会计系列和统计系列 4 个专业中，分别占总数的 70%、12%、12% 和 6%。全区事业单位有专业技术人员 4548 人，其中高级 149 人、中级 1656 人、初级 2743 人。

（二）科技活动

20 世纪 50 年代，区内乡村用黑板报、幻灯、广播、电影、张贴与发放科技资料等形式，向群众宣传科学知识，推广适用技术，如化学肥料的使用、病虫害的防治以及农作物的优种选用等。20 世纪 80 年代后，科普宣传活动和先进科学技术的推广应用更加广泛地开展起来。

1992 年，郊区开始创建"全国科技先进县区"工作，各乡镇也开展了创建"科技先进乡镇活动"。1995 年郊区获"全国科技先进区"称号，成为全省第二家获此殊荣的（县）区。1996 年 3 月，经国家科委 20 项综合指标考核评定，郊区被评为"全国科技实力百强县（区）"，成为全省首获此殊荣的（县）区。4 月，在"第五届中国专利新技术新产品博览会"上，参展的 26 个项目，共获得 8 个金奖、12 个银奖、5 个优秀奖。2001 年，郊区开始支持企业申报省级"高新技术企业"，并出台了一系列优惠政策。2003 年，全区开展了创建农业科技示范园区、科技示范户活动，旨在以点带面，促进全区农业科技的发展和新技术、新品种的推广应用。2004 年 4 月，阳泉市郊区科协农函大分校成立，开设涉农专业 11 个，全区各个行政村均设有教学班。同年，郊区被科技部确定为第一批全国科技工作试点（县）区。2005 年，为落实全国农村科普工作会议精神，中国科协开展了全国科普惠农行动计划试点工作。杨家庄乡代表阳泉市参加了全省的试点工作会议。2006 年，郊区开始实施"耐火制品集约化生产"，这是国家科技富民强县专项行动计划项目。到 2007 年，先后建成 6 个科普示范基地，其中 5 个为市级科普示范基地。郊区果业协会、郊区林业协会、郊区富民畜牧业协会被省科协评为第一批"山西省百强农村专业协会"，这三个协会和郊区东村村种养协会被市、区科协评为"先进农业技术协会"，郊区果业协会又被中国科协评为年度"科普惠农兴村计划先进集体"。各乡镇和大部分行政村都建立了科技文化活动中心和科普活动场所。有区级科普画廊6处、科普橱窗350平方米;各乡镇共有科普橱窗102个、活动室120个。郊区青少年活动中心被中国科协命名为社区级"青少年科学工作室",郊区农函大分校被中国农函大评为"2008年度培训先进集体"。

(三)科技成果

1983—2008年,郊区共组织实施国家级、省级、市级科技项目480项,利用国家、省、市扶持资金1939万元;组织实施区级科技项目340项,累计投入资金2549万元。全区共组织鉴定科技成果123项,其中获省级科技进步奖28项,获市级科技进步奖4项、科技应用奖33项、科技推广奖18项。2005年、2006年实施了国家科技富民强县试点项目。2006年林里粉末冶金有限公司争取到国家中小企业发展基金60万元,这是阳泉市首家争取到此项基金的企业。

三、文化

(一)演艺团体

1. 三泉曲艺队

三泉曲艺队组建于中华人民共和国成立前。1959年,组建三泉村剧团,戏剧和曲艺均有活动。1969年,改称"业余文艺宣传队",以编演曲艺节目为主。1979年,宣传队以工艺瓦厂为依托,白天参加生产,晚上

电视片《周总理在阳泉》剧照,民间艺人王勤

编排节目,实行厂队合一,经济文化兼顾。1980年分别组建晋剧团和曲艺队。曲艺队时有队员16名,以评说、迓鼓、莲花落为主要表

演形式。在队的王勤、甄秉慧、甄秉智、冯才云等民间艺人，既是编剧、导演，又是主要演员，编演9人评说剧《该靠谁》等节目。1981年后多次代表区参加省、市各类汇演和调演并获奖励。共创作演出曲艺节目28个，其中获省级奖励1个，市级奖励12个。2002年，曲艺队有演员6人，年演出5场，自创节目评说《抹去昨天的泪》《普天之下孝为大》获市级奖。至2008年，曲艺队有演员6人，自创、自编莲花落、评说、小品参加各级各类演出。

2. 莺音歌舞团

1980年12月组建，演职人员12名。主要在郊区及临近县区包场演出，节目形式有歌舞、评说、小品等。1990年2月，该团自创歌舞节目《乡镇企业一枝花》获山西省"运拖杯"明星乡镇文艺大赛二等奖。1993—1998年，有演职人员18名，年演出58场，经营收入5.5万元。2000年后，因多种原因人员流失，团体解散。

3. 物资总公司文艺队

1989年2月成立，演员16名，前身为郊区文艺宣传队。1990—1995年，共创作演出音乐、舞蹈节目100多个。1991年2月，舞蹈《光的足迹》《煤海群星》、表演唱《娶亲》、独唱《沙江口驮煤》，入选阳泉市1991年春节文艺晚会，并在中央电视台一、二套节目播出。同年4月参加山西省物资系统文艺汇演，《光的足迹》《娶亲》获一等奖；舞蹈《煤海群星》《一年之计在于春》获二等奖。10月参加全国物资系统文艺汇演，《娶亲》获一等奖；《沙江口驮煤》获二等奖。1992年5月参加了山西省纪念毛泽东《在延安文艺座谈会上的讲话》发表50周年"群星杯"群众文艺优秀节目邀请赛。舞蹈《灯花花落在心尖尖》获大奖；《娶亲》获一等奖；舞蹈《春雨》、歌舞《金迓鼓银唢呐》获二等奖；舞蹈《红腰带》、歌舞《太行，我的故乡》获优秀奖。同年1月参加全国"三民"调演，《灯花花落在心尖尖》获铜奖。1993年6月参加山西省税收与改革文艺汇演，舞蹈《卖花布的姑娘》、歌舞《为了你我他》获一等奖。

4. 郊区歌舞团

成立于1996年8月。其前身为郊区物资公司歌舞团。编制为20人，事业单位性质，实行企业化管理。区政府实行差额补贴。该团主要以自创、自编、自导、自演小品、歌舞、迓鼓等节目为主，情景剧《山乡卫士》、歌伴舞《三回娘家》、小品《搬不搬》《搬迁之后》等，多次荣获国家、省、市优秀节目奖。1997年演出的歌舞《人民交警为人民》节目，参加了山西电视台《五彩缤纷》节目现场直播。2000年12月，舞蹈《压不弯的脊梁》赴太原参加了全国"群星奖"舞蹈大赛，获省级银奖、国家级铜奖。2002年4月，郊区歌舞团下设的礼仪服务部正式成立。6月，小品《搬迁之后》参加了山西省"三小"（小品、小戏、小剧种）调演获优秀节目奖、创作二等奖、表演二等奖。2004年，60人的花棍秧歌队获山西省第二届广场文化艺术节表演银奖，第二套《健身秧歌》表演获山西省第五届农民运动会二等奖。2005年，小品《法官情》获省法院系统文艺节目调演二等奖。2008年，开展送文化下乡活动，累计送文化下乡168场。

5. 郊区农民管乐团

由李家庄乡李家庄村农民组成。该团于2001年4月开始筹建，11月正式挂牌。是阳泉市首家农民管乐团，现有成员35人。郊区文化馆杨子军担任指导教师兼指挥，至2006年已排演中外名曲50多首。面向全市参加演出、庆典和礼仪活动。2007年后，受团内主要成员工作变动之影响，再未组织参加过任何活动。

6. 影星歌舞团

2003年3月，荫营镇桥上村村民耿文华筹资16万元，吸纳社会各界文艺工作爱好者25人，组建了该文艺演出团体。节目以歌舞、小品、独唱、评说为主。在郊区及临近县区包场演出。2005年正式定名"影星歌舞团"。至2008年，年平均演出42场次，经济收入达25.5万元。

7. 荫营激情广场文化艺术团

荫营激情广场文化艺术团于2006年9月正式成立，是全区激情广场创办的第一个艺术团体。全团老、中、青演员共计20余人。艺术团演出以歌舞、小品、对唱、独唱、快板等形式呈现。艺术团节目短小精悍,小型多样。乡土文化气息浓厚,紧紧把握时代特征,弘扬主旋律,是郊区具有影响力的艺术团体。艺术团分为舞蹈、声乐、乐器三大组成部分。

(二) 文化设施

改革开放前,以建立农村俱乐部为主要标志,群众文化设施建设发展较快。20世纪80年代后,随着改革开放,经济的腾飞,区内一大批文化设施陆续建成,并相继投入使用。区、乡、村三级文化网络基本形成。

1. 郊区文化馆

郊区文化馆成立于1976年5月,总面积为180平方米。成立初设舞蹈、音乐、美术、曲艺4个部,附属工艺美术服务部1个。1981年收集整理了《阳泉民间故事集》2辑,《阳泉民歌选》1辑。1987年,举办民间美术作品展两期,其优秀作品成为市领导访英赠礼。2004年,该馆被国家文化部命名为三级文化馆。至2008年底,累计举办少儿音乐、舞蹈、电子琴、美术、书法、管弦乐等培训班200余期。共为省、市艺术院校培训各类艺术人才近650人。举办乡镇文体站长、文艺骨干、区内有关学校音乐教师和幼儿教师的培训班30期。

2. 郊区图书馆

郊区图书馆始建于1989年,设在区体育馆三层、四层楼内。建筑面积达800平方米,内设采编、外借、阅览3个组。阅览室可容纳读者100余人。馆内藏书5万余册,图书流通1万余册,各类报刊合订本近3000册,年接待读者4253人次。1994年5月,

郊区图书馆阅览室

被评定为省三类图书馆。至2008年底,图书馆藏书4.1万册。

坡头村文化活动中心

旧街乡文化活动中心

3. 乡镇文化站

1979年,荫营、河底、白泉、辛兴公社重建文化站。同年河底公社创办文化中心,设有影剧院、图书阅览室和文体活动室。1980年,西南舁、东村、旧街公社重建文化站,全区公社文化站增至7个。1985年,阳泉郊区的三郊、燕龛、杨家庄、李家庄、平坦、义井乡均组建了文化站。同年,荫营镇文化站建立文化中心,设有影剧院、文艺演出队和印刷厂。从1986年起,郊区开展了以人员、经费、场地、活动四落实为主要内容的乡镇文化站达标活动。1987年,荫营镇、河底镇、白泉乡文化站经市文化局验收达标。1988—1989年,西南舁、燕龛、三郊、李家庄乡文化站相继达标。1990年,燕龛乡新建了文化中心,设有影剧院、录像厅、图书阅览室、作品展出室、游艺室和综合活动室。至1990年底,全区13个乡镇文化站全部达到市定标准。2001年全区撤乡并镇后有8个乡镇文体站。到2008年10月,荫营镇、河底镇2个镇完成了综合文化站标准化建设,总面积5600平方米、建筑面积3420平方米,藏书量12000余册,现已正式投入使用。

4. 农村文化室

1979年,荫营、河底、白泉等公社的部分农村文化室恢复活动。1993年区内共有农村文化室152个,其中甲级32个、乙级46个、丙级74个。1996年,全区有农村文化室152个。2007年,国家发展改革委和文化部下达了《"十一五"全国乡镇综合文化站建设规划》，郊区开始了新一轮的乡镇、村文化设施建设。至2008年底，全区有95个村文化室达标准化建设。

（三）音乐舞蹈

1. 音乐

20世纪70年代，郊区音乐才开始发展。1975年甄秉元创作的歌曲《毛主席号召实现农业机械化》入选《毛主席是我们心中的红太阳歌曲集》。1979年，甄秉元创作的歌曲《青春的歌》《红色少年之歌》入选《山西歌曲选》。1990年，刘满银创作的歌曲《干渴的土地》获山西省第二届民间舞蹈大赛二等奖。1995年，义井镇的农民歌手郗水英，参加了"全国农民歌手大赛"，荣获铜奖。1999年，高瑞清作词、杨子军作曲的歌曲《秧歌红绸天上甩》入围阳泉市第三届精神文明建设"五个一工程"优秀作品并获奖。史苹果编导的《希望的田野上》获得山西省旅游文化节一等奖。2002年，郊区歌手杨丽琴、张建英、吴丽娟、张志军参加山西省民间歌手大赛获优秀奖。郊区歌舞团王晓云、陈菲演出的二人组合《网络战士》在山西省"黄土风情"农民歌手大赛中获三等奖。2003年郭俊卿作词、杨子军作曲的《我们万众一心》，张宝荣作词、杨子军作曲的《你那深邃的眼睛》成为阳泉市郊区抗击非典合唱会主歌。2005年11月，张建英获"金升杯"首届全国乡村青年才艺风采大赛优胜奖。

2. 舞蹈

1992年底，宋莉编导的舞蹈《煤海群星》《光的足迹》《一年之计在于春》和参与编导的《灯花花落在心尖尖》《红腰带》、歌舞《金迓鼓银唢呐》《太行，我的故乡》，多次参加全国全省汇演、调演并获奖。1994年，杨子军词曲、史苹果编的歌《爱你，我的家乡》荣获山西省明星企业优秀节目奖，并在山西电视台《五彩缤纷》栏目现场直播。郊区物资公司歌舞团创作并演出的舞蹈《三回娘家》，参加了山西省文化厅、山西电视台共同举办的"山西省小康示范县（区）"文艺汇演，并且被评为一等奖。1996年，张秋成、史苹果编导的《古风变奏》获得山西省粮食系统文艺汇演优秀节目奖。1997年，郊区歌舞团演出的歌舞《人民交警为人民》，在山西电视台《五彩缤纷》栏目现场直播。1998年，杨丽琴的独唱《秧歌村》在省歌舞比赛暨首届民歌比赛中获优秀奖。2000年，郊区歌舞团演出的舞蹈《压不弯的脊梁》，参加了全国"群星奖"舞蹈大赛，荣获国家文化部颁发的铜奖。2003年，在山西省第二届广场文化艺术节中，郊区代表阳泉市参赛的舞蹈《花棍秧歌》获得银奖；史苹果、杨子军获得最佳编导奖。

（四）书法、美术、摄影

1. 书法

20世纪70年代，郑恩田、姚仁承、郗满祥的书法作品始露锋芒。1985年郑恩田的作品入选全国第二届书法展览并被选送出国展出；任四新的硬笔书法作品在中国硬笔书法大赛中获青年组优胜奖。1986年武爱栓的作品入选全国书法电视大奖赛并获奖。1991年，武爱栓作品被选入《中国书坛新人作品展》。1992—1993年，任四新和武爱栓相继被收入《中国硬笔书法家词典》。2003年5月，刘满成作品入展山西省第一届青年书法篆刻展暨全国著名青年书法家作品邀请展；同年，在中国当代文人书画艺术大展中获金奖，作品入编《当代中华文人书画精典》并被永久收藏；5月8日在纪念毛泽东向雷锋同志学习题词发表四十周年全国书画大展上获铜奖；5月20日荣获首届"王铎杯"全国书画书评大赛金奖。同年，武爱栓的作品获第七届国际书画审美大赛金奖，获河北太行书画院"湖社杯"中国书画大赛三等奖；石志刚的作品在山西省公安系统"警鹰杯"书画摄影集邮展中荣获书法篆刻三等奖。2004年10月，刘满成、石卉、任宝平的作品入展山西省第六届书法篆刻展；武爱栓的作品获"皇威杯"中国书画名家作品大展赛终身艺术成就奖；石志刚的作品在全国"卫士之光"杯书法展中获书法篆刻三等奖。2005年，武爱栓的作品获"扬州八怪杯"全国书画大展赛精品奖。2006年6月，刘满成、任宝平、石卉、石志刚、王瑞红、荆军的书法作品分别入展"农行杯"山西省第二届中青年书法篆刻展；同年刘满成作品入展山西省首届书法小品展；同年刘满成、石卉、王瑞红作品入展山西省第七届书法篆刻展。其中王瑞红作品在山西省第七届书法篆刻展中评为获奖提名作品，石志刚的作品入展全国公安民警书法大赛。2007年，王瑞红作品获山西省新农村建设"尧都杯"农民书画展一等奖、石卉的作品获二等奖、任宝平的作品获优秀奖；同年，王瑞红作品获山西省"法制之春"书画展上三等奖；武爱栓作品入选陕西省"和谐盛世"全国名人名家邀请大展；石志刚作品在山西省第五届"阳铝奋飞杯"书法临摹作品展上获三等奖；石卉作品获优秀奖。2008年，武爱栓作品入选山西芮城永乐宫首届国际书画艺术节大展；刘满成的书法作品入选由山西省体育局、山西诗词学会出版的《从洛杉矶到北京——中国奥运冠军风采录》一书。

2. 美术

20世纪70年代，郊区籍美术工作者王俊杰、张四春、程兆星、刘建平陆续发表作品并获奖。1980年，刘理珍的《春色满园》入选京津晋年画联展。1992年，区实验小学姜绍龙的《我学当老师》、荆菁的《美丽的街道》，河底幼儿园韩政的《春耕》、段良焱的《我也忙》，入选全国少儿美术展并获奖。1997年，赵瑞的油画作品《军号（之二）》入选1997年山西省美术展。2004年，赵巧云的作品入展山西省油画展；任小军的作品荣获全国电视希望之星大赛山西赛区书画组全省十佳，荣获全国电视希望之星大赛山西赛区书画组优秀辅导教师奖。2005年，赵巧云在山西省阳泉市举办个人油画展；王世峰的作品《秋雾无声》获第二届"杏花村杯"书画大赛金奖。2006年，赵巧云的《化蝶》《金秋》《桃花》《朝阳》《绿色的山村》刊登在《艺术》杂志第三期。赵瑞的油画作品《萨克斯》入选山西省油画静物展。2009年，王世峰作品入选"情系三晋"新中国成立60周年书画展。

3. 摄影

1976年，区文化馆设摄影室，购置照相器材，并配备专职摄影创作人员。1982年，葛宝庆的《煤的旋律》、赵建科的《眼睛》、申家启的《交谈》入选山西省摄影展。1983年，葛宝庆的《黑与白》

入选北方十三省摄影展；赵建科的《授粉》入选山西省摄影展。1990年，王国贺被吸收为山西省摄影家协会会员。同年12月，贾村夫的《贤内助》《归根》《小别胜新婚》入选全国文学艺术大展赛，分别获摄影类作品一等奖、二等奖和优秀奖。1993年，李爱国的《行路难》在中国县市报新闻作品评选中获"好照片"奖。同年5月，贾村夫的《天职》入选全国卫生摄影大奖赛，获二等奖。2005年王国贺作品《老区印象》《放歌草原》入展平遥国际摄影展。2006年8月成立了区摄影家协会后，成立了"佳友在线"阳泉站。

四、卫生

（一）疾病预防和防控

1. 传染病防治

中华人民共和国成立至1975年，区内传染病防治由市卫生防疫站统管。1976年8月，区卫生防疫站成立。1984年，区卫生防疫站开始独立负责郊区及驻地厂矿的卫生防疫工作。2004年2月，区卫生防疫站更名为"区疾控中心"。下设有7个科室：办公室、检验科、流行病科、计划免疫科、公共卫生科、健康教育科、技术科。有正式职工31名，专业技术人员27名。

2. 食品卫生安全

中华人民共和国成立初至1983年，区内食品卫生由市卫生防疫部门统筹管理。1984年5月，区食品卫生协调领导组成立，设置卫生监督员23名。1984—2003年，依法监督监测35348次，查处食品违法案件2718起，没收销毁变质食品19898千克，罚没款156231元，责令停业397个，警告并限期改正1070家。2004年2月，郊区卫生防疫站撤销，设郊区疾病预防控制中心和郊区卫生监督所。1984—2008年，组织健康检查64541人，颁发健康合格证56183个，检出职业禁忌症人员771人，均调离食品业。

（二）妇幼保健

中华人民共和国成立初至1975年，区内妇幼保健由市妇幼保健所统筹管理。1976年8月，郊区妇幼保健站成立，2004年迁至区疾控中心办公楼。妇幼保健站担负着全区妇女儿童保健、健康体检、咨询、婚前检查、疾病防治、健康教育等工作，有职工15人，其中中级职称7人，初级职称7人，工勤人员1人。内设办公室、妇保科、儿保科、医技科、信息科、健教科等。1993年，全面启动了"爱婴工程"。1995年，区医院、荫营煤矿医院、河底镇卫生院和荫营镇卫生院4所医院率先成为首批省级"爱婴医院"。1996—1997年，辛兴、西南舁、杨家庄、燕龛、东村、李家庄、三郊、旧街、固庄煤矿这9所医院达市级"爱婴医院"标准。1997年郊区被列入全省出生缺陷高发区行列。1994—2008年，全区计划生育手术89731例，举办了产儿科适宜技术、孕产妇与儿童系统保健专业知识、新法接生适宜技术、预防出生缺陷削峰工程、孕产妇儿童死亡监测、生殖健康和计划生育项目、托幼机构卫生保健、妇幼卫生信息管理等培训班共86期，培训人员3100人次。

儿童保健。1979—2008年，全区7岁以下儿童进行健康检查共计283909人次，查出患病儿童30901人次，接受治疗27717人次，年患病率为10.88%。1998年起，为全区7岁以下儿童进行了健康体检、生长发育监测、儿童常见病治疗、婴幼儿科学喂养等保健服务。

（三）医疗机构

1. 郊区人民医院

1951年，阳泉工矿区第二区公所在后沟村建立了机关卫生所，设门诊和药房，有医务人员7名。1956年，改称"阳泉市荫营人民医院"，增设化验室，有医务人员16名。1961年，市政府投资在南窑庄村修建平房4排40间，荫营区人民医院迁至南窑庄新址。1962年4月，荫营区人民医院改称"阳泉市第二人民医院"，隶属市卫生局，分设内儿科、外妇科、放射科和化验室。1966年12月改称"贫下中农医院"。1968年10月迁至白毛梁新址。1972年建立院属制药厂，主要生产四环素、庆大霉素、中草药提取液等，供本院临床使用，兼有少量外销。1975年1月恢复原名。1996年4月，市政府将阳泉市第二人民医院全建制移交郊区政府，成立"阳泉市郊区人民医院"，并保留"阳泉市第二人民医院"的牌子。移交后的阳泉市第二人民医院规格、级别不变，属一所医院、两块牌子。同年，成立了急救中心，由急诊科管理，开通急救电话5050120。2006年6月，医院整体搬迁至郊区政府大楼，并投资200多万元购置了全自动生化仪、C型臂、高压氧，建成了全市领先水平的层流洁净手术室。

郊区人民医院新址及现代设施

2007年4月，二院通过国家二级甲等医院评审。同年10月，二院与中国人民解放军白求恩国际和平医院结为友好医疗联合体。2008年，二院设有13个职能科室、14个临床科室和7个医技科室。有职工250人，其中卫生技术人员216名。开设床位230张，固定资产总值1692.56万元。

2. 乡镇卫生院

20世纪50年代末至60年代初，区内联合诊所逐步过渡为乡镇医院、乡镇卫生院。70年代以后，13个乡镇均有了专门的医疗卫生机构并配备简单的医疗设备。1978年，西南舁卫生院创办精神病专科。1985年，义井卫生院创办义井精神病医院。1990年，白泉设气管炎专科，李家庄设肛肠专科。1992年，河底卫生院设创伤骨科，并成立了市第一人民医院河底分院，聘请53名专家定期坐诊。1993年，河底卫生院、义井卫生院先后经国家卫生部验收为一级甲等医院。随后，除平坦和三郊外，11所乡镇卫生院分别达到了一级甲、乙等卫生院标准。2001年，全区13个卫生院合并为8个，荫营、河底、义井和平坦镇辛兴中心卫生院为中心卫生院，西南舁、杨家庄、李家庄、旧街4个乡卫生院为普通卫生院。撤销后的三郊、白泉、东村、燕龛、平坦分别为分院，分院为中心卫生院下设的二级机构。到2006年，全区有5所乡镇卫生院创办了6个特色专科，有3所卫生院与上级医院开展技术合作。2008年，全区乡村两级医疗机构推行药品集中询价采购。

3. 农村卫生所

农村卫生所始于合作化时期，初称农村保健站。1954年小河村设保健站，为区内最早的农村保健站。1958年区内农村保健站增至116个。20世纪60年代末，保健站改称"卫生所"。1970年全区有农村卫生所115个。同年，全区普遍推广农村合作医疗制度，开展"三土四自"（土医、土药、土法治疗，自种、自制、自采、自用中草药），推广新医疗法，使常见病、多发病得到有效控制和治疗。1982年，全区行政村190个，建有卫生所174个，其余16个村，有医无药的8个，无医无药的8个。8个村卫生所购置了X光机，19个村卫生所设置病床45张。1990年，区委、区政府出台《深化卫生改革的意见》，取消了无证诊所49个，实行了一村一所。1992年，全区行政村卫生所覆盖率达100%。1993年，甲级卫生所达152个，占卫生所总数的82%。1997年，全区推行了"乡村卫生服务一体化"的管理模式。1998年之后，村卫生所由原来的集体创办转变为以个人租赁和合伙承包为主流的办所模式。2005—2008年，市、区对125个农村卫生院房屋建设各给予1万元的补贴。2008年底，全区80%的卫生所房屋建设顺利完成。全区村卫生所有191个。

（五）医疗队伍

1. 专业技术人员

1979年，全区专业技术人员260名。1985年715名。1995年，全区专业技术人员971名，其中中医师46名，西医师230名，护师107名，中药师17名，西药师28名，检验师9名，中医士12名，西医士118名，护士175名，助产师6名，其他卫技人员213名。2000年全区专业技术人员881名，其中中医师46名，西医师252名，护师199名，中药师19名，西药师25名，检验师22名，中医士12名，西医士85名，护士84名，助产士2名，其他卫技人员135名。2008年，全区8所卫生院，5所分院共有在职职工288名，其中副主任医师7名，主治医（护）师71名，医（护）士57名，其他人员23名。

2. 农村医生

中华人民共和国成立前，区内乡村医生被称为"先生"。20世纪60年代后多称为"医生"。"文化大革命"期间称"赤脚医生"。80年代恢复医生称谓。1949年，区内有农村医生110名，多为祖传或师授。1954年后，区内农村医生逐步形成队伍。1970年，全区"赤脚医生"370名，有医村占90.5%。1982年，农村医生599名，有医村占95.79%。1995年，全区乡村医生和卫生人员人数达642名，其中乡村医生427名，卫生员215名。2008年，乡村医生和卫生员590名、村级389名。

五、体育

（一）学校体育

1956年，按照中央体委《准备劳动和卫国体育制度》的要求，区内学校每周设体育课2课时，并依据教育部《体育教育大纲》和《体育教师用书》进行教学。1964年，《准备劳动和卫国体育制度》被《青少年体育锻炼标准》取代。1975年郊区开始推行《国家体育锻炼标准》。1979年，全区中小学普遍采用省编体育教材进行教学。

1983年,大阳泉学校被授予"山西省推行《国家体育锻炼标准》达标学校"称号。1998年5月,对全区区直中小学和各乡镇中学和中心校进行了体育达标检查,优秀率在16.5%以上。2008年,全区每天参加活动学生的人数增至97.6%以上,全区共有体育教师126名,其中专职体育教师60名,兼职体育教师66名。全区中小学生共计23149人,达到《体质健康标准》22078人,达标率为95.3%。其中,小学生人数14495人,达标13987人,达标率96.5%;中学生达标人数8654人,达标8091人,达标率93.5%。

(二)农民体育

中华人民共和国成立后,在党和政府的大力倡导下,农村体育项目日渐增多,农民体育活动日趋广泛。20世纪50年代中期,区内农村增加了篮球、乒乓球、拔河、田径等活动项目。1958年春节期间,阳泉市农民运动会在荫营、河底、白泉三村分设赛区,区内18个乡镇组队参加了篮球、拔河、手榴弹、举重4个项目的比赛。参赛篮球队22个,拔河队10个,运动员343名。1969年后,郊区多数生产大队结合民兵军事训练,开展了爬山、越野、列队、跑步、拔河、射击、手榴弹、篮球、乒乓球、传统武术、中国象棋、扑克等体育锻炼,儿童中流行以老鹰抓小鸡、荡秋千、顶拐、弹玻璃球、跳绳、打子、弹方、骑自行车、推箍等为主的游艺竞技体育。1975年8月,河底公社首次举办集农民体育和文艺演唱为一体的文体交流大会。1976年,三都大队被授予"山西省群众体育先进集体"称号。同年,省体委在三都村召开全省农村体育工作现场会议。其后,《体育报》专题报道了三都村的群众体育活动事迹。1977年,河底公社被授予"山西省群众体育先进集体"称号。20世纪80年代初期,农村经济的快速增长,带动了全区农民体育活动的广泛开展。1984年,三泉村成立农民体育协会,举办了首届农民运动会,设有篮球、田径、乒乓球、拔河、武术、中国象棋等比赛项目13个,参赛运动员505名。同年,三泉村被国家体委授予"全国体育先进单位"称号。

荫营镇举办乒乓球比赛

郊区全民健身日"体彩杯"少年象棋比赛

企业举办拔河比赛

农民篮球比赛

1989年，全区各乡镇成立乡镇体委13个，由分管乡（镇）长兼任乡镇体委主任。10月，区农牧局、区体委联合举办了郊区首届农民运动会，参赛代表队14个，运动员1000多名，设比赛项目5个，有田径、篮球、乒乓球、拔河和中国象棋。1991年3月，区农民体育协会成立，设理事23名。各乡镇村之间的篮球、乒乓球对抗赛不断开展。同年10月，河底镇、东村乡、杨家庄乡三个乡镇被山西省农牧厅、山西省体委命名为首批山西省体育先进乡镇，三泉、山头、汉河沟、王垴、山底、红土岩、东村、河底、苇泊、小固庄、孙家沟和北杨家庄共12个村被山西省农牧厅、山西省体委命名为首批山西省体育先进村。12月，郊区农民乒乓球男女队参加了山西省第二届农民乒乓球比赛，均获团体总分第三名和道德风尚奖。1993年8月，在山西省体育先进村篮球比赛中，北杨家庄村女队获女子冠军，三泉男队和山头女队分获男女子亚军。1994年，在山西省体育先进乡镇暨亿元乡镇篮球比赛中，区代表队获得男子第一名和女子第一名的成绩。1995年,荫营镇后沟村代表阳泉市参加了全省健身操比赛,获得了规定动作和自选动作两个一等奖。荫营镇上千亩坪村张二牛参加了山西省象棋比赛,获得"二级象棋大师"称号,后又代表山西省参加了在武汉举行的全国象棋比赛。1996年6月,河底村代表阳泉市参加省健美操比赛,获规定动作、自选动作二等奖。8月,阳泉市省级体育先进乡镇暨亿元乡镇篮球赛在李家庄村、下白泉村、柳沟村举行,北杨家庄村、山头村女队分别获第一、二名。1997年1月,山西省体育先进县工作会议在郊区召开,王昕副省长出席这次大会。6月,大阳泉村代表市参加省健身健美操比赛,获规定动作二等奖、自选动作一等奖和道德风尚奖。1998年9月,郊区在山西省第四届先进县乒乓球比赛中,获得了团体第二名,县级领导王洪昌获个人第三名。10月郊区的网球队晋升为甲级队。20世纪90年代末,冬泳、溜旱冰、五子棋悄然兴起。随着老年人健康意识的提高,各类健身操也蓬勃开展起来。2001年,荫营镇在全国第九届运动会上被国家体育总局授予1996—2000年度全国群众体育先进单位。9月,郊区在第七届网球团体赛5个组别的比赛中,获乙组第一名。10月,郊区体委承办了山西省第五届小学生"三来杯"乒乓球比赛,来自全省各地市的27支代表队的261人参加了这次比赛。2004年4月,郊区在山西省秧歌大赛中获二等奖,同年在山西省农民篮球比赛中获第八名。9月,郊区举办了首届全民运动会,来自全区8个乡镇、8大系统、驻地单位、中小学的55支代表队2700多名运动员参加了4大类、15个项的比赛,历时25天。2005年6月,在山西省大运路体育健身长廊全国亿万农民健身活动中,杨家庄乡获先进集体篮球赛第五名。2006年9月,旧街乡被中华人民共和国农业部、国家体育总局、中国农民体协授予第八批全国"亿万农民健身活动"先进乡镇称号。12月,郊区被国家体育总局评为2006年度"全民健身活动优秀组织",河底镇被山西省体育局授予"全民健身周活动先进单位"称号。郊区文体局和荫营镇人民政府被评为2006—2008年度山西省农民体育健身工程先进单位。1976—2008年,郊区先后有1个镇、1个乡、1个村受到国家表彰;有3个镇、2个乡、1个局、

12个村受到省级表彰,其中河底镇受到3次表彰。

(三)职工体育

20世纪50年代中期,区内厂矿机关开始推广广播体操、工间操。60年代初70年代末,篮球、乒乓球、田径、自行车等体育活动在职工中得到广泛开展。1983年11月,首次举办全区职工象棋、自行车、篮球、乒乓球比赛,参赛运动员460名。1984年8月,区公安分局举办首届公安干警运动会,此后每年举办一次。这一阶段,在部分职工中兴起学围棋热潮。进入20世纪90年代,华牌、桥牌成为职工娱乐的主流。1988年10月,郊区举办首届职工运动会。比赛项目有田径、篮球、乒乓球、拔河、射击,参加单位29个,运动员862名。同年10月,区公安分局男子篮球队代表郊区参加全市"共和国40春"篮球赛获第3名,进入阳泉市甲级篮球队行列。1991年10月,山西省公安系统群体工作现场会在郊区召开,区公安分局被省公安厅、省体委授予"群众体育先进集体"称号。1996年10月,郊区组织举办了政法系统第十三届运动会,参加单位11个,比赛项目有拔河、篮球、乒乓球、网球、象棋、扑克、射击等。1999—2000年,郊区相继组织了迎"五一"区直机关干部华牌大赛,庆"七一"职工篮球赛、乒乓球赛、象棋、华牌等比赛,并组队参加了市网球个人排名赛和山西省县团级干部乒乓球比赛。2000年5月,组织举办了首届科级干部篮球赛。2002年,区代表队代表阳泉市参加了山西省职工运动会的网球赛,获得团体第二、单打第三、双打第二的成绩。10月,在阳泉市10万人跳绳大赛上,获得团体第一、中青年组团体第一、老年组团体第一、学生组团体第二的成绩。2007年6月,在阳泉市迎"奥运"庆"七一""网通杯"党政干部乒乓球比赛中,由区委组织部、区文体局联合组织了三支代表队,获男子组团体冠军、女子组团体冠军。6月,区煤运公司、四通配货代表队参加了阳泉市举办的全省全民健身与奥运同行"人寿财险杯"CBO篮球比赛,区煤运公司代表队获阳泉赛区冠军,并代表阳泉市参加了在介休举行的省CBO篮球赛。10月,在阳泉市第五届妇女运动会8个项目的比赛中,郊区获得了拔河冠军。

六、广播电视

(一) 广播

1985年10月,区广播电视局成立,实行局站合一,内设编播组、机务组、线务组、电视组和办公室,下设乡镇广播放大站13个,有工作人员50名。1991年1月1日,阳泉市郊区人民广播站更名为"阳泉市郊区人民广播电台",区电台呼号正式启用。开办新闻节目有《郊区新闻》《郊区内外》《当日快讯》《一周新闻选播》。开办专题节目有《学习》《村事漫谈》《农家乐》《经济信息》《乡镇广播站节目展播》。开办文艺节目有《晋剧专场》《文艺欣赏》《听众点播》《晚间文艺》。每日广播3次,共计播音6小时,其中自办节目4小时30分。同年4月,乡镇广播放大站改称为"乡镇广播电视站"。1992年,郊区广电、人事、劳动三部门联合公开选拔乡镇广播电视站采、编、播人员。年内,乡镇广播电视站均开办了自办节目。1994—1997年,郊区有线广播入户率和通响率一直稳定在97%以上,同无线调频广播混合覆盖率达到100%。2004年,郊区人民广播电台,每天播音时间由6小时增加为9小时。自办节目有《郊区新闻》《媒体浏览》《805播报》《107.4歌曲大放送》《音乐加油站》《健康直通车》《欢乐一刻》《大戏台》《妇幼保健天地》等。2005年7月5日,《政风行风热线》直播节目开播。由区纪检委、纠风办、行评办、广电局4家联合举办,郊区56个参加"双评"的部门和单位负责人走进直播间,为百姓答疑解惑、提供服务,受到区委、区政府及社会各界的好评。

(二) 电视

1989年,郊区开始筹建"郊区电视台"。当年11月,区政府投资17万元购置了M-3摄像机1台、6800录像机1台、5850编辑机1套、5630放像机1台,电视组随即成立。1990—1993年,电视组不定期拍录制作并播放一些新闻节目和电视专题片,其间,培训采、编、播、放等业务骨干20余人。1993年12月，区政府再次投资30万元，购置各种发射接收设备，同时建起了180平方米的电视演播厅和2个编辑机房，建台基础设施基本完善。同年10月30日，省广播电视厅下文同意郊区建立电视台并上报国家广播电影电视部。

1994年1月1日，郊区电视台正式开播。播出频道为14频道，发射功率为1000W，播出频率为每周2次，节目内容主要是每期5分钟的"郊区新闻"。其他时段转播中央和省电视台的节目。次年，区电视台播出次数增加到每周4次。1996年5月，实现每周7次播出。1997年3月，区电视台开创建台以来首例直播，现场直播了区人代会和政协会。到1998年，区政府又陆续投资，为区电视台购置设备，基础设施达到省内县区级一流水平。节目内容除按规定转播中央一套新闻节目外，其他均为自办节目。主要节目新闻类有《郊区新闻》《一周新闻回顾》；专题类有《热门话题》《家庭乐园》《郊区文坛》；文艺类有《点歌台》《综艺荟萃》《电视剧场》。播出时长每天8个小时。其中，晚间时段5个小时，中午时段3个小时。

2004年，郊区电视台建台10周年，首次成功举办《情系观众》文艺晚会，市广电总台、区四套班子领导出席了晚会；首次成功拍摄了20集电视专题片《郊区建制二十年》。2005年10月1日，郊区电视台第二套节目开播，确定《影视生活》频道与观众见面。同日"阳泉郊区视听网"（WWW.YQJOTV.CN）开通，既解决了家住市区的郊区干部收看《郊区新闻》难的问题，也使郊区广播电视的覆盖面进一步地扩大，基本形成了电台、电视台、新闻网站三位一体的宣传报道新格局。2007年1月1日，郊区电视台一套、二套节目启用新台标"YJTV－1""YJTV－2"；《郊区新闻》播音员口播背景实现动态化。2008年，郊区电视台推出《郊区风情》《法在身边》《服务三农》新栏目，全力营造"打造阳泉新北区、建设荫营明珠城"浓厚氛围。聚焦郊区改革开放30年、迎奥运保安全、新北大街建设、高效农业、耐火资源整合、园林城市创建等重点工程和工作。郊区电视台第一套节目每天播出时长由12小时增加为15小时，第二套节目为15小时。

(三) 网络

1998年6月，阳泉市郊区有线电视台成立，隶属阳泉市郊区广播电视局。2003年12月，全市广电网络资源整合时，划归阳泉市广播电视总台管理。2005年正式更名为"广电总台网络中心郊区分中心"。主要职责是对全区的有线电视用户进行电视信号传输，同时负责全区的有线电视网络建设、规划、运营和维护，为郊区广大有线电视用户提供服务。

七、报纸

《阳泉郊区报》（今《阳泉郊区》）为中共阳泉市郊区区委机关报，是综合性报刊。1990年4月14日创刊，四开四版。1991年6月7日，《阳泉郊区报》在试刊39期之后，被山西省新闻出版局批准为正式出版物，刊号JB14－0012，周一刊。1994年6月，《阳泉郊区报》由周一刊增为周二刊，每周二、五出版。同年7月，进行了第一次版面改革。改革后的版面一版为新闻版、二版为经济版、三版为精神文明版、四版为文艺副刊版。主要栏目有《新风赞》《抒己见》《改革潮》《乡村天地》《巾帼颂》等14个。1995年5月，再次进行版面改革。一版改为要闻版、二版改为综合新闻版、三版改为文艺副刊版、四版改为行业专版和理论专版。此次改革，奠定了版面基础，此后的版面改革都以此次版改为框架。1996年1月，被中国县市研究会吸纳为团体会员，1997年10月《阳泉郊区报》荣获山西省县市报协会采编校印质量评比银奖。2001年8月，再次获山西省县市报协会采编校印质量评比银奖。2002年1月《阳泉郊区报》由周二刊增为周三刊。2004年1月，按照中央关于整顿报刊的规定和要求，经区委、区政府同意，《阳泉郊区报》更名为《阳泉郊区》，阳泉市郊区报社更名为"阳泉市郊区编辑部"，报纸由公开发行转为内部赠阅。《阳泉郊区》赠阅范围是全区各乡镇、行政村、重点企业、区直各单位、各部门、驻地单位等。截至2008年底，共出版1977期。

第四编
中国特色社会主义新时代
(2012.11—)

第一章 "五位一体"和全面建成小康社会

第一节 经济建设高质量发展

十八大以来，以习近平同志为核心的党中央统筹推进经济建设、政治建设、文化建设、社会建设、生态建设。"五位一体"的总体布局是一个有机整体，其中经济建设是根本，政治建设是保证，文化建设是灵魂，社会建设是条件，生态文明建设是基础。坚持"五位一体"建设全面推进、协调发展，才能形成经济富裕、政治民主、文化繁荣、社会公平、生态良好的发展格局，把中国建设成为富强、民主、文明、和谐的社会主义现代化国家。

一、主要经济指标变化

1984年以前，郊区区内的经济数据由阳泉市相关部门进行统计。宏观经济指标以社会经济总收入（总产值）的方式体现。据统计资料显示，1986年为43979万元，之后呈逐年增长态势。1992年开始核算GDP以来，郊区国民经济总量实现持续增长。当年全区生产总值达到了51694万元，人均2513元。2018年，全区地区生产总值首次突破百亿大关，达到110.7亿元，增长7%；规模以上工业增加值达到30.29亿元，增长4.7%；固定资产投资完成52.7亿元，增长3.4%，位列全市第一；公共财政预算收入达到3.94亿元，增长15.65%；城乡居民人均可支配收入分别达到26785元和14864元，增长6.7%和8.7%；社会消费品零售总额达到36.04亿元，增长7.1%。2019年，全区地区生产总值达到122.96亿元，增长4.1%。规模以上工业增加值增长2.2%。一般公共预算收入达到4.79亿元，增长21.7%。城乡居民人均可支配收入分别达到28555元和16265

元,增长6.6%和9.4%。

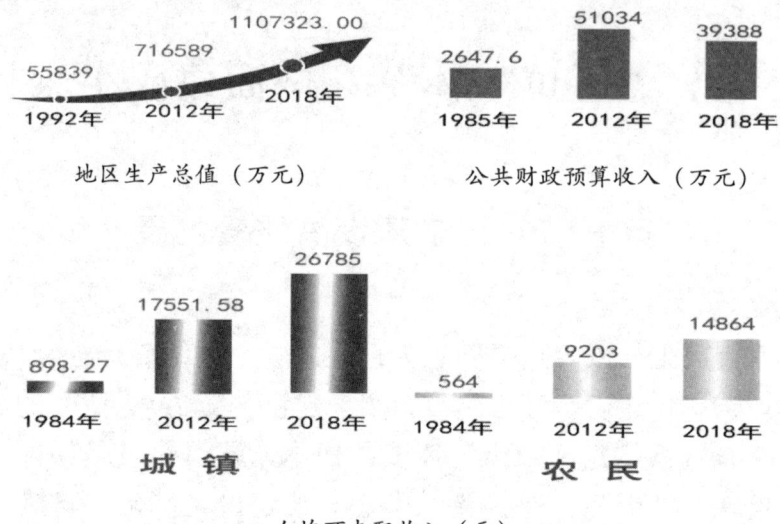

地区生产总值（万元）

公共财政预算收入（万元）

人均可支配收入（元）

二、产业发展

1978年改革开放前,郊区是以农业为主的产业结构形式。改革开放初期,郊区依靠独特的矿产资源优势和传统的生产模式,形成了以能源原材料为主的产业结构。但在向市场经济转轨的过程中日益暴露出产品档次低、经济效益差、原始积累少、自我发展能力弱等问题,并成为制约经济发展的主要症结。20世纪90年代以后,尤其是2012年以来,随着国民经济的发展,在坚持以改造提升传统产业、培育新兴替代产业、大力发展高新技术产业、全面发展服务产业的指导思想下,各产业结构成比例呈现出积极的变化。三次产业增加值所占比重在经济发展中的地位由一、二、三逐步变为三、一、二和三、二、一的格局。2015年第一产业、第二产业、第三产业经济生产总值所占比重分别为2.71、56.82、40.47；2017年为2.22、56.74、41.04；2019年为1.4、49.2、49.4。

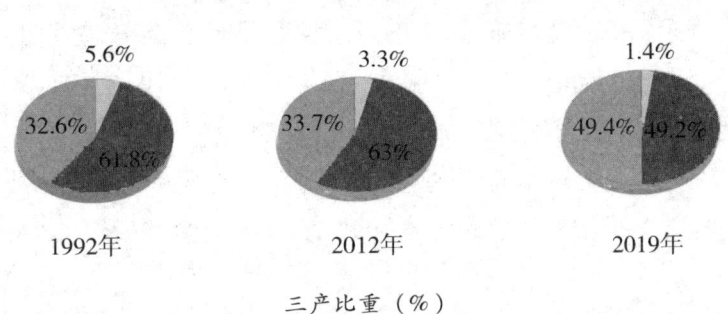

三产比重（%）

（一）第一产业

郊区国土总面积627.01平方千米，区内多为山地和丘陵，辖4镇4乡（现3镇4乡1中心），184个行政村，总人口24.56万人，其中农业人口13.13万人，占全区总人口的53%。总耕地面积11.5605万亩，其中中低产田面积9.4万亩，占总耕地面积的81.3%。郊区属温带大陆性气候。

郊区历届区委、区政府都非常重视农业、农村发展，农业经历了从依靠传统农业到高效农业再到现代农业的发展过程，农村经历了从小康建设到生态文明村创建再到新农村建设的发展历程。

1984年，全区从事第一产业的劳动力为4.94万人，占全部就业人数的73.7%。之后，随着乡镇企业的发展，农村劳动力大量转移，第一产业从业人员在全部就业人数中所占的比重逐步下降，第一产业在地

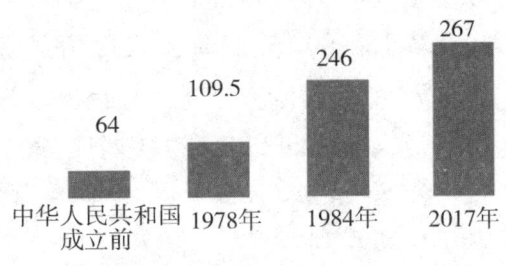

全区粮食亩产（单位：公斤）

区生产总值中的比重也逐渐下降。2015年，第一产业从业人员1.89万人，增加值20878万元，占GDP的比重下降至2.71%。2017年，第一产业增加值17140万元，占GDP的比重下降至2.22%。

20世纪80年代，郊区全面实行家庭联产承包责任制。进入2000年以来，郊区进一步推进高效农业生产，出台了《关于全面推

进农业和农村现代化试点工作的实施意见》，启动和实施了"11158"工程，组织实施了"双千工程"高产高效农业开发建设。"十一五"期间，郊区定位"服务城市、富裕农民"，走城郊型高效农业发展之路，大力实施"3+3"高效农业发展工程（重点发展3大主导产业：蔬菜、果品、蛋鸡；扶持发展3个潜力产业：生猪、奶牛、核桃）。2010年，郊区被省政府确立为全省26个现代农业示范县之一。

2012年，郊区成立了现代农业示范区建设领导组，制定了现代农业发展实施方案，提出了以发展蔬菜和蛋鸡养殖为主导产业的策略。2017年全区生猪存栏3.1万头，出栏5.5万头；奶牛存栏145头，肉牛存栏322头；家禽存栏55.3万羽，出栏62.4万羽；羊存栏1.4万只，出栏10047只。肉、蛋、奶总产量分别为6197.2吨、6705.2吨、385.6吨。

土地流转工作。截至2017年，全区共流转土地4615.02亩，累计流转耕地面积21974.02亩，占承包耕地总面积的18.36%。其中转包方式累计流转4223亩，占总流转面积的19.22%；出租方式累计流转5383.02亩，占总流转面积的24.50%；互换方式累计流转3091亩，占总流转面积的14.07%；转让方式累计流转3426亩，占总流转面积的15.59%；入股方式累计流转1919亩，占总流转面积的8.73%；其他方式累计流转3932亩，占总流转面积的17.89%。全部完成区级3000亩的计划任务。有序推进了土地向大户、企业及专业合作社流动，提升了土地经营效益，实现了要素集聚发展及优势互补和互利共赢。

合作社家庭农场的发展与培育。2017年，新成立23个合作社，全区共有各类农民专业合作社248个。其中种植业126个，养殖业85个，服务业13个，林业类18个，其他类6个。入社农户5853户，入社资金14786.8万元。培育了1个省级示范社、2个市级示范社、4个区级示范社。

(二)第二产业

郊区工业发展历史悠久。1978年后，郊区第二产业得到迅速发展，逐步成为国民经济的主体和主导产业。1984年，全区从事第二产业的人员为6009人，占全部就业人数的9%。随着乡镇工业的全面发展，第二产业从业人员迅速增加。1990年从业人数达到4.63万人，是1984年的7.7倍，占全部就业人数的56.1%。2015年，从业人员达到5.65万人，增加值达到459652万元，占GDP的比重为56.82%。2017年，增加值达到438248万元，占GDP的比重为56.74%。

2013年，郊区依托资源优势，抓住项目载体，大力推进传统产业新型化、新型产业规模化、经济发展园区化，初步形成了以煤炭、耐火、建材、化工、冶金铸造等传统产业为基础，以装备制造、电力、氧化铝等新兴产业为补充的新型工业格局。年末，全区共有工业企业469个，其中煤炭开采企业5个、洗煤企业21个、型煤企业6个、耐火企业254个（其中耐火定型企业64个、不定型企业190个）、建材企业50个、冶金铸造企业15个、化工企业26个（其中石油支撑剂企业12个）、机械加工及装备制造企业41个、食品企业8个、非煤矿山25个、其他行业企业18个。全部企业中，有规模以上工业企业43个，实现产值613120万元，上缴税金33630万元，占全区税收收入比重为39.2%；增加值年均增速达到16.2%。2019年，随着供给侧改革的不断深入，改革红利效应逐步释放，煤炭市场日趋稳定，全区工业经济整体呈V字型走势，波动范围相对较小，全年工业增加值呈正增长。全区规模以上工业增加值累计完成26.29亿元，同比增长2.19%。全年煤炭产业完成工业增加值15.82亿元，同比降低6.43%，占全区规模以上工业增加值比重为60.17%，比重比上年同期下降5.93个百分点；制造业增加值完成5.83亿元，同比增长10.81%，占全区规模以上工业增加值比重为22.17%，比重比上年同期上升1.37个百分点；全区工业企业利税总额为14.3亿元，同比降低11.3%。当年全区有规上工业企业32家，其中煤矿企业7个、食品制造企业1个、耐火企业11个、水泥和石灰制造企业3个、其他非金属矿物制造企业2个、专用设备制造企业2个、光缆制造企业1个、电力企业4个、燃气企业1个。

具备现代化采掘设备的保安煤业集团

煤炭工业。2017年是郊区供给侧结构性改革的深化之年，也是去产能的攻坚之年，面临许多新的问题、风险和挑战。为深入贯彻党中央、国务院关于推进供给侧结构性改革、化解煤炭过剩产能决策部署，落实国家、省、市煤炭管理部门的要求，更加科学有效地做好煤炭去产能工作，郊区煤炭工业局按照2016年初拟定的《阳泉市郊区化解煤炭过剩产能工作方案》（鸿泰煤业2017年完成回收，2018年有序退出；和泰荫营煤业2019年有序退出），继续推进煤炭供给侧结构性改革，督促鸿泰煤业年初按要求进行复工复产，按计划依法合规组织生产，保证按时完成工作面回收任务，并于年底基本完成设备回收。郊区拥有保安、旧街、鸿泰3家煤业公司，总注册资金6.28亿元，煤炭资源品种主要有3#、8#、9#、15#煤。

耐火工业。2012年全区耐火企业形成了以荫营镇为中心的耐火工业小区，生产黏土质、高铝质、镁质、硅质、锆质、碳质等8个系列的耐火砖、耐火粉、耐火罐、耐火管、耐火纤维、耐火球等2000多个品种及7个类别、上百个品种的特异型耐火材料制品。并有1种产品创部优，5种产品创省优，9种产品创省乡镇企业系统优，11种产品创市优。2017年迎来耐火产业振兴发展的新高潮。随着一系列配套改革措施的完善和落实，郊区从资源管控、烧成集聚区建设、企业联合重组、仓储管理和市场销售、技术研发、政策扶持等全方位入手，整体发力，耐火产业振兴工作初见成效。全年，全区耐火材料完成产量62.5万吨，同比增长4.1%；耐火行业上缴税金7564万元，同比增长62.32%，占全部税收收入比重为9.84%。2019年，全区有各类耐火企业270家，其中规上耐火企业11家。规上工业总产值5.24亿元，同比上升11.4个百分点，累计利税总额3926万元。全区各类耐火企业从业人员1.5万余人，其中技术人员800余人，具有中高级职称的有257人。耐火材料年设计生产能力160多万吨，产品主要包括以硅酸铝质、硅质、锆质、镁质、碳质、轻质、不定型、特种耐火材料为主的八大系列100余个品种，广泛应用于钢铁、有色金属、化工、电力、建材、机械制造等行业，部分产品出口美国、日本、俄罗斯、东南亚等国家和地区。同时，一些企业与国内10余所科研院校保持了长期合作关系，具备一定的产品研发能力。

建材工业。郊区建材行业以水泥企业为主，2012年以来水泥企业以冀东水泥为主。2015年，水泥销售半径在200千米左右，阳泉地区水泥需求量每年约200万吨，但全市水泥产能是400万吨（冀东200万吨，亚美100万吨，南娄100万吨）。由于产能严重过剩，市场竞争激烈，企业有时无奈降价销售，致使成本售价往往倒挂，水泥企业亏损严重。当年，冀东水泥产量172.9万吨，降低13.9%。建材行业上缴税金2886万元，降低49.09%，占税收收入比重为4.59%，比上年同期降低35个百分点。2017年，全区水泥产量完成149.7万吨，同比降低25.7%。全区建材行业上缴税金4876万元，同比增长9.16%，占税收收入比重为6.34%，比上年同期降低1.62个百分点。2019年，郊区建材行业以水泥企业（冀东水泥）和石灰企业（星火金源）为主。规上水泥、石灰企业工业产值达9.84亿元，同比增加21.6%，实现利税1.74亿元。

装备制造业。2012年以来，郊区装备制造业主要包括广凯机械制造、新瑞昌机械制造、惠通机械制造等。这些企业经过多年的发展，秉持质量第一、诚信经营的生产理念，产品质量、品质在消费者心中一直享有较高的信誉。规上装备制造业2019年实现产值1.94亿元，同比增加16.7%，实现利税881万元。

电力工业。随着山西河坡发电有限责任公司纳入郊区规上企业统计范畴,加上阳泉力宇煤层气利用有限公司和阳泉市扬德煤层气利用有限公司,电力行业在郊区已初具规模。2019年,规上电力行业完成产值11.78亿元,比上年同期增加48.4%;电力行业利税总额1.98亿元。

阳泉市裕盛源农产品开发有限公司

食品酿制工业。2015年以来,郊区主要食品加工企业有两家,酿制业一家(阳泉田园乳业有限公司、山西三来食品有限公司、阳泉裕盛源农产品开发有限公司)。在多年的发展过程中,产品质量、品质在消费者心目中一直享有较高的声誉。不少产品成为省级质量信得过产品,"三来"商标成为山西省著名商标,在全市食品工业中,企业地位居于前列。裕盛源农产品开发有限公司是一个国内独家拥有绞股蓝健身醋发明专利的有限责任公司,为阳泉市京晋合作科普示范基地,也是山西省513工程的省级重点龙头企业,"晋阳府"商标获山西省著名商标。2013年以后,该公司发展成为山西东部地区规模最大、品种最多的酿醋企业。

(三)第三产业

1. 交通运输

建区以来,郊区不断加强公路网的建设,全区交通基础设施网络里程从1984年的农村公路64千米增加到2013年的893.437千米,是1984年的14倍。1996年,阳泉郊区开通了李荫路,协助阳泉市政府完成了义白路、307复线、207国道等路网建设。1997年郊区实现了全区90%县乡公路油路化、100%农村通公路、85%农村通油路的目标。2006年在"村村通"建设的基础上,郊区大力实施"户户通"工程建设,实现了郊区农村公路的国道、省道、县道、乡道、村道、户道的"六级联网"。当年完成63个建制村"户户通"工程共154千米。2010年新城大道的竣工,进一步打通了城郊通道。此外,阳五高速、西外环、京昆高速郊区段、漾泉大道二期工程、东城科技大道、G207改线等工程相继完成。这些工程的实施,为促进郊区经济实现跨越式发展奠定了坚实的基础。2011年省政府提出用两年时间实现全省农村新"五个全覆盖"后,郊区积极行动、快速推进,圆满、超额、提前一年完成了两年的各项目标任务。2011年完成全区184个建制村,共完成1114.3千米,其中街道502.3千米,巷道369.8千米,户道242.2千米,完成投资16141.48万元,完成总投资的133.7%。

省、市、区重点工程项目建设有力推进。2019年底,G239改线工程总投资概算126861万元,建设里程全长13.667千米,是全区首次采用PPP模式建设。2018年11月19日在工业园区互通开工,目前完成里程共计6227米,占全线长度的45.6%,完成开工段设计工程量的90%,截至2020年9月底已完成投资86153万元。阳泉市漾泉大道一期工程(207国道－新城大道)绿化工程设计长度2.4千米,绿化范围包括道路中央分隔带5米,机非分隔带各2米,行道树、路侧各10米,绿化面积55483平方米,6月底已全部完工,完成投资1665万元。太行一号旅游公路阳泉市郊区(辛兴至后峪段)工程全长9.275千米,总投资13748.4491万元,现已完成了发改部门的立项批复工作,并报送省交通运输厅"四好农村路"办公室进行概算审查。阳大铁路河底站连接线一期工程(站前广场－滴苇线段)全长1.278千米,总投资5049.7417万元,现已完成了发改部门的立项批复工作。郊区连大线(庙岭－义白路段)路面改造工程全长7.697千米,总投资1877.2122万元,截至目前已实施完成

5千米，完成投资900万元。

历年来，郊区政府一直把"村村通客车"工程作为解决"三农"问题的重中之重，并全力实施。2011年6月，由市交通集团出资成立了郊区公交公司，新购营运车辆10辆，全区改造了10条公交化营运班线线路，占总营运线路的30%。2013年市公交总公司开通和延伸了张家井至阳泉，固庄至阳泉，9路延伸雨下沟、咀子上至阳泉，西河至阳泉线路。2014年又相继开通了东垴至阳泉、小河北至阳泉线路，尤其是在3月25日荫营首辆镇区直通公交车试运行，结束了镇区内群众短途出行不便的历史。截至2019年底，全区现有公交线路52条，候车亭176个，其中更新新式候车厅60个，已全部完工，全区7个乡镇已全部实现了通客车，乡镇通客车率达到100%，行政村通客车率达到100%。货运运输业户483户，车辆2277辆，驾校3所，维修企业37家，源头公示企业34家。2015年开通了全市首条免费公交500路，至今正常运营。

2. 商贸工作

服务业。随着改革开放的政策逐步落实，市场经济体制的建立，服务行业也发生了翻天覆地的变化。首先是服务内容范围扩大，从单纯小生活服务领域扩展到生产、加工、旅游、印刷等领域，其次是服务网点增加，饭店、旅店、中介、客运、洗浴、装潢等遍布区内集镇。小吃、理发、修理、裁剪等遍布乡村，给群众生产生活带来极大的方便。就其服务性质可从五大领域加以概述：一是餐饮营业，小吃小喝小门店遍布乡村，一般乡镇及集镇都有吃、住、洗、玩一条龙服务的饭店、酒店。区政府所在的荫营镇，上档次规模的如"江正大酒店""海香楼""和美楼"等，资产都在100万元以上。地处李荫路上的华通生态美食园，注册资金600万元，其服务范围延伸和涵盖了境外城矿两区及开发区。二是旅游业，作为新兴产业得到长足发展。三是特种服务业，有印铸、刻字、修理、印刷等特殊行业，都有专门的管理和监督机制。四是娱乐业，娱乐业是体现和活跃先进文化的重要阵地。区内经历了从无到有，从小到大，从单一品种到多元化发展，由城镇向农村辐射的发展过程，初步形成了包括演出团体在内的演出市场,健康向上的电影及音响市场、音乐及舞蹈市场,以及茶席、棋牌、歌厅和村办的老年活动室等,娱乐市场空前繁荣。五是中介服务市场,中介服务业是一种新型的服务产业,房产中介处自由状态。

供销合作商业。2003年开始,郊区供销社在系统内进行改制。2006年实施"万村千乡"和便民连锁店建设工程。改制后,全部人员进行了身份置换。2012年,全区便民连锁店建设165个。2013年建设有西南昇粮油日用配送中心和亿源鲜菜配送中心2个配送中心,

荫营小吃一条街

12个专业合作社,2个综合服务中心(荫营、西南昇)。到年末,全区共建五星级便民连锁店2个、四星级5个、三星级15个。2013年以来,郊区供销社机关编制12人,下属9个基层供销社,其中5个有限公司和1个私人企业;从业人员55人;经营网点120个。全社党组织建制有1个党委、16个支部、101名党员。

荫营九州购物广场

建材装潢市场。区内的建筑材料和装潢市场不断增加,至2012年底,区内大型的装潢材料和建筑材料市场有豪门家私、义东沟市

场、义白路市场、荫营市场、河底市场、李荫路钢材市场等。经营品种由一种专营至数十上百品种兼营不等。

汽车、农机及工程机械是20世纪90年代后迅速兴起的新型机械商品市场。进入21世纪后，区内依托李荫路的有利位置，两旁迅速自发形成了全市范围内规模较大、品种较全的汽车、农机工程机械市场。有的是品牌产品专营，有的是系列产品专营。到2019年底，李荫路两旁坐落着汽车、农机及工程机械销售商家近30户，经营品种有各种进口、合资、国产的小型轿车、三轮车、农用车、铲车、挖掘机、大型运输车、专用拖板车等，单价数千元至数万元、十几万、几十万元不等。有的商家还代办购车、办证、维修、保养，甚至筹款、办贷、保险等。年成交各类机械上千辆（台），成交金额3亿元。

商品流通。2010年3月，阳泉市郊区商务局成立，并与区经贸局合并成立郊区经济商务信息化局。涉及商务工作的职能部门分别是市场管理股、对外经济合作股和商务综合执法稽查队，主要负责区域内的石油成品油、日常生活用品及零售商店建设等方面的运行与管理。对外贸易交往的国家和地区有韩国、日本、美国、俄罗斯、南非等。

内贸工作。2014年，全区完成社会消费品零售总额13.98亿元，同比增长8.7%，2017年，社会消费品零售总额市下达计划为17.93亿元，完成18.3亿元，同比增长9.3%，全市排名第一，超额完成了年初计划。2018年，社会消费品零售总额市下达计划为19.58亿元，完成19.5975亿元，同比增长7.1%。2019年，郊区限额以上企业共有38家，其中，批发业11家、零售业24家（含汽车类21家、石油及制品类3家）、餐饮类3家。社会消费品零售总额市下达计划为21.07亿元，全年社会消费品零售总额完成21.1079亿元，同比增长7.7%，全市排名第二。其中，限额以上企业实现13.1244亿元，同比增长2.0%，限下企业实现7.9835亿元，同比增长18%。

外贸工作。2014年，外贸进出口总额完成1342万美元。当年开展了进出口业务的企业有12家，在外贸市场低迷的情况下，磨料磨具、耐火产品出口稳步增长。2015年，外贸进出口总额完成998万美元。2016年，外贸进出口总额完成820万美元。2017年市当年下达外贸进出口目标任务5304万元，全区实现外贸进出口总值7364万元，同比增长38.2%，出口进度全市排名第二，有出口业绩的企业11家。2018年外贸进出口总值1171万美元，出口进度全市排名第三，有出口业绩的企业10家。2015年4月和11月组织企业参加第117届和第118届广交会。第117届广交会，中嘉磨料磨具有限公司共接待了135个国外客户，分别来自印度、伊朗、乌克兰、俄罗斯、泰国、新加坡、马来西亚和澳大利亚等二十多个国家，意向交易额约为140万美元。共签订订单14个，订单总金额为57.2万美元。2016年，分别在4月和10月，组织中嘉磨料磨具有限公司参加了第119、120届广交会，签订合同185万美元。2018年4月和10月组织中嘉磨料磨具有限公司参加了第123届和第124届广交会，并取得了较好成效。第123届广交会意向成交额95万美金，有迪拜的客户直接在展会上签订了合作协议；第124届广交会意向成交额240万美元左右，并且有中东的客户直接在展会上签订了代理合作协议。

电子商务平台建设。2015年9月，阳泉市乐村淘电子商务有限公司成立。共发展体验店89家，平台共上传各类产品210多种，其中本地特产及农特产品三异苹果、三来食品系列、晋阳府醋、清泉醋系列、国喜砂锅、颐寿食品以及春泉洗涤用品、咀子上的石磨玉米面、小麦粉、小米、杂粮系列都已上传到平台。2018年5月7日，组织区域内阳泉田园乳业有限公司、山西三来食品有限公司、阳泉裕盛源农产品开发有限公司、郊区地方文化特色产品有限公司和今时信合阳泉分公司5家企业参加了山西品牌中华行（石家庄站），展出了郊区压饼、醋、砂器、香包等特色产品，为宣传郊区、推介郊区提供了一个平台。目前，各种产品网上销售收入共计550余万元，其中农特产品销售5万元左右。

第二节　政治建设全面加强

一、党政建设

郊区认真学习贯彻党中央坚持以人民为中心的执政理念。坚持以党的十八大、十九大精神和习近平新时代中国特色社会主义思想为指针，先后开展了"党的群众路线"教育实践活动、"三严三实"专题教育、"两学一做"（学党章党规、学系列讲话，做合格党员）学习教育、"不忘初心、牢记使命"主题教育。自觉增强"四个意识"（政治意识、大局意识、核心意识、看齐意识），坚定"四个自信"（道路自信、理论自信、制度自信、文化自信），做到"两个维护"（坚决维护习近平总书记党中央的核心、全党的核心地位，坚决维护党中央权威和集中统一领导）。真抓实干，埋头苦干，不折不扣落实中央、省委和市委、区委重大决策部署，把群众利益作为一切工作的根本出发点和归宿，做出符合人民根本利益的执政绩效，得到了人民的支持和认可。

深化机构改革。根据中央、省、市机构改革方案，着力改革机构设置，优化职能配置，创新体制机制，合理划分事权，理顺权责关系，深化转职能、转方式、转作风，提高效率效能，构建系统完备、科学规范、运行高效的机构职能体系和简约高效的基层管理体制。区级机构改革后，共设置党政机构36个，其中纪检监察机关1个，党委工作机关8个，政府工作部门27个，人大、政协机构完善，部门职能合理。乡镇机构改革后，设置党政综合、基层党建、社会事务管理、经济发展、综合执法5个办公室，综合便民服务中心、退役军人服务保障工作站2个事业单位。

推进基层党建。针对部分村"两委"班子不和、内耗严重、工作不能正常开展，党组织服务意识差、服务能力弱，群众意见大等问题，郊区连续3年下派100名工作队员，脱产驻村对34个后村级组织进行集中整顿帮扶。有效促进了农村党组织"晋位升级"，使全区五星级党组织达到56个。为有效解决村与村之间发展不平衡的问题,按照"行政区域不变、村民自治主体不变、集体资产产权不变"的原则,组建了园区发展型、社会管理型、村企和谐型、区域产业型4种类型联村党委,逐步实现了从"联组织"向"联资源""联资金""联发展"等实质性联合的转变。全区共组建了8个联村(企)党委,涉及4个乡镇、49个村、2个驻村企业。其中,平坦镇桃林沟联村党委以股份制的形式筹建桃林沟经济联合有限责任公司,为联建村提供了400余个就业岗位;西南舁乡14个村成立了果农联合党委,直接为730名果农提供种植、管理、销售"一条龙"服务。探索走出了一条平衡发展、互补发展、和谐发展的新路子。针对偏远山村群众办事难、难办事的实际,从关心群众切身利益的日常事务做起,探索创建了"54321"工作法、"六带"工作法、"一线工作法"等民事代办服务机制,真正让"干部跑腿、群众受益"。区成立行政审批服务管理局,营造"六最"营商环境,着力打造"宽进、快办、严管、便民、公开"的审批服务模式,提升"互联网+政务服务"体系。大力推进政务服务向乡镇、村、社区延伸,实行"马上办、网上办、就近办、一站办",探索实行"一枚印章管审批(服务)"。

选干部配班子。在干部选拔过程中,郊区坚持"德才兼备、以德为先、以廉为基"导向,配强了干部队伍,增强了发展内力。在区乡科级干部选任方面,不断完善初始提名、民主推荐、组织考察的方式方法,坚持单位推荐"听民意"、系统推荐"看德才"、区四套班子推荐"重实绩"相结合的方式,实现干部提名民主化。在考察过程中,结合干部德才表现、年度考核情况和平时工作作风,坚持"比思想品德""比工作能力""比工作实绩",实现考察科学化。通过到干部所在单位、走访主管领导、听取群众评价,全面了解干部的德才表现情况,严格把好"群众关""廉政关""程序关"和"决定关",实现了考评严格化,进一步提高了选人用人公信度。确保干部选任工作的严肃性,真正让选出的干部经得起检验和考验。村干部选任方面,郊区坚持"五个在先",真正把农村"领头雁"

选好，做到对组织负责、对老百姓负责。严格执行《农村干部管理办法二十条》，做到戒律在先；开展换届前后村级班子集中整顿，做到整顿在先；完善人大代表、政协委员、本地党代表和村民代表、法律工作者以及社会有关人士共同参与的第三方听证制度，做到处置在先；由区级包乡镇领导、乡镇包村领导亲自带队，提前深入换届村全面排查和及时化解问题，做到调研在先；组织开展村级班子民主生活会和全体党员组织生活会，做到教育在先。

二、纪检监察

郊区认真贯彻党的十八大、十九大精神，强化政治担当，圆满地完成了纪检监察体制改革，有力地推动了郊区新时代纪检监察工作的高质量发展。

深化体制改革。郊区把搞好监察体制改革作为一项重大政治任务，认真做好反贪污贿赂、反渎职侵权、职务犯罪预防等部门的机构改编、人员转隶、办公区域划分以及案件线索、档案资料、固定资产的移交等，组建郊区监察委员会，实现对所有公权力的公职人员监察全覆盖。综合运用信访受理、线索处置、约谈提醒、谈话函询等多种方式，抓早抓小、防微杜渐，使监督更加聚焦、更加精准、更加有力。与此同时，全区纪检监察队伍全面落实"三转"、聚焦"主业"，乡镇纪委书记、纪检组长实现了专职专用，确保把主要精力集中到监督执纪问责上。成立区委巡察办，立足全面从严治党要求，制定了《巡察纪律承诺书》，严格按照规定程序和要求办事。将省委巡视办《关于印发〈关于推动政治巡视向纵深发展的指导意见〉的通知》细化成18个大项53个问题，制定了《区委巡察工作任务清单》，对巡察的重点内容和方式方法进行了明确规定，为巡察工作提供了操作指南。通过设立举报箱、电子信箱、举报电话等方式，全面接受干部群众反映的问题线索。坚持以"永远在路上"的思想和行动自觉，把整治"四风"问题，特别是形式主义、官僚主义问题作为一项重要政治任务，持续督查落实中央八项规定及其实施细则情况，深挖细查"四风"问题隐形变异的种种表现，持续加强作风建设,正风肃纪,形成风清气正的良好政治生态。

压实"两个责任"(党委负主体责任、纪委负监督责任)。郊区区委以坚强有力的政治担当积极履行主体责任,把抓好党风廉政建设作为最大政绩,年初立项分解,年终考评问效,经常部署研究,切实做到了真管真严、敢管敢严、长管长严。区纪委坚守全面从严治党职责定位,聚焦中心任务,强化监督执纪问责,层层压实责任,把责任传导给每一个领导干部,把要求落实到每一个共产党员。既牵紧"两个责任"的"牛鼻子",又拧紧"两个责任"的"螺丝",做到敢于担当,善于担当,真正把"全面从严"的要求落实到党的建设各领域、各方面,兑现向人民的承诺,让人民群众看得到、体会到、享受到从严治党的成果,推动党风廉政建设和反腐败工作深入开展。

完善制度建设。郊区围绕"定责、明责、履责、考责、问责",加强制度约束,坚决做到严肃教育、严明纪律、严惩腐败,确保让党员干部懂规矩、守纪律。先后出台了《阳泉市郊区区级领导班子成员年度工作满意度测评办法(试行)》《阳泉市郊区科级干部实绩档案制度》《阳泉市郊区乡镇科级干部管理暂行办法》《阳泉市郊区农村干部管理办法20条(试行)》《阳泉市郊区各级领导班子及干部问责办法(试行)》《关于村级纪检委员的产生办法和管理办法(试行)》《阳泉市郊区村级干部廉洁履职若干要求(试行)》《阳泉市郊区农村干部日常行为规范》《农村干部九项承诺》《农村干部权力清单》等。切实把各级党员领导干部的权力关进了制度的笼子里。

坚持反腐高压。郊区通过发挥各主责主业部门的主观能动性,围绕反腐倡廉、依法治村、党的建设、廉政文化等内容,通过系列警示教育活动、发送廉政提醒短信、法庭公开审理旁听活动、警示教育片等形式多样的活动,加强对各级党员干部的思想教育。同时,层层动员部署,层层传导压力。从最基层损害群众利益的案件查起,从群众身边的党员领导干部违纪问题抓起,对历年信访案件进行了大起底、大排查,开展案件查处大会战。党的十八大以来,全区"四风"问题共立案106件,结案106件,处分党员、监察对象170

人。其中党纪政务处分116人，组织处理54人。落实"三转"以来，共查处违反中央"八项规定"和"四风"问题160人，形成了惩治腐败的高压态势。

三、综合治理

郊区小康社会建设，不仅要提升老百姓的富裕程度、幸福感受，还要营造安居乐业、和谐相处的平安氛围。党的十八大以后，郊区结合维护社会稳定、强化社会治安防控、化解社会矛盾纠纷、基层基础建设四项工作重点，大力推动平安建设提档升级，不断开创全区社会治理创新之路。

加大司法体制改革。郊区法检两院认真落实司法改革主体责任，不断完善改革方案和推进措施，全面实施员额制改革，让政治素质高、纪律作风好、具有独立办案能力的法官、检察官进入员额，圆满完成了遴选工作。严格落实司法责任制，坚持科学放权与强化监督相结合，落实司法责任制实施意见和法官、检察官权力清单，严格做到谁办案谁负责，谁决定谁负责，强化了办案法官、检察官的责任。建立院长、检察长办案常态化机制，完善专业法官、检察官会议制度，构建全流程监控、全过程留痕的审判监督管理机制。同步建立员额法官、检察官动态管理、绩效考核和权益保障机制，实现了业绩评价与员额退出机制、惩戒机制、激励机制的配套衔接。为提高办案质量、提升办案效率奠定了基础。

健全大调解体制机制。针对地处城郊接合部，征地拆迁、村矿矛盾较为突出，社会治理的难度和压力较大的实际，深入开展了社会稳定风险隐患大排查大整治专项活动，完善行业"大调解"工作体系，实行矛盾纠纷调处工作例会和研判预警制度，落实矛盾纠纷调解措施。通过部门资源整合，设置了群众接待大厅和综治办、矛盾纠纷调处、监控研判、心理服务4个科室，服务面积达到1000余平方米。以信息化为支撑，通过整合综治视联网、公共安全视频监控系统、社区矫正系统，实现了综治信息数据互联互通、资源整合共享共用、统筹协调平安共建的效果，初步做到了综治工作的可视化、智能化。规范整顿信访秩序,完善了区级领导接访约访机制,实行了疑难案件化解联席会议制度,开展了"重点区域、重点领域、重点群体"信访问题集中攻坚专项活动,做到了化解和惩处"两手抓、两手硬",全区信访维稳形势持续向好。

加强公安队伍建设。严打违法犯罪,为提升群众的安全感和满意度,政法机关积极发挥维稳主体作用,扎实开展以深化打黑除恶、推进治爆缉枪、铲除黄赌毒为重点的"三大战役",始终保持对违法犯罪的高压震慑态势。全区刑事案件发案率逐年同比下降,八类社会危害严重案件发案率同比下降。为营造风清气正的社会环境,郊区组织开展了"村霸"摸排严打工作,整治干扰基层政权、破坏社会稳定行为专项行动。打造了100人的治安管理员队伍,组建了4类8支2861名平安志愿者,布设了7500个技防探头的农村视频监控网,实现了全区基层治安联络点全覆盖,形成了打、防、控一体化的农村治安长效防范机制,基层社会治安联防联动工作格局初步实现。

创新普法方法。郊区以落实"谁执法谁普法"普法责任制为抓手,在"七五"普法工作中,以宪法学习宣传为重点,以推进法治化建设为目标,深入推进法治宣传教育进机关、进单位、进学校、进企业、进乡村、进社区活动,形成了"党政齐抓共管、全社会共同参与"的局面,全社会宪法至上、守法光荣的浓厚氛围逐步形成。此外,郊区还注重加强普法固定阵地、媒体宣传阵地、渗透培训教育阵地、广场宣传阵地、法律服务阵地5大法治宣传阵地建设工作,组建了执法普法员、普法讲师团、法制副校长、普法联络员4支队伍,大力开展法治教育活动,让群众时刻感受到法在身边。实现了全民法律素质进一步提升,法治政府建设进一步推进,公平正义理念进一步树立,依法治理水平进一步提高的目标。

四、文明创建

郊区历来重视精神文明建设工作,始终坚持"两手抓、两手都要硬"的工作方针,成效显著。

文明创建成果丰富。郊区坚持把社会主义核心价值观阵地建设作为文明创建的一项重要内容，在区人民广场、区政府广场、荫营东西大街、江正大街和荫营东公园核心区域，设置了全区善行义举榜2处，制作宣传标语、公益广告200余块。结合村情风貌、特色文化、乡村旅游和爱国主义教育、"三基建设"（基层建设、基础工作和基本功训练）、政企合作以及生态文明等工作，立体式打造了桃林沟村、咀子上村等10个社会主义核心价值观建设示范村，实行以点带面全覆盖。通过开展移风易俗倡新风、未成年人思想道德建设、推行善行义举榜、改革传统庙会等活动，提升精神文明建设对农村农民和社区居民的影响力和感召力，使广大干部群众的思想道德素质和科学文化素质有一个新提高。全区共推选郑守梅等8人先后参加"山西好人""阳泉好人"评选，三都村杨占利、田俊丽夫妇获得2015年度"山西好人"称号。东南沟村党总支书记宋根栋获得2016年度"山西好人"称号。杨家庄乡乡长田玲荣获"中国好青年"荣誉称号，河底中学的武敏获"感动山西"提名，并获得全国"最美中学生"殊荣。

"四个率先"创建特色。区级文明村创建比例率先达到50%以上。截至2019年，已有90个村达到创建区级文明村标准，全区文明村创建比例达到67%，率先完成全市县（区）级文明村达到50%以上的文明村创建工作任务。区级文明单位创建达到98家。在已建成的4个特色文化村的基础上，新建成辛庄抗战文化、固庄民主治村文化、李家庄乡村记忆文化、南沟红色文化、东南舁舁上民俗文化5个特色文化村，并通过与乡村旅游、爱国主义教育、文化产业发展、核心价值观宣传等多"点"结合，助推特色文化村发展，对促进乡风文明起到引领示范和典型带动作用。乡村少年宫率先实现乡镇全覆盖。在全国命名的四所乡村少年宫的基础上，2018年，李家庄小学、上白泉小学、杨家庄学校三所学校达到乡村少年宫建设标准，率先在全市乃至全省实现乡村少年宫建设乡镇全覆盖。红白理事会健全，率先实现全覆盖。全区所有行政村已全部建立红白理事会，其中有99个村的红白理事会纳入村规民约，实现红白理事会村村健全全区覆盖。家庭教育率先深入各个角落。区妇联等九部门联合启动全区家庭教育，相继成立四个家庭教育讲师团，40名家庭讲师分别到农村、企业、学校、家庭依托道德讲堂进行家庭教育、家风传承教育，基本达到道德讲堂全铺开，家庭教育全覆盖。

建设新时代文明实践中心。2019年10月，郊区被中宣部、中央文明办确定为全国第二批建设新时代文明实践中心试点区。建设新时代文明实践中心是郊区走好"三条路"、率先实现城乡融合示范区的重要保障。为此，郊区出台了《深化拓展建设新时代文明实践中心试点工作实施意见》。通过新时代文明实践中心、所、站三级联动，大力开展理论宣讲"全覆盖"、政策宣传"到基层"、文化科技"惠民生"、主流价值"育新人"、城乡融合"树新风"五大工程，努力打造"城郊型新时代文明实践样板区"。着眼于凝聚群众、引导群众，以文化人、成风化俗，瞄准"需求"，调动各方力量，整合各种资源，创新方式方法，动员和激励广大人民群众积极投身全区各项重点工作。全区已经注册了志愿团体队伍20家，注册志愿者队伍人数达到5000余人。建设了桃林沟村景区学雷锋志愿服务站点，联合市爱心公益志愿者协会在汉河沟村、荫营杏花园、桃花园、菊花园、淑华园等小区设置了废旧衣物书报回收再利用箱，启动了学雷锋志愿服务系列活动。全区卫生、司法、交警、科普等行业的志愿者多次参加主要街道整治、公交站点清洁等学雷锋志愿活动。郊区图书馆被省文明办命名为"公共文化设施示范单位"，郊区统一战线农业技术志愿者服务队荣获市"学雷锋优秀志愿服务组织"，区人民医院医生史振慧荣获市"学雷锋优秀志愿者"。此外，郊区还结合乡村治理、城乡融合、脱贫攻坚、公民道德建设等重点工作，融合式开展"星级文明户"创建、移风易俗、文化惠民、家风家教传承、实用技能培训等形式多样、内涵丰富的文明实践活动，发挥中心、所两级策划牵头作用，推动全区新时代文明实践工作往深里走、往实里走、往老百姓身边走、往服务事业发展一线走，打通了宣传、教育、关心、服务群众的"最后一千米"。

五、民主建设

郊区全面贯彻落实坚持党的领导、人民当家做主、依法治国有机统一的指导方针，民主法制领域改革稳步推进，人大监督体制更加健全，协商民主机制不断完善，乡村治理取得阶段成效，为郊区经济社会持续健康发展提供了有力的民主法治保障。

依法监督。2012年以来，郊区人大及其常委会深入学习贯彻习近平总书记关于坚持和完善人民代表大会制度，带头遵守、模范执行人民代表大会制度。在工作监督、决定重大事项、人事任免、代表工作等方面取得了很大成绩。郊区人大常委会始终把党的领导贯穿于人大依法履职的全过程，不折不扣贯彻落实区委各项决策部署，依法筹备区人民代表大会会议，组织召开区人大常委会会议，听取审议区人民政府、区人民法院、区人民检察院专项工作报告，对法律法规进行执法检查，依法作出决议、决定，依法任免国家工作人员，及时将区委决策部署通过法定程序转化为全区人民的共同意志，转化为全区人民的广泛共识和自觉行动，推动人大工作始终与区委中心工作同向发力、同频共振，较好地发挥了地方国家权力机关的重要作用，为全区经济社会发展和民主法治建设做出了重大贡献。党的十九大以来，郊区人大常委会积极围绕新时代人大工作新任务、新要求，谋划新思路、新举措，把解放思想的成果体现在新时代人大工作思路的创新上，依法正确行使宪法和法律赋予的职权，围绕项目建设和招商引资、国资国企改革、开发区改革创新发展、打造一流创新生态等重点工作开展监督，以实际行动推动转型发展。用好听取审议专项报告、执法检查等方式，有效发挥监督作用，推动"一府一委两院"改进工作。每个乡镇都建立健全了联系代表工作站点，打通了联系代表的桥梁，完善议案建议交办和反馈机制，不断提高代表建议办理的落实率和满意率，使人大工作成了促进党委重大改革决策部署贯彻落实的重要支持力量、推动力量、监督力量。

民主协商。围绕区委、区政府的中心工作建言献策是政协履行职能所遵循的重要原则。党的十八大以来，郊区政协坚持把服务改革发展作为第一要务,主动融入全区大局,充分发挥人才荟萃、智力密集、重要阵地、重要平台、重要渠道的优势,立足性质定位和履职优势,组织开展了多层次、多领域、多形式的调查研究、建言献策活动。在提案监督力度上,郊区政协以贯彻落实中共中央办公厅、国务院办公厅《关于进一步加强人民政协提案办理工作的意见》为契机,突出质量,落实责任,将提案办理纳入工作全局。修订出台了《郊区政协系统反映社情民意信息工作考评表彰办法》,多次转发全国政协、省政协《信息重点选题及说明》。同时,组建社情民意特邀信息员队伍,建立了区、乡(镇)社情民意直报联系点,实现了社情民意信息的区、乡(镇)全覆盖。郊区政协坚持围绕团结和民主两大主题,努力做好团结各方、协调关系、凝聚人心、汇聚力量的工作,不断拓宽协商渠道,积极创新履职载体,彰显了人民政协大团结大联合的特色优势。坚持加强同党派团体团结合作共事。坚持民主协商、平等议事,多向沟通协商、多方互动交流,主动邀请民主党派、工商联和无党派人士参加区政协组织的调研、座谈、视察和学习研讨等活动,积极推荐支持他们参与党政部门决策部署的协商讨论、监督评议等活动,重点围绕新一代信息技术、新材料、新能源、节能环保、现代物流、文旅康养等郊区产业转型方向,领题调研,建言献策,服务党委和政府科学决策、民主决策、依法决策。发挥了各民主党派、团体在政协组织中的重要作用。

民主评议

依法选举

民主自治。党的执政基础在基层,工作重心在基层。夯实乡村治理根基,长期以来一直是郊区的工作重点和工作中心。近年来,郊区通过加强农村党风廉政建设和民主政治建设，切实维护人民群众合法权益，努力实现村民自治规范化管理。建立健全了农村民主选举、民主决策、民主管理、民主监督的各项制度，全面提升了村民自我管理、自我教育、自我服务的能力和水平，在"四议两公开"基础上，创立"六议两公开"工作法，增加"动议"和"民议"环节，更加突出民主环节，坚持公平公开公正，做到阳光用权，从程序上进一步夯实村民自治规范化的根基，让群众自己知道、自己制定、自己治理，使民主公开、依法办事成为村干部和村民的自觉行动，为郊区发展提供了坚强的组织保障。《基层治理法治化探索——阳泉市郊区的实践》被中央党校作为重要案例，选入"全国依法治国研修班"的课件中。郊区以第十一届农村"两委"换届为契机，将党的领导和村民自治有机结合，在切实把好农村干部"入口关"的同时，实现了"四个民主"。严把政策宣传发动关。印发《关于严厉打击贿选、破坏选举等违法行为的通告》《村（社区）"两委"换届选举工作系列问答》《村委会成员候（竞）选人"六不能、六不宜"》《九种贿选行为》等各类宣传资料。严把法定程序操作关。确保每个步骤、每个环节都有法可依、有章可循。严把选民资格登记关。把好"年龄条件关、属地条件关、行为能力关"。严把候选人提名关。在制定换届选举方案时，明确和细化了村（居）民委员会成员候选人任职资格条件，规定了班子人选应具备的条件，以及不能、不宜确定为候选人的情形。严把资格条件审查关。明确候选人的资格限制条件，实行乡村初审、区级联审的资格审查制度。严把依法投票选举关。在做好依法规范候选人竞争行为的基础上，依法组织好选举投票工作，选举产生新一届村（居）民委员会成员490名。做到组织意图、法律程序和选民意愿的三统一。

六、统战工作

党的十八大以来，郊区着眼于构建"大统战"工作格局，加强与各部门的联系沟通，主动与民主党派人士、非公有制经济代表人士和党外知识分子广交、诚交、深交朋友，在全区形成了关心统战工作、支持统战工作的良好氛围。每年的春节团拜会，都要邀请全区私营企业的管理技术人员、中介组织和社会组织从业人员、自由职业人员以及新媒体从业人员等新的社会阶层人士参加，通过联谊交友、开展活动、社会服务等，为促进郊区经济社会发展贡献智慧和力量。

参政监督。党的统战工作列入了各级党组织的工作目标责任考核范围，完善了民主党派参政议政、民主监督的程序和途径，建立和完善了党外干部选拔、培养、使用机制和跟踪考察机制。注重选调政治强、业务精、素质好的干部到统战部门工作。坚持就重大问题在决策前与民主党派、工商联协商，定期与民主党派、工商联、无党派人士进行座谈。坚持组织民主党派围绕重大经济决策和社会发展规划进行考察调研。坚持发挥党外人大代表和政协委员的作用，开展了"走基层、献良策、比贡献"活动。积极支持民主党派、工商联加强自身建设。统战部门支持民主党派、工商联开展工作，解决党外代表人士政治和生活待遇。建立了基层工作联系制度，建立完善了部领导与各民主党派主委、副主委，工商联会长、副会长交友谈心制度，建立了统战干部与统战成员联谊活动制度。

服务中心。统战部门积极组织统一战线成员围绕事关全区发展大局的重大问题和重要事务，选择党委和政府急需解决、人民群众普遍关注、有利于发挥统一战线优势的调研课题，开展行之有效的调研活动，形成了一批有价值有分量的调研报告。制定出台了一系列的政策措施，促进了全区非公经济的长足发展。使非公经济成为城乡居民就业和增加收入的主要渠道、财政收入的重要来源、国民经济的重要力量。认真贯彻党的宗教工作基本方针，努力促进民族

统战干部与统战成员联谊活动

团结进步，促进宗教和谐稳定，民族宗教工作呈现出良好的发展局面。坚持以"亲情、友情、乡情"为纽带，以"地缘、血缘、业缘"为基础，多层次、多渠道、多形式地开展对外联谊交友活动，有效地促进了社会的和谐稳定。

第三节　文化建设不断进步

文化是一个国家、一个民族的精神家园，体现着一个国家、一个民族的价值取向、道德规范、思想风貌及行为特征。习近平总书记非常重视中华文化的传承和发展，特别强调"要讲清楚每个国家和民族的历史传统、文化积淀、基本国情不同，其发展道路必然有着自己的特色；讲清楚中华文化积淀着中华民族最深沉的精神追求，是中华民族生生不息、发展壮大的丰厚滋养；讲清楚中华优秀传统文化是中华民族的突出优势，是我们最深厚的文化软实力；讲清楚中国特色社会主义植根于中华文化沃土、反映中国人民意愿、适应中国和时代发展进步要求，有着深厚历史渊源和广泛现实基础"。

一、公共文化服务体系建设

郊区文化事业伴随着改革开放的不断深入一路前行。尤其是十八大以来，不断牢固树立以人民为中心的工作导向，以改革创新为动力，以基层为重点，坚持"正确导向、政府主导、社会参与、共建共享、改革创新"的基本原则，促进基本公共文化服务标准化、均衡化，推动郊区文化大发展大繁荣，成为广大人民群众精神生活中不可或缺的一部分，为实现中华民族伟大复兴中国梦提供强大的精神动力和文化支撑。

文化阵地建设不断加强。郊区的群众文化工作到现在已基本形成了自上而下的活动网络，有区文化馆、乡镇综合文化站、农村文化活动室、农家书屋。区、乡、村三级文化网络基本形成。

群众文化生活日渐繁荣。开展"戏曲精品老区行慰问演出"

"一村一年一场戏""免费送戏下乡"等文化惠民活动,目前累计演出近500场,覆盖全区所有乡镇80%以上的村庄。2019年,又组织开展了"文化惠民、免费送戏下乡"慰问演出80余场,开展"歌颂改革开放,赠写春联惠民"送春联活动,直接受赠群众1300余人。落实公益电影放映工程,几年来农村共放映7280场;为全区6所寄宿制学校放映爱国主义教育影片,平均每校9场/年。

文化活动

组织开展群众性文化活动。每年组织举办的"三节"群众文化系列活动已经成为郊区具有一定影响力的文化大餐,包括春节文艺晚会、春节群众文艺汇演、元宵节民间艺术精品展演、元宵节灯展、焰火燃放等活动。区、乡、村三级每年举办春节文艺汇演150余场,参演节目2000多个,组织民间艺术表演80多场,参加表演队伍600多支,直接参与人数近3万人,观众近9万人。"群星风采"广场文化活动以群众参与为主,内容丰富,形式多样。全区每年举办文化活动和各类文艺比赛10余次,培训基层文艺骨干200余人。创作的优秀文艺作品参加全国、省、市各类比赛均获优异成绩。郊区面向基层开展了"送书、送戏下乡活动",区歌舞团开展了"文化惠民、欢乐基层"慰问演出共计370多次。2018年10月以来，组织区歌舞团进行创卫宣传免费演出29场，区文艺小分队创卫宣传活动100场，观看演出群众1.5万余人，为全区营造了浓厚的创卫氛围。

公共文化服务队伍建设不断加强。群众文化专业队伍健全，工作开展活跃。截至2019年，区文化馆12人，区图书馆5人，区歌舞团21人，7个乡镇文化站在职7人。全区群众文化辅导员人数达到100人以上，并通过文化馆定期开展文化培训和业务指导，全区业余文艺团队有荫营歌友会、河底村农民艺术团、李家庄晋剧戏迷表演队、三泉村迓鼓表演队等100余个，常年或季节性参加文化活动有4万余人。全区被省文化厅命名为省级儿童文化园的有3个，市级儿童文化园5个，文化特色村达到30多个，根雕、剪纸、刺绣、面塑、书法文化特色户40多个。

文化经费逐年增加。2012年，郊区公共文化服务体系建设资金不断增加。2013年以来，文化馆、图书馆配套免费开放经费中央20万元，区10万元。八个乡镇文化站配套免费开放经费中央20万元，区20万元。2014年区预算两馆配套免费开放经费20万元，乡镇文体站配套免费开放经费20万元。近几年，每年预算下拨图书馆购书款5万元，从资金上保证了区"两馆一站"免费开放工作的有序进行。2013年郊区农村文化建设专项资金按照配套比例要求及时配套到184个行政村，其中，中央配套69.88万元，省级配套27.94万元，市级配套20.98万元，区级配套20.98万元，农村文化建设专项资金完成了上级配套要求，保障了农村公共文化活动的持续开展。

二、文化产业建设

2016年，郊区制定了文化产业"十三五"发展规划，把转型发展的目光从煤炭等资源转向文化产业，推动文化产业不断发展壮大。全区人民感受到文化产业取得明显成效的同时，也享受到了文化成果带来的美好生活。截至2019年，全区在册文化产业经营单位97家（其中文化旅游类19家、文化创意类13家、文化传媒类12家、传统工艺类4家），单位资产总计近5亿元。

产业意识不断增强。在资源型经济转型的艰巨任务面前,全区发展文化产业的意识不断增强,政策扶持力度逐步加大,通过文化与旅游的融合,催生了一批新兴文化项目。2014年启动乡村旅游年,目前已打造了林里"关公文化节"、西南舁"苹果采摘节"、桃林沟"桃花节"、翠枫山"红叶节"、咀子上"山楂花节"、闫家庄"梨花节"等乡村旅游品牌,在文化旅游节上推出了诸如皇历包、面塑、剪纸等郊区传统的手工艺品;开展山西阳泉户外运动大会暨"醉美旧街"乡村文化旅游节、辛庄第四届文旅雅集暨首届河灯节等"送文化进景区"活动,打造文化旅游品牌,全面展示郊区农村浓厚的传统文化底蕴;辛庄村、咀子上村、南沟村利用文化遗产资源进一步推动红色文化旅游;桃林沟村打造了桃河民俗文化园,在保护传承非遗的同时引入了全国各地的名小吃,加强了特色餐饮文化旅游;河底镇通过引进、创新打造影视基地和铁器、软陶、编织等文化产业;旧街乡通过举办摄影节及体育赛事,加快了文化体育旅游产业融合发展的步伐。

2017年6月,区政府与北京采一非物质文化遗产保护有限公司签署战略合作框架协议,合作开发关王庙文化生态小镇,计划打造国内最大的关公文化旅游地,形成以关王庙为核心的刘关张三位一体人文系列的文化旅游生态保护区。2017年9月,投资1.5亿元、以推广"全家总动员,戏水一整

修葺一新的国保文物——关王庙献殿

年"时尚生活特色为主导的悦洋水世界主题公园开园,成为晋东区域首家集休闲旅游、水上娱乐、养生温泉、韩式汗蒸、滑雪场、跑跑卡丁车等为一体的新型综合性旅游项目。2019年,全区投资近9000万元,开工建设王家庄村紫金农业康养项目、阳泉市桃林山庄

乡村旅游开发建设项目、大洼新村建设项目（其中包括华北第一长的水滑道建设项目），大力推进文旅转型项目建设。同时，农村基层发展文化产业的意识逐渐觉醒，热情比较高涨。乡村文化旅游业异军突起，成为郊区文化产业的主力军。

文化产业快速发展。《全区文化产业"十三五"发展规划》明确了文化产业的发展目标、发展思路、区域布局、产业体系及政策保障，细化部门责任，推动各项工作落到实处。在文化产业发展规划的指导下，逐步引导文化产业规模初步形成，适应城乡群众文化休闲需求的娱乐、书刊、影视、演出、网络文化、艺术培训、体育休闲健身等文化产业得到较快发展。成立了由媒体、景点、旅行社及相关第三方参与的刘备山文旅产业发展联盟，在郊区文旅产业的策划、推介、销售等方面不断尝试，已初步构建了"宣传推介－渠道消费－利润共享"的联盟运营模式。同时，传统工艺逐步壮大成为新的文化产业，乡村文化旅游业势头强劲，成为新的经济增长点，文化创意产业崭露头角，成绩喜人，郊区文化产业的发展呈现出蓬勃之势。

产业特色初步显现。特色文化资源的产业化培育初见端倪，初步培育成型的有桃林沟桃文化，辛庄、南沟红色文化，咀子上、东南舁农耕文化，刘关张三义文化等一批特色文化旅游产业。文化艺术业、文化娱乐业都有了一定的发展。珐花器被命名为"山西三宝"，获得社会广泛关注；烙画葫芦、韵彩——油晶画、古琴制作等一批区级非物质文化遗产大放异彩；酿造工艺、根雕工艺、珐花器工艺、黑陶工艺、砂器烧制工艺、铸铁工艺、挑绣工艺等传统工艺在文化产业中占了一定的比重，以珐花器生产研发为主的大龙珐花器制作中心、以黑陶烧制结合堆塑工艺不断创新的缘舍陶艺坊等，都是郊区从过去的传统工艺逐步壮大成文化产业的典型。新型文化创意产业实现零的突破，鑫宇文化艺术有限公司、文化树广告有限公司等，进一步延伸到影视、摄影、艺术策展、创意产品等多个领域，加强了文化创意的探索与实践。成功举办了郊区首届文旅产业展示交易会，初步探索了展会经济与日常交易相结合的发展方式，推动了文旅资源的产业化进程。投资5680万元的桃河民俗文化园,以清末民初商镇建筑景观和旧时风情为表现形式,模拟平潭历史街区模式,把优秀民俗文化与本土特色小吃荟萃于一园,为郊区乃至全市文化产业的发展注入了传统文化内涵,极大地丰富了文化产业模式;山西蕙生福贸易有限公司与阳泉美术院签订战略合作协议,阳泉美术院发挥其在艺术领域的优势和影响力,为蕙生福公司提供产品设计、技术支持、生产工艺、市场开发等方面的指导和帮助;蕙生福公司发挥其在市场经济中的前沿优势,为阳泉美术院提供对外艺术交流和展示的平台,支持其艺术研究和成果转化,共同促进晋东地区非物质文化遗产的传承和发展。小西庄砂货工业园对生产环境和产品创新上进行改造,对龙字砂壶进行了保护和传承,做出了一系列的龙字壶新产品,建立了企业文化宣传室、多功能会议室、各种产品展厅和砂锅餐饮文化体验室,成为集生产、研发、娱乐、休闲为一体的新型文化企业。李家庄村、咀子上村、三都村乡村文化记忆工程展示馆等项目的建设,充分展示了郊区文化产业发展迈出的新步伐。

三、休闲观光旅游

乡村旅游,是连接城市和乡村的重要纽带,是实施乡村振兴战略的有力抓手,也是探索文旅深度融合的重要途径。乡村旅游业的兴起,让农村变美、令农民致富、促农业发展,激发了乡村振兴新动能。

阳泉市郊区处于山西省东部,太行山西麓,区内气候宜人,四季分明,光照充足,属温带大陆性气候,年平均气温11度,年平均降水量572毫米。地势呈西高东低、北高南低走向,平均海拔约600米。近年来,郊区立足丰富的乡村旅游资源,利用"一小时交通圈"的市场优势,培育了一批具有较高知名度和游客认可度的乡村旅游点,为全区乡村旅游发展奠定了较好基础。全区现有国家A级旅游景区3处,不可移动文物261处,省级3A级乡村旅游示范村2个,市级乡村旅游示范村3个。据不完全统计,2019年前三季度,全区旅游收入910万元,共接待游客62万人次,乡村旅游的发展效果显现。

(一) 基本情况

全区共有50余处旅游资源,兼具历史性、民俗性、生态性,特别是乡村旅游资源内涵丰富,具有一定的特色。随着全民休闲时代的到来和居民消费意识的转变,尤其为郊区乡村旅游发展提供了广阔市场。市区60万常住人口成为郊区乡村旅游的客源市场。石家庄、太原两大省会城市通过"一小时交通圈"便可顺利进入郊区,其周边2000万人口的旅游消费群体成为郊区旅游业广阔的外延市场。

1. 郊区A级景区

桃林沟(AAAA级景区):是山西省级乡村旅游示范村,全国"八大"迷人桃园之一,被誉为都市人休闲的后花园。总面积1.86平方千米,是阳泉生态新城一张靓丽的新名片。有游乐场、葡萄园、农业观光园、桃花源里主题文化园及水上人家等景点。

翠枫山自然风景区(AAAA级景区):位于山西省阳泉市郊区平坦镇后峪村。是国家4A级旅游景区、国家级水利风景区和全国青少年科普基地。翠枫山自然风景区占地13平方千米。海拔1430米,年均气温11摄氏度。是阳泉市首次发现的原始森林。景区森林覆盖率97%以上,汇集和保存了大量比较完整的天然原始次生植物和生物群落。

关王庙景区(AA级景区):是全国重点文物保护单位。中国现存最早的关羽庙建筑——关王庙,始建于北宋熙宁五年,现有饮马亭、乐楼戏台、过门马殿、报国殿、春秋殿、献殿、正殿等建筑,可深度体会忠义文化。

2. 郊区乡村旅游点

咀子上村(省级乡村旅游示范村):咀子上村位于阳泉市郊区西南舁乡北部,距离市区29千米,以"春赏花、夏纳凉、秋采果、冬季闹红火"为主题发展乡村旅游。目前,全村已建成了"一山一场一院一馆一厅一园"的六大景点。以农耕文化为核心,通过传承农耕文化、体验农耕乐趣吸引游客,让游客远离喧嚣城市,回归乡村宁静。

南沟村(市级乡村旅游示范村):位于旧街乡政府南1千米处,植被丰富,尤以槐花、荆树等为盛,植被覆盖率达到65%以上。南沟、狼峪、南沟掌三个自然村依山、逐水、靠地,有着悠久的历史积淀。百团大战纪念碑、党性教育基地、范子侠将军纪念亭和雕塑、日军战壕遗址、红色狼峪展览馆等具有鲜明革命文化特色的教育设施相继投入使用。获评"阳泉市党性教育基地""山西省乡村旅游和休闲农业示范点""中国慢生活休闲体验村"等发展名片。

大洼村(市级乡村旅游示范村):西南舁乡大洼村位于阳泉市郊区西南舁乡东南部,交通十分便利。北方江南小镇核心景区江南风情商业街、玉龙山休闲山庄投入运行,全长1600多米的高山玻璃水漂流已投入运营。成功入选第五批中国传统村落名录,力争打造原野度假天地、乡愁记忆、民俗文化教育基地和红色文创基地四大版块,实现传统村落的永续发展。

上千亩坪(市级乡村旅游示范村):上千亩坪村地处阳泉郊区荫营镇东区,属阳泉新城的北部规划区域。为山西省最美旅游村、山西省生态村、山西省美丽宜居示范村。现建有全市面积最大、功能最全、布局合理、面积达1.68万平方米的翼德文化广场,还有山水相谐、古今相通、人地相融、文化生态相合的8万平方米的千园公园。

辛庄村:辛庄村地处阳泉市郊区东北部,被评为"山西省休闲农业与乡村旅游示范村"。古村四面环山,依山而建,前有温河傍村而过,四围山色迷离,林壑尤美,村中老街自然清新,古槐虬枝峥嵘,民宅错落有致。荣获"中国传统村落""中国景观村落""中国历史文化名村"等称号。

燕龛村:位于河底镇,坐落于刘备山下,区内群山拱翠,二水交流,有"一方胜地"一说,具有独特的自然环境和厚重的人文历史。古村形似飞燕,早在北魏时期,村中开凿了大大小小的佛龛,有"飞燕入龛"之意。古村呈一街、八巷、一堡格局，历史和现实在这儿交织成一幅现代都市古色古香的画卷。置身其间，听晨钟暮鼓，看燕群绕龛，赏小桥流水，观荷锄农人，恍若进入一处佛音缭绕、田园牧歌的人间仙境。

龙泉沟：阳泉市龙泉沟绿色生态园位于阳泉市西大门，在桃河上游一大支流——保安河上游，龙泉沟森林康养基地内有"龙头""龙眼""龙口"。在"龙口"处，四季泉涌，故得名"龙泉沟"，园内生态环境良好，水资源丰富，有大小泉眼26处，小型瀑布5处，各种植物上百种，动物20多种，林地覆盖率目前已达到78%以上，是桃河上游生态环境经济发展的典型。

王家庄村：王家庄村地处阳泉郊区西南舁乡最北部，至今已有500余年历史，现存有观音庙、五道庙、山神庙、石桥等明清古建筑，有侧柏、楸树等古树。

代家庄村：代家庄村位于郊区西南舁乡最北端，据碑文记载，代家庄村建于明朝洪武年间，距今600余年，村内有千年古槐树6棵，有抗战地道，有抗战时期晋北地区三条龙之一的戴德龙和参加过抗美援朝的原新疆军区政委郭尊荣的旧居，有观音庙、龙王庙、五道庙三座古庙。

东林尖村：东林尖是省级"一村一品"示范村和省级产业扶贫整村推进示范村，村位于郊区西南舁乡西北端，毗邻盂县牛村镇，经过多年的发展，东林尖的村容村貌、地容地貌、路容路貌、户容户貌以及村民的精神风貌呈现一派生机勃勃的发展景象。

大西庄村：位于阳泉市郊区西南舁乡西北部，西北与盂县凤凰山相连，村域东与霍树头村毗邻，西与北小西庄村相连。全村总面积4.7平方千米，自然资源有凤凰山和古槐，人文景观有老爷庙、大庙、仙神庙、"6·15"惨案遗址等。

庙岭村：位于阳泉市东部，与平定县西岭村接壤。是建档立卡贫困村，近年来经过不断发展，整村规划，现已基本建成生活服务区、景观区、种植区、养殖区、动物体验区，兴建鸡、猪等散养养殖中心，建设滴水灌溉系统，兴建餐饮、棋牌、垂钓、休闲、游乐、园林绿化等多功能休闲区。建立以立体种植和立体养殖为主的高效生态科技示范园，生产质量优、价格高的无公害禽肉类和蔬菜粮食等。

北昇村：位于阳泉市郊区西南昇乡北部，这里民风淳朴、历史悠久，是"昇上文化"的发祥地，以背阁、抬阁、杠阁、转阁等阁类艺术为代表的团结协作的"昇上文化"世代传承。以灰色为主的传统民居古朴典雅，别有风味；秧歌、霸王鞭、跑马昇、高跷、迎喜神等传统表演应接不暇。北昇村具有多姿多彩的民俗文化活动。

杜家庄村：位于郊区西南昇乡北部，这里群山环绕，是以种植杂粮和养殖肉牛为主的农业村庄。杜、鲍、翟三大姓传至今天已有13世。未来，还将打造水泥厂工业遗址、松树垴古桐树、草莓采摘大棚。

汉河沟村：位于郊区李家庄乡，这里绿树成荫、风景秀丽。通过新村住宅小区、文化广场等公共服务设施可以感受到新农村建设的魅力。可以去"晋阳府"醋坊参观食醋制作过程，品尝唇齿留香的老陈醋。生态绿色采摘园里"悬挂式"小西瓜、玫瑰味葡萄、牛奶味草莓让人赞不绝口，还可体验石磨、织布机等传统工具，是亲近自然的好去处。正在建设中的"晋阳府"醋文化产业园、醋博馆、梯田醋文化长廊是展示醋文化、解读醋文化的载体。

武家庄村：位于郊区河底镇北部，8平方千米的温河自然风景区，瀑布、独木桥、化石、三叠泉等自然景观让人流连忘返，置身其间，顿生清凉之感。温河灌区纪念馆倾听温河故事，重温难忘岁月，不忘团结奉献、创新创业、执着担当的温河精神。

（二）主要特点

产业带动显效。郊区近年来先后投入大量资金大力发展农业。在推进农业高效发展的过程中，一批由设施农业和休闲农业高度粘合的休闲型农业基地脱颖而出，如咀子上山楂园、保安龙泉山庄、保安树莓采摘园、汉河沟草莓种植园、桃林沟桃园、西南昇万亩苹果采摘园等。休闲农业的扎实推进，为发展乡村旅游搭建了舞台，带动乡村旅游同步发展。

划旱船　　　　　　跑马畀　　　　　　背阁

文化底蕴深厚。晋商文化、古建文化、抗战文化、宗教文化、民俗文化、红色文化等旅游资源类型齐全、级别较高。值得一提的是，在阳泉市郊区刘关张三庙同聚一地，关羽庙建筑是三庙之首，另两处景区刘备山景区和张飞庙文化园正在建设中。与此同时，郊区民间手工艺种类繁多，并把功能和审美完美结合，几乎遍及生活各个领域。尤其是黑陶、手工鞋垫、面塑、剪纸、刺绣、根雕等独具特色的民间手工艺品在不断传承发展中得以改进和创新。独具特色，展示本土文化，为发展乡村旅游提供了亮点。

民俗特色鲜明。作为盂县仇犹文化和古洲平定文化的兼容和过渡区，南北文化的交融，使区内民间文艺繁荣，花船、高跷、舞龙、舞狮、社火、秧歌等民间艺术为群众喜闻乐见。全区南、北方言语调的差异，也形成了别具特色的地方戏曲、评说、迓鼓等曲艺品种。长期以来形成的小年祭灶、新年迎灯、送瘟神、煤矿祭祀、二月二龙抬头、五月十三磨刀雨等礼仪风俗盛行全区，婚丧嫁娶、来客接待、生育寿庆等仪式各具特色。

饮食文化多样。郊区独具特色的饮食也是地方文化的一面镜子。地方传统名菜——过油肉，色泽鲜亮、香酥软嫩、风味独特，已普及至山西全省及京津地区，成为一种大众菜肴；馓、糊嘟、肉稠饭、油糕、野菜、不烂、抿曲、窝头、焖面条等农家菜肴主食已经走出农家小院，进入酒楼、饭店，成为人们调换口味的上等佳肴。

四、非物质文化遗产保护

根据《中华人民共和国非物质文化遗产法》规定：非物质文化遗产是指各族人民世代相传并视为其文化遗产组成部分的各种传统文化表现形式，以及与传统文化表现形式相关的实物和场所。包括传统口头文学以及作为其载体的语言，传统美术、书法、音乐、舞蹈、戏剧、曲艺和杂技，传统技艺、医药和历法，传统礼仪、节庆等民俗，传统体育和游艺，其他非物质文化遗产。

《阳泉市郊区省级非物质文化遗产名录》共5项：阳泉文迓鼓、平定砂货烧制工艺、山西珐花器制作技艺、阳泉民用铸铁技艺、河下冯氏正骨。

《阳泉市郊区第一批市级非物质文化遗产名录》共2项：珐花瓷、文迓鼓。

《阳泉市郊区第二批市级非物质文化遗产名录》共30项。其中，民间文学类1项：三都村五龙圣母的传说；传统音乐类2项：阳泉民歌、东南舁村八音会；传统舞蹈类2项：郊区大洼大秧歌、西南舁村五船六杠；传统戏剧类1项：西南舁地区过街戏；传统体育、游艺与杂技类5项：西南舁地区蛤蟆阵、西南舁村傀儡戏（猴捅马蜂窝、斗鸡、斗羊）、郊区黄河阵、西南舁地区打台、西南舁村背阁；传统美术类4项：郊区刺绣（绞丝绣、挑绣）、雨下沟村葫芦刻、郊区剪纸、西南舁村抓像；传统技艺类3项：郊区穄米种植术、郊区三环套、大西庄村油烤供制作技艺；传统医药类1项：长岭村禁蝎；民俗类11项：西南舁村迎喜神，西南舁村开市，北舁村跑马罡，西南舁地区场祭，西南舁地区供谷秀、谷秀齐，西南舁地区打"窖"，郊区面

珐花瓷　甄国民

羊，孔南庄村十籽窝窝，郊区拜年，霍树头村祈雨，东南舁村送瘟神。

《阳泉市郊区第三批市级非物质文化遗产名录》共8项。其中，传统体育、游戏与杂技类1项：社火架子；传统美术类1项：阳泉传统面塑；传统手工技艺类3项：阳泉民用铸铁技艺、陶塑（黑陶）堆塑技艺、瓦花制作技艺；传统医药类2项：任氏小儿推拿、河下冯氏正骨；民俗类1项：诸葛马前课指法测算。

《阳泉市郊区第一批区级非物质文化遗产名录》共10项。其中，民间曲艺类1项：迓鼓；传统手工技艺类3项：珐花陶瓷、阳泉砂陶工艺、牵牛镇村陶瓷；民间音乐类2项：阳泉民歌、响马传鼓乐；民俗类1项：史氏谱系文化；民间舞蹈类1项：母老虎打架；民间杂技类1项：水火流星；民间美术类1项：面塑。

《阳泉市郊区第二批区级非物质文化遗产名录》共47项。其中，民间文学类2项：三都村五龙圣母的传说、王三丑智讽财主；民间音乐类1项：大洼八音会；民间舞蹈类1项：大洼大秧歌；民间杂技类3项：背阁、猴捅马蜂窝、鸡打架；民间手工技艺类9项：油烤供、马氏《大贡献》、马氏《盏供》、火焰供、糕供、三环套、传统剪纸、十籽窝窝、面羊；生产商贸习俗类10项：夏祭，秋饱，场祭，祭灶王，打"窖"，羊抵角，供谷秀、谷秀齐，供麦秀、麦秀齐，稷之种植，黍之种植；人生礼俗类3项：送儿女、拜年、送穷（五穷媳妇）；民间信仰类7项：送瘟神、西南舁迎喜神、三贤都龙王巡值、祈雨、开市、五里庄庆寿、接祖宗；游艺类8项：打台、成三、鸡毛蒜皮、九子围和尚、狼吃羊、跳"茅坑"、蛤蟆阵、九曲黄河阵；传统医药类2项：挑眼疖、催奶法（下奶）；其他类别1项：晋东御驴术。

《阳泉市郊区第三批区级非物质文化遗产名录》共13项。其中，民间文学类2项：《捏窝窝》、农谚；民间音乐类1项：辛庄会鼓；民间舞蹈类2项：抬阁、转阁；民间手工技艺类8项：鞍桥、泡钉、蘑菇钉、河底花茶壶、河底老架杆、活儿、不翻、煎饼。

《阳泉市郊区第四批区级非物质文化遗产名录》共6项。其中，

根雕 王有

传统美术类3项：瓦花、烙画葫芦、鸟兽人物根雕；传统技艺类2项：陶瓷（黑陶）堆塑技艺、民用铸铁技艺；传统医药类1项：河下冯氏正骨。

《阳泉市郊区第五批区级非物质文化遗产名录》共23项。其中，民间文学类1项：林里关王庙的传说；传统舞蹈类5项：大头和尚戏柳翠、洞宾醉酒、二鬼抱跌、舞龙灯、五鬼闹判；曲艺类1项：三泉莲花落；传统美术类3项：传统布艺（布老虎）制作、韵彩——油晶画制作工艺、皇历包制作工艺；传统技艺类8项：古琴制作技艺，高炉泥瓦工技艺，阳泉坩埚炼铁技术，阳泉坩埚冶铁铸造技艺，传统贴钢、淬火、退火技艺，中佐传统采炭技艺，阳泉炒铁技术，手榴弹壳铸造工艺；民俗类5项：关公信俗、阳泉地区制铁行业祭祀习俗、打铁火、小河南双打虎、阎王乐。

《阳泉市郊区第六批区级非物质文化遗产名录》共14项。其中，民间文学类2项：辛庄石鱼文印的传说、下五渡民间传说（五渡平波传说、蚕王山传说、蟒洞传说）；传统音乐类1项：古琴演奏；曲艺类1项：苏家泉大鼓舞；传统美术类2项：传统泥塑、彩塑工艺；传统技艺类2项："三雕"（石雕、砖雕、木雕）技艺、代家庄柏叶香手工搓制技艺；传统医药类2项：下荫营田氏"百损膏"、寿元堂古方；民俗类4项：辛庄正月"接爷爷"习俗、苏家泉"倒土拨"、西落菇堰郑氏谱系文化、辛兴石氏谱系文化。

五、档案馆建设

档案是社会活动的真实记录，是人类社会进步的宝贵资源。郊区档案馆成立于1971年，内设办公室、收集征集股、档案管理股、编纂研究股、现行文件利用中心和档案信息技术股，为区委直属事业单位。

1999年被国家人事部、国家档案局评为"全国档案系统先进集体"，2011年被人力资源和社会保障部、国家档案局评为"全国档案系统先进集体"。2010年10月区档案馆建设项目被列入全省首批国家扶持中西部地区县级综合档案馆建设项目，2012年10月区档案馆新馆建成并投入使用。2013年12月，区档案馆率先在全省成功晋升为国家一级档案馆，填补了山西省没有国家一级档案馆的空白。2015年11月，区档案馆成为山西省唯一的全国中小学档案教育社会实践基地，为全省档案工作又填补一项空白。2017年4月，区档案馆被山西省人力资源和社会保障厅、山西省档案局评为"山西省档案系统先进集体"。

群众自助查阅档案

区档案馆馆藏档案分为清代档案、革命历史档案、旧政权档案和中华人民共和国成立后档案四大类，105个全宗，174321卷（件）（99822卷，74499件），历史跨度约186年。馆藏最早的是公元1833年清朝年间农民买卖土地契约档案。资料主要包括报纸、期刊、书籍、统计、文件资料汇集五大类。同时，馆内编有《阳泉郊区档案馆指南》等多种形式的检索工具，以及《山西争矿运动史料》《石刻档案》《文史档案》《集体林权制度改革文件汇编》《义务教育文件汇编》《区政府工作报告汇编》《郊区档案馆利用实例汇编》《郊区民生档案利用服务指南》《史昭清纪念文集》《政务活动新闻汇编》等十余种近100万字的编研资料。先后举办了"美丽郊区馆藏精品展""走进阳泉郊区大型史料展""郊区纪念抗日战争胜利暨世界反法西斯战争胜利70周年档案史料展""史昭清同志档案史料展""沧桑巨变，魅力郊区成就展""阳泉郊区纪念改革开放40周年成就展""阳泉郊区庆祝中华人民共和国成立70周年大型史料图片展"等。此外，馆内开辟了档案服务热线、接受电话预约查档、省内跨馆查询、电话咨询以及函电代查、代复印、代抄、寄存等特色服务。建立馆藏全部档案及资料目录数据库，重要档案、民生、专业档案及利用频繁的纸质档案的全文数据库，目前馆内存储档案资料目录79万条，扫描图片91.4万幅，馆藏档案资料全部实现了计算机管理，群众可利用二代身份证识别系统进行自助查档，同时还可以免费参观馆内举办的各类展览和聆听讲座。

六、编史修志

国有史，地有志，家有谱。1990年，区党史研究室和区地方志办公室成立后，地方志资料收集编纂工作取得新进展；资料转化、征编取得新成果；宣传教育工作有了新起色：读志用鉴、开门办史有了新步伐；紧贴中心、服务发展的理念有了新提高；"以史鉴今、资政育人"工作取得了明显成效。

先后编纂出版了《中共阳泉市郊区历史纪事》《中共阳泉市郊区党史人物简介》《阳泉市郊区年鉴》《阳泉市郊区概览》等地方史

志，约上千万字，为各级政府及社会各界提供有关区情资料及地情咨询上百万字，有效扩大了郊区的对外宣传，为郊区物质文明和精神文明建设做出了应有的贡献。2007年，根据国务院颁布的《地方志工作条例》的有关规定及省、市方志编研十一五规划的具体要求，郊区二轮修志工作正式启动。经过编修动员、资料征集、分编撰写、全志总纂等一系列紧锣密鼓的工作，2013年按时完成了二轮区志，年末二轮编修的《阳泉市郊区志》正式出版发行。2017年6月，区地方志召开年鉴发行会，并为相关单位赠授《阳泉市郊区年鉴（2003—2013）》120余本。该书设21个类目、176个分目，全书共计74万余字，是一部系统记录全区自然、政治、经济、文化和社会发展变化等方面情况的综合资料性文献，为社会各界进一步了解、认识、研究、投资、建设郊区提供较为翔实的基础信息资料。这部年鉴的出版，不仅给全区人民政治生活和文化生活增添浓墨重彩的一笔，同时也标志着全区实现"两全"目标又迈进一大步。在此基础上，还编修出版了2003年以来的《阳泉市郊区年鉴》（2003—2013为合并版，其余年份为年版）。

在坚持开展史志编研的同时，区地方志十分注重史志"资政、存史、教化"作用的充分发挥。适时将区地方志的编研成果赠送给省内外尊贵的客人，有效加大了郊区的对外宣传力度。为了在全区开展学习地方史志、了解郊区区情的活动，将《阳泉市郊区志》《中共阳泉市郊区历史纪事》《荫营人民革命斗争史》《阳泉市郊区组织史资料》等地情书籍，征订到全区每个基层单位及各中、小学校，使之成为广大党、团员，特别是广大青少年进行爱国主义和革命传统教育的极好教材。为开展抗日战争史的研究，为中央处理对日关系提供历史证据和决策依据，开展了抗战时期人口伤亡和财产损失的调研工作。为服务全国红色旅游，促进经济社会全面发展，配合全省开展了革命遗址普查工作。将郊区范围内市级以上国家机关、企事业单位党政领导干部，全区正高级以上专业技术人员，获得博士以上学位人员等三类人才信息基本情况进行收集、归纳和整理，建立《阳泉市郊区在外知名人士信息库》。全区共有149人入选信息人才库。2017年为加强与全国各地党史研究室、地方志办公室的沟通与联系，一年间先后同湖北省赤壁市史志办、河北省邯郸市曲周县方志馆、福建省泉州市方志办、黑龙江省哈尔滨市延寿县史志办、湖北省襄阳市保康县史志办、深圳市方志馆、福建省泉州市泉港区方志馆、河北省正定县方志办等单位进行史志资料交流，在服务史志工作研究的同时，让更多的地方了解山西省阳泉市郊区的发展。在郊区2018年庆祝改革开放40周年和2019年庆祝建国70周年的大型活动与图片展中，《地方志》和《年鉴》都起到了应有的作用。

基层修志不断深化。每个村庄都是一部历史，都有着自己的独特文化和品格，每一个村庄的变迁，都印证着一个时代社会、历史发展的轨迹。在这个乡村快速变化的时代，编修村志，全方位记录乡村状况以及乡村变化，已成为挽救村落文明的一大方式。为做好镇村方志的编修工作，地方志工作人员对村镇相关编修人员做了专业培训。截至2019年底，柳沟、牵牛镇、邓家峪、下荫营、东落菇堰、街上、三泉、义东沟、东村、北杨家庄、辛兴、固庄、上下五渡、后沟、桃林沟等村相继完成了村志的编纂，全区近40%的村编纂了村志。2019年，第一部全面系统反映河底镇经济、政治、文化、社会和生态建设各项事业发展的《河底镇志》经过近5个春秋的精心编修付梓成书，开了乡镇修志的先河。

乡村振兴，乡风文明是保障。编写村史、镇志是乡村文化振兴的重要内容，习近平总书记讲的"看得见山、望得见水、留得住乡愁"，实际就是指乡土文化，是每个人小时候对故乡父老乡亲、一草一木、古街老宅的朦胧记忆，是长大后抚今追昔、寄托情思、教育后人的精神家园，是每个人内心深处对家乡的文化自信。文化是灵魂，志书是载体，农村传统优秀文化和建筑在历朝历代的破与立、拆与建、新与旧的转折中不断得到保护、提升、传承和发展，浓浓的乡愁需要一隅安放。编修史志，就是要通过深入挖掘当地的自然、历史、文化、经济、习俗等丰富资源，为子孙后代留下宝贵的精神财富，同时也起到记录历史、传承文明、凝聚人心、启迪后人的作用。

第四节 社会事业蒸蒸日上

习近平总书记指出,我们要随时随地倾听人民呼声、回应人民期待,保证人民平等参与、平等发展的权利,维护社会公平正义,在学有所教、劳有所得、病有所医、老有所养、弱有所扶、住有所居上持续取得新进展,不断实现好、维护好、发展好最广大人民根本利益,使发展成果更多更公平惠及全体人民,在经济社会不断发展的基础上,朝着共同富裕方向稳步前进。

一、基础教育

办学条件持续完善。进入21世纪,郊区大力实施"学校布局调整""中小学危房改造""拆火炉上暖气""信息化建设""标准化建设"五大工程。教育资源全面优化。全区普通中小学由1984年的250所撤并为2014年的66所,到2019年仅有38所,其中单办初中8所、九年一贯制学校6所(民办1所)、单办小学24所。办学条件再上新台阶。投资524.3万元完成了59所中小学供热系统改造,让农村的孩子彻底告别了"烟熏火燎"的取暖历史;2004年,被省政府授予"山西省义务教育标准化建设达标区"称号;2006年,农村中小学现代远程教育工程竣工,全区中小学实现"校校通";2009年,郊区启动了建区以来规模最大的一次"中小学校舍安全工程"建设。两年大会战,郊区拿出1.4亿元高标准完成了规划内69所学校13.4万平方米的中小学危房改造任务。郊区被省政府授予"2009年度实施中小学校舍安全工程先进单位";2012年,实现多媒体(电子白板)"班班通";2012年初,郊区全面启动实施义务教育标准化学校建设,实现义务教育标准化学校建设全覆盖;2013年10月,郊区顺利通过省级标准化验收;2014年12月郊区被国务院教育督导委员会授予"全国义务教育发展基本均衡县(市、区)"称号。

教师素质不断优化。1984年，全区教职工总数达3023名，其中小学、初中教师学历达标率仅分别为74.3%、47.7%。到2019年底，全区共有公办在编在岗教职工1916名，其中小学797名、初中594名、高中275名、职高100名、幼儿76名、其他74名。另外，全区有921名村办幼儿教师和民办幼儿教师。全区幼儿、小学、初中、普通高中、职业高中专任教师学历合格率全部达100%，幼儿教师专科学历率、小学教师专科学历率、初中教师本科学历率、普通高中教师研究生学历率分别达98.6%、98.3%、96.3%和5.5%。

适龄儿童全部享受优质教育

区级以上教育名师的数量更是成倍增长。2019年12月，全区现有学科带头人364名、骨干教师309名、教学能手258名，占专任教师的近60%。郊区的教师队伍建设经历了以实现"两基"为基础的数量增加到以打造教育强区为根本的教师质量提升的全面转变。

教育质量全面提高。翻开郊区教育年度总结，你会发现这样一组数据：

2019年，全区学前三年教育普及率达99.6%，3—5周岁入园率达99.6%。省、市、区示范园分别达到1所、7所、13所，在现有的95所幼儿园中，有88所幼儿园达市星级幼儿园办园标准。

2019年，全区适龄儿童入学率、巩固率、15周岁人口中小学教育完成率均达100%；初中适龄少年入学率、巩固率、17周岁人口九年义务教育完成率全部达100%。

2019年，高中阶段教育毛入学率达98.2%。

2019年中等职业学校招生规模与普通高中招生规模大体相当，职业学校学生技能鉴定合格率达95%以上，职业学校毕业生初次就业率达90%以上。

2019年，高等教育普及化水平进一步提高，毛入学率达到46%。

"全面协调、整体提升"正是郊区教育发展的关键词。而发展征程中留下的则是一串串辉煌的荣誉：全国幼儿教育先进区、全国"两基"工作先进县、全国劳动教育先进单位、全国县（区级）示范性青少年校外活动场所、全国青少年爱国主义读书教育活动组织委员会授予的第二十一届全国青少年爱国主义读书教育活动组织特等奖、全国"中华魂"（践行核心价值观，凝聚中华正能量）主题教育活动先进集体、山西省义务教育标准化建设达标县、山西省科教兴区先进县区、山西省基础教育课程改革先进实验区、山西省县级职教中心建设达标县、山西省普通话初步普及汉字社会应用基本规范达标城市、山西省2009年度实施中小学校舍安全工程先进单位、山西省中小学德育工作先进县（市、区）……

教育投入逐年增长。在2013年郊区政府工作报告中有这样一组数字：2013年，全区生产总值完成78.3亿元，财政总收入完成9.98亿元。财政对教育的拨款为2.8亿元，占财政一般预算支出的24.44%。与1984年的392万元相比，30年增长了70倍。2019年全区地区生产总值达到122.96亿元，一般公共预算收入达到4.79亿元，2020年教育部门预算经费达1.12亿元，占财政一般预算支出的23.38%。

回眸三十多年前，面对当初建制晚、底子薄、教育欠账多的情况，历届区委、区政府硬是本着"牺牲一点经济建设速度，也要把教育办好"的原则，接力赛似的把郊区教育一步一步推进了全省乃至全国先进行列。从2009年到2019年，区委、区政府已经连续为教育办了十几件实事，占同期政府为民办实事总数的20.8%。在实现义务教育"五免一补"和职业教育免学费基础上，郊区率先在全省实施"学前一年教育免学费"政策。一件件、一桩桩，都见证了郊区区委、区政府对教育优先发展战略的全面实施。

二、"三农"工作

习近平总书记指出，"重农固本是安民之基、治国之要""说一千、道一万，增加农民收入是关键"。农业农村农民（以下简称"三农"）问题是关系国计民生的根本性问题。没有农业农村现代化，就没有整个国家现代化。坚持把解决好"三农"问题作为全党工作重中之重，把解决好吃饭问题作为治国安邦的头等大事，对于全面建成小康社会具有重要意义。

（一）取消农业税

"十五"（2000—2005）之初，中国开始了以减轻农民负担为中心，取消"三提五统"等税外收费、改革农业税收为主要内容的农村税费改革。2004年，区委区政府按照中央文件精神宣布全部免除郊区农民的农业税，首开全市减免农业税的先河，比中国2006年全面取消农业税，整整提前了三年。全面取消农业税，标志着在我国延续了2600年的农业税从此退出历史舞台，是具有划时代意义的一件大事，是解决三农问题、建设社会主义新农村这一"万里长征"迈出的具有标志性意义的关键一步；是减轻农民负担，增加农民收入，调动农民生产积极性，巩固农业基础地位的重要举措；是适应建设社会主义新农村的要求，坚持统筹城乡发展的方略，坚持工业反哺农业、城市支持农村方针的直接体现。

（二）增加各种补贴

2007—2019年，郊区先后出台了多项补助政策，抓好支农资金的整合，对种粮农户实行直接补贴、对粮食主产区的农户实行良种补贴和对购买大型农机具的农户给予补贴。实行粮食、化肥补贴，使农民种粮积极性普遍提高，每年拿出1000多万元资金进行扶持。对每完成10亩以上集中连片日光温室区每亩大棚给予补助，对50亩以上特别是百亩工程要给予重点扶持；对生猪存栏1000头、蛋鸡存栏3万只、奶牛存栏100头以上的养殖小区给予奖励补助；对栽植果树给予补助，果品翻番改造给予补助；对栽植核桃给予补助，并允许连续8年享受退耕还林优惠政策；给玉米种植、蔬菜大棚、能繁母猪保险补贴；鼓励村集体、企业投资，个人自筹投入现代农业发展。2014年开始大力实施"五大战略"，全面推进转型跨越，以发展城郊型现代农业为方向，出台了《关于加快"菜篮子"工程建设、推进城郊农业发展的实施意见》，进一步推动郊区"菜篮子"工程建设步入生产稳定发展、产销衔接顺畅、质量安全可靠、农民得到实惠的可持续发展轨道。

（三）粮食直补和保险

2012年郊区全区粮食补贴面积98205.72亩，玉米85981.84亩，薯类2081.93亩，谷子4682.02亩，杂粮5459.93亩，受益户数34222户，受益人数109046人。粮食补贴资金实行包干。2013年根据晋财建二〔2012〕115号文件《关于增加对2012年种粮农民种植杂粮直接补贴资金的通知》，粮补执行补贴标准：玉米60元/亩（综补55元/亩、直补5元/亩），薯类60元/亩（综补55元/亩、直补5元/亩），杂粮80元/亩（综补55元/亩、直补25元/亩），粮补执行补贴标准，补贴资金以上一年的实际种植面积为依据一直延续到2015年。2016年农业三项保护补贴资金443.79万元，执行标准玉米59元/亩，薯类49元/亩，杂粮79元/亩，受益人数91837人。2017年农业三项保护补贴资金427.50万元，补贴面积为63306.44亩，其中玉米55019.35亩，薯类927.52亩，杂粮7359.57亩，受益户数25281户，受益人数77861人。2018年起对农业支持保护补贴政策进行调整，农业支持保护补贴主要用于耕地地力保护，对农业支持保护补贴中用于耕地地力保护的补贴资金按照土地确权登记颁证面积发放，补贴标准67元/亩。2018年全区农业支持保护（用于耕地地力保护）申报补贴面积56640.42亩，补贴资金379.49万元，受益户20553户，受益人数65602人。2019年全区农业支持保护（用于耕地地力保护）申报补贴面积共57913.19亩，补贴标准67元

/亩，补贴资金 388.01 万元，受益户数 20458 户，受益人数 66703 人。

丰收在望的谷子、玉米

　　郊区根据晋政办发〔2010〕58 号转发省财政厅《山西省 2010 年种植业保险保费补贴试点实施方案》，玉米每亩保险金额 260 元，费率为 7％，保费为 18.2 元，中央财政补贴 40％、省级财政补贴 25％、市、区财政补贴 10％，农户承担 15％的标准。2013 年全区有 167 个村 30789 户投保，玉米投保面积 80960.35 亩，其中农户应交保费为 221022.02 元，郊区财政补贴保费为 147347.48 元，市财政补贴保费为 147347.99 元，省财政补贴保费为 368370.1 元，中央财政补贴保费为 589391.73 元，总保费为 1473479.32 元。2011 年开始，郊区将农户缴纳保费纳入区财政预算，政府承担农户保费缴纳，一直延续到 2016 年。2017 年根据《阳泉市财政局、阳泉市农业委员会、阳泉市林业局、山西省保险行业协会阳泉办事处关于进一步做好政策性农业保险有关事项的通知》（阳财金〔2014〕104 号）、《山西省财政厅关于提高小麦、玉米保额后保险费有关事项的通知》（晋财金〔2017〕24 号）文件，玉米每亩保险金额由 260 元调整为 360 元，费率为 7％，保费由 18.2 元调整为 25.2 元，中央财政补贴 40％、省级财政补贴 25％、市、区财政补贴 10％，农户承担 15％，区政府列入财政预算的玉米保险保费每亩 2.52 元，农户自己缴纳的玉米保险保费每亩 3.78 元。2017 年全区玉米投保面积 55368.96 亩，116 个村 23637 户投保。中央、省市财政保费补贴 1046473.34 元，区财政保费补贴 139529.78 元，农户缴纳的保费为 209294.67 元。2019 年全区有 116 个村 20095 户投保，玉米投保面积 46778.20 亩，上级财政保费补贴 884107.91 元，区财政保费补贴 117880.88 元，农户缴纳的保费为 176821.90 元。

（四）农村集体产权制度改革

农村集体产权制度改革，是针对农村集体资产产权归属不清晰、权责不明确、保护不严格等日益突出的问题，侵蚀了农村集体所有制的基础，影响了农村社会稳定的情况，对农村集体产权制度进行改革。2016 年 12 月 26 日，中共中央、国务院发布了《中共中央国务院关于稳步推进农村集体产权制度改革的意见》。

阳泉市郊区作为全市农村集体产权制度改革的"排头兵"，通过抓难点村、抓重点村、抓亮点村、带一般村工作法，深入推进改革试点工作，全区 157 个村已全部完成清产核资、身份确认、折股量化等工作，在全市率先完成了改革任务并通过验收。

全面彻底清产核资。在清产核资中把农村"三资"（资金、资产、资源）全部分类登记上账，做到"四清"：一是全面清查各类集体资产，明确存量资产状况和使用情况，做到了存量资产清。二是对投资入股的、减免税费形成的、上级拨付的、工程类项目等资金进行全面核实，做到了积累资金清；三是对未承包到户、未被利用的土地资源测量和勘验，做到了资源面积清；四是逐笔梳理现有欠款挂账，逐一核实清收债权，做到了债权债务清。清产核资全过程都在农民的参与和监督下进行，及时公开公示清查结果，并通过成员会议得到认可。通过落实"四清"，全区集体"三资"应清尽清，应核必核，做到了账账相符、账证相符和账实相符。全区共清查核实资产总额 46.36 亿元，其中，经营性资产 13.99 亿元，非经营性资产 32.37 亿元。

民主协商确认身份。依照"尊重历史、兼顾现实、程序规范、群众认可"的原则,统筹考虑村民的土地承包关系、户籍关系、对集体重大贡献等主要因素,对成员资格的取得、保留、丧失等制定指导意见。一是针对农村成员身份"户在人不在,人在户不在,人户均不在,人户都存在"四种情况,按照"有法依法、无法依规、无规依民"的民主决策程序,将土地确权颁证工作中具有土地承包经营权的家庭成员作为成员身份界定的重要参考依据。以清查本村户籍人口为基础,采取一户一表的方式,清理在本村生活居住人员,摸清空挂户、外来户、待迁户、外迁户、出嫁女、倒插门、农转非、小城镇户等情况,综合考虑现役军人、在校学生、外出务工农民、服刑人员等具体情形,确定时间节点,做到了户籍登记分明。二是针对"户在地不在、地在户不在,户地均不在"等特殊情况,提出"三项权利是基础,特殊情况靠民主"的确认原则,结合土地承包权、宅基地使用权和集体利益分配权"三权"综合确认,通过户代表或村民大会民主决议确认身份。

实地查看土地确权测绘图

下白泉村率先在全市成立第一家股份经济合作社

工作人员正在开展农村土地承包经营权确权登记核查工作

李家庄村村民查看集体经济组织成员股份量化公示表

"特殊情况靠民主"是曾为村集体做过贡献等特殊情况人员，但土地、宅基地、户口等要件有缺失的，都要通过民主评议决定是否确认身份。以城郊接合村李家庄村为例，李家庄村居住人口1.1万人，农村居民3200余人，依据实体要件确定身份资格后，按照"程序规范、群众认可"的原则，采取资格初审、民主确认、张榜公示、异议排除的"三议三公开"办法，最终确认股民身份1975人。全区最终共确定成员身份60235户，130706人，编制了集体经济组织成员名册，进行了成员登记备案。

公平合理折股量化。一是推行"三量化三不量化"原则。"三量化"指经营性净资产量化、未承包到户预期可带来收益的资源性资产量化、民主程序通过需要量化的资产量化。"三不量化"指集体存量债务不量化、公益性资产不量化、权属存在争议的资产不量化。创新提出了将集体经营性净资产和预期可带来收益的资源性资产转变为经营性资产，折股量化到本集

汉河沟股份经济合作社揭牌仪式

体经济组织成员入股经营的主体。二是遵循"降低成本、省时省力"原则。对量化的资产价值一般不聘请第三方中介机构评估，对账面价值与现实价值差异较大、群众要求重新评估的，采取群众满意的方式方法对集体资产进行价值评估，如果不发生交易，资产价值一般以账面登记原值为主，如果发生交易，根据群众意愿，聘请有资质机构进行价值评估。三是坚持"一村一策"原则。由于各村经济发展状况不同，资产形成原因不同，人口数量结构不同，在成员股设置时坚持"一村一策"，在股权类别的设置上，一般要设置人口股（原始）、土地股（基本）、村龄股（居住）、劳龄股（贡献）。由于村情和群众利益诉求不同，各村集体通过民主程序集体讨论股比的设置，按照土地确权政策，明确成员股权实行"静态管理"，量化到人、确权到户、以户管理、村内流转，生不增、死不减、入不增、出不减，收益分配的设置提倡以成员股为主，不设或少设集体股。

全区折股量化经营性净资产6.86亿元,折股量化预期可经营带来收益的资源性资产67.93亿元,折股量化总股本74.79亿元。

加强农村集体资产管理。一是突出党的领导,加强民主管理。改革初期提出由具有村集体经济组织成员资格的村支部书记为理事长候选人,村委会主任为常务副理事长候选人,村民代表为股东代表候选人,村务监督委员会成员为监事会候选人,出台农村集体经济组织登记管理办法,加强后续管理。(股份)经济合作社章程采取入户征求意见签字和大会举手"双表决"方式,依法保障了集体经济组织成员对集体经济活动的民主管理权利,入户同意率95%以上、大会表决通过率97%以上。二是建立产权交易市场,提供专业服务。根据农村产权要素性质、流转范围和交易需要,制定产权流转交易管理办法。产权交易市场提供信息发布、受理交易咨询和申请、协助产权查询、组织交易、出具产权流转交易鉴证书、协助办理产权变更登记和资金结算手续等基本服务。未来将通过引入财会、法律、资产评估等中介服务组织以及银行、保险等金融机构和担保公司,逐步开展资产评估、法律服务、产权经纪、项目推介、抵押融资等专业化的配套服务。

三、社会保障

社会保障是民生安全网,与人民幸福安康息息相关,关系国家的长治久安。党的十八大以来,党中央、国务院对社会保障工作做出一系列重大决策部署。党的十九大对社会保障体系建设又做出了新的重大部署。

郊区建成了以城乡居民养老保险、企业事业单位养老保险、基本医疗保险、工伤保险、生育保险、失业保险为重点的社会保障体系框架,各类社会保险从无到有、从小到大,社会保险制度不断完善、覆盖范围逐步扩大、保障能力不断增强、社会保障工作有序开展,实现了由覆盖城镇职工向覆盖城乡居民、由单一保障向多层次的根本性转变,社保安全网越织越结实,社会保障事业蒸蒸日上。

（一）养老保险

1991年，民政部确定郊区为山西省开展农村养老保险县区试点。1993年郊区成立了农村社会养老保险管理处，当时隶属于民政局，具体承办区内的农村养老保险。2002年6月，这项工作正式划转移交到劳动和社会保障局，并于同年10月纳入全额拨款的事业单位。2010年合并入区人力资源和社会保障局，更名为"农村养老保险中心"。由单一区级管理延伸到区、乡、村三级管理，完善了管理网络，农村养老保险实力由弱到强。

郊区的农村社会养老保险工作经过1993年到2019年的发展，从四个方面体现了已经深入人心，成为农民共享改革发展成果的一项重要工作。参保人数从少到多。1993年，参保人数仅有286人，通过二十六年的努力，截至2019年，郊区参加旧农保、新农保、城居保和失地农民社会养老保险的人数已达167792人，是1993年的586倍。参保金额从小到大。1993年，全区保费征缴金额为2.1万元，2003年在全省率先100%实行社会化发放。2003年至2008年连续六年保费征缴全省第一。2008年底，年缴总额1.71亿元，是全省征缴总额的近1/5。

老年人在领取养老金

截至2019年，年征缴保费已近1.2亿元，是1993年的5700倍。参保范围从窄到宽。1993年，全区农村社会养老保险的覆盖面仅为0.159%，2011年郊区启动了城镇居民养老保险，填补了养老保险的空白，实现了养老保险全覆盖。截至目前，全区的参保率达到90%以上。参保单位由原来的11个行政村增加到全区范围内的180个行政村。养老待遇从低到高。从2009年开始，实施给不论是否参保的60周岁以上的农民发放每人每月30元的基础养老金的政策，并且逐年提高，2019年每人每月享有70元的基础养老金待遇。

职工养老保险。郊区养老保险中心前身为郊区劳动保险事业所，筹建于1993年末，正式成立于1996年，担负着全区事业单位、国有企业、集体企业、私营个体城镇职工养老保险费的征缴、发放，养老保险政策宣传和咨询，事业单位、企业离退休人员养老金的社会化发放和管理等服务工作。全区企事业单位养老保险费征缴由1994年的14万元到2013年的6336万元，养老金由1994年发放8万元到2013年发放4556万元，退休人员由最初月平均领245元养老金到现在的1800元，为确保离退休人员基本生活和维护郊区稳定做出了应有贡献。

（二）医疗保险

郊区医疗保险所成立于2002年，2010年合并入区人力资源和社会保障局，并更名为"医疗保险中心"。承担着全区城镇职工基本医疗保险、城镇居民基本医疗保险、工伤保险、生育保险四个险种业务。经过十几年的运行，这四个险种逐步开展，覆盖面逐年扩大，管理逐步规范，医疗保险制度已经实现了全覆盖。

基本医疗保险包括城镇职工医疗保险和城镇居民医疗保险。覆盖面逐年扩大。职工医保2002年开展，最初参保范围只有党政机关、区直全额事业单位，参保人员共2600余人，到2019年，参保人员共14000余人，覆盖面扩大到全区各类行政机关、事业单位、所有企业用人单位。2007年作为全国第一批城镇居民医保试点单位正式全面启动，与城镇职工医疗保险、新型农村合作医疗制度无缝对接，实现了基本医疗保险在全民中的制度覆盖。职工医保由最初的平均70%的报销比例，提高到2019年平均90%的报销比例；大病保险报销由原来最高支付18万元提高到2019年最高支付39万元。居民医保由最初的50%的报销比例，提高到2019年60%的报销比例，大病报销由原来最高支付5万元提高到2019年的40万元。参保人员享受待遇逐年提高，确实缓解了参保人员因病致贫的情况发生。经办服务方便快捷。医疗保险从2012年实行市级统筹以来，参保人员发生的住院费用通过医保系统在医院直接结算，参保人员只付个人应付部分；门诊购药可用社会保障卡，在全市各定点医疗机构和定点药店刷卡购药，真正实现了参保人员就近购药、就近医疗的愿望，体现了医保服务的方便快捷。完善网络管理。基本医疗保险结算网络遍布郊区医院、各乡镇卫生院、各定点药店，为了确保参保人员的结算快捷方便，保证网络通畅运行，由区一级单一管理延伸到乡两级管理，完善网络管理。2018年城镇职工参保人数1.84万人，收缴保险费3671万元。城乡居民基本医疗保险参保120395人，基金征缴收入2163万元。2019年城镇职工参保人数15979人，收缴保险费4965万元。城乡居民参保144269人，基金征缴收入3080万元。

补偿受益情况。2018年城镇职工中心报销166人次，基金支付180万元，门诊慢性病32人次，基金支付9万元；网络审核各定点医疗机构住院775人次，基金支付304万元，审核门诊慢性病7998人次，基金支付213万元。各定点医疗机构及定点药店门诊

乡镇卫生院医保结算

个人账户支付合计1921万元。城乡居民情况。中心报销1055人次，基金支付587万元；网络审核各定点医疗机构住院3895人次，基金支付1552万元，审核门诊慢性病31964人次，基金支付644万元，各定点医疗机构及社区卫生服务站门诊补偿合150万元。2019年城镇职工中心报销165人次，基金支付142万元，门诊慢性病25人次，基金支付9万元；网络审核各定点医疗机构住院1361人次，基金支付840万元，审核门诊慢性病19941人次，基金支付767万元。各定点医疗机构及定点药店门诊个人账户支付合计4530万元。城乡居民中心报销1204人次，基金支付620万元；网络审核各定点医疗机构住院4120人次，基金支付2494万元，审核门诊慢性病46698人次，

基金支付1247万元，各定点医疗机构及社区卫生服务站门诊补偿237万元。

（三）工伤生育失业保险

工伤保险于2004年启动，经过十几年的发展，工伤保险已覆盖全区各企业及非公经济企业，参保人员达到12000余人。享受待遇也在逐年提高，因工伤残人员享受伤残待遇，每年调整，根据当时当地物价水平调整，伤残津贴由原来1000多元调整至2000多元。工亡补助金的支付标准是上年度全国城镇居民人均可支配收入的20倍。工伤保险的开展，保障了因工作遭受事故伤害或患职业病的职工获得医疗救治和经济补偿，促进了工伤预防和职业康复，分散了用人单位的工伤风险。2018年工伤保险参保人数4.4万人，收缴工伤保险费892万元。

郊区生育保险于2008年启动，截至2019年已参保8000余人。生育保险待遇也在逐年提高，特别是2011年7月1日起施行的《社会保险法》规定，不仅用人单位职工可享受生育保险待遇，而且职工未就业配偶也可以按照国家规定享受生育医疗费用待遇。生育保险的开展，保障了职工生育期间得到必要的经济补偿和医疗保障。2018年参保人数2.2万人，收缴保险费220万元。截至2019年9月底生育保险合并前，参保人数8621人，收缴保险费112万元。

1994年成立了郊区职工失业保险管理处，2001年改为失业保险所，2010年合并入区人力资源和社会保障局并更名为"失业保险中心"。失业保险覆盖面逐步扩大。截至2014年6月底，全区参加失业保险单位共计121户，参保职工共计8155人，城镇企事业单位失业保险覆盖面达到95%。征缴失业保险基金累计1548万元。失业保险金发放标准每年都在逐步提高，从2000年每人每月210元的发放标准提高到2019年每人每月930元。2011年7月开始增加了为失业人员缴纳职工基本医疗保险费的待遇。从2013年11月开始，又增加了为在取暖期内领取失业保险金的失业人员每人每月480元的取暖补贴。

（四）社会救助体系

2005年郊区全面建立了农村低保制度。2017年社会救助体系进一步完善。按照阳泉市民政局、财政局《关于提高城乡低保保障标准的通知》的要求，从2017年1月1日起，全市城市、农村最低生活保障标准每人每月分别提高35元、40元。提标后全市城保标准为487元/人/月，农村低保标准为308元/人/月，共计补发提标金352.9万元。截至2017年12月，全区共有城镇低保对象3474户6356人，支出城保金2614.7954万元，人均月补差金额323元；农村低保对象3756户6781人，支出农保金1942.8984万元，人均月补差金额224元。

大西庄村老年活动室

五保供养机制趋于长效。按照市委、市政府的要求，区镇（乡）两级政府及上级部门共投入资金2000余万元，对全区8所乡镇敬老院全面进行了基础设施建设与改造，敬老院床位数达到903张。从2014年起，全区农村五保集中供养标准为年人均6000元，分散供养补助标准为年人均3000元。目前，全区已对1004个五保供养对象中的390人实现了集中供养，入住比例在全市名列前茅。

城乡医疗救助全面铺开。一是切实发挥救助作用。2013年城市医疗累计救助8410人次，其中为8119名城市低保对象及60岁以上低收入人员代缴城镇居民医疗保险63.034万元，发放救助金131.87万元，人均救助4531元。农村医疗累计救助8303人次，其中为农村五保户、低保户 7464 人代缴 2014 年参合金 52.248 万元，发放救助金 316.64 万元，人均救助 3151 元；二是进一步扩大医疗合作范围。每年列支部分专项资金为农村低保对象参加新型农村合作医疗和资助城镇低保对象参加居民基本医疗保险；列支经费为供养的五保老人进行定期体检；三是逐年提高救助标准。对城乡大病的低保对象取消救助起付线，最高救助标准由原来的 1 万元提高为 2.5 万元。2017 年全区城乡医疗救助 1112 人次，支出救助金 314.7 万元，为城保对象（含 60 岁以上低收入人群）7143 人代缴参保金 99.3 万元，为农村低保和五保对象 8158 人代缴参合金 122.4 万元，全年共支出救助金 536.4 万元；四是困难残疾人补贴及时发放：为符合条件的困难残疾人 8766 人次，以每人每月 50 元的标准，发放补贴 131.49 万元。

四、安居工程

习近平总书记指出，"住房问题自古以来是民生的重大问题，关系千家万户的基本生活保障。加快推进住房保障和供应体系建设，是满足群众基本住房需求、实现全体人民住有所居目标的重要任务，是促进社会公平正义、保证人民群众共享改革发展成果的必然要求。"

（一）城镇住宅建设

1984 年郊区大部分建筑为传统民房和最高 5 层的公建。1995 年的荫营镇被国家建设部确定为"全国 500 家中小城镇建设试点镇"之一，小城镇建设开始向全区辐射。1996 年开始，河底镇按照工业主导型小城镇的发展思路，以改善镇区道路基础设施建设为突破口，开始兴建居民住宅，完成了镇区内电力、通信设施的改造。义井、平坦依托地处城市规划区优越的地理区位，兴建住宅、商贸。大规模的小区住宅建筑始于 21 世纪初。1999 年开始，郊区城镇建设驶上了快车道。当年，荫营镇被国家建设部确定为"全国 58 个小城镇建设综合示范镇"，尤其是居民住宅建筑 286800 平方米，由 5 个各自相对独立组团"菊、杏、桃、梅、桂"组成的瑞丰花园小区的建设，标志着郊区镇区建设由城镇建设向小城市建设的转变，有力地推动了全区城镇化进程。2007年，区政府提出了"打造阳泉新北区，建设荫营明珠城"的战略，先后编制了《山西省阳泉市北部新区概念性规划（2007—2025）》《郊区南炉片区详细规划》和《山西省阳泉市北部新区东部新城城市设计》等规划，扩容提质进入了全面实施阶段。从2008年开始，荫营西区旧村改造、南炉片区、东城片区等一系列改造、新建工程相继开工，到2013年，南区淑华园（建筑面积11.2万平方米）、文华园（建筑面积10.18万平方米）已竣工投运，南区、东区等住宅小区初具规模。2013年2月，位于荫营镇南窑庄的区居乐园保障性住房建设工程破土动工，工程总投资1亿元，总建筑面积约70000平方米，建设廉租房、公租房、经适房共1100套。2013年4月，总投资9.98亿元，规划用地面积10.6万平方米、总建筑面积28万平方米的珍宝园小区项目工程奠基。项目改造安置棚户区居民2700多户，可居住人口9500多人。2014年10月，南区新城二期雅馨园小区建设工程全部竣工。项目位于新城大道北段西侧（荫营南区淑华园东），总投资6.5亿元，共建设公租房、经济适用房、普通商住房、高层商住房、商业用房1600余套，建筑面积22.08万平方米。

荫营城镇化建设全貌

（二）保障房建设

十八大以来，郊区区委、区政府始终对住房保障工作高度重视，累计开工建设公共租赁住房1000余套，截至2017年底，累计分配保障房618套。2018年郊区保障房开工1112套，开工率123.6%，建成1466套，完成率244.3%；完成投资5.96亿元，完成率126.9%。南窑庄、下荫营、老虎沟、桃林沟村4个集中建设项目累计到位资本金2.02亿元，到位贷款3.75亿元；窑沟、黑土岩2个货币化项目累计到位资本金1.04亿元，到位贷款4亿。2019年郊区超额完成市下达的保障性住房各项指标任务：开工409套，开工率272.7%；基本建成套数完成3024套，完成率100.8%；完成投资83390万元，完成率149.7%。

三泉棚户区项目建设现场

（三）危房改造

为全面完成存量农村困难家庭危房改造，落实农村危房改造质量标准、结构设计、建筑工匠管理、质量检查、管理能力的"五个基本"要求，严守质量安全底线。做好易地扶贫搬迁、地质灾害治理搬迁安置等相关工作，不断提高农村住房安全水平。郊区区委、区政府提出了具体措施：一是加大对自筹资金和投工投料能力极弱的特困户的财政资金投入，通过提高补助金额度、建设农村集体公租房、利用闲置农房和集体公租房置换等方式，兜底解决特困户住房安全问题；二是加强农村危房改造安全管理，保障农村危房改造建设的质量安全。

2014—2016年，区住建局牵头，全区累计完成农村危房改造任务1165户。2017年省、市下达到郊区危房改造任务为241户，属于行业扶贫建档立卡危房改造户为95户，年内95户工程基本竣工。2018年，全区完成82户农村危房改造工作，拨付资金110.6万元。

五、城乡就业

就业是最大的民生。郊区统筹抓好经济社会发展和促进就业工作，千方百计增加就业岗位，着力在提高就业质量、提高劳动人口尤其是就业困难人口的就业能力、改善创业环境上下功夫，建立全员培训制度，引导劳动力适应和促进企业实现转型升级。

2014年，全区城镇新增就业人数3070人。全区下岗失业人员再就业826人，就业困难人员再就业312人，公益性安置就业困难人员238人，转移农村剩余劳动力3166人。通过各项优惠政策扶持创业人数42人，通过创业直接带动就业236人。为全区700余名"4050"人员提高岗位补贴100元/人/月。创业培训149人，登记求职人数1481人，提供就业岗位832个，对全区180名求职者开展职业技能培训，城镇失业人员再就业培训103人，农村劳动力技能培训500人，新成长劳动力培训102人，同时帮助636名求职者成功实现就业。安置高校毕业生岗位就业见习125名，全年财政负担108万元。"三支一扶"计划招聘大学生共15名，政府购买基层公共服务岗位招聘19名。2015年，全区城镇新增就业人数3016人。全区下岗失业人员再就业1502人，就业困难人员再就业604人，公益性安置就业困难人员30人，转移农村剩余劳动力3008人。通过各项优惠政策扶持创业人数231人，通过创业直接带动就业800人。创业培训177人，提供就业岗位260个，对全区680名求职者开展职业技能培训，城镇失业人员再就业培训102人，农村劳动力技能培训1383人，新成长劳动力培训102人。2015年，区人社局牵头承办"四个一批"就业帮扶工程（即劳务输出转移一批、驻地企业安置一批、政策推动创业一批、领导干部协调解决一批），经多部门联动多次协商，成立了工作领导小组并出台了《关于大力实施就业创业帮扶工程的意见》。通过积极与郊区驻地企业联系、广泛搜集外地用工信息、督促各乡镇全面搜集辖区内企业用工信息的工作方式，扎实推进了"四个一批"就业帮扶工程的开展。5月27日，在区政府广场成功召开"四个一批"就业帮扶专场招聘会，招聘会共有129家用工单位参加，提供就业岗位约3000多个，为历年来郊区规模最大的招聘会，现场达成就业意向的求职者达到了608人次。夯实就业根基，积极营造"大众创业、万众创新"的社会氛围。统筹做好"政府购买基层公共服务岗位"就业项目，2016年共招录19人。为有创业意愿的30名大学生申请了就业失业登记证。2017年，阳泉市郊区筹集就业资金2193万元，为全区就业创业工作顺利开展提供了坚实保障。城镇新增就业人员3460人，转移农村劳动力3228人，失业人员再就业1843人，安置就业困难人员就业692人。城镇登记失业率控制在了4%以内。通过各项优惠政策扶持创业人员123名，通过创业带动就业897人，创业培训177人，失业人员再就业培训117人，新成长劳动力培训152人，新增高技能人才32人，全部完成年度目标任务。全年共安置高校毕业见习生112人，统筹做好基层"三支一扶"就业项目，招募大学生上岗16名，对2017年期满购岗人员进行了终止劳动合同的经济补偿，办理终止购岗合同事宜。2018年，全区城镇新增就业4200人，完成全年任务3500人的120%；创业带动就业903人，完成全年任务900人的100%；下岗失业人员再就业1802人，完成全年任务1800人的100%；就业困难人员实现就业631人，完成全年任务630人的100%；农村劳动力转移2070人，完成全年任务1800人的115%；建档立卡贫困劳动力转移就业399人，完成全年任务260人的153%，城镇登记失业率2.51%，控制在4.2%以内。

2019年全区城镇新增就业4509人，排名全市第二；创业带动就业1003人，下岗失业人员再就业1854人，排名全市第二；就业困难人员实现就业645人，排名全市第二；农村劳动力转移1821人；

郊区举行2019年高校毕业生就业见习现场招聘会。图为应聘人员在招聘单位工作人员指导下填写履历

城镇登记失业率3.49%，控制在4.2%以内。全区建档立卡贫困劳动力转移就业247人，排名全市第二；农村贫困劳动力就业信息平台完成信息核实1291人，其中未脱贫的403人中有332人实现就业，就业率达82%。

第五节 生态建设成效显著

一、生态保护

（一）林业建设

全区林地面积48.5万亩，森林覆盖率27.4%，有林地面积24.1万亩。全区有省级森林公园3个（和谐生态园、翠枫山森林公园、刘备山森林公园）、林场6个（西南舁林场、河底林场、燕龛林场、荫营林场、东村林场、鑫泉林场）、国家森林乡村4个（郊里、汉河沟、魏家峪、王家庄）、国家生态文化村1个（汉河沟）。区重点林区主要分布于狮脑山林区、翠枫山景区、各大林场及森林公园。

造林绿化。通过太行山绿化工程、中幼林抚育工程、退耕还林工程、环京津生态屏障区建设工程、"10＋2"桃河流域生态治理工

翠枫山景区

程、通道荒山绿化工程、灌木林改造工程等各项林业重点工程项目的实施，使全区林业生态体系基本形成，林业生态效益逐步发挥。各类森林经营类型、面积比例和林种、树种结构科学合理，为郊区林业三大效益的有效发挥奠定了基础。全区水土流失面积减少，水土流失量减少，森林年蓄水量增加，全区生态环境、人居条件、工农业生产条件明显改善。

山上治本。郊区从2000年开始先后承担了太行山绿化一、二、三期工程建设，经过连续18年的组织实施，取得了显著成效。工程区内的生态环境得到进一步改善，水土流失得到有效控制。工程建设的范围涉及全区的8个乡镇（包括2017年托管村），造林总面积达到20多万亩。2002年郊区响应国家政策，积极开展退耕还林工程，至2011年全区共完成退耕还林9.6万亩，其中发展经济林1844.1亩，生态林94155.9亩，实施退耕还林工程的区域共涉及8个乡（镇），153个行政村，退耕农户9135户。依托国家重点工程的实施，郊区的荒山逐渐焕发新颜，昔日的荒山秃岭变为如今的绿色海洋。2011年郊区开始实施生态修复治理工程，投巨资建设新城森林公园，公园建设面积9600亩。彻底改善了该区域的生态环境，成为建设中阳泉新城的天然氧吧。

通道绿化。郊区境内高速公路、国道、省道、乡村道路全线绿化，沿线荒山因势造林打造景点。其中高速公路绿化总里程73.2千米，两侧荒山绿化3.5万亩；国、省道林带绿化70千米；乡村道路林带建设近200千米。1998年11月郊区启动了太旧高速公路郊区段绿化工程，全长14.5千米。区委、区政府成立指挥部，调动各方力量，开展大会战。工程于2000年5月竣工，林带栽植大苗1.7万株，两侧荒山绿化1.4万亩，建设大型景区2处，小型景点4处。2011—2013年，郊区实施了阳五高速及京昆高速林带建设，绿化里程48千米，沿线荒山绿化1.3万亩。2014年西外环高速公路林带建设10.7千米。郊区属山区丘陵地貌，公路建设一般都是依山傍沟因势修建，公路两侧不是石山就是深沟，地形破碎，给通道绿化带来很大困难，如何保证林带宽度，做到不断档、不断绿是最大的难题。为破解这一难题，郊区开展了轰轰烈烈的挖山填沟、拆临建、清煤场、扩林带、建景点的通道绿化工程。仅阳盂路、李荫路，拆迁绿化面积达到10万平方米。同时郊区高标准打造了新城大道，长达8千米的银杏大街成为郊区一道靓丽的风景线。

村镇绿化。建设生态村庄，改善人居环境一直是郊区生态建设的重点，历经多年各方的努力，全区共创建园林村80个。在村镇绿化中，按照"环村一条绿化带，入村一条林荫道，村内一条绿化街，村中一个小公园"的"四个一"标准，精心打造。经济条件好的村，主要在提高档次、提升品位上下功夫，选用大规格园林绿化树种进行栽植，创建乔灌结合、错落有致的园林化村庄。经济条件一般的村庄，主要利用义务植树，挖掘房前屋后及村中空地选用国槐、垂柳等乡土树种，建片林，搞绿化，建设自然和谐、绿树成荫的田园式村庄。西南舁乡北七村是郊区典型的农业村庄，随着郊区社会经济发展，北七村发展也各具特色。为加快推进北七村农村人居环境改善和绿化美化进度，立足本地本村的特点特色，按照北七村各自不同的布局，打造一村一品，一村一景。重点打造北舁口、北舁广场、王家庄与杜家庄交叉口、王家庄街心公园、代家庄入村口、杜家庄入村口、大西庄村口、大西庄广场、东林尖村口九个景点约120亩。2006—2013年，全区共创建国家级生态村1个、省级生态村21个、市级26个、积极开展绿色学校、绿色加油站等创建活动。2002年至今，共创建绿色学校（幼儿园）省级1家、市级17家，绿色加油站2家。2019年，汉河沟、魏家峪、郊里、王家庄四村获"国家森林乡村"称号。义井镇牛家峪村以沼气为突破口，建设了"养殖—沼气—种植"一体化模式新农村，被确定为生态农业循环经济示范点；桃林沟村结合自身特点，以种植、养殖、观光为侧重点，致力于村容村貌的建设，对全区的新农村建设起到了很好的示范推动作用。

固庄村颐寿园鸟瞰图

资源保护。一是加大对古树名木的保护。2000年以来，郊区开展了古树名木的清查，对清查的古树进行鉴定，登记造册，挂牌立碑围栏。2019年对全区的古树名木重新进行登记造册。目前全区在册保护的古树有189株；二是加强病虫害防治及苗木检疫。在重点林区、林场设立监测点，严密监测病虫害，森林病虫监测率、防治率超过90%，成灾率始终控制在4.5‰以下。

（二）水资源保护

1. 水利工程建设和管理

节水灌溉工程。2006年开始，郊区将节水园区作为发展农业节水灌溉的重点，按照"谁投资，谁建设，谁受益"的原则，鼓励和引导广大农户和社会力量参与节水工程建设，通过采取各种措施和不懈努力，逐步使全区灌溉工程向渠道衬砌化、田间输水管道化、大田用水喷灌化、果菜大棚微灌化和节水管理现代化方向发展。建成了桃林沟村、汉河沟村节水园区等一批高标准高质量的节水灌溉工程。截至2019年，全区建成节水灌溉工程10处，发展节水灌溉面积2万亩。总投资达1000余万元，对全区发展节水，引导农业产业结构调整，促进农村经济的发展起到了示范带动作用。

温河灌区工程。2012年11月，阳泉市列入水利部第三批病险水库除险加固规划的重点项目"油瓮水库除险加固工程"竣工，工程总投资479.84万元。油瓮水库设计洪水标准达到30年一遇，校核洪水标准达到200年一遇，总库容达186万立方米，水库防洪能力进一步提高。2012—2019年，投资400万元，完成温河灌区维修改造。共投资1600万元，建设各类小型农田水利工程40余处，保障农业用水。

膜下滴灌工程。2014—2016年，完成投资560余万元，建设节水滴灌工程12处，有效提高灌溉用水利用率，大大节约用水成本。为进行农业水价综合改革，实现投资300万元，资金来源以自筹为主，进行全区农业水价改革工作，完成全区斗渠以上灌溉面积的用水计量设施配套及管路改造，加快推进农民用水组织的建设，使水资源得到优化配置。

水务一体化PPP项目是郊区重点项目之一，项目包括两个子项目，分别是阳泉市郊区温河灌区供水改造工程和河底镇污水处理厂工程。项目估算总投资2.9亿元，采用PPP投资模式。该项目于2017年10月完成了可行性研究报告，2018年5月入财政部PPP项目库，被山西省财政厅列为第五批示范项目之一。2019年8月完成了社会资本方招投标，11月下旬签署PPP项目合同，初步设计全部编制完成并通过专家评审，项目公司组建进展顺利。

2. 水土保持

阳泉市郊区地处山西省东部、太行山脉中段西麓的山间丘陵地带，四周群山割据，中部丘陵起伏，地形大势是西北高东南低。该区总体属土石山区，区内地形起伏较大，沟壑纵横，岩性松散，植被稀疏，水土流失面积严重，生态环境恶劣，自然灾害频繁，农民群众生活贫困。本区属海河流域子牙河水系，区内南有桃河，北有温河两大季节性河流，且有较大支流11条和支流小沟430余条。

郊区总面积为632.84平方千米，水土流失面积为335平方千米，占全区总面积的52.94%。为了从根本上防治水土流失，改善生态环境，促进群众脱贫致富奔小康，早在2003年，郊区就被列入国家水土保持重点项目实施县（区），并相继实施了阳西项目区（2003—2007年）、阳北项目区（2008—2012年）两期国家水土保持重点项目工程。从2003年争取上级投资130万元至2012年投资增加至1075万元，连续10年郊区争取实施了《国家水土保持重点工程》，治理水土流失面积达217.28平方千米；共完成20条流域、136个行政村的水保工程建设，总投资5322.273万元，其中中央投资2840.5万元。全区水土流失治理度由21%提高到64.86%。2012年国家水土保持重点建设工程分别布设在韩庄、北舁、白羊墅、东垴4条流域，涉及义井、荫营、西南舁3个乡镇33个行政村，本年度共完成水土流失综合治理面积43.7平方千米，其中营造乔木林690公顷、经济林306.1公顷，种植果园238.5公顷，基本农田整理89.6公顷，封禁治理3045.8公顷；建成谷坊37座，水窖74眼，田间道22千米。项目完成总投资1543.39万元，其中国家补助1075万元，地方配套230万元，群众投入238.39万元。

2008—2012年，郊区实施了《巩固退耕还林成果水利项目》，五年共完成基本农田建设7944亩，完成投资675万元，其中国家补助318万元。工程涉及7个乡镇、30个行政村，受益的退耕户有1895户。2012年完成了沟坝地改善面积500亩，发展旱平地小型灌溉面积1094亩，工程建设内容为：沟坝地石坎整修3.63千米，由水源地向旱平地规划的温棚基地铺设PE输水管19.19千米。工程总投资127.52万元。

全区水土保持重点建设工程的实施，不仅改善了生态环境，还

温河水利工程对全区生产和生活用水依然起着主渠道作用

增加了农民收入,治理区域内呈现出山清水秀、人民安居乐业、人与自然和谐相处的美好景象。如保安沟小流域,治理前,水土流失面积达29.81平方千米,占流域面积的79.98%;治理后,流域内森林覆盖率由治理前的10.25%提高到现在38.69%,治理水土流失面积10.78平方千米,流域内的龙泉沟绿色生态园建成为享誉全市的集生态、旅游、观光、度假、休闲为一体的农家庄园。

3. 饮用水工程

饮水安全工程。2006年全区开始实施饮水安全工程,到2013年,全区共兴建饮水安全工程206处,共涉及8个乡镇,184个自然村。累计解决农村饮水不安全人口10.6万人,完成投资7911万元。实现了全区饮水安全全覆盖。2012—2019年,争取各级补助资金4570万元,建设全区饮水安全工程210余处,解决了19万人饮水安全问题。

旱井自来化工程。2006年郊区实施了旱井自来化工程,全区共完成旱井自来化9673眼,配泵9673台,超额完成598眼,解决了4个乡镇,40个自然村,29019人的旱井自来化问题。完成投资251.5万元。

雨水积蓄利用工程。2006年实施了雨水积蓄利用工程,共新建

50立方米旱井200个，供水量达10000立方米。完成投资62.2万元，引蓄利用天然降雨，解决了西南舁、北舁和霍树头3个村400亩果园的应急灌溉。

水质检测中心建设。2014年郊区自来水公司受郊区水利局委托建设阳泉市郊区农村饮水安全工程水质检测中心，投资300余万元，2016年8月完工，按照国家《生活饮用水卫生标准》GB5749—2006水质常规指标42项检测要求，建设标准为三级实验室，同年12月通过市、区水务部门验收。现有检测人员5名，具有27项检测能力。该中心为水利局下属单位，由区水利局进行业务指导，自来水公司进行日常管理。负责全区农村饮水安全工程水质检测，为保障全区饮水安全提供技术监测。

为改善农村人居环境，提高群众饮水安全保障，郊区利用北大西庄、王家庄、西南舁三村的3眼深井（出水量均为30m^3/h）为水源建设集中供水工程，提高供水保证率，从而改善西南舁乡北部10个村8000余人以旱井集雨为主要水源、靠天吃水的供水现状，并解决部分生产用水，对于改善当地人居环境及带动当地群众脱贫致富具有十分重要的作用。

4. 山洪灾害治理

山洪灾害非工程措施建设。2012年"县级山洪灾害非工程措施建设"完成投资600多万元，完成覆盖全区8个乡镇60多个雨情、汛情监测点及92个村山洪灾害预警广播的建设，完成防汛抢险指挥中心平台建设任务，编制了全区8个乡镇及92个村防汛预案，并进行防汛抢险应急队伍的演练，对全区雨情、汛情监测点的管理人员及预警广播员110人进行了集中培训。2016年进一步完善山洪灾害非工程措施，完成投资208万元，一是完善雨水情监测系统，形成防汛"千里眼"；二是完善市、县级监测预警平台，构建防汛"顺风耳"；三是完善群测群防体系，织密防汛"安全网"。经过6年的建设，总投资896.4万元，山洪灾害监测预警系统和群测群防体系的全面建成，实现了"预警及时、反应迅速、转移快捷、避险有效"的目标，为山区百姓撑起生命的保护伞。

荫营河河道治理工程。治理范围分为上下游两段，上游段起点位于坪上村和谐桥，终点位于坪上村东面出口，长0.44千米；下游段起点位于威龙商贸桥，终点位于污水处理厂桥，长5.34千米；河道治理范围全长5.78千米，批复总投资896万元。通过该治理项目，与山洪灾害检测预警系统和群测群防体系相结合，增强了沿岸城镇、集中居民点等防护对象的山洪灾害的防御能力。在2016年百年不遇的洪水中经受住了考验，未发生任何险情。

荫营河道治理前后对比

2019年10月，为配合荫营镇区及延伸周边环境卫生综合整治提升行动，又投资60万元对荫营河河道积存的生活垃圾进行清理，共出动挖掘机91个台班，铲车25个台班，清运垃圾1.4万余方。

李家庄河五渡段河道整治工程。自2018年4月，郊区从开发区接管该河流后，郊区水利局累计投入资金140万元对河道进行综合治理，设立防护网700余米，对该河道侯家沟段700余米河道及边坡垃圾进行清理，清理污水管网10余次，整治绿化边坡6000余平方米，清理垃圾3万余方，砌筑堤防160米，混凝土硬化60平方米，整治废旧房屋2座，维修泄洪渠1个，彻底解决了该河流的河水污染问题，改善了长岭村、五渡村及周边群众的居住环境。

5. 河长制的实施

全面建立了区、乡、村三级河长制体系。区级河长共7名，区委书记、区长任总河长，5位副区长分别担任区级7条河流的区级河长，并明确了7名河长助理；7个乡镇及社务中心也相应设立了乡镇级河长，51名乡（镇）领导分别担任51条河道河长，村级河长108名。完善制度建设。为规范河长制工作，郊区先后建立了河长制区级会议、考核问责和激励、工作督察、信息报送、信息共享以及工作验收、河长巡查、办公室公文处理、工作联络员、河长制成员单位工作规则等10项制度，完成了区级河流桃河郊区段、温河郊区段、李家庄河郊区段、山底河、荫营河、洪城河郊区段、马家坡河郊区段的一河一策实施方案；2019年，又出台了《郊区河长制工作重大事项挂牌督办实施细则（试行）》，全面形成了河道治理的长效机制，使河长制工作进一步常态化、制度化。

建立完善河长制信息系统平台，设立区级10块河长制公示牌。为进一步实现全区各级河长手机App巡河全覆盖，区河长办按照操作规程，严格将郊区的区、乡、村三级管辖河流的行政区划，河流编码、坐标，所有河长的身份信息（7名区级河长、50名乡镇级河长、108名村级河长），成员单位信息，全部录入系统管理平台，实现了河长履职、日常巡河、问题督办、情况通报、责任落实、统计分析等信息管理模式，使河长制工作尽快从"有名"到"有实"的转变。

"清四乱"专项行动取得实效。郊区河长办和郊区检察院联合下发了《"携手清四乱，保护河道生态"百日专项行动的通知》（阳郊河办〔2019〕1号），2019年3月22日，在郊区广场进行世界水日宣传周暨"携手清四乱，保护河道生态"启动仪式，全面部署"清四乱"专项行动。经过一年排查整治，共发现问题30处。其中，乱占10处（围垦造地）、乱堆15处（固体垃圾），下达整改文件30份，整改率100%。治理过程中共出动大型机械50余台套，完成郊区主要河道桃河上游郊区段、李家庄河、洪城河、荫营河、苇泊河、山底河、燕龛河等河道清障10万立方米，促进了全区河流系统保护及水生态整体改善。

完成河道划界任务。河道和水库划界成果是第三次全国国土调查的重要内容，区水利局投资120余万元，已完成桃河郊区段、温河郊区段、李家庄河郊区段、荫营河、山底河、桑掌河、保安河的河道划界工作。

二、环境治理

(一) 行业治理

耐火行业。2009—2010年，郊区积极推进耐火行业天然气改造和烟气脱硫工程。截至2007年8月，全区响应关闭的215座矾石竖窑如期停产。2008年以来，郊区继续加大对矾石竖窑的淘汰、关闭落后生产工艺工作，使矾石加工走向规模化、规范化、上档升级、延伸加工的路子，以此保护矾石资源，促进区域环境质量的好转。截至2010年，使用天然气烧成企业达到41家，淘汰煤气炉56台，耐火产品由80万吨提升为120万吨，减少排放二氧化硫近2000吨。

其他行业治理。2005年以来，以推进全区传统企业的全面达标治理为龙头，完成老污染源的治理，对全区其他重点行业开展了治理、改造。对煤炭行业，开展了矿井资源整合、治理矿井水工作。发展循环经济，做好煤矸石、煤层气等资源综合利用。对全区其他重点行业——建材、化工、冶金等企业进行定时监控，全区重点行业的污染治理得到了有效整治。

(二) 重点整治

郊区在积极进行污染治理的同时，大力开展重点区域的综合整治。荫营镇是郊区政府所在地，其综合整治工作稳步推进。一是开展了餐饮业的清洁能源替代工作。2005年出台了《荫营镇区禁烧原煤的实施意见》。2008年，荫营镇区餐饮业开展原煤禁烧工程。同时，投资4000余万元建成两座集中供热站，集中供热面积达40余万平方米，整个镇区实现了集中供热。二是污染源外迁。区煤运公司荫营货站2008年搬迁出荫营镇区，大风时不再有煤场扬尘影响镇区的空气质量；镇区内污染严重的坪上耐火厂、天杰耐火厂、华岭耐火厂、后沟耐火厂、华营一耐等5家耐火企业整体搬迁至白泉工业园区，实现二次创业，镇区环境质量得到了很大改善。三是开展了污水处理厂的建设。建设污水处理厂是完成COD减排任务、改善水环境质量的重要工程。2006年8月，阳泉市郊区荫营污水处理厂开工建设，2010年3月底投入试运行，2010年6月开始正常运行。镇区内荫营河及白泉河的生活污水全部进入污水处理厂处理，实现达标排放。另外，通过开展环境卫生整治，开展绿化美化建设，镇区环境得到了极大改善。从2007年1月1日起，郊区环境空气质量自动监测系统正式运行，实现了全省联网，标志着郊区环境监测进入了新的科学时代，截至2013年，荫营镇区二级以上天气达337天，空气优良率为92.33%。

（三）创卫工作

郊区创卫区域涉及平坦镇、李家庄乡、开发区社务中心3个乡镇、中心，共计16个村，13个社区（含铝矾土矿社区）888栋楼，7条国、省道和城市主要干道，3条河道，1个超大型农贸市场，312户"三小"企业，207户"四小"企业，医疗机构76家。区域面积21.25平方千米，总人口13.5011万人。荫营镇区涉及中心区7个村及荫营矿，466户"三小"企业，50户"四小"企业，医疗机构31家。区域面积约20平方千米，总人口58131人。

在创卫过程中，区创卫指挥部先后组织"四个专项"行动、"一建六整治""双清双管"行动，全力以赴开展创卫攻坚，铁腕整治"重症顽疾"，实事实办惠及民生，集聚和优化城乡管理的良性发展动力。基础设施进一步完善。共完成街巷硬化6.3万平方米，规划停车位1400个，完成污水管网铺设7650米，完成户厕改造1006座，做到创建区无旱厕；改建和新建公厕70座，设置公厕指示牌51个；安装公共健身器材441套。区域内各类设施进一步完善，达到了国家级卫生城市指标要求。环境卫生进一步改善。创卫以来，全区上下以治理"四堆"和"十乱"为主要内容，集中攻坚，大打环境卫生死角歼灭战，清运各类积存垃圾30多万吨，清理四堆19538处，拆违拆临共425处1.2721万平方米，新增绿化面积35.45万平方米，整体实现了街净墙洁，绿化美化，碧水蓝天。市场秩序进一步规范。通过加强宣传教育和加大执法力度，进一步增强了企业和经营户的卫生意识、文明意识、规范意识和法治意识，促进全区相关行业和市场秩序进一步规范。创卫区"三小"行业和"四小"行业重点场所达标率直线提高。各建筑工地、医疗机构均能做到规范化管理。管理机制进一步顺畅。一是建立网格化精细管理。全区创卫区域共设立200个网格,建立了500余名的五级网格员队伍,切实有效地解决了"创卫"工作中存在的突出问题和热点难点问题。二是"三无小区"得到创新管理。"三无小区"通过雇用保洁人员,维护社区的环境卫生,同时通过探索单元(楼宇)自治方式,充分发挥单元长(楼长)的作用。居馨花园社区推进单元长制,不仅保证了卫生费的收缴,而且强化了居民公共卫生意识,促进了卫生习惯的养成。市交办的任务"铝矾土矿社区创卫"圆满完成。2018年7月10日受领铝矾土矿社区创卫艰巨任务,在时间紧、任务重,情况待熟悉的条件下,郊区成立创卫专班,确立"八大任务",进行整体推进,在短短3个月时间,拆除违危临建141处面积7560.59平方米;绿化整治5.7万平方米,整治河道1.3千米;硬化地面4500平方米;新建水冲公厕4座,安装临时厕所3座;新建便民市场一个。改变了社区以往环境脏乱、管理无序、设施滞后的境况,社区整体面貌得到质的提升。

(四)农村环境整治

作为省级农村人居环境整治示范县(区),郊区以美丽宜居乡村建设为导向,以农村生活垃圾、污水、厕所粪污治理和村容村貌提升为主攻方向,以"示范村、整治村"为载体,努力把农村环境整治与推进新型城镇化和乡村振兴战略结合起来,与"五城联创"结合起来,与城乡融合发展结合起来,农村环境整治工作取得了较大的进展,农村环境有了极大的改善。出台了《阳泉市郊区农村人居环境整治三年行动实施方案》《2018年阳泉市郊区农村人居环境整治行动计划》《西南舁乡北七村集中连片环境整治实施方案》,积极在区电视台、阳泉郊区编辑部开辟了"农村环境集中整治"专栏,坚持每周宣传"农村环境集中整治"知识、定期报道"农村环境集中整治"动态,切实在全区形成了全民动员、全民参与的良好氛围。

区教育局职工在驼岭头村清理垃圾

农村环境集中整治的工作重点是"六区六道"。2017年整治"六区"周边违章建筑270处,面积7580.6平方米;整治"六道"违章建筑405处,面积21578.2平方米,取缔占道经营99处,消除道路安全隐患97处。整治违法乱搭乱建乱占3544处,面积84227平方米,提升了乡村环境质量;整治垃圾杂物乱堆乱放8079处42908吨,提升居住环境质量;整治污水废水乱排乱流406处,污水减排23154吨,提升了水体环境质量;整治农业面源污染,排查规模养殖场是否配套建设粪污处理设施220处,"四化"利用6800.5吨;整治秸秆焚烧面积652亩;整治农村固体废弃物乱扔乱堆乱放640处;整体提升了生态环境质量。全区投入资金3576.6万元,其中区公路段投入190.3万元,7个乡镇投入3386.3万元。

第二章 决战脱贫攻坚与实施乡村振兴

第一节 决战决胜脱贫攻坚

习近平指出,"全面小康路上一个也不能少"①。确保现行标准下农村贫困人口全部如期脱贫,不仅是全面建成小康社会的必然要求,也是实施乡村振兴战略的必要步骤,更是促进全体人民共同富裕的重大举措。

郊区共有贫困村24个,低收入村18个,分布于全区6个乡镇(中心);有建档立卡贫困人口1515户3398人,占全市贫困人口26033人的13%,占全区农业人口10.05万人的3.3%;到2018年底,24个贫困村全部退出,所有建档立卡贫困户全部脱贫,贫困发生率降为0.18%,实现了全区整体脱贫目标任务。2019年主要任务由重点攻坚转入全面巩固脱贫成果阶段,并初步实现了与乡村振兴的有效衔接。

产业扶贫。坚持因地制宜,围绕"一主六辅"产业发展总体布局实施产业扶贫项目,"一主"指的是果业,主要包括苹果、玉露香梨、樱桃、桃等品种,"六辅"指的是小杂粮、菌类、光伏、养蜂、养殖、电商等产业项目。经过多年发展,基本形成了以西南舁乡苹果、小杂粮,旧街乡玉露香梨、蜂蜜,杨家庄乡特色种植养殖,平坦镇养殖,河底镇信息化农场,社务中心整村搬迁后续就业等发展板块,贫困村村村有带动主体和农民合作社,产业扶贫"五有"机制基本建立。自2015年开始累计种植果树4679亩,盛果期每亩果

---

① 习近平. 统一思想一鼓作气顽强作战越战越勇 着力解决"两不愁三保障"突出问题[N]. 人民日报,2019-04-18.

旧街乡枣园农产品开发有限公司成立,图为养殖园区万头猪养殖小区

品收入可达一万元以上,带动贫困户1394户实现增收。蜜蜂养殖规模849箱,正常年生产蜂蜜42450千克,收入可达127万元,带动227户贫困户增收。自2018年以来新建养猪场、养羊场、养鸡场、养牛场、养驴场等12处,其中羊1100头、牛160头、猪存栏1200头、驴120头、鸡3.36万只,带动贫困户763户增收;新建食用菌大棚等生产设施3000平方米,年生产食用菌6万千克,收入36万,带动贫困户202户增收。2016年产业扶贫果树栽植2170亩。2017年以"一主六辅"为主攻方向,23个贫困村全部落实产业扶贫"一村一品一主体"和"五有"目标。共完成果树种植771.8亩,养蜂651箱,小杂粮种植1996.71亩,中药材种植1108亩,薯类种植205.3亩,养殖猪1200头、牛68头、驴160只、羊1100只、禽类1.5万羽;发展贫困村和低收入村乡村旅游点7个、电商网点16个。2019年新建了区电子商务服务中心,该中心办公场地100平方米,仓储库房500平方米,冷库40立方米,配备物流配送车2辆,共出车1200余次,配送包括贫困户在内的货物超过3万件。在光伏扶贫上,共建设村级电站3个,户用分布式光伏发电项目6个,总规模309千瓦,已全部并网发电。总投资247.35万元,受益贫困户117户202人。

易地扶贫搬迁。2014年易地扶贫移民搬迁工程项目惠及石板片、

旧街乡、平坦镇辛庄窝村、东西眕村等近二十几个贫困村群众得到易地搬迁安置，走上永久脱贫致富的道路

侯家山、曹里、车道沟4村，计197户411人。2015年易地扶贫搬迁工程涉及平坦镇南山、马家坡、张家岩、杨家庄乡大南庄等4村，计496户1109人。2016年共核准"十三五"期间易地扶贫搬迁对象152户426人。2016年易地扶贫中，完成373人搬迁。2017年易地扶贫搬迁完成21户53人。2017—2019年核准"十三五"易地搬迁户158户395人（其中集中搬迁安置93户188人，分散搬迁安置65户207人），同步搬迁90户191人。集中搬迁项目涉及两个，一个是杨家庄乡大南庄村搬迁至平坦镇桃林沟村"喜来居"小区，一个是开发区社务中心张家洼村搬迁至五渡村"石榴园"小区，采取政府回购现有安置房方式，小区水电路网等基础设施和上学、就医、文化及社区服务等公共服务设施齐全，住房竣工验收全部合格，地质灾害危险性评估工作全面完成。目前所有搬迁户全部入住安置房，新房入住率100%，已完成旧房拆除183处（包括同步搬迁人口），复垦土地400余亩。

金融扶贫。2016年全区累计投放小额信贷资金4928.3万元，涉及贫困户1006户次。2017年发放小额信贷资金1855.9万元，财政投入风险补偿金300万元。贷款主要用于贫困户发展林果业、畜牧业、中药材、小杂粮等农业特色产业，和仓储、运输、餐饮、旅游等服务业，及加工、销售、农产品收购等项目。

雨露计划。2017年，被二本及以上院校录取的3名贫困家庭考

2008年5月29日,北京"兴大高中助学工程"发放仪式。

生享受"雨露计划"资金补助1.5万元,累计享受"雨露计划"学生162人。中职中技学员申请"雨露计划"学生30人。2018年,"雨露计划"为77名贫困学生资助16.3万元,同时全面落实贫困幼儿资助、寄宿生生活补助、普通高中和职业教育助学金资助以及生源地助学贷款等教育扶贫政策,共资助69人5.91万元,学杂费减免40人2.56万元,助学贷款7人4.79万元。通过国扶系统、对参加高考学生和资助名单进行比对,一一落实,确保应补尽补。2019年对5名考入大学、71名考入中职中技的建档立卡贫困学生及时给予了资助,共计23.8万元。

健康扶贫。2017年,健康扶贫"双签约"服务到位,"三保险三救助"基本落实,危房改造95户,饮水提质工程设计10个贫困村,造林专业合作社员人均收入1.32万元,新建电商网点16个。2018年,医疗团队和乡村干部团队及全区所有贫困户全部签订了健康扶贫"双签约",签约覆盖率100%,"一站式"平台共服务106人次,结算105万元。1048人正常领取城乡居民养老保险,最低领取标准108元/月,覆盖率达100%。1880人符合参保条件人员全面落实政府代缴最低标准的城乡居民基本养老保险费,覆盖率达100%;又为他们每人代缴100元养老保险费。309名建档立卡残疾人中,为有辅具需求的建档立卡贫困残疾人18人适配辅具;实施9

户建档立卡农村基层党组织助残扶贫结对任务，每户资助资金3000元；为68名建档立卡残疾人发放护理补贴4.785万元；残疾家庭无障碍改造9户、残疾人适配辅具18人；贫困残疾人实用技术培训11名；残疾学生助学金资助1名3000元。为贫困人口缴纳每人68元意外伤害保险25.68万元，已经赔付154起50余万元。2019年贫困村卫生室全覆盖，面积40—60平方米及60平方米以上各12个，四室分离的8个，三室分离的16个，每个卫生室配备合格村医一名，设备设施和药品配备符合要求；健康扶贫"双签约"服务签约率100%，家庭医生回访全覆盖，义诊服务326人次；贫困人口动态电子档案实现了全覆盖；全面落实"一站式"服务、"先诊疗后付费"和免除普通门诊挂号费，门诊挂号费免除814人次；设立医疗扶贫"绿色通道"，贫困户患者在"挂号、住院、检查、手术、转诊"五个方面优先；医疗保障实际报销比例93.26%（标准为90%以上）。"三保险三救助"全面落实，居民医保、大病保险及补充保险参保率100%，绘付居民医保和补充医保救治资金88.07万元。

就业扶贫。2018年全年建档立卡贫困劳动力转移就业399人。职业技能培训共开展31期，培训工种涉及初级工艺编结工、初级育婴员、初级化妆师、西式面点，共培训学员1403人，小微企业岗前培训780人。2019年通过电视飞播字幕、无线广播报道、新闻报纸宣传等形式开展就业政策宣传咨询活动，发放宣传资料240余份，组织开展"送岗位下乡"，全年累计收集就业岗位1200个，为对接贫困户实现就业提供了基础依据。实施"全面技能培训工程"，对有培训意愿的52名贫困人口开展六期培训，建档立卡贫困劳动力实现就业转移220人。

生态扶贫。2018年，10家扶贫攻坚造林专业合作社的总社员数210人，其中贫困人员148人，占总社员比例达70%。安排未成林管护员31人（其中贫困人员19人），管护面积3.15万亩，人均月工资677元；安排国家级公益林管护人员8人（其中贫困人员5人），管护面积7980余亩，人均管护资金4500元。年度造林任务1.05万亩全面完成，投资749.3万元，贫困人员劳务费用202.3万元，可带动374人脱贫致富。未成林和公益林管护面积总计5.04万亩，聘用或签约贫困人口26人，带动52人脱贫致富。安排区级护林员共计492人。2019年涉及贫困村和低收入村饮水提质工程项目13个，主要建设内容为管路维修更换、自来水管网入村入户以及配套净水设施设备，涉及贫困村6处、低收入村7处，总投资400.3万元。

交通扶贫。2018年，为8个贫困村通水泥路和"油"路改造21千米，全部完工，完成投资2074万元。为14个贫困村实施安全生命防护工程5.75千米，全部完工，完成投资173万元。

危房改造。2014—2018年，郊区实施危房改造项目涉及贫困村19个，涉及建档立卡贫困户434户，已经全部竣工验收，补助资金全部对户支付到位，彻底解决了全区农户住危房的现象，2018年实施的80户"四类人员"危改任务全面竣工验收（其中建档立卡贫困户47户），112万元补助资金已经兑付到户。

消费扶贫。2018年开始结合"10·17全国扶贫日活动"，开展消费扶贫活动，截至目前，消费扶贫共计投入社会资金132.8万元，西南舁乡于扶贫日当日举办了首届农民丰收节暨以"助力脱贫攻坚、农产品展销活动"为主题的消费扶贫活动，当日参加活动人员达2000余人，销售苹果6.92吨，收入55.6万元。并邀请山西综合广播电台进行现场直播；旧街乡结合重阳节，各村都组织进行慰问演出，同步开展农产品销售活动，该乡的农产品蜂蜜和玉露香梨受到了前来参加的社会各界人士的好评；杨家庄乡发动本乡镇17家帮扶单位、庙岭村5家产业扶贫经营主体，以及社会各界，在庙岭村组织开展消费扶贫宣传仪式，掀起了消费扶贫的又一高潮。目前"五进九销"活动共涉及采购单位102家，销售产品主要包括苹果、梨、小杂粮、薯类、蜂蜜、鸡蛋、食用菌等农产品，累计带动2161户次实现增收。

扶贫资金。2017年精准扶贫资金共计1362.87万元，其中，省级安排574.08万元，市级安排270.99万元，区级预算安排517.8万元。支出1324.85万元，结余38.02万元，结余率3%。区级资金较上年增加26.2万元，增幅5.2%。省级资金结余主要安排用于"雨露计划"，区级资金结余主要用于小额信贷贴息。全年完成贫困村摘帽6村，完成贫困户脱贫509户1144人。2018年郊区收到各级精准扶贫资金共计1459.51万元，分配使用1422.96万元，资金结余率2.5%，严格按照"项目跟着计划走、资金跟着项目走、责任跟着资金走"的原则分配使用资金。建档立卡低保户194户358人，累计支出114.61万元；特困人员784人，共发放供养资金168.2万元，医疗救助建档立卡贫困户9人，救助金额36530元；临时救助建档立卡贫困户206人27.49万元，贫困村已建成农村老年人日间照料中心21所。

脱贫攻坚成果不断巩固提升。2019年转入全面巩固提升阶段。一是精准定位贫困村产业发展方向，初步形成西南舁乡苹果、小杂粮，旧街乡玉露香梨、蜂蜜，杨家庄乡特色种植，平坦镇特色养殖，河底镇信息化农场等产业板块。二是规范扶贫资金管理，全年安排财政专项扶贫资金1146万元，资金拨付率97%，67个产业扶贫项目有序推进。全市巩固脱贫成效推进乡村振兴现场会在郊区召开，全区脱贫攻坚工作及成效得到广泛认可。年度动态管理工作实现了3户7人的脱贫任务；无返贫人口；摸底边缘户和脱贫监测户共计79户156人（其中边缘户22户48人、脱贫监测户57户108人），两类人员占贫困人口比例4.6%。行业部门比对9项帮扶措施指标核查比对无差错。

第二节　乡村振兴初见成效

郊区全面贯彻落实党的十九大精神，统筹推进"五位一体"总体布局、协调推进"四个全面"战略布局，按照"产业兴旺、生态宜居、乡风文明、治理有效、生活富裕"的总要求，以实施乡村振兴战略为总引领，以脱贫攻坚为总统筹，大力推进体制机制创新，强化乡村振兴制度性供给，以完善产权制度和要素市场化配置为重点，激活主体、激活要素、激活市场，着力增强改革的系统性、整体性、协同性，让农业成为有奔头的产业，让农民成为有吸引力的职业，让农村成为安居乐业的美丽家园。

2018年，郊区坚持"三农"优先发展，乡村振兴取得新进展。脱贫攻坚决战决胜。完成了最后4个贫困村735名贫困人口的脱贫任务，实现了全面脱贫。贫困村实现产业全覆盖，有劳动能力的贫困人口实现就业全覆盖，贫困村基础设施和公共服务得到全面提升。现代农业蓬勃发展。种植、养殖结构进一步优化，水果、中药材面积不断扩大，肉、蛋、奶产量持续增长。新成立农村专业合作社20个，总数达到270个，家庭农场总数达到19个。农产品"三品一标"认证15个。北昇果品市场被评为"省级田间地头市场"。千亩坪现代农业产业园进入全省首批20家现代农业产业园行列，多家企业入驻。桃林沟、南沟、咀子上、大洼等村的乡村旅游势头喜人，郊区连续五年被评为全省"休闲农业与乡村旅游示范县"。人居环境明显改善，并成功入选省级农村人居环境整治示范县区。新建了荫营、杨家庄两个垃圾中转站，垃圾转运体系不断完善。在部分村试点建设污水处理系统和集中改厕。全年改造清洁取暖30村12357户，改建扩建"四好农村路"39.6千米，建设饮水安全工程11处，改造农村危房79户，造林1.2万亩。全面启动西南舁"北七村"人居环境改善示范片区创建，前期规划设计等工作有序推进。扎实开展大棚房清理整治，农地非农化有效遏制。采取果断措施防控非洲猪瘟，消除了各类隐患。农业农村发展形势持续向好，乡村振兴实现良好开局。

2019年，乡村振兴稳步推进，脱贫攻坚成果持续巩固。全面完成帮扶单位和"三支队伍"调整轮换，"一主六辅"产业扶贫措施全面落实，"两不愁三保障"全部达标，2018年识别的3户7人如期脱贫，省市巡查反馈问题全部整改到位。农业发展势头良好，全年新发展果园1387亩，肉、蛋、奶产量分别达到337.2万千克、449.3万千克、51.8万千克，粮食总产量达到1458万千克；农民专业合作社达到234个，入社农户5423户，入社资金1.48亿元。千亩坪现代农业产业园基础设施逐步完善，千百绿、汉博光伏、鑫品益食品加工等一批项目开工建设。乡村旅游蓬勃发展。全年接待游客125万人次，收入达到1845万元，桃林沟、咀子上入选山西省首批3A级乡村旅游示范村。人居环境整治亮点突出。学习浙江"千万工程"经验，改厕1200余座，建成垃圾中转站7座，污水处理站4座，垃圾集中转运服务覆盖了5个乡镇的71个行政村。西南舁"北七村"示范片区建设成效明显，示范效应逐步显现。郊区又一次被评为全省"农村人居环境整治示范县（区）"，争取到中央专项资金2000万元。

按照"典型引路、梯形推进"原则，到2022年，全区乡村振兴取得阶段性进展，实施乡村振兴战略的工作格局基本形成，城乡融合发展的政策体系、体制机制基本成熟。到2035年，全区乡村振兴取得决定性进展，农业农村现代化基本实现。到2050年，乡村全面振兴战略的"产业兴旺、生态宜居、乡风文明、治理有效、生活富裕"的总要求得到全面落实，全区农业强、农村美、农民富全面实现。

一、西南舁乡"北七村"乡村振兴项目

西南舁乡"北七村"乡村振兴项目位于西南舁乡北部七个村庄（北舁、大西庄、代家庄、王家庄、杜家庄、咀子上、东林尖），按照"党建引领、片区带动、以片带面、整体推进"的工作思路，"北七村"乡村振兴示范区项目集中连片打造成具有全省水平和示范引领作用的乡村振兴示范区和人居环境改善示范区的样板工程。

建设目标：省级乡村振兴示范区，乡村休闲体验目的地。

三条实现路径：健康山谷——健康农业产品、优质生态环境

农旅融合——拓宽农旅业态、完善服务设施

美丽宜居——提升环境面貌、营造村庄特色

区域发展布局："北七村"区域空间布局为"第一产业区、第二产业区、村庄居住区、生态景观区、留白区"五大功能分区，同时形成"七村联动、多产融合"的产业发展格局。其中，第一产业

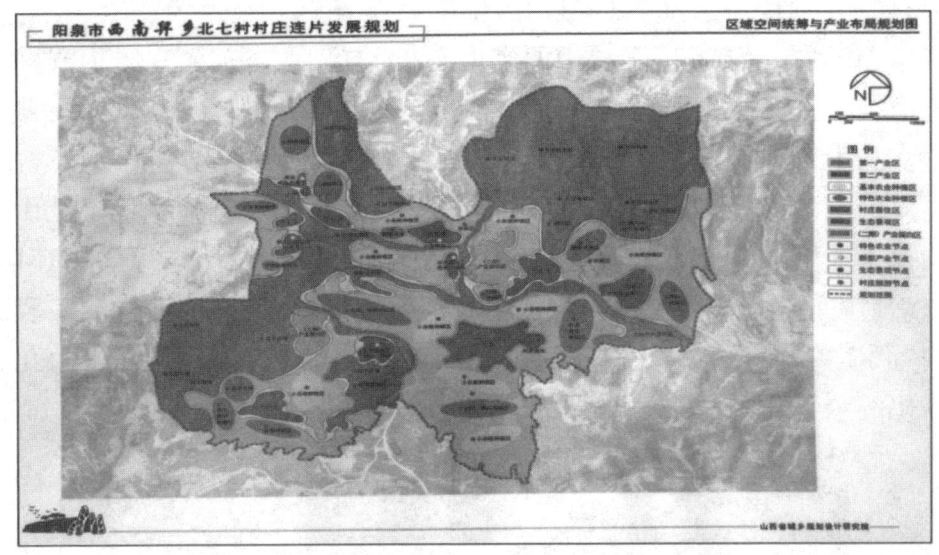

西南舁乡"北七村"村庄连片发展规划图

区对林果、粮食作物进行分区；第二产业区利用现有工矿用地在杜家庄和咀子上建设兼具体验功能的小型加工点，另外在大西庄原工矿企业用地上建设一处园区化的农产品加工区；留白区分别位于大西庄和王家庄，规划为二期产业发展预留地。"北七村"规划在总体连片发展的基础上，提炼、放大各村特色，并通过对建筑风貌和空间环境的综合整治，提升西南舁乡"北七村"人居环境质量，促进乡村旅游和村庄各项建设全面发展。

二、典型引路——乡村振兴示范村

（一）荫营镇上千亩坪村

上千亩坪村地处阳泉郊区驻地荫营镇东区，属阳泉新城北部规划区域。环村有207国道、江正大街、新城大道等道路，阳五高速荫营口即在村东部。全村总面积1.88平方千米，其中耕地面积560亩，人口768户1551人。村内基层组织建设齐全，支村两委班子成员共7人，总支委员会5人，村委会5人，交叉任职，平均年龄50岁，本科文化2人，大专文化3人，初中文化2人。全村共有党员

73人。全村经济、文教、卫生、治安状况良好,被评为省级"卫生村""山西最美旅游村""山西省生态村""山西省美丽宜居示范村"和市级"文明生态示范村"。

上千亩坪村人力资源丰富,水资源充足。村民安装上了天然气,村民的生活质量有了提高,近几年村植树造林100亩,绿化了荒山,美化了环境。整合土地660亩,打造农业发展项目。进行全村环境整治,打造生态美丽宜居示范村,启动了旧村改造环境整治工程,购置了净水设备,使上千亩坪村达到了硬化、美化、亮化、净化、绿化的"五化"标准,被评为"美丽宜居乡村"。

千亩坪农业产业园建成投产

上千亩坪村主导产业为阳泉市郊区千隆机动车驾驶员培训学校和阳泉市千安行驾驶员服务中心。2017年启动了乡村休闲观光生态农业园项目,现已种植经济林20亩,生态林30亩。2018年结合乡村振兴,决定投资500万元打造农业平台,流转整合450亩土地租赁或是成立农业合作社,发展农业观光、生态旅游产业,带动农业经济发展。一是支持山西千百绿生态农业有限公司的生态休闲农业旅游项目和千瑞丰农业有限公司的双孢菇建设项目尽快投入运行;二是启动旧村改造环境整治工程,已投资120多万,对村中巷道进行了铺设、整治生活污水、修建垃圾池、铺设下水管道、进行了环村绿化,还加强了翼德文化广场、千园公园的管理和维护工作;三是保留古建筑原风貌，打造"仿古一条街"模式。着手城中村改造，聘请设计部门总体规划修缮古戏台、古院落，打造"仿古一条街"，连接翼德广场、千园公园和张飞忠义文化园生态旅游景区，形成一条具有地方特色的生态休闲旅游产业链，为村民创造就业创业平台；四是按照整体推进的工作方式，打好区位、生态和文化三张牌：利用区位优势，加快融入阳泉新城步伐，以提升村民幸福指数为目标，把上千亩坪村建成阳泉市展示城镇化成果的幸福园；利用生态优势，进一步完善隆馨生态小区、张飞忠义文化园、生态休闲农业园建设，进一步整合土地资源，挖掘休闲生态农业景区建设，把上千亩坪村建成阳泉中心城市的宜居后花园；利用张飞忠义文化打造上千亩坪村忠孝文化加旅游品牌。不断壮大村的集体经济，为村民提供更多的就业机会，提高村民的收入，加快产业转型步伐，把上千亩坪村建成一个集游览、观光、休闲、餐饮、购物、住宿为一体的阳泉城乡居民的休闲乐园，推进整村人居环境和美丽乡村建设。

（二）河底镇固庄村

固庄村219户650人，有80亩耕地，2018年农民人均收入13100元。村两委班子6人，其中党支部书记和村委会主任由张三虎担任，班子平均年龄37.6岁。多年来，固庄村不断加强两委班子和党员队伍建设，坚持从强化学习入手，以"五个好"为目标，结合本村实际，努力打造学习型、廉政型、服务型、发展型、实干型"五型"班子，充分发挥领导核心、战斗堡垒、先锋模范"三个作用"，强化措施，加大力度，创新"六议两公开"工作法，创办《固庄周刊》，村里大小事情公开，狠抓整顿建设，取得了较好的成效。

固庄村集体现有六个经济实体，分别是和进源耐火材料有限公司、圣利美型煤公司、澳鑫园食用菌开发公司、古泉水厂和乡村食府、和泰煤业合作股份。还有民营广鑫源不定性耐火材料有限公司。这些企业足以解决村民就业和增加集体经济收入，村民就业率达97%。新建旅游公司和养老产业开发有限公司，为振兴乡村转型发

召开固庄村股份经济合作社股东大会第一次会议暨经济合作社成立大会

展奠定了坚实基础。

固庄村坚持生态立村的原则，周边环境良好，达到"五化"（即亮化、绿化、净化、美化、硬化）标准，每年增加栽植各类花草树木10000多株，品种有垂柳、国槐、侧柏、雪松、火炬等，完成荒山造林200多亩。村庄绿化达到省级生态村标准，实现了村庄景区化。建有农民公园两个，主要居住区、主要街道两侧、村内空地全部实现绿化和石林等景观。村内建筑物及周边环境整洁美观。主要街道及全村无乱搭乱建、乱堆乱放、乱涂乱画现象，无残壁。村民对环境状况十分满意，自觉维护村里卫生环境。根据国家有关治理采煤沉陷区政策，投资修建了村民住宅小区，水电暖配套齐全，室内进行精装修，村民拎包即可入住，2020年实现整体搬迁。

固庄村实现了全村户户通水泥路，并且完成了环新村道路硬化。村主要街道都有照明路灯，村中有休闲公园和体育健身器械。村委还投资建成农民图书阅览室、文化活动广场，村卫生所、幼儿园为村民提供医疗卫生服务和学龄前儿童上学。全村设有文化中心、综合服务大厅、便民服务中心、老年人日间照料中心、村民文化活动场所、小商店、太阳能热水器等服务设施齐全并服务到位，丰富了农民业余文化生活，提高村民各项素质，荣获全国农村幸福社区的荣誉称号。

目前，固庄村积极打造智慧生态医养敬老工程产业园项目，项目总投资13.6亿元，总建筑面积42万平方米，设立3001张床位，可解决2000余人就业，将打造成为华北地区最大的养老乐园。

（三）李家庄乡汉河沟村

李家庄乡汉河沟村地处阳泉市近郊，全村总面积4平方千米，耕地244亩，现有住户331户，总人口1358人，其中党员48人。汉河沟村集体经济企业6家，企业运行效益良好，为村民提供了众多就业岗位。

近年来，汉河沟村在村支部书记、村委会主任宋晓文等两委班子的带领下，围绕"经济永续发展，社会和谐安定，百姓安居乐业"的目标，新农村建设取得了骄人成绩。经济建设方面：利用煤矿整合资金，创办了阳泉市郊区盈诚小额贷款有限公司、阳泉市金谷种植专业合作社、阳泉市大中成安机械施工有限公司、阳泉市中安石油压裂支撑剂有限公司、景河酒家、阳泉市裕盛源农产品开发有限公司，村集体实现了经济的可持续发展。新村建设方面，建成了水、电、气、暖、有线电视等配套设施齐全的新村住宅小区，2010年村民全部搬入新居；完善了文化广场、敬老院、幼儿园、卫生所等一系列公益配套设施，完成小区绿化面积20000平方米，绿化荒山1000亩；建设了日处理生活污水200吨的污水处理厂。文化建设方面，建成了村文化活动中心，购进图书10000多册，订阅杂志100册，配备了电子琴等音乐器材，设立了舞蹈室、演艺厅、书法等文艺作品展示厅、棋牌娱乐室等休闲娱乐活动场所。民计民生方面，为30—54周岁的村民办理了社会养老保险，60岁以上的村民一个月可领到800元的养老金；为村民办理了大病医疗保险，新建了设施完善的村级卫生所；设立了村民子女助学金，对考上本科和大专的村民子女，一次性奖励1000—3000元的奖学金；新建村级幼儿园，购置学生接送校车；按照拆一还一的办法为村民建设了住宅楼，给每户村民补助2万元新房装修款,并免费安装了油烟机、热水器、煤气灶、抽水马桶、洗脸池、饮水机和柜式空调。

近几年,汉河沟村利用本村的矸石山治理后的复垦地建设生态农业科技示范园区,以经济林和蔬菜种植为主体,融农业观光园、农业采摘、休闲和娱乐为一体的生态科技园区,以设置蔬菜基地为基础,充分利用当地的资源优势,扩大种植、栽种规模,建设符合当地的产业发展规划,同时通过扩大种植规模,带动当地蔬菜产业发展,向社会提供大量优质蔬菜。通过近几年的发展,全村实现了老有所养、病有所医、学有所上、住有所居的新型农村,成为全市新农村建设的典范。开放的汉河沟村,正以饱满的热情跨越发展,为建设全市、全省一流的新农村努力奋斗!

(四)李家庄乡李家庄村

李家庄村2130户8226人。总支、村委班子成员共9人,总支成员5名,村委班子7名,交叉任职3名,支村两委班子分工明确,尽职尽责,做到职责清,任务明,是一个团结、廉洁、有开拓精神的班子集体,是一个能带领广大村民共同致富,谋求发展的集体领导班子。

李家庄地处城市近郊,多条交通要道穿村而过,地下资源有煤炭、硫铁、铝矾土、黏土等。2016年实施旧村改造、新村建设工程,现已建成50幢楼房全部安置村民居住,配套设施均已完善,小区绿化面积近7万平方米,真正实现村在林中,林在村中的园林村庄。李家庄村水、电、气、暖等基础设施建设已经全部完善,数字电视安装达100%,小区安装有高清监控系统,村民住宅美观、安全、舒适。公共服务设施健全,文化活动中心于2010年建成,包括图书阅览室、计生服务室、卫生所、老年活动室和老年人日间照料中心,新建了高标准幼儿园和寄宿制小学。小区内建有高标准公厕5个,健身广场3个面积2409平方米,并配备一百多件健身器材,建有文化广场两处,活动面积3624平方米,建有一个灯光篮球场。2014年新建700平方米羽毛球馆一座;成立了戏迷协会,提供场地为爱好唱戏的村民休闲娱乐。小区内建有商业网点 5 排，总面积为 1643.85 平方米，方便了村民的各种需求。

目前，李家庄村已被规划为新城北扩范围，现有的土地人均还不到半分，因此，传统的种植业已经不适合村发展。根据现状，除安排一些身体条件差，不能在外打工和部分残疾人进行小区清洁、绿化管理等工作外，只能向服务型方面发展。2014 年开始修建部分商业网点，优先考虑村民经营，引导村民从地理优势出发，大力发展商业、服务业，带动和引导广大村民有活干，有钱挣，村委会尽力为需要村集体帮助的人群，提供帮助和协助办理有关手续。村委会 2014 年投资建设了综合楼，以发展餐饮业、写字楼及包括羽毛球、乒乓球、健身、游泳等在内的体育产业为目标，壮大集体经济，解决村民就业。继续提升小区管理，服务好广大村民，开展社会公德、职业道德、家庭美德、个人品德教育，着力提高农民思想道德文化素质，积极引导村民追求科学、健康、文明、低碳的生产生活和行为方式，构建和谐的农村生态文化体系，利用和管理好现有的集体土地，为村民谋取更大更多的利益，创建美丽宜居文明和谐的易居乡村。

（五）平坦镇桃林沟村

阳泉市桃林沟村位于阳泉市洪魏公路里段，距市区 2.7 千米，全村面积 1.86 平方千米，耕地面积 1038 亩，农业人口 345 户 736 人。

近年来，坚持以"艰苦创业不止步，强抓机遇不满足，与时俱进不落伍，一心为民不懈怠"的精神为动力，以转型发展为总抓手，以文明和谐为着力点，不断建设优美良好的乡村容貌、廉洁高效的领导班子、健康向上的人文氛围、安居乐业的生活状态和可持续发展的生态环境，着力打造新农村特色旅游文化，将全村建设成集休闲、娱乐、度假为一体的农业生态旅游村，促使现代元素与乡村文化和谐相融，现已形成以地面企业和现代农业为依托、以休闲旅游为导向的产业结构新格局。全村集体固定资产达 3 亿多元，农民人均收入1.8万元。先后荣获"全国先进基层党组织""全国文明村""全国民主法治示范村""全国生态文化村""国家AAAA级旅游景区""全国敬老模范村居社区""中国十佳小康村"等荣誉。多年来为打造美丽休闲乡村,不断加强村级组织管理能力,加大基础设施建设力度,提升村庄生态环境建设水平,完善景区综合服务功能,提高群众生活质量和幸福指数,生态文明和环境美化同步发展,全村绿化覆盖率达90%,拥有"都市后花园"的美称。如今的桃林沟是一个农民群众安居乐业、文化生活丰富多彩、干群融洽、家庭和睦、人与自然和谐发展的幸福家园。

桃林沟村全景

第三章　着力走好三条路，率先实现城乡统筹发展

第一节　转型升级

党的十九大以来，郊区区委、区政府团结带领全区干部群众全面贯彻习近平新时代中国特色社会主义思想和习近平总书记视察山西重要讲话精神，始终坚持党对一切工作的领导，按照中央和省委、市委决策部署，深入推进"转型项目建设年"和"工作作风转变年"活动，着力走好转型升级、新型城镇化建设、基层社会治理创新"三条路"，率先实现城乡统筹示范区。争做全市转型发展表率，打造城乡融合发展样板，倾力谱写新时代中国特色社会主义阳泉郊区新篇章，全区经济社会各项事业取得了新成绩、新进步，迈入了新境界。

2018年，郊区区委、区政府为积极落实省、市"转型项目建设年"活动要求，坚持用大项目推动大发展、用好项目引领新转型，全面掀起总投资242.4亿元，共计71个转型升级项目建设热潮。为确保"转型项目建设年"各项工作顺利开展，郊区出台实施方案，制定考核办法，将目标任务逐项细化量化，逐一分解落实，组织开展"前期手续集中办理月""集中开工月"活动，加快项目落地。对全区"十大工程""十大项目"确定包保领导，认真落实"一项一牵头、一周一检点、一月一汇报、一季一调度、半年一小结、年底大交账"的推进机制，让包项目的领导靠前指挥，"进工地、到一线、解难题"。以重大项目建设进展情况为重点，定期督查、检查、通报各乡镇、各部门年度目标任务落实情况，掀起"比学赶超、争先创优"建设高潮。同时加大责任落实和考核兑现力度，对服务不

到位、作风不扎实、工作走过场以及为项目推进设置障碍的人和事，按照相关规定严肃追责问责。坚定不移地贯彻落实中央和省、市助力实体经济发展的决策部署，提升效能，积极作为，精准施策，推动金融创新，培育经济发展新动能。区委、区政府主要领导积极参与PPP项目的策划运作，总投资16亿元的国道239改线项目和水务一体化项目进入财政部PPP项目库，并双双入选省级示范项目，成为阳泉市首批列入省级示范项目的PPP项目。

国道239线阳泉市郊区过境河底至荫营段改线工程项目工业园区互通工程于2018年11月19日正式开工。国道239改线工程作为荫营工业园的主轴干线，向北对接盂县，向南通过新城大道与阳泉市区相连，建设里程全长13.66千米，项目总投资12.69亿元，建成后将形成阳泉市郊区至盂县的快速通道，打通阳泉南北向经济发展主轴。这项工程是推动一方发展、惠及民生的重大项目，是郊区大力实施乡村振兴战略，着力走好转型升级、新型城镇化建设、基层社会治理创新"三条路"，率先实现城乡统筹示范区的生动实践。

加大对外开放、招商引资步伐，推动传统产业转型升级，培育新的经济增长点，是郊区的又一举措。2018年，郊区与外来客商共签订百万元以上经济合作项目18项，签约金额116.5亿元，12个项目落地开工。其中，总投资2亿元的北京初兴木业有限公司梵尔奇品牌家具研发及生产基地项目正式投产；总投资1亿元的科技孵化器及航天建筑研究设计院纳米气凝胶复合材料中试项目2019年5月投产；投资4.5亿元的汉韵瓦业年产8000万片釉面瓦项目和中庸科创年产10万吨空心微珠建设项目，办公楼、实验楼主体工程已完工，厂房建设正有条不紊地进行中；投资13.6亿元的阳泉市中旭鑫源智慧生态医养敬老项目，规划建设用地1021亩，总建筑面积约42万平方米，建成后可容纳3000名以上老年人颐养天年，带动2000余人就业。创新招商引资思路，实施代理招商、乡情招商、展会招商，积极参加各类国家级、省级招商展会，特别是在赴深圳和杭州招商活动中，分别签订了山西景润再生科技有限公司投资5.5亿元的低品位铝矾土循环利用项目和山西快成物流投资1亿元的阳泉快成物流园项目。此外,总投资15亿元的包括铁路发运站、红岩重卡4S店、LNG加气站、综合服务区在内的天津陆港项目落户郊区,对于加快全区产业转型升级必将发挥重大作用。

项目建设风生水起。为支持中小企业成长,阳泉市郊区坚持从政策上倾斜、资金上扶持、产业上引导、服务上跟进,持续开展"助保贷"业务,用足用好产业扶持资金和过桥资金,推进全区产业结构调整和转型升级。共为29家企业融资11097万元,帮助14家企业过桥贷款10569万元,有效降低企业融资成本,充分发挥了财政资金"四两拨千斤"的作用。联合山西股权交易中心,对市场前景好、科技含量高、持续盈利能力强的中小企业进行摸底,将符合条件的10家企业充实到晋兴板(四板)企业后备资源管理库。继续推动"新三板"上市工作,加大对阳泉通宝鑫能公司的支持协调力度,帮其融资500万元,引入财务、法律、证券等中介机构,推动企业股份制改造。

产业转型持续加快,园区建设有序推进。2019年,荫营工业园区打造2000亩的工业平台,白泉工业园区清退"僵尸企业"释放600亩工业用地,园区配套设施进一步完善,为项目落地提供了有力支撑。中科泓源资源循环利用项目、日加科技高端铸造砂及水处理剂项目开工建设,航天气凝胶毡中试基地项目建成投产,灿坤工贸PVC建材、加林科技宝珠砂生产线等项目投产运营。产业结构不断调整。全年新增规上企业9家,规上工业增加值中煤炭行业占比下降5.1个百分点,制造业占比提升0.9个百分点,经济发展对煤炭的依赖持续降低。在全市率先开展工业企业环保深化治理,以环保为手段倒逼产业升级,313家企业基本完成治理,正在进行第三方专业机构验收,75家未完成的企业全部进行关停。招商引资氛围渐浓。出台"招商十条"优惠政策,全年引进百万元以上项目25项,当年开工19项,特别是万达商业综合体项目历经多方共同努力成功落地并开工建设,将为郊区经济转型注入新的活力。

第二节　新型城镇化建设

2018年以来，郊区加大基础设施建设力度，持续推进保障性住房建设，进一步优化城乡空间发展布局，高品位规划和建设农民集中居住新社区，促进城乡建设有序、合理、协调发展。城市品质加速提升。

重大项目保障有力。先后完成宁波北路、洪城北路、二青会射击射箭馆、综合交通客运枢纽、中兴大道等重点工程的拆迁扫障，基本实现了重点项目无"堵点"。漾泉大道一期顺利通车；G207绕城改线、中兴大道先后贯通；G239改线工程推进顺利，苇泊以南路段的关键性节点工程全部开工；水务一体化项目实质性启动建设；北部集中供热管网工程正式开工；区职业高级中学和文体中心项目完成大量前期工作，基本具备开工建设条件；城中村和采煤沉陷区治理工作统筹推进，集中解决了一批历史遗留问题，多个停滞的项目重新启动。大力度推进基础设施建设。进行了11个城中村改造，总建筑面积199万平方米，有7734户18443人住进楼房，城乡统筹步伐进一步加快。同时，总投资3.3亿元的阳泉市政务服务中心工程竣工，已经入驻。水务一体化项目进入财政部PPP项目库，正在顺利推进，项目建成后，能够解决12万人安全饮水和10万亩耕地灌溉用水问题。总投资1.09亿元全长3.68千米的207国道绕城改线工程于2019年6月通车，是解决国道穿镇区而过问题、改善人居环境、减轻建成区污染的重大工程。三泉棚户区改造安置住房项目，一栋栋错落有致的楼房正在拔地而起，一个集水、电、暖、气等配套设施一应俱全的现代化住宅小区，在不久的将来将全面建成。届时，6400余名三泉村民将彻底告别世世代代和泥打炭、生火做饭的生活方式，搬进和城市人一样居住环境的楼房内，开始新的生活。项目总投资15亿元，占地60万平方米，惠及3170户，这是郊区区委、区政府实施乡村振兴战略、走好新型城镇化建设之路的一个缩影。

全方位整治城乡环境卫生。创建国家卫生城市,是阳泉市委立足于改善人居环境、提升民众幸福指数、提高城市品位所做出的重大决策。郊区区委、区政府高度重视,坚持问题导向,倾全区之力狠抓创卫工作。建立区级领导包片负责制和区直单位包村(社区)联系制,22名区级领导包点30个责任村(社区),64个部门、相关企业包保村(社区),机关干部每周开展义务劳动,全区上下形成了浓厚的创卫氛围。围绕重点弱项,狠补工作短板,累计投资5000万元,完成市下达73项工程中的54项;整治"四堆"、厕所改造、清淤河道、拆除临建房屋均取得明显成效。完成医疗机构和学校禁烟、健身设施更新、"三小"行业整治等13大项健康教育工作。持续开展荫营东西大街、江正大街等重点街路综合整治,加大园林绿化力度,荫营城区建成区绿化覆盖面积达265.8公顷,绿化覆盖率42.2%。作为全省人居环境改善示范县(区),出台《农村人居环境整治三年行动的实施方案》,确定10个省级改善农村人居环境示范村、4个市级环境整治示范村、19个市级人居环境提升村。加速推进农村环境整治,选择西南舁乡"北七村"作为全区集中连片环境整治重点区域进行打造。突出生活垃圾清理,突出厕所粪污治理,全区已改造农村厕所400多座。推进村庄生活污水治理,大力实施河底镇区生活污水管网工程。突出清洁能源改造,圆满完成2018年冬季清洁取暖工程,全区12357户群众成为煤改气、煤改电的受益者。2019年,创卫攻坚成效初显。全区上下齐心协力、全员参与,累计投资2.1亿元,清理垃圾30多万吨,实施各类工程项目824个,顺利通过国家创卫暗访组检查验收,赢得了群众的普遍认可。启动荫营镇区及周边区域环境综合整治,大力开展积存垃圾清理和拆违拆临,整治效果初步显现。环保攻坚有力有效。全年实施城市周边裸露土地绿化3400亩,清洁取暖改造17549户,大力整治307复线和315省道的道路扬尘,二级以上优良天数达到220天,$PM_{2.5}$和PM_{10}全年平均浓度分别下降19.6%和13.3%,空气质量改善明显。

全覆盖城乡居民公共服务。郊区区委、区政府围绕"学有所助、病有所医、老有所养、乐有所处"的目标,扎实推进各项民生事业,让农民享受到和城市居民一样的公共服务。全区义务教育、职业教育和学前一年教育免费持续落实，中职资助、幼儿资助、高中资助和义务教育阶段寄宿生生活补助全年共发放201.96万元，受助学生2611人次。2018年大学生生源地贷款1140.54万元，1705名大学生受益；2019年，全年财政民生支出达到13.02亿元，占一般公共预算支出的76.39%。教育事业均衡发展。大力实施中小学布局结构调整，全区中小学从64所减少到39所，整合学校的学生享受免费校车服务。荫营中学完成了教学楼和宿舍楼改造。"营养改善计划"标准大幅提升，全区享受"营养改善计划"补助资金65.34万元，受益学生990人。设立医疗扶贫"绿色通道"，对持有扶贫手册的患者，区、乡两级医疗机构优先挂号、住院、安排检查和手术，符合转诊规定的患者优先安排上下转诊。实行"先诊疗后付费"制度，区人民医院共对747名建档立卡贫困人口及医疗保障扶贫实行"先诊疗后付费"。开展家庭医生签约服务，落实"双签约"政策，与所有建档立卡贫困人口进行了签约，双签约率100%，同时，为所有建档立卡贫困人口建立动态管理的电子健康档案，电子建档率达到100%。公共卫生管理和家庭医生签约服务两项工作均获全市第一，县乡医疗一体化改革稳步推进，区人民医院信息化改造全部完成。为保障全区老年人日间照料中心的正常运营，郊区为运营的98所农村老年人日间照料中心下拨运营补助资金152万元，缓解村集体特别是贫困村的资金压力。同时，阳泉市郊区把为人民群众提供丰富健康的公共文化产品作为创建省级文明城市的重要载体。2018年，"三节"群众文艺汇演、桃林沟新春灯展、西南舁乡正月民俗文化活动凸显地方特色；"颂歌新时代、唱响新征程""群星风采"夏季广场文化活动，充分展示全区公共文化活动成果；迎"七一"红色经典诵读比赛、庆祝改革开放40周年广场舞展演活动、"文化惠民、免费送戏下乡"慰问活动、公益讲座及培训活动等异彩纷呈。2019年举办各类文化活动1300余场，30余万人次受益，首届郊区春晚成功举办。三泉村"珐花器"参展山西省第四届文博会，被誉为"山西三宝"之一，受到社会各界关注。区融媒体中心建设工程全面推进。社会保障水平稳步提升，全年新增城镇就业人员4509人，城镇登记失业率控制在4%以内，基本医疗保险参保率持续稳定在90%以上，社会救助标准逐年提高，城乡居民养老保险中心获评"全国优质服务窗口"。此外，安全生产事故数和死亡人数实现"双下降"，一批信访积案得到妥善化解，"全国双拥模范城"创建工作有序开展，扫黑除恶专项斗争纵深推进，民族宗教、外事侨务、老龄妇幼、史志档案、国防动员等工作也都取得新成绩。

第三节　基层社会治理创新

郊区区委坚持党建引领，自治、法治、德治相融合，通过健全三大体系，扎实推进基层社会治理创新，为实施乡村振兴战略提供了坚实保障。

采取"大带小、强带弱、富带穷"等形式组建了园区发展、社会管理、村企和谐、区域产业、村社联动5种类型16个联村党委，实现资源共享，抱团发展。动员经济强村和企业结对帮扶贫困村开展"牵手行动"和"百企帮百村"活动。桃林沟村与大南庄村在全市首先实现跨乡镇并村，既解决了桃林沟村发展空间狭窄的问题，又解决了大南庄村脱贫攻坚的难题。创新发展思路，立足全区城镇化比率高、城镇化水平低、人员结构杂、管理难度大的实际，新建了4个城市社区和15个农村社区，补齐历史短板。2018年，按照省、市要求，承接了开发区12个社区和11个农村的社会管理职能，组建了开发区社会事务服务中心，探索出一条具有本区特色的城乡统筹发展之路。坚持先整顿后换届，开展了以整顿软弱涣散村级组织、集中整治"村霸"问题、加强农村基层党风廉政建设、严肃农村党内政治生活、强化舆论宣传教育为内容的整顿乡村秩序创优发展环境"五大专项行动"，确保了换届工作顺利开展。固庄村党支部书记张三虎跨村兼任龙光峪村党支部书记，王家庄村党支部书记王耀忠等24名本土人才实现了回归。召开了村干部任前培训及履职承诺大会，组织村干部开展"十项承诺"，明确违反承诺自动辞职，并以此为辞职书，做到了知责、明责。

郊区区委认真落实省委关于打造山西版村级权力清单的批示精神和市委试点工作要求，对全区乡村治理进行"把脉会诊""解剖麻雀"，选定固庄、汉河沟、南沟3个试点村，组织区、乡、村三级干部进村入户征求意见、建议，厘清村级权责，制定决策、管理、服务、公开4大板块30条权力清单和工作流程，做到事项名称、责任主体、操作规范、运行流程明明白白，让权力在阳光下运行。在"四议两公开"基础上增设"动议"和"民议"，强化上级、法律、政策的把关作用，解决了村民代表不代表村民的问题。李家庄乡冯家庄村在新村建设、整体拆迁过程中，从工程启动到方案制定，从化解矛盾到思路调整，从工程中断到项目重启，先后4次运用民议表决，确保了工程如期竣工，百姓和谐入住。坚持"创新思路、试点先行、尊重民愿、把握步骤、分类实施、依法操作"的工作原则，顺利完成了农村集体产权制度改革试点工作，144个村完成了清产核资、身份确认、折股量化工作，并选举成立了经济合作社。通过用好自治章程和村规民约两个治村"小宪法"，制定《农村干部管理20条》和党员"八不准"禁令，开展村干部、党员、村民代表、家庭全员承诺，进一步完善监督制度；通过设立村级纪检委员，派驻监察联络员，组建"助廉协会"，进一步强化监督合力；通过发挥区集体资产交易平台作用，严把重大工程招投标程序，实现"一村一法律顾问"全覆盖等措施，进一步规范监督程序。近年来，郊区形成了全覆盖、无死角的严密监管体系，共有20余名村干部因违反管理制度而自动辞职或受到党纪政纪处分。

健全保障体系，凝聚各方合力。创建国家级文明村3个、省级文明村镇4个、市级文明村26个、区级文明村57个，打造了30个社会主义核心价值观阵地建设示范村，涌现出一大批全国、全省知名的先进村、模范人物。如桃林沟村被评为"第九届中国十佳小康村"，枣园等村跨入全国文明村行列，固庄村社区荣获"全国幸福社区"称号，汉河沟村被授予全省先进基层党组织称号；桃林沟村党委书记李乃珠荣获"全国劳动模范",李家庄乡汉河沟村党支部书记宋晓文被授予"全国农业战线劳动模范"等,成为乡村治理的推动者、践行者。全区各村广泛开展了"星级文明户""道德模范和文明家庭"评选活动。固庄村将传统的庙会唱戏改为由村民家庭表演节目,节省下来的资金作为村民奖励,营造了人人争做文明村民的良好氛围。2017—2018年,郊区"三基建设"累计投入达到6193万元,是2016年的5.7倍。乡镇运转经费、村级组织运转经费、农村"两委"主干报酬、离任村干部生活补助均已达到或超过省定标准,为基础工作开展提供了保障。构建区、乡、村三级民事代办服务网络体系,各级党员干部共为群众代办民事8000余件,为群众节约资金300万元。农村改革走在前列。2019年圆满完成农村产权制度改革省级试点工作,启动农村产权交易中心建设,68个行政村实现分红。初步构建村社治理新体系,郊区被列为"全国乡村治理体系试点县(区)"。合并行政村工作稳步推进,合并减少47个行政村,新设立9个城市社区。

新思想引领新时代,新时代需要新担当。目前郊区正处于高质量发展建设关键时期,区委、区政府在以习近平同志为核心的党中央坚强领导下,团结带领全区广大干部群众,不忘初心,牢记使命,乘势而上,久久为功,大力实施乡村振兴战略,以党的建设为根本,以经济建设为中心,以民生改善为己任,守好底线,着力走好"三条路",在转型发展上率先蹚出一条新路来。"争做转型发展表率,打造融合发展样板"。继续保持锐意进取、永不懈怠的精神状态和敢闯敢干、一往无前的奋斗姿态,脚踏实地、苦干实干,创造无愧于伟大新时代的新辉煌。

附录一 红色纪念地选介

一、狼峪草帽山抗战遗址公园

狼峪草帽山抗战遗址公园，位于阳泉市西部的郊区旧街乡。草帽山战壕修建于1938年，是目前阳泉乃至晋东地区规模较大、保存完好的战壕之一，占地面积1000余亩。现存炮楼遗址（原土座）6处，单兵坑200余个，指挥部遗址1处，狼峪车站加水处1处，为百团大战的主战场之一。

狼峪草帽山抗战遗址

1940年8月，百团大战爆发后，草帽山成为主战场之一。当时，由陈赓、陈锡联、谢富治指挥下的右翼破击队，在第十旅旅长范子侠的率领下，负责阳泉到寿阳段铁路线的破袭任务。在草帽山上，我军同敌人展开了殊死搏斗，我军战士浴血奋战，用了6天6夜打退了敌人的进攻，攻下狼峪车站，为正太铁路破击扫清障碍。

1941年6月，平西县游击队大队长葛尧臣被日军残酷杀害在草帽山下。

如今，在草帽山顶上仍有当时打仗留下的弹壳、战壕、炮楼土座等。较为完整的战壕遗址，见证了"百团大战"的枪林弹雨，也成为日军侵华的有力罪证。

2015年，南沟村在草帽山修建百团大战烈士纪念碑一座、范子侠将军纪念亭一座、范子侠将军中毒处标志建筑一处、抗日英烈葛尧臣纪念墓一处和无名烈士纪念碑墓一处，并修建狼峪红色纪念馆，铭记革命历史、传承伟大抗战精神。

草帽山具体彰显了中华儿女、共产党员抗击日本侵略者，面对酷刑坚如磐石的理想信念，面对屠刀宁死不屈的抗战精神。历史可以原谅，但绝不可以忘记。让我们铭记历史，让伟大的抗战精神成为我们励志前行的精神丰碑。

二、辛庄村红色文化景区

（一）抗战路北一区区公所

平定（路北）县一区以巨城为中心，下辖万子足、岳家庄、红岭、张家井、辛庄、南庄、高垴庄、小麻等村。先后由王培效、张步瀛（岳勇）、李煦明等任区长，曾经在此院驻扎办公，贯彻执行晋察冀边区政府各项政策政令，组织领导各村群众开展对敌斗争。

（路北）县一区区公所旧址

（二）四区区公所

平定（路北）县四区下辖东西垴、东西落菇堰、白泉、三郊、荫营等村，因为辖区多被日军侵占驻扎，斗争环境险恶，四区区公所便长期在辛庄村驻扎办公。在抗战形势最严峻的1941年，张步瀛（岳勇）同志主动要求由一区调往四区任区长。当年日伪军包围了辛庄村，张步瀛为了不连累老百姓，毅然决定撤走，经过简单化妆以后在村北小槐树梁附近被叛徒杨茂忠认出，不幸被捕。连续经受了数十天的威逼利诱与严刑拷打，张步瀛同志始终坚持共产党员的高风亮节和民族大义，誓死不向日伪军低头，最后在万子足村被气急败坏的敌人用七寸大铁钉钉到门板上，抡起锤头、刺刀狠砸猛刺，最后壮烈牺牲。

（路北）县四区区公所旧址

（三）五区区公所

平定（路北）县五区下辖阳泉城北之李家庄、三泉、蒙村、燕龛、河底、任家峪等村，因辖区被日军侵占驻扎，五区区公所一段时期在辛庄村驻扎办公。

（四）抗战后方医院

在抗战时期，在辛庄村设立后方医院，包扎轻伤员，把重伤员简单包扎，运送到后方大医院，进行救治。

（五）抗日救亡室

1940年夏，辛庄村成立了抗日救国会（也称救亡室）。该组织带领村民积极开展减租减息、运送公粮、救护伤员、掩护地下党组织和抗日志士等工作。据目前发现的抗日救国会登记册统计，当年辛庄村有198户1200余人参加了抗日救亡会。全村没有出过一个汉奸。这也是辛庄村赢得"小延安"称号的有力佐证。

抗战后方医院旧址

（六）刘鸿达故居

刘鸿达故居，原来在门头上曾悬挂有"革命家庭"牌匾，是华北区人民政府授予刘鸿达、窦春芳夫妇和侄儿徐广先一家的。此院为两进院，吞口门楼。由于年久失修，门前墙基石被盗，有待修葺。

1937年春，王培效在太原参加村政改革训练班结业后，任辛庄村村长，张布任辛庄村公所文书。1937年9月，娘子关失守后，兵荒马乱中王培效、张布在三郊遇到辛庄村刘鸿达、窦春芳夫妇，四人遂结伴西行找到刘道生领导的八路军战地工作团，后经该团梁晋平介绍入了党，11月中旬，在河底成立了平定（路北）县抗日政府，刘鸿达任第一任县长。至此路北地区的抗日工作蓬勃开展起来。

刘鸿达（1910—1972）原名刘明臣，1937年11月任平定（路北）县抗日县政府第一任县长。

他的夫人窦春芳（1914—1988）原名窦金花，平定县城关人。1933年从平定县女子简易师范毕业后到巨城四高任音乐教师。她教学生唱《义勇军进行曲》《渔光曲》《大路歌》等抗日爱国歌曲，培养学生们的爱国主义热情。1937年10月，她参加了八路军盂（县）、平（定）、

刘鸿达故居

阳（曲）、寿（阳）战地工作团，同年11月加入中国共产党。长期从事妇女抗日工作，在当地妇女界产生过重大影响，历任盂县、平定妇女抗日救国会宣传部部长，井陉县、平定县妇女抗日救国会主任，晋察冀边区一专区妇联会副主任等职。

中华人民共和国成立后，历任山西省太原市妇联会秘书长、华北妇联办公室副主任、北京市南苑区副区长、丰台区左安门街道党委会副书记。1980年离休。1988年5月26日因病在北京逝世，终年74岁。

刘鸿达的侄子徐广先（1920—1990）原名刘保文，曾用名刘九如。他是为了革命斗争的需要，才改成了徐广先这个名字的。1935年毕业于巨城四高19班，1938年5月参加革命，1939年4月加入中国共产党，历任平定（路北）县青年抗日救国会秘书、青年抗日先锋队总队长、平定县委敌工部副部长、平定县武委会主任、县委委员。1949年3月转入部队工作，历任晋中军分区武装部参谋，汾阳军分区司令部教育科副科长，山西省孝义县武装部部长，华北军区武装部参谋，北京市兵役局征集处处长，北京卫戍区政治部宣传处副处长、群工处处长、组织处处长，北京卫戍区后勤部正师级副政委等职。1976年患脑溢血后长期瘫痪失语，后离休。1990年6月28日在北京逝世，终年70岁。

一个小院走出三位革命人士，难怪当时的华北政府授予他们一家为革命家庭，他们是老区的骄傲。

（七）刘焕斗故居

刘焕斗故居，为两进院落，垂花门楼，院内还有一棵丁香树，造型奇特，颇具观赏价值，体现了当时主人的情趣雅好。刘焕斗（原名刘生斗），字三贤，辛庄人。清光绪十一年（1885）中举，由于家境窘促，将功名卖掉。三年后又应试，被主考官认出，说："你的名字有误啊，斗可换，不能生。"于是赐名焕斗。二次中举，擢文林郎侯铨知县优贡举人，得"文魁"牌匾，被聘为辽州（今左权县）知县，因当时时局不稳，后返乡在白泉一所私塾执教。刘焕斗在平定北乡声望极高，州官多次拜访他，他都直言州官要多体察、少扰民。刘焕斗为人正直，胸怀磊落，关心国家大事，重视教育。光绪十九年（1893）曾公车北上与京官刘宝信等商谈时事、兴办义学等。由于清政府腐败，

刘焕斗故居

参加了光绪二十年（1894）康有为、梁启超发动的数千举子的公车上书。光绪三十一年（1905），他与平定州爱国士绅黄守渊、张士林等人组织发起"保矿运动"。历时三年，震惊中外。最终以赎回矿权，国人自办，成立"山西保晋矿务有限公司"而告结束。刘焕斗家有四子，均考中秀才，长子刘朝宗是当地有名的书法家，三子铭宗是武秀才，与阎锡山有交往，后跟随孙中山先生参加国民革命，被人称为鼎山先生。

（八）辛庄烈士祠

辛庄烈士祠

在抗日战争、解放战争中，老区人民不屈不挠、英勇战斗，用鲜血和生命在平定（路北）这片土地上谱写了光辉灿烂的壮丽篇章。"烈士精神不朽，老区灵秀依然"。为褒扬先烈的丰功伟绩，激励后人，1952年，经村委会研究决定，为抗日战争和解放战争中壮烈牺牲的辛庄村8名英烈勒石刻碑，立于庙内。每逢清明节，学校师生和干部群众，纷纷前往，缅怀先烈，瞻仰凭吊，祭奠英灵，接受革命传统教育。

（九）辛庄烈士陵园

1947年，解放太原战役前夕，人民解放军有一支部队从辛庄南山开拔，攻打白泉炮楼和下荫营文昌庙、虎神庙的顽敌。据老人们回忆，战斗异常惨烈，当时担架队从南窑沟经辛庄村往后方医院输送伤员。战斗结束后，一部分牺牲烈士由辛庄村负责掩埋。选址就在此处，村里老百姓用最好的白布给烈士缠身，用最好的棺木安放烈士的遗骨。当时有14名烈士安葬在这里。后有3名烈士遗骨被迁。现余11位无名烈士一直长眠于这片土地。2011年，在上级民政部门的帮助支持下，共捐资30万元对原无名烈士墓地进行改造，新建烈士陵园，并对 11 名无名烈士重新进行了安葬，新建纪念大碑一座，无名烈士纪念碑 11 座，三郊片 242 名烈士纪念碑 242 座。并对烈士陵园及周边全面绿化。每年清明节、七一、八一期间，各社会团体、学校师生等前往烈士陵园缅怀先烈，重温入党誓词，不忘初心，牢记使命，继承革命先烈遗志。

辛庄烈士陵园

三、大阳泉兴隆兵工厂

兴隆兵工厂位于大阳泉村，是华北军区的直属军工企业。1948 年初正式生产，1949 年底并入天津 712 工厂，1951 年上半年工厂所属物资全部运走，兴隆兵工厂宣告停产。兴隆兵工厂正式生产时间仅两年，厂名只存在了短暂的三年多，其间却有中央领导人邓小平前来视察，有著名的电子专家王士光前来指导，有华北电专机务班学员两次来工厂实习。兴隆兵工厂的红色历史值得珍重。

1947 年 4 月，晋察冀军区在聂荣臻司令指挥下发起了"正太战役"，在这次战役中，阳泉于 5 月 2 日获得解放，同年 11 月石家庄解放。党中央决定将晋察冀和晋冀鲁豫两大解放区合并成立中共华北局。此时解放战争已经由战略防御转为战略进攻阶段，为适应解放战争的需要，中共华北局决定组建一个华北军区直属的兵工厂。

1947 年下半年，考察组带着新建兵工厂的任务来到阳泉（当时的阳泉市管辖范围很小，只包括市区的上站、下站及周边的平潭垴、平潭街、小阳泉、大阳泉、义井五个村子）。经过调研后，考察组认为大阳泉村符合建厂条件：其一，大阳泉村距离阳泉发电厂约 1.7

千米，输配电方便，供电方便是办厂的先决条件；其二，大阳泉村距离火车站约三千米，交通运输方便；其三，村子与市区之间有一道北岭阻隔，隐蔽而安全，易于防空；其四，村子里深宅大院多，尤其有高墙围绕的魁盛号大院，前后院门一关便形同堡垒，易于保密。由于大阳泉村具有以上诸多有利因素，考察人员认定在大阳泉村建立兵工厂是最理想选择。

为尽快建成这个高保密性的兵工厂，华北军区领导把兵工厂的筹建工作交给丁古同志负责（丁古在解放后曾任第四机械工业部计划司司长），拟定兵工厂的厂名对外称"兴隆工厂"，建厂方针是因陋就简、不讲排场。

兴隆工厂电讯车间——纯一寿山堂

兴隆工厂建厂的前期工作在紧张有序地进行，筹建人员有的协同施工队自发电厂所在地蔡洼向大阳泉村架设高压线、安装25千伏安变压器；有的与张家口、邯郸、新乡各解放区联系，运来了近百台车床、钻床、刨床等机械设备以及原材料；部分人员与大阳泉村村委领导（当时的党支部书记兰秀青、村长石富来、贫协主任郗楷）联系，协商工厂各个车间所在地及搬迁居民的安置事宜。最终研究决定将魁盛号大院、纯一寿山堂大院及张家圪台一至五号院居民全部迁出，用作兵工厂生产主车间和工作人员生活区；对魁和祥、市义号、荣聚堂等宅院采取了车间与房主共住共存的办法，只让房主腾出闲置房子来做工厂的部分车间（用作保密度不高的车间）。

魁盛号大院是兴隆工厂的主要车间，近百台机床设备就安装在大院的主宅院、大横窑、大过厅、戚房院内，机器底座固定用的是石条上穿螺丝杆的办法；没有通风设备就在后墙开个窗户；东旁院内是翻砂木样车间；卫生所设在西槐荫厅；河大门和南后门两处设岗后，就形成一座保密性良好的综合车间。

兴隆兵工厂——魁盛号大院

纯一寿山堂又称王家大院，在王家峪村西（王家峪村当时为大阳泉村的属村），它是兴隆工厂的另一个保密车间。纯一堂是电讯器材装配车间，主要负责电台维修和装配收发报机。寿山堂东旁院内是铆工车间，门外有化铁炉，主要生产手榴弹壳。

市义号大院内设兴隆工厂的木工车间，大门院内堆放着整整齐齐熏好的木板，木工的主要任务是制作子弹箱。（熏制木板处设在红土崖冯家大院）这里还是厂部领导办公室、食堂和化工原料实验室。

兴隆工厂铆工车间——寿山堂长工院

兴隆工厂办公室、木工车间——市义号

  魁和祥院离魁盛号大院最近，此院与魁盛号大院南面的田地就成了兴隆工厂的库房重地。一些大型材料，如半拉子飞机机翼、坏汽车等就堆放在田地内；一些小型材料，如原材料、零部件就放置于魁和祥的戚房和后院内。负责看管材料库房的只有一位姓胡的湖南人（此人擅长抖空竹），当时库房人员不足，厂部还另外聘用魁和祥房主刘某，兼顾看护材料，每月给一袋绿鸡面（当时工厂是供给制，绿鸡面是一种品牌面粉）。

  王家峪荣聚堂院内的空闲房子是兴隆工厂的成品库房，房内存放着织布机和织布机零配件等。

张家圪台的五个院落全部腾出,供兴隆工厂的干部、技术人员及家属居住,其中包括义敦、三木等几位日本技师及他们的妻子儿女。这些日本人和村里的老百姓经常交往,相处和睦。他们的孩子还起了中国名字去大阳泉学校(义学堂)读书,1948—1950年,就有古振德、古振乐兄弟二人,翟桂琴、翟桂书姐妹二人和田永芳(男)五个日本小孩,在义学堂与村里的儿童一起读书。

1948年初春,兴隆工厂正式建成投产,厂部的主要负责人是丁古,技术负责人是日本技师义敦、三木。各车间的技术骨干都是从解放区各兵工厂抽调而来,各工种欠缺的定员就在当地人中招聘,如钳工孟宏宝、郗雨田、郗云田,铆工郗清生(贵珠小),看化铁炉工范登喜,以及从事文书工作的张理喜、姚永兴等,全厂职工三百多人。

纯一堂大门

兴隆工厂家属区——张家圪台大院

兴隆工厂实行的是军事化管理，严格的保密制度使多数职工只认识零件样式，而不知产品名称。大阳泉村的老百姓，也只是白天看见马车拉来的原材料，晚上运走的是装箱产品。普通人根本不知道兴隆工厂生产的是什么物件。

原阳泉市委宣传部部长刘芝田在回忆录中写道："1949年4月，阳泉市委在市立职业学校（即原来的阳泉一中）举行的庆祝南京、太原解放大会上，首次见到主席台上摆放着的扩音器和麦克风，经打听这些新潮产品都是由兴隆工厂提供的。"

实际上兴隆工厂是一个综合性的兵工厂，它既生产高保密度的高精尖产品，还生产解放战争需要的军工产品和大生产需要的机械设备，有收发报机、子弹、织布机，还有普通的钳子、扳手、改锥等常用工具。

1949年9月中华人民共和国成立前夕，兴隆工厂为适应形势需要奉命并入天津712厂。兴隆工厂的工人和干部分批转入新岗位，但仍有部分人员、产品、原材料留在大阳泉村，直到1951年上半年，几只骆驼将最后一批物资运走后，建在大阳泉的"兴隆工厂"才成为红色历史。

兴隆工厂遗弃物——仪表匣

兴隆工厂迁走后，将存于魁盛号大院西边的变压器留给了大阳泉村，1950年初，村领导主持，由当时在"阳泉水电公司"工作的郗福海、姚永生、兰忠等人领着村里的年轻人，埋木杆，架电线，把电灯安装到了村里的每家每户。大阳泉村在1950年就用上了电灯，成了阳泉、平定一带最早通电的农村。

随着岁月的推移，兴隆工厂留下的物品已逐渐消失，现在所能见到的只有一台10千瓦的日本电机，铜名牌上有昭和十三年（1938）制造字样，现在仍在大阳泉村木工房电锯上安装着；纯一堂居住的李绵春至今还保留着兴隆工厂外迁时遗弃的一个装仪表的木匣子。

1948年4月兴隆工厂开工生产不久，正值春寒料峭、积雪消融时节，阳泉市迎来了挺进中原高唱凯歌的邓小平同志（时任中共中央中原局第一书记），他是经太谷来到阳泉的，要去中共中央新驻地西柏坡开会。

上午，邓小平同志刚到阳泉市委机关所在地，就遇上了国民党飞机前来轰炸，时任阳泉市市委书记的任朴斋、宣传部部长李开信、公安局局长檀先隆等陪邓小平同志躲进了防空洞。中午警报解除，邓小平同志在市委机关食堂简单吃了一碗面条后，下午进入市区街道了解民情，当晚住在义东沟村三义庙内。

次日，邓小平同志专程来到大阳泉村，视察了华北军区最大的兵工厂——兴隆工厂。在市领导和工厂负责人的陪同下，参观魁盛号大院机声隆隆的生产车间；视察纯一、寿山堂大院电讯器材装配车间，晚上留宿于正德堂院内。

（邓小平同志来大阳泉村兴隆工厂视察的资料来自口述，讲述人名叫张致方，属龙，年67岁。讲述时间是在大阳泉村成为市级历史文化名村的2007年。）

他说："我父亲名叫张理喜，曾在兴隆工厂做过行政工作，又是在兴隆工厂时入的党，于1997年病故，父亲生前有一次与朋友们闲聊时说过邓小平曾来兴隆工厂视察过，还给党员、领导干部讲过话，坐在一旁的吾（张致方）便记住了这回事。"之后又有几个人告诉他说："在大阳泉兴隆工厂时期，正德堂院内曾住过一位大人物。"

因这条信息涉及伟人的行踪，当时也是真假难辨，故一直没有予以宣扬。后来见到《阳泉史志通讯》上有邓小平来阳泉短暂停留的信息。《任朴斋片段回忆》中有："1947年5月阳泉解放到1949年初，中央领导人邓小平、董必武、林伯渠等老一辈无产阶级革命家曾来过阳泉。"《义东沟村志·大事记》中有："民国37年（1948）4月邓小平前往西柏坡，途径阳泉在本村三义庙三间厢房里居住了两夜。"把上述资料的时间，与兴隆工厂建厂时间核实后，认为口述所属真实可靠，才予以公开。

在兴隆工厂开工生产期间，晋察冀解放区内最大的一所培养无线电通讯人才的学校——"华北电专"机务班的学员们曾两次来过兴隆工厂。（华北电专全称是"华北军区电讯工程专科学校"，于1948年5月成立，校址在河北安国县。）

华北电专学员们第一次来兴隆工厂的时间是1948年11月。1948年10月下旬，传来了国民党企图集中兵力偷袭石家庄（中共华北局所在地）的消息，为了避免不必要的损失，学校奉命转移，华北电专机务班学员的任务是将校方的设备器材经铁路安全运往阳泉市的兴隆工厂。

1948年10月30日至11月3日，机务班学员们抬的抬、背的背，把学校的设备器材运到了获鹿车站，整整装了火车的一节车厢。在随火车押送途中，仍有敌机尾追轰炸。火车到达阳泉车站后，学员们又是三天三夜搬运设备器材，人抬肩扛，硬是靠着毅力把设备和器材，全部搬运到离火车站十里之遥的兴隆工厂电讯装配车间（纯一、寿山堂之间的几十米深的窑洞里）。完成任务后学员们才松了一口气，美美地睡了一觉。

11月中旬，传来国民党偷袭石家庄计划被粉碎的消息，机务班的学员们又奉命赶回学校复课学习。这一次华北电专机务班学员在兴隆工厂共停留十余天。

机务班学员们第二次到兴隆工厂时间是1949年3月，这一次机务班来的任务是现场实习，学员每人安装一部超短波直流收发报机，并进行调试，各项性能合格后才算实习合格。

兴隆兵工厂所在地——大阳泉村

这次实习的领队是华北军区通联处副处长王士光专家（王士光原名王光杰，著名电子技术专家，是电影《永不消逝的电波》的原型之一。抗战期间，他和姚依林既是同学又是战友；在江泽民任四机部部长时，他担任副部长兼总工程师）。王士光不仅在兴隆工厂现场指导学员们装配收发报机，还在野外和学员们一起调试收发报机性能。学员们组装的这批收发报机（电台）全部用在了淮海战役中。

实习结束后，1949年5月19日华北电专机务班学员们在兴隆工厂宣布毕业，并进行了工作分配。除五名学员留校外，其余人员都分配到工厂和部队。华北电专机务班学员第二次在兴隆工厂停留了两个多月。

建在大阳泉村的兴隆工厂，是华北军区的直属军工厂，它对解放战争有过杰出贡献，这段红色历史直到2007年阳泉建市六十周年之际才被发现和挖掘出来。

2011年，在阳泉电视台历史文物新发现的系列报道中，"兴隆工厂"又一次被人热议，这一次人们知道了名噪一时的魁盛号大院、纯一寿山堂大院，在阳泉解放初期曾经是军事禁区。

四、瀑里村纸业联社曾与《人民日报》社联营造纸

1948年9月在纪念瀑里村纸业联社成立一周年的《手抄简报》中明确提到的，与瀑里纸业联社"联营生产"的那个"人民日报社"，当属《人民日报》阳泉造纸厂。从《手抄简报》上的记载可

以发现,当时《人民日报》社直接或通过平定县委县政府,加入到瀑里村纸业联社的组织经营、联营生产之中。因此,《手抄简报》至少可以证明三个重要史实:一是瀑里村纸业联社曾经是解放战争初期《人民日报》社的联营纸厂;二是《人民日报》造纸厂

瀑里村纸业联社造纸工序

曾经与瀑里村纸业联社实行"联营生产",而由《人民日报》阳泉造纸厂前来组织实施"联营生产"的可能性最大;三是解放战争初期瀑里村纸业联社的麻纸(毛头纸)曾经供应《人民日报》社印刷《人民日报》,而且在《人民日报》阳泉造纸厂于1949年3月停工、1949年4月搬迁到北京后,与之"联营生产"的瀑里纸业联社则继续生产民用纸张。

在形势特殊、纸张奇缺的战争年代,瀑里纸业联社担当成为《人民日报》社的联营造纸厂,特别是他们在解放战争战略转移关键时期创造和实践的"联营生产"模式必将连同《人民日报》阳泉造纸厂一起,不但让太行山上一个名不见经传的小山村激发出极其可贵的文化自信和奋斗精神,而且为中国共产党的红色新闻史增添了新亮点,为阳泉市的红色历史文化增添了新内涵,为爱国主义教育、党史教育基地建设和红色文化旅游增添了新看点。

五、义东沟三义庙

1937年10月15日,陈赓率八路军一二九师三八六旅驻义东沟村(原义井)三义庙,16日赴平定七亘前线。18日早,八路军一二九师师部设在三义庙,政委张浩接见了中共正太特委负责人彭涛、王达成等人,并召开了抗日积极分子动员大会。会后,师长刘伯承赴七亘前线指挥作战。1948年4

重建后的三义庙雄姿

月,邓小平前往西柏坡,途径阳泉,在三义庙三间厢房居住了两夜。

六、刘备山烈士陵园

刘备山烈士陵园位于阳泉市郊区刘备山上,2016年建成。陵园坐南朝北,三面环山,占地22310平方米,由牌坊、雕像、纪念亭、纪念墙、墓碑群组成。纪念墙镌刻着357位在抗日战争、解放战争和抗美援朝中牺牲的荫营籍烈士名录。陵园西面是荫营镇13个行政村124位烈士的卧式墓碑群,碑镌刻着每位烈士的姓名、出生时间、牺牲时所在部队、政治面貌、入伍时间、职务、牺牲时间、牺牲地点及事迹。

刘备山烈士陵园

七、下荫营村烈士纪念碑

荫营镇下荫营村烈士纪念碑,立石于1952年,碑高156厘米,宽68厘米,碑上镌刻23位烈士的姓名、出生时间、所属部队名称、职务、牺牲时间、牺牲地址,现存放于遇真观内。2014年8月1日村党总支、村委会在回头山重新筑亭立碑。正面题字"革命烈士永垂不朽"。碑背面镌刻着33位烈士的生平简介（1953年后，民政部门又分两次追认10位烈士）。

八、咀子上烈士陵园

下荫营村烈士纪念碑

咀子上烈士陵园

陵园占地二十余亩，由英烈墙、纪念亭和牌坊组成。英烈墙坐南朝北，长37.7米，高4.75米，水泥底座，蓝砖砌墙，白灰勾缝，整体呈弧状，象征着烈士英灵回归故乡怀抱。墙面镶嵌124块山西黑大理石，镌刻着全乡124名烈士的姓名、性别、出生年月、参加革命时间、所在部队及职务、牺牲时间和地点。纪念亭高4.5米，直径2.5米，呈六角形，位于英烈墙弧线圆心，隐喻东西南北天地六方合一。外围步有方形汉白玉护栏,厅中央立有纪念碑。位于南缘的牌坊由四根挺拔的石柱组合而成,象征英烈壮举顶天立地。陵园总投资七十余万元,由市、区民政部门拨款,相关村及社会各界捐助,咀子上支村两委筹划修建。主体工程于2013年7月竣工。

九、北舁村烈士纪念碑

西南舁乡北舁村烈士纪念碑,1966年12月1日立石于村佛堂寺内。碑高152厘米,宽72厘米。碑正面镌刻碑文和碑额"永垂不朽"。碑背面镌刻16位烈士的姓名、入伍年龄、成分、政治面貌、职别、部队名称、牺牲日期、牺牲地址,碑额镌刻"万古长青"。

北舁村佛堂寺

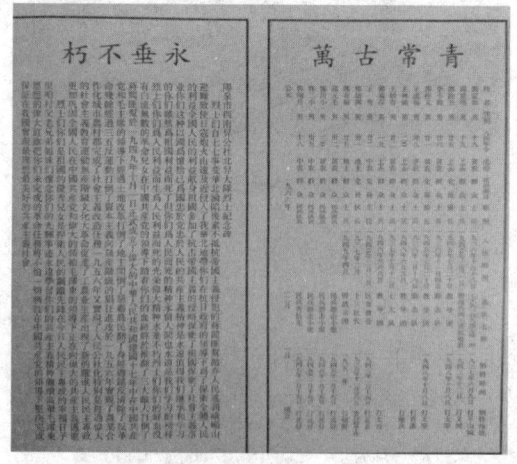

北舁村烈士纪念碑

十、关家峪村烈士陵园

河底镇关家峪村烈士陵园,亦称河底镇红色公园,位于关家峪村西南,2016年5月建成。陵园占地面积2160平方米,由纪念碑、英烈墙和纪念广场组成。纪念碑基座高1.8米,宽5米,碑身高10.1米,宽2.41米。英烈墙长14米,高3.2米,呈半圆形,镌刻着河底镇32个行政村241位烈士的姓名、年龄、政治面貌、部队名称、职务、牺牲日期、牺牲地址。

关家峪村烈士陵园

十一、西上庄烈士公墓

平坦镇西上庄烈士公墓,位于西上庄旧村龙王庙旁边,由原辛兴乡人民政府组织修建,于1987年清明节落成。圆形公墓安葬着张计良等25位烈士的忠骨,前立石碑,镌刻"革命烈士公墓"六个大字。砖砌水泥牌坊上雕刻有"民魂"二字。次年四月立纪念碑。

西上庄烈士公墓

十二、南小西庄烈士陵园

杨家庄乡南小西庄烈士陵园，2013年8月1日建成，占地面积5400平方米。内有纪念亭一座，卧式墓碑9座，英雄墙镶嵌英雄浮雕、毛主席题字"人民英雄永垂不朽"和全乡51位烈士的姓名、籍贯、出生年月、参加革命时间、职务、牺牲时间、牺牲地址。

南小西庄烈士陵园

十三、下白泉村烈士陵园

荫营镇下白泉村烈士陵园，2014年迁建于村西南杨家园。纪念碑正面题字"革命烈士永垂不朽"。园内安葬着8位在解放白泉战斗中牺牲的外籍无名烈士，卧式墓碑群镌刻着原白泉乡在三大战争中牺牲的72位烈士的生平简介。

下白泉村烈士陵园

附录二　英雄模范人物代表

甄华（1908—1994），又名甄梦笔，中共党员，郊区三泉人。1926年加入中国共产党并担任中共平定县特别支部书记，为阳泉区内第一个中共基层组织。1928年考入北平中国大学（后改名为国立北平大学），1933年毕业，同年考入日本明治大学。其间，他花费大量精力和时间，了解和研究日本当局的侵华政策。1937年回到北平参加抗战后，转赴太原。1939年参加动委会，历任供给部长、冀中军区科长、副部长、代部长。1946年10月任晋察冀野战军19兵团联络部长。1949年任西北独立军第二军政委、党委书记。1950年任宁夏军区副政委、省委常委。1952年任西北军区政治部主任。1957年任中国科学院兰州分院副院长。1963年任兰州大学副校长。1980年任山西大学校长。1984年离休。1994年10月病逝，享年86岁。

甄华同志的一生是光辉的一生。他为党的发展、人民的解放及社会主义现代化建设做出了重要贡献。他艰苦朴素的作风，为党为国为民的赤子之心，堪称当代公仆的典范，人民对他将永远铭记在心。

任朴斋（1918—2003），革命干部。阳泉市郊区坪上村人。1936年参加革命，1937年加入中国共产党。历任盂县、阳曲、寿阳战地工作团组长，平定县、繁峙县公安局局长，中共绥东、雁北地委社会部部长兼公安办事处主任等职。1947年5月阳泉建市初，任市委副书记、副市长兼社会部部长和公安局局长，不久后出任市委书记兼市长。在此期间，他运筹帷幄、呕心沥血，为巩固阳泉这座刚刚建立的新型城市做出了突出贡献。

任朴斋赴任之始，首先，从战胜灾荒、安定人民生活入手展开工作。其间，政府千方百计筹措粮食，并号召机关干部节约口粮，用以救济贫苦民众，解决他们的燃眉之急。同时，发动工人组织生产合作社，进行生产自救；紧接着是恢复生产，以阳泉四矿、阳泉铁厂和铁路为恢复重点，仅用了半年左右时间，阳泉工矿业便得到全面恢复。其次，根据阳泉实际，创造性地贯彻实施中央关于保护工商业的政策，调动一切积极因素，发展阳泉经济。为此，任朴斋一班人先后制定出台了一系列政策文件，并通过召开工商界代表座谈会宣传政策、发放工商贷款、帮助营销等，有效地保护了合法工商户的利益，促进了私营工商业的恢复和发展。为了巩固新生的革命政权，荡涤旧社会遗留下来的污泥浊水，当时兼任市公安局局长的任朴斋，凭借多年从事公安工作和对敌斗争的经验，抽调力量组成搜索组和审俘组，有的放矢地对国民党原党、政、军、警、宪、特驻地和反动帮会、地主武装驻地进行了全面搜索，并对在解放阳泉、盂县、寿阳战斗中俘虏的 1200 多名战俘进行了认真审查。同时，还以公安局的名义发布了公告，动员督促顽伪人员限期登记，强化了对城市户口的管理。在此基础上，又采取果断措施，破获了一起军统特务派遣案和多起走私、贩毒、赌博、盗窃及流氓集团案，取缔了"一贯道"等反动会道门组织，使社会秩序大为好转。在此期间，任朴斋一班人还在煤矿系统成功开展了反"把头"斗争，有计划、有步骤地推进了企业的民主改革，促进了生产的发展。1950 年 8 月任朴斋调往北京工作，历任华北行政委员会建筑工程局局长、建工部施工管理局局长、中国建筑工程局党委书记兼经理、建设工程部副部长、国家建委党组成员兼副主任、国家建筑材料工业部副部长等领导职务，为新中国的建筑事业做出了杰出贡献，在群众中享有盛誉。

2003 年 5 月 21 日，任朴斋在北京病逝，享年 85 岁。

刘鸿达（1910—1972），原名刘明臣，郊区辛庄村人。刘鸿达先后就读于巨城第四高小、平定中学、太原省立师范。1933 年师范毕业后,在阳泉老君庙高小、荫营高小任教。在太原读书时,他受程谷梁等革命者的影响,积极投身于抗日救亡运动。在任教期间,他常和老君庙高校校长单荫培、教师梁明文等一起商讨国事,联络进步师生,开展抗日救亡活动。1937年5月,刘鸿达加入牺盟会,同年10月由梁晋平介绍加入中国共产党。他是平定(路北)县抗日政府首任县长。次年,又任盂县抗日政府县长。1940年调到晋察冀边区抗战建国学院及华北联大任教。1942年调到五台牺盟会中心区工作。次年任二分区定襄商店经理。抗战胜利后,历任晋察冀贸易总公司业务部副部长,察哈尔省委城工部秘书长,石家庄贸易公司副经理。中华人民共和国成立后,历任山西省供销合作社主任、全国供销合作社干校副校长、全国手工业合作总社干校校长、中央工艺美术学院党委书记兼副院长等职。

在30多年的革命生涯中,刘鸿达从事过行政、教育、商业等多种工作,各项工作都搞得很出色。1972年4月24日,因心脏病突发在北京逝世。

梁晋平(1915—1985),原名梁明文,字焕民,化名平之、晋平。郊区下烟村人。梁晋平出身于贫农家庭。青少年时期,在省国民师范读书时,就积极投身校内掀起的抗日救亡运动,并于1935年参加了该校共产党组织的读书会。师范毕业后,返乡在老君庙、上荫营两等学校任教,在师生中经常宣讲抗日救亡思想。1937年4月参加抗日组织——中华民族先锋队。同年8月加入中国共产党。"七七"事变后,他同从太原回乡的同学王子华在荫营组织了抗日义勇军,打响了荫营地区抗日斗争的第一枪,后带领部分队员参加了八路军战地工作团。

1938年4月,梁晋平奉命到平定(路北)县开辟抗日根据地,历任抗日政府县长、县佐、县议会议长、县委书记等职。在极端艰苦的斗争环境中和其他同志一道,建立农村党组织,组织抗日团体,发动减租减息斗争,开展大生产运动,粉碎了日军的多次进攻和经济封锁,使平定(路北)县的抗日根据地不断得到巩固和发展。当时有名的岔口一带的"空村斗争"和"抢种抢收"就是在梁晋平的亲自指挥下进行的,有力地打击了日伪军对根据地的扫荡和蚕食。1940年八路军发起"百团大战"。梁晋平积极筹粮筹款,组织运输队、担架队、慰问队、破交队,发动平定(路北)县上万名群众支援前线,为此次战役的胜利做出了贡献。

在解放战争期间,梁晋平被任命为中共晋察冀地委宣传部长。中华人民共和国成立后,他又出任中共晋中地委宣传部长、山西省委宣传部副部长、山西省委党校副校长等职。在党的宣传战线上,他善于紧密结合当时的形势和中心任务,深入浅出地宣传党的方针政策。

"文化大革命"期间,梁晋平和许多老干部一样被"罢官"。但他没有赋闲居家,而是一如既往地学习党的理论,总结革命经验。1978年后,梁晋平出任山西省财经学院副院长,中共山西省委宣传部顾问。他不顾年迈体弱积极工作,并和郭一平合著了《平定路北人民抗日战争的初步回忆》一书。

张恒寿(1902—1991),字越如,郊区官沟村人。中国当代有重要成就的史学家、思想史家。

张恒寿先世几代经营铁器,父亲张士林是家族中的杰出者,喜爱藏书读书,深明事理,德高望重。张恒寿从小受其影响。6—10岁在私塾兼小学的学校读书,他曾在作文课上写出"天下者,人人之天下,非一人之天下"的语句,得到先生的赞誉。1919年"五四运动"爆发。他在太原一中念书,开始接触新思想新知识。1921年,他在学校听了梁漱溟和泰戈尔的演说,眼界大开,看到了新时代文化,看到了世界文化。在太原读书时,他还结识了高长虹和石评梅。1924年,张恒寿中学毕业,在家闲居一年,他关心时事,读了大量进步书籍。1925年,他考入北京师范大学预科班,后因他的原配夫人和父亲相继病逝而返乡。直到1928年才升入北师大。

1931年"九一八"事变,激发了张恒寿的爱国热情。他和同乡甄华、郭绳武一起,积极投入抗日救亡运动,在家乡发起成立了

"平定青年奋进社",举行演讲会,创办图书馆,编发进步刊物,宣传抗日思想,揭露和抨击国民党的卖国投降政策。1934年,他考入清华大学文学研究所,选取了介于文学和哲学之间的《庄子》作为研究课题,在此期间,他还曾受教于冯友兰、陈寅恪、闻一多、朱自清等先生,写下了几篇有价值的论文。学习期满他留校任教。七七事变后,许多仁人志士纷纷投奔解放区,他因患心脏病回到家乡,失去了一次参加革命的机会。

中华人民共和国成立后,他任中央美术学院副教授。1952年被调到河北师范学院历史系任教,教学之余,写了许多关于中国古代史和哲学史的论文。1978年张恒寿晋升为教授,遂被选为河北省政协常委。他学识渊博,德高望重,人所敬仰。1991年3月7日不幸逝世,享年89岁。

史星三(1915—1982),原名史海禄,抗日战争时期曾化名凌风,郊区荫营镇坪上村人。自幼家境贫寒,靠自己挣钱和亲友资助立志读书。

1936年他在山西大学附中念书时,加入中国共产党领导的山西牺牲救国同盟会,积极参与抗日救国活动。1945年加入中国共产党。之后他一直战斗在晋察冀边区的盂县、平定、忻县一带,他先后担任"荫营抗日义勇军"副队长、区长、县佐、县长。他领导当地人民坚持对敌斗争,为建设抗日根据地做出了卓越的贡献。在斗争环境十分艰苦的条件下,他组织全县人民进行反围剿反扫荡斗争,长达4年之久。

在解放战争中,史星三任晋察冀边区晋东北第二专署实业科长,发动群众,发展生产,支援前线。1949年他担任阳泉市副市长,后改任市委副书记,为恢复和发展阳泉的工商业做了大量的工作。

1952年5月他转到冶金工业战线,先后任太原钢铁厂第一副厂长,北京黑色冶金设计总院总工程师,包头黑色冶金设计院党委书记兼院长,北京有色设计总院副院长、党委常委等职。

1963年,他调任冶金部北京有色冶金设计研究总院党委常委、副院长。1965年他以国家有色冶金工业代表团团长的身份两次出访日本，他将日本的一些新技术新工艺引回国内，为我国有色金属工业的发展做出了贡献。

1982年11月19日，因患心脏病，医治无效，逝世于北京。

史昭清（1915—1995），字剑锋，原名史肇庆，郊区荫营镇桥上村人。1923年始入上荫营两等学校读书，后以优异成绩考入平定中学。"九一八"事变爆发后，他立志"不当亡国奴，为中华崛起而奋斗一生"，并以饱满的革命激情参加了宣传抗日、抵制日货等社会活动。1936年参加山西牺牲救国同盟会，后又参加村里组织的抗日义勇军。

1937年，抗日战争全面爆发后，史昭清毅然投身于革命队伍，同年11月加入中国共产党，先后担任晋冀豫纵队工作员、和顺县和武乡县委党委委员兼武装科长、武乡独立营营长、太行三分区武委会军事部长等职，在地委和县委的领导下，同日军、汉奸开展游击战达六年之久。他发动群众，坚壁清野，智炸碉堡，运送伤员，配合主力部队狠狠打击了侵略者的嚣张气焰，出色地完成了战斗任务。他还指挥和亲自参加了云蔟地区反扫荡、解放焦作、攻打武陟等大小战斗，为发展壮大地方武装，保卫人民生命财产，巩固太行山抗日根据地做出了积极的贡献。

解放战争时期，史昭清历任太行四十八团参谋长、副团长，第二野战军九纵七十八团副团长兼参谋长，汝河独立团团长，第二野战军兵团司令部侦察科长等职。经过抗日战争的考验和锻炼，史昭清由一个普通战士成长为一名优秀的军事指挥员，参加了解放邯郸、鹿楼、博爱、横小、宝丰、宛东、汤阴、洛阳、开封、郑州、张围子、广州等战役。在淮海战役中以小代价赢得大战果，受到中原军区首长秦基伟司令员的表彰，荣立一等功。

在社会主义革命和建设时期，史昭清先后担任云南省边防局警备处副处长、边防公安二团团长，云南边防公安六十九团团长兼政委，云南保山边防军分区副司令员兼参谋长，中共德宏地委常委，云南省军区副参谋长,昆明军区司令部工程兵主任、司令部党委委员、中国援助老挝筑路工程指挥部主任兼工程兵第五支队长和党委副书记等职。在援老筑路六年中,风餐露宿,克服困难,圆满完成了全长822千米的沥青公路,为增进中老友谊做出了贡献。1978年4月史昭清以副团长身份随中国政府代表团赴老挝访问,被授予老挝国家一级自由勋章。他于1983年7月离休。

韩德三(1916—1986),原名韩宣元,荫营镇后沟村人。1931年考入平定中学,毕业后回荫营高小当教员。他积极宣传抗日。1936年冬,加入山西牺牲救国同盟会,任平定县第四区牺盟会组织委员。次年10月,参加了八路军战地工作团,同年加入了中国共产党。后任平定(路北)县二区区长,公安局秘书、科长,公安局局长。在艰难困苦的战争岁月里,几次被敌人包围,几次脱险,他将生死置之度外。

阳泉解放后,韩德三任盂县公安局局长,阳泉公安局副局长、局长,太原二分区公安局局长。中华人民共和国成立后,任太原市中级人民法院副院长、院长、书记等职。

韩德三长期从事公安工作,在锄奸反特、镇压反革命、维护社会治安中做了大量工作。他实事求是,秉公执法,勤勤恳恳,一丝不苟,群众称他为不知疲倦的法官。

韩德三是抗日战争时期参加革命的老干部,但从不居功自傲,始终保持着劳动人民的本色,他还经常教育身边工作的同志和自己的子女,不要以权谋私。他晚年患有心脏病、糖尿病、肾功能衰竭症和眼疾。医生多次嘱咐他休息,但他仍坚持工作。1986年1月,韩德三积劳成疾,在太原逝世。

刘砚青(1923—2010),谱名俊田,乳名九元,郊区河底村人。刘砚青从小天资聪颖,喜欢读书,1930年在本村老爷庙读初小,1934年高小毕业。他从小品学兼优,勤奋刻苦,时常班内第一,深受老师喜欢,并为他取名砚青。在他读书时,正是日本帝国主义全面侵华、疯狂侵占中华的前奏。在学校的地下工作者、任课教师程国梁的影响下，1940年8月毅然走上了抗日救国的征途。

参加革命后，他被分配到晋察冀边区平定（路北）县公安局任文印员，工作刻苦，从不叫苦，完成组织交给的各项任务，积极追求进步。1941年2月加入中国共产党。抗日战争和解放战争时期，他历任晋察冀边区北岳区四专区平定县公安局、晋冀行署公安局干事，晋冀区专署公安处股员、副股长，盂县公安局秘书、副局长、局长，盂县县委社会部部长，忻县专署公安处治安科科长、秘书科科长、党支部书记。中华人民共和国成立后历任省公安厅秘书，省人民检察院人事处长、研究室主任、党组成员，省人民检察院监察委员会委员，省直总党委讲师团副团长、宣传部部长、党委常委，山西人民出版社副总编，山西省出版局副局长、党组成员，山西省人民检察院检察长、党组书记，山西省人大常委会副主任、党组成员。

刘砚青是山西省第五、第六次党代会代表，第七次党代会特邀代表，五届省委委员，省委政法委委员，省六届、七届、八届人大代表，最高人民检察院咨询委员会委员，山西省个体劳动者协会名誉会长，山西法学会、青少年犯罪研究会顾问。

刘砚青具有坚定的共产主义信念，经受了战争年代艰苦斗争的严峻考验，始终忠于党、忠于人民、忠于社会主义事业，为民族独立、人民解放和社会主义建设事业做出了积极贡献。

武天明（1918—2014），又名武长珠，郊区猪头垴村人。1937年9月加入共产党，同年10月参加八路军，任盂县三区自卫大队长，宣传、组织、武装群众抗日，1938年任盂县游击队大队长，1940年调任盂县公安局局长，开展反特除奸运动。1941—1943年，任盂县游击大队政委，领导军民开展艰苦卓绝的反扫荡斗争。1944年调任分区武装部政工股长、副部长。1945—1947年，任冀晋军分区武装会副主任。1948—1949年，任晋中一分区武装部部长。1949—1952年，任忻县军分区副司令员兼参谋长。1955年调任原北京军区 50 速成班中学习。1959 年任晋中军分区司令员。1969 年任晋东南军分区第一政委。1971 年任山西省军区副政委。1978 年任河北省军区顾问，1981 年离休。2014 年逝世，享年 96 岁。

李格正（1918—2014），中共党员，郊区河底镇小西庄村人。他自幼勤学善思，8—12 岁在本村私塾和初级小学读书，当时的学校实行的是半耕半读，其实际在读时间只有 5 个冬季。13—18 岁在高级小学读书，由于时断时续，实际在读也只有两年。高小毕业后，在家劳动一年，随后到河底镇的一个小书店当店员。

1937 年 1 月，加入山西省牺牲救国同盟会，逐渐受到进步思想的熏陶。同年 4 月，到共产党秘密领导下的山西国民民兵军官教导团第九团接受军训，正式参加革命工作。同年 10 月加入共产党，与入党介绍人、牺盟会特派员朝燕如保持单线联系。次年 9 月，在延安第二兵站医院公开组织生活。

在抗日战争时期，历任牺盟游击队中队长、青年抗敌决死队政工员，八路军荣誉军人学校政治指导员。1938 年，在上寺浩战斗中，由于战功卓著，受到决死第四纵队十二总队登报表扬。在解放战争时期，历任军委直属政治部及军委军事工业局干事，合作社副主任、秘书等。1946 年，参加了东北三下江南四保临江的冬季战役和辽沈、平津两大战役，为解放全中国做出了积极的贡献。曾被国家授予三级独立自由勋章、三级解放勋章，中共中央军委授予中国人民解放军二级红星荣誉勋章。同时在解放东北、华北、中南时授予三枚纪念章。中华人民共和国成立后，历任东北民主联军总后勤政治部及四野兼中南军区军需政治部干事、组织科长，总后军需生产部岳阳办事处政委，总后政治部直工部副部长，军委特种工程兵部队检察长、保卫部副部长，青海省玉树军分区政委，青海省军区政治部副主任、主任，青海省军区副政委。数十年来，默默无闻，辛勤工作，为部队的正规化和现代化建设做出了突出的贡献。1955 年，被授予中校军衔；1960 年，晋升为上校军衔。进入晚年后，他时刻挂念家乡的发展。2001 年，将他毕生收藏的珍贵图书 260 余册，无偿捐献给了家乡的阳泉图书馆。2014年4月5日因病医治无效,在西安逝世,享年96岁。

石林春(1922—2001),郊区辛兴村人。1937年,受抗日救亡宣传的影响,由辛兴村地下党中央特派员介绍,石林春加入了山西省牺牲救国同盟会。同年4月考入国民教导五团。"七七"事变时,随教导五团转战武乡、榆社一带。改为"决死队"后,他参加了30余人组成的晋东游击队,活动在昔阳皋落一带,宣传抗日救国,动员青年参军参战,为八路军正规部队输送补充兵源。1938年4月,由八路军总部集中护送到延安抗大学习,同年7月加入中国共产党。1939年抗大毕业后,被分配到八路军120师教导团工作。驻冀西阜平、行唐一带,主要任务是培养训练连排级干部。同年"十二月政变",晋西北阎锡山顽固派围剿新军,他随同部队返回晋西北协同作战。1943年,七大分校迁至陕甘宁边区的深山野岭。面对现状,他们坚定信念,克服困难,自己动手,两个月打土窑137眼,全年开荒地8200亩,生产粮食折合人民币一亿四千余万元(折合当时人民币),打窑洞520眼。1948年初,他被调到联防军政治部秘书室工作,兼任联防直属单位党支部书记。

1949年12月,石林春任一野政治部干部科长。1952年,任原兰州军区政治部干部任免科科长,1955年任干部部副部长、部长。在此期间,参与了青海玉树区清剿马家军残匪和青海南部、四川西部地区、西藏东部三省交界处的平乱工作。1959年,任原兰州军区组织部副部长、部长。1965年调天水步校任政委兼书记。1980年离休。

张进德(1934—1988),特等劳动模范,优秀企业家,郊区三泉人。1961年加入中国共产党,1966年出任三泉大队大队长兼支部副书记,1986年被评为山西省特等劳动模范和阳泉市优秀企业家。他还是中共阳泉市六届委员会委员,中共十三大代表。

张进德是农村脱贫致富的带头人。20世纪60年代初,三泉村泉眼闭流，土地龟裂，民心思水。他上任伊始，第一步就是抓水找水。为了寻找水源，他冒着生命危险带头到挖过煤的废井巷探险，打井时村里购回绞车，当时没有人会开，他就亲自操作，一干就是半个月。他带领村民拦河筑坝，引水上山，铺设管道20千米，解决了生活用水问题，完善了水利设施。70年代初，村民的生活水平处在贫困线以下，为了增加村民收入，他在村里办起了铸造厂、耐火砖厂、砖厂，并扩大了煤窑和加工厂的生产规模。到70年代中期，全村总收入达到80余万元。中共十一届三中全会后，他带领村民，设法变地下副业为地面企业，并大力发展第三产业，引进竞争机制，实行规模经营，使集体经济有了长足的发展。到1984年，全村生产总值达到1330万元，人均收入1200元，被誉为"乡镇企业一枝花"。

张进德以革命事业为重，有胆有识。20世纪60年代初期，他主动放弃"铁饭碗"，自愿回村改变家乡面貌，任大队长期间，为了改变村民单调的文化生活，贷款8千万，建成影剧院。在他为工作辛勤奔波的日日夜夜里，他的三个女儿相继病逝，这对他的打击是相当沉重的。他还在村里组建了业余晋剧团、曲艺宣传队、篮球队、拔河队等，使三泉村的文化生活丰富多彩。因此获得"山西省农村文艺先进工作者"称号。由于积劳成疾，1988年5月12日因心肌梗塞突发溘然离世，时年54岁。组织上为他召开了隆重的追悼大会，中共阳泉市郊区区委号召全区共产党员开展向张进德学习的活动。

梁作义（1935—1993），郊区下烟村人，后迁至平潭镇平潭垴村。1956年参加中国人民解放军，同年加入中国共产党。1960年从部队转业到太原大众机械厂。1962年返乡，任平潭垴大队党支部委员。1964年2月至1979年1月先后任大队书记、主任、副主任。1979年2月任党支部副书记兼村委会主任后，带领全村干部群众，认真贯彻中共十一届三中全会精神，先后办起了铸造厂、砖厂、石棉瓦厂、黏土矿、建筑队等企业，在全市率先推行了以"六定一奖"为主要内容的农业生产责任制，实现了农业增产和工副业增收，走上了共同富裕的道路。1981年5月领导村民建成了全省第一家釉面砖厂。1985年10月开始，先后组织实施并圆满完成了"开发研制漂珠轻质高强耐火保温砖""唐三彩及瓷板画""硫酸废渣红地砖"三项星火科技项目，前2项均获省、市科技进步奖，后1项取得了国家发明专利，8大类100多个品种的"太行牌"建陶系列产品畅销国内并出口创汇。

1983年4月，梁作义当选为山西省六届人大代表。1987年7月当选为"当代中国优秀农民企业家"，同年12月当选为阳泉市人大常委会委员。1988年6月被评选为山西省优秀农民企业家。1989—1993年连续被评为郊区劳动模范标兵。1989年3月被评聘为高级经济师，同年5月被省委省政府授予山西省特级劳动模范称号，同年9月被国务院授予"全国劳动模范"称号。1991年5月当选为山西省八届人大代表。1992年4月被省委省政府授予"山西省劳动模范"称号。

王计所（1935—），农民企业家、全国劳动模范。郊区韩庄村人。1959年加入中国共产党。1972年3月始，历任大队党支部委员、革委会副主任、党支部副书记、革委会主任等职。1980年改任三郊乡农机厂党支部书记、厂长。鉴于当时韩庄村经济落后、群众生活贫困的状况，他于1982年辞去农机厂厂长、书记职务，回村任党支部书记，带领村领导班子认真贯彻中共十一届三中全会精神，全面推行农村生产责任制，整顿铸造厂，建成糖醛厂。1985年兼任村委会主任后，又大胆地提出"地下无资源，地上求发展"的口号，走上了兴工致富的道路。1985年投资110万元，建成18立方米小高炉。1987年又投资150万元，建成炼钢厂和轧钢厂，即阳泉市第三钢铁厂。1993年投资1600万元，建成电炉炼钢生产线和55立方米的高炉，使产品增加到8个系列35个品种，并全部达到国家规定标准，所产轻轨有4种型号填补了全省空白。因此，1987年12月，王计所当选为山西省七届人大代表。1987—1996年连续10年被评为郊区劳动模范标兵；1989年被授予"山西省劳动模范"称号；1994年，市劳动竞赛委员会为其记一等功；1995年4月被国务院授予

"全国劳动模范"称号,6月被农业部授予"全国乡镇企业家"称号,9月被国家民政部授予"优秀村民委员会主任"称号。

马玉田(1953—),1991年入党,现任旧街乡枣园村党支部书记、村委会主任。1997年,从苦熬中走来的马玉田在村民的期盼中,在党员的期许中,担任了村党支部书记、村委主任。面对如此的境况,面对这祖祖辈辈的"苦熬",他下定了"宁愿苦干,不愿苦熬,不等不靠,勤奋勤劳,艰苦创业,不屈不挠"的决心。

在他上任之初,他便四处奔走,带着干粮、水在郊区、市里奔走,到处争取投资、到处争取支持、到处争取政策。他带着支村两委一班人,带着全村父老投入到改造枣园、改变枣园的艰苦创业进程中。春天上山栽树,夏天建猪场,秋天下河抬石头垒拦水坝、修温室大棚,冬天平整道路……办好养殖业,发展生态农业,作为枣园村发展的目标。他们先从零散的小规模养猪场开始,经过不断地滚动发展,到2014年4月养猪基地年存栏生猪达到了5000余头,年出栏达到10000余头,总投资达到400余万元。养殖业取得的效益,怎样才能实现增值呢?枣园村村支两委又讨论决定建立农业生态园区。雷厉风行从来就是马玉田的作风,生态农业园区从2010年10月起建设到现在已经种植了核桃树30000余株,枣树、仁用杏等果树苗木各5000余株,共2000亩,农业园区初见成效。现在步入枣园村,映入眼帘的是22栋单元式小二楼和一排排六层住宅楼,祖祖辈辈住土窑洞的村民也住上了宽敞、明亮、方便、整洁的楼房,"走上硬化路,吃上自来水,用上卫生厕,住上整洁房",极大地改善了人居环境,彻底改变了农村"脏、乱、差"的面貌。

在大力发展经济的同时,枣园村不断加强农村基层党组织建设,以健全完善各项工作机制为核心,结合本村实际,制定了村民自治章程、村规民约和民主议事制度、村民代表会议制度等,把农村经济管理、社会秩序管理、村级组织建设和管理融为一体。通过"六议两公开"工作法,将村务、党务、财务公开贯穿于村民自治的全过程,置于全体党员和村民的监督之下,给干部一个清白,给村民一个明白。现在的枣园村不仅是省、市、区的红旗村、先进村，还成为了全国文明村。2005年马玉田荣获"全国劳动模范"称号，2003年被省劳动竞赛委荣记二等功，2008年当选为"山西省第十一届人大代表"。

李乃珠（1961—），1994年8月担任桃林沟村党支部书记。多年来，他把老百姓幸福作为第一追求，组织实施"经济建设创强村、新农村建设创名村、环境建设创靓村"战略，带领全村干部群众谋发展一条心、干事业一股劲、抓工作一盘棋，使桃林沟村发生了巨大变化。

近年来，桃林沟村先后跨入省级文明村、十佳魅力新农村等行列。2005年10月被授予"全国创建文明村（镇）工作先进村（镇）"。2009年1月被评为全国文明村。李乃珠也被评为"山西省劳动模范""全省十大新农村建设带头人"。2010年5月，荣膺"全国劳动模范"称号。

创业不停步。李乃珠坚信发展是实现老百姓幸福的第一要务，把干事创业始终融入村级经济实力提升之中。他带领支村委一班人，知难而上，在煤炭市场低迷之际，千方百计筹资750万元购买了区营神堂煤矿，实现煤炭产业的低成本扩张，建成年产30万吨高标准现代化矿井，煤炭资源整合后90万吨的煤业有限公司正在筹建。从2007年11月起，新建了年洗选80万吨的神堂洗煤厂、年产6000万块的太阳石煤矸石砖厂、存栏32万只蛋鸡的金凤凰养殖场，3个地面企业全部实现一年开工一年建成。他大胆运筹，利用煤炭资金积累进行资本运作，购买位居市区2万平方米商业大楼和在北京黄金地段1200平方米写字楼，实现集体资产保值增值。2009年，全村经济总收入1.15亿元，上缴税金1430万元，农民人均纯收入1万多元。

求新不落伍。李乃珠坚持与时代发展相对接，先人一步，走在前列。围绕建设"都市人休闲的后花园、村里人宜居的新家园、外地人融入的创业园"的"幸福桃林"，他把新农村建设的目光聚焦在城市人的假日生活上,建成了集娱乐、休闲、观光、采摘等为一体的生态旅游园,其中桃园650亩,葡萄园150亩,大棚日光温室、花卉、苗圃基地100余亩,种植各类苗木100多个品种、12万余株,成为省农科院科技生态示范基地。全村绿化覆盖率达80%以上。已连续举办七届桃园赏花节和金秋采摘节。与此配套的生态餐厅、动物园、水上世界、钓鱼池、茶馆等景点,成为桃林沟又一道靓丽风景线。

追求不满足。李乃珠始终把"幸福桃林"作为工作出发点和落脚点,高标准推进新农村建设,构筑起桃林沟村与民同乐、与自然和谐的新"世外桃源"。围绕住有所居,实现"居"得宽敞。村里统一规划,相继修建了20多幢村民小康别墅楼。2005年投资3000万元建起了"桃林人家"住宅小区,建筑面积2.8万平方米,水、电、路、气、暖、闭路电视、宽带网、物业管理配套齐全,并以550元/平方米优惠价卖给村民,230户村民喜迁新居,实现了"户均一套楼房"的目标。投资20多万元,按全市最高标准建起一流的幼儿园。村里还设立奖学金制度,对考入重点大学的本村学生奖励两万元,考入普通大学的奖励一万元。实行新型农村合作医疗制度,村卫生所药品齐全、设施完备,做到了小病不出村。村民得了大病,除享受合作医疗制度外,村集体还根据病情予以补贴。围绕老有所养,建立了农村养老保险制度,男60岁、女55岁的村民每月可领到200—800元的养老退休金。目前,村集体为村民上缴社会养老保险金400万元。使村民年老退休后没有后顾之忧。村里每年都要拿出20多万元,为村民发放白面、大米等生活用品,逢年过节,都要组织慰问老年人和伤残人员。

宋晓文(1972—),李家庄乡汉河沟村人,中共党员。1992年12月—1995年12月在新疆武警总队服兵役,1996年1月—2001年11月担任村党支部副书记、宏源实业公司经理,2001年12月担任阳泉市郊区汉河沟村党支部书记兼村委会主任。

在担任党支部书记、村委会主任期间,他团结党支部、村委会一班人带领村民拼搏奋斗，建设美丽乡村，实施乡村振兴战略，彻底改变了汉河沟村的面貌，使村民过上了幸福的小康生活，汉河沟村成了省级文明村、全国民主法治示范村、全国生态文化村。

为解决汉河沟村长期缺水的问题，宋晓文想方设法找投资为村民打深水井一眼，修建1000立方米水池一个，铺设管路2000米，彻底解决了人畜吃水难、农业企业用水难的问题。他坚持带领群众植树造林，绿化荒山荒坡1000余亩。依托307复线打造了300余亩的经济平台，成功引进外商进驻，为长远发展打下了良好的基础。在宋晓文的带领下，创办了阳泉郊区首家小额贷款公司——盈诚小额贷款公司，同时还成立了阳泉市大中成安机械有限公司、阳泉市中安石油压裂支撑剂有限公司、阳泉市裕盛源农产品开发有限公司，修建了景河酒店、蔬菜大棚、农业生态经济园区，构建休闲娱乐采摘一体化的商业模式。

从2006年开始，宋晓文就带领村民积极投入到社会主义新农村建设和主导产业发展当中，在狠抓经济建设的同时，十分注重农民居住条件的改善，使得村容村貌焕然一新。近几年，汉河沟村先后新建小二楼50栋，6层住宅楼9栋358套。村民不但全部住进了水、电、暖、气、有线电视配套齐全的单元楼，而且全部统一免费配置了热水器、坐便器、油烟机、煤气灶、饮水机、浴盆和空调，每户村民还领到2万元的装修补助。与之配套的文化广场、敬老院、幼儿园、文化活动中心等一系列公益设施全部配套完善。为满足广大村民的精神文化需求，在兴建住宅的同时，村集体投资900万元建设建筑面积1.2万平方米、绿化面积2万平方米的汉河沟村文化广场。这个广场有公园、音乐喷泉休闲广场、健身广场、灯光塑胶篮球场、网球场、羽毛球场，文体设施一应俱全。

此外，村集体连续9年拿出集体积累资金，为30—54周岁的村民办理了社会养老保险，这些村民到60周岁每月可领到至少900元的养老金。现在，村里60岁以上村民可以和城市居民一样退休，一个月可领到至少790元的养老金。村集体的公务用车虽然寒酸，但村里的校车却早就超出了国家规定标准。早在10年前，汉河沟村就设立了村民子女助学金,对考上大学和大专的村民子女一次性给予1000元到3000元的教育奖励。村集体每年还组织在岗职工、党员和60岁以上村民外出旅游参观,先后参观了北京奥运会场馆、上海世博会展馆,到港澳地区旅游,甚至漂洋过海到韩国旅游。逢年过节,村集体给在职职工、退休人员及村民发放米、面、油、蔬菜、副食等,村民日常生活基本实现了全福利。

一分耕耘,一分收获。宋晓文在担任汉河沟村党支部书记、村委会主任期间,先后荣获"阳泉市新农村建设个人标兵""阳泉市百名功勋党员""第六届阳泉市十大杰出青年""阳泉市劳动模范""全省优秀基层党组织书记""第七届全国农村青年致富带头人"等称号。2009年他被中共阳泉市委、阳泉市人民政府评为"新农村建设模范个人",被阳泉市社会主义劳动竞赛委员会授予阳泉市二等功,2010年获"山西省劳动模范"称号,2016年被选为山西省十一次党代会代表,2017年被选为阳泉市十五届人大代表。2017年12月,被评为"全国农业劳动模范",在北京受到习近平总书记、李克强总理等党和国家领导人的亲切接见。他曾经两次考取公务员,但因对家乡父老乡亲的深情厚谊,始终不愿离开汉河沟村。2018年,被推荐提名为李家庄乡党委兼职副书记,但他依然带领村民奔走于农村发展、农民致富的金光大道上。

张三虎(1962—),阳泉市郊区河底镇固庄村人,中共党员,九三学社社员,大专文化程度,高级工程师。2004年4月—2008年12月任广鑫源耐火材料有限公司董事长,2008年12月—2014年11月任阳泉市郊区河底镇固庄村村委会主任,2014年11月—2016年任阳泉市郊区河底镇固庄村党支部书记、村委会主任。

在他任职期间,把一个因煤矿关闭,外债累累、经济落后的固庄村建设成山西省新农村建设示范村、阳泉市廉政文化示范基地,特别是2015年他强化村务管理,创编了《固庄村村务管理执行汇编》,开展了"十二星文明户评选",办起了《固庄周刊》,在全省创新了"六议两公开"工作法,在全省推广。他带领两委班子,加快转型发展,创办了耐火厂、食用菌基地、型煤厂等五个企业,村民就业率达98%,建起了农民公园,新建了5栋11层设施配套、功能完善的村民住宅楼,免费为村民供应米面粮油,60岁以上的村民每人每月可领取800元的养老金,实现了老有所养、病有所医、安居乐业。2015年,全村人均收入达12600元。他还乐于助人,热心公益,先后在企业安置残疾人150余人,资助30多名残疾人子女圆了大学梦。2012年被中共阳泉市委市政府评为"新农村建设模范个人";同年被阳泉市政府授予"村主任领头雁"称号,被阳泉市委市政府评为"阳泉市农业农村工作先进个人"。2013年、2014年、2015年连续三年被阳泉市郊区人民政府评为"优秀干部"。2014年,被阳泉市委市政府评为"阳泉市劳动模范";同年5月被国务院残疾人工作委员会评为"全国扶残助残先进个人";5月16日赴京参加了"第五届全国自强模范暨助残先进集体和个人表彰大会",荣幸地受到了习近平总书记等中央领导的接见。2016年荣获"山西省五一劳动奖章"。

附录三 革命烈士英名录

本次收集的革命英烈共计998名，全部为郊区籍人士。其中生前有职务人员军队系统178人，地方系统87人；生前为普通战士或民兵军队系统667人，地方系统66人。

军队系统（178人）

赵石清，男，1911年出生，荫营镇坪上村人，中共党员，1936年11月参加革命，生前任海军旅顺基地后勤部副部长，因公积劳成疾，于1970年3月在河北保定逝世。

姚培畋，男，平坦镇石卜咀村人，中共党员，1937年参加革命，生前任三纵七旅二十一团政委，1946年在山东定陶县战斗中牺牲。

赵聪，男，1913年出生，河底镇苏家泉村人，中共党员，生前任六十三军一八七师五五九团三营营长，1951年5月19日在朝鲜战斗中牺牲。

李培喜，男，1920年5月出生，荫营镇西垴村人，1941年参加革命，生前任晋察冀二分区四团二营营长，1947年失踪。

路义全，男，1922年出生，杨家庄乡路家山村人，1938年参加革命，生前任一纵一旅一团三营营长，1948年在应县战斗中牺牲。

甄国元，男，1917年出生，荫营镇下荫营村人，1938年参加革命，生前任六十三军一八七师五六〇团一营营长，1949年8月在甘肃皋兰县冯家湾战斗中牺牲。

武银所，男，1917年出生，西南舁乡咀子上村人，1938年参加革命，生前任盂县大队大队长，1941年在盂县战斗中牺牲。

赵拴维，男，1906年出生，荫营镇坪上村人，1944年参加革命，生前任平定县大队大队长，1945年在平定县牛家洼战斗中牺牲。

史全保，男，1905年出生，荫营镇坪上村人，1940年参加革命，生前任平定县大队大队长，1943年9月24日在平定县老峪战斗中牺牲。

张务小，男，1915年出生，河底镇山底村人，1938年11月参加革命，生前任六十一军一八七师五五九团二连连长，1947年12月在河北涞水县战斗中牺牲。

任德运，男，1912年出生，河底镇任家峪村人，1939年2月参加革命，生前任晋察冀游击队连长，1945年10月在河北行唐县高家庄战斗中牺牲。

任福宏，男，1915年出生，河底镇任家峪村人，1937年参加革命，生前任太行二分区四十二团炮兵连连长，1948年11月在南坪头战斗中牺牲。

任占贵，男，1913年出生，河底镇任家峪村人，1937年11月参加革命，生前任太行二分区四十二团连长，1939年失踪。

张丑牛，男，1923年出生，河底镇苇泊村人，1947年参加革命，生前任四纵队连长，1948年失踪。

史万元，男，1924年出生，荫营镇三郊村人，1940年参加革命，生前任一纵一旅二团二营四连连长，1948年12月在河北宣化县小仓盖村战斗中牺牲。

高洪秀，男，1918年5月出生，西南舁乡西南舁村人，中共党员，1945年参加革命，生前任四纵队十一旅三十一团连长，1947年11月13日在河北河间县战斗中牺牲。

靳玉吉，男，1919年出生，旧街乡测石村人，中共党员，1938年参加革命，生前任一纵一旅一团一营三连连长，1947年10月在定襄县治村战斗中牺牲。

刘鸿，男，1922年1月出生，杨家庄乡黑土岩村人，中共党员，1938年参加革命，生前任盂县武工队队长，1945年在盂县战斗中牺牲。

邓祯祥，男，1909年出生，河底镇邓家峪村人，1939年4月参加革命，生前任平定县基干队队长，1940年7月18日在平定县移让战斗中牺牲。

郭子书，男，1921年出生，西南舁乡霍树头村人，中共党员，1938年参加革命，生前任盂县十三区基干队大队长，1941年10月15日在盂县南岭战斗中牺牲。

潘忠，男，1910年出生，河底镇山底村人，中共党员，1936年参加革命，生前任七团指导员，1939年作战牺牲。

张俊山，男，1910年出生，河底镇红土岩村人，中共党员，1940年2月参加革命，生前任盂县十三区武装部指导员，1940年10月在盂县被敌人杀害。

李祥瑞，男，1916年出生，河底镇中佐村人，中共党员，1937年10月参加革命，生前任晋察冀二分区游击队指导员，1944年8月15日在河北怀来县战斗中牺牲。

史肉小，男，1912年出生，河底镇河底村人，中共党员，1937年11月参加革命，生前任晋察冀四分区九区队指导员，1940年夏在河北井陉县黑水坪战斗中牺牲。

张芝，男，1922年出生，河底镇苇泊村人，中共党员，1947年4月参加革命，生前任六十八军二〇三师六〇七团三营七连指导员，1952年在朝鲜战斗中牺牲。

高庆永，男，1916年出生，西南舁乡西南舁村人，中共党员，1946年参加革命，生前任盂县二分队指导员，1947年9月在阳泉红子岩战斗中牺牲。

阎保珠，男，1913年出生，李家庄乡柳沟村人，中共党员，1939年参加革命，生前任一二九师一营八连指导员，1945年5月9日在浙江遂昌县金岸镇战斗中牺牲。

李逢春，男，1922年出生，李家庄乡柳沟村人，中共党员，1937年参加革命，生前任绥蒙军区骑兵旅二团四连指导员，1947年4月8日在内蒙古凉城县战斗中牺牲。

张宝华，男，1923年出生，杨家庄乡南小西庄村人，中共党员，1947年参加革命，生前任六十四军新兵教导团指导员，1951年在朝鲜战斗中牺牲。

刘湖，男，1926年出生，义井镇泊里村人，中共党员，1947年3月参加革命，生前任六十五军一九三师五七七团三营七连指导员，1953年2月5日在朝鲜战斗中牺牲。

史荣堂，男，1920年出生，荫营镇上烟村人，中共党员，1946年10月参加革命，生前任二纵四旅十二团指导员，1949年在陕西鄜县（现眉县）金渠镇战斗中牺牲。

李海忠，男，1914年出生，荫营镇坪上村人，中共党员，1937年参加革命，生前任平定县基干队指导员，1947年7月4日在平定县黄土岭战斗中牺牲。

史恒修，男，1916年出生，荫营镇街上村人，中共党员，1937年1月参加革命，生前任决死队指导员，1943年冬作战牺牲。

史成业，男，1899年出生，荫营镇坪上村人，中共党员，1937年参加革命，生前任平定县游击队指导员，1940年11月在河北平山县洪子店战斗中牺牲。

史秀清，男，1913年出生，荫营镇杨树沟村人，中共党员，1937年参加革命，生前任一纵一旅三团政治处组织干事，在百团大战中曾获二等物质奖，1948年4月在长治战斗中牺牲。

蔡增亮，男，1914年出生，荫营镇上烟村人，1914年参加革命，生前任晋察冀五团参谋，1942年在河北良乡村战斗中牺牲。

马所义，男，1921年出生，荫营镇上白泉村人，中共党员，1947年4月参加革命，生前任五十六军一九三师五七八团作战参谋，1951年12月22日在朝鲜战斗中牺牲。

杨有全，男，1926年出生，河底镇五架山村人，中共党员，1944年4月参加革命，生前任晋察冀二分区三团三营四连副连长，1949年在太原战斗中牺牲。

高新俊，男，1924年出生，西南舁乡雨下沟村人，中共党员，1942年参加革命，生前任晋察冀警卫三团副连长，1948年7月4日在榆次修文战斗中牺牲。

王忠海，男，1916年出生，西南舁乡王家庄村人，1940年参加革命，生前任晋察冀二分区四团一连副连长，1946年在涞河涞北水县曹家庄战斗中牺牲。

郭忠功，男，1916年出生，西南舁乡代家庄村人，1939年参加革命，生前任晋察冀二分区五团一营三连副连长，1947年在河北雄县战斗中牺牲。

崔根维，男，1928年出生，平坦镇坡头村人，中共党员，1947年3月参加革命，生前任三纵九旅二十七团一营三连副连长，1949年在太原战斗中牺牲。

史寿祥，男，1913年出生，荫营镇老虎沟村人，1938年5月参加革命，生前任三纵七旅十九团副连长，1947年6月25日在河北定县战斗中牺牲。

窦丑祥，男，1920年出生，荫营镇上白泉村人，1947年参加革命，生前任六十八军二〇四师六一〇团七连副连长，1952年在朝鲜战斗中牺牲。

郭定如，男，1921年出生，西南舁乡北舁村人，中共党员，1935年参加革命，生前任晋察冀七大队副指导员，1943年在河北平山县战斗中牺牲。

郭满才，男，1908年出生，河底镇河底村人，1935年参加革命，生前任晋察冀五团三营十连三排排长，1940年11月28日在河北灵寿县付平牛驼山战斗中牺牲。

苏金玉，男，1919年出生，河底镇中佐村人，1937年10月参加革命，生前任三纵七旅十九团三营九连排长，1942年5月9日在河北平山县小郊镇战斗中牺牲。

武虎小，男，1912年出生，河底镇苇泊村人，1937年参加革命，生前任晋察冀五团一营三连排长，1939年在河北井陉县黑水坪战斗中牺牲。

杜万联，男，1914年出生，荫营镇前洼村人，1937年11月参加革命，生前任一纵二旅六团三营七连排长，1940年在寿阳县河底村战斗中牺牲。

史永发，男，1921年出生，荫营镇三郊村人，1946年参加革命，生前任晋察冀三团一营三连排长，1947年在太原治村战斗中牺牲。

刘铭文,男,1924年2月出生,荫营镇辛庄村人,中共党员,1943年2月参加革命,生前任平定县大队排长,1946年11月在平定县连庄战斗中牺牲。

王林富,男,1922年出生,西南舁乡王家庄村人,1940年参加革命,生前任三纵七旅十九团一排排长,1947年在石门战斗中牺牲。

武银保,男,1912年出生,西南舁乡东林尖村人,1938年参加革命,生前任三纵七旅十九团排长,1942年失踪。

高润怀,男,1926年出生,西南舁乡大洼村人,中共党员,1946年参加革命,生前任晋察冀三团卫生队排长,1949年在太原战斗中牺牲。

王金狗,男,1926年出生,西南舁乡东南舁村人,1947年参加革命,生前任六十四军一九三师五七五团二营六连排长,1951年5月16日在朝鲜战斗中牺牲。

高荣华,男,1920年10月出生,西南舁乡西南舁村人,1942年参加革命,生前任晋察冀四团排长,1947年1月11日在寿阳县什贴战斗中牺牲。

荆志林,男,1924年出生,平坦镇石卜咀村人,1938年参加革命,生前任三纵七旅十九团二营五连排长,1946年在河北平河战斗中牺牲。

史通瑄,男,1925年出生,河底镇河底村人,1945年参加革命,生前任四纵十旅二十八团三营侦察连排长,1947年在石门战斗负伤后牺牲于河北晋县。

史四猫,男,1926年出生,河底镇燕龛村人,1946年6月参加革命,生前任晋察冀四团排长,1948年7月11日在徐沟县战斗中牺牲。

高六十一,男,1916年出生,河底镇山底村人,1941年参加革命,生前任二纵四旅十团三营七连排长,1949年在太原战斗中牺牲。

段宝福,男,1917年出生,河底镇中佐村人,1937年7月参加革命,生前任三纵七旅十九团排长,1946年2月25日在大同卧虎湾战斗中牺牲。

任东和，男，1909年出生，河底镇任家峪村人，1939年参加革命，生前任晋察冀四分区七大队排长，1940年失踪。

段春富，男，1926年出生，河底镇东村人，1945年参加革命，生前任四纵十旅二十九团排长，1947年在河北唐县战斗中牺牲。

胡玉川，男，1926年出生，荫营镇韩庄村人，1946年1月参加革命，生前任四纵十旅二十九团排长，1948年11月在河北怀来县新堡村战斗中牺牲。

史大牛，男，1908年出生，荫营镇后洼村人，1937年参加革命，生前任晋察冀九大队三营七连排长，1938年6月在阳泉曹家掌被敌人杀害。

葛换文，男，1916年出生，荫营镇上烟村人，1937年参加革命，生前任晋察冀五团排长，1942年在河北平山县东黄泥战斗中牺牲。

梁海所，男，1912年出生，荫营镇下烟村人，1946年参加革命，生前任四纵十二旅三十五团二营四连排长，1948年6月15日在河北野鸡村战斗中牺牲。

梁仕芳，男，1924年出生，荫营镇下烟村人，1947年参加革命，生前任六十五军一九○师五六八团一营一连排长，1952年3月在朝鲜战斗中牺牲。

阎智定，男，1924年出生，荫营镇西梨庄村人，1947年5月参加革命，生前任六十七军一九九师五九七团三营八连排长，1953年5月在朝鲜战斗中牺牲。

田成林，男，荫营镇下荫营村人，1937年参加革命，生前任晋察冀游击队排长，1937年失踪。

苗五小，男，1927年出生，荫营镇下荫营村人，1945年参加革命，生前任太行二分区四十二团二营四连排长，1947年4月16日在河南密县战斗中牺牲。

李龙艮，男，1908年出生，河底镇小西庄村人，1938年参加革命，生前任一纵一旅三团副排长，1948年失踪。

姚玉堂，男，平坦镇赛鱼村人，中共党员，1947年7月参加革命，生前任六十四军一九二师五七五团二营机枪连副排长，曾立功一次，在朝鲜五次战役中牺牲。

张启祯，男，平坦镇石卜咀村人，1947年参加革命，生前任六十四军一九〇师五七〇团一机连副排长，1952年2月4日在朝鲜战斗中牺牲。

荆喜福，男，1927年出生，平坦镇石卜咀村人，中共党员，1947年7月参加革命，生前任六十四军一九〇师五七〇团通讯连副排长，曾立三等功一次，1954年在朝鲜遭水淹牺牲。

张守田，男，1920年出生，义井镇泊里村人，1940年参加革命，生前任平西游击队副排长，1944年在昔阳县战斗中牺牲。

荆卯元，男，1926年出生，旧街乡新店村人，1947年参加革命，生前任六十八军二〇三师六〇七团副排长，1950年在朝鲜失踪。

苗春玉，男，1926年出生，荫营镇下荫营村人，1948年11月参加革命，生前任公安二十一团三营十连副排长，1950年12月3日在西康盐源县战斗中牺牲。

施掌运，男，1922年出生，河底镇山底村人，1944年参加革命，生前任四纵队十二旅六团一营班长，1947年在河北任丘县战斗中牺牲。

赵牛小，男，1920年出生，河底镇苏家泉村人，1946年6月参加革命，生前任晋察冀四团一营一连班长，1948年在徐沟县西范村战斗中牺牲。

付根存，男，1926年出生，河底镇东村人，1945年5月参加革命，生前任四纵十旅二十八团一营三连一排一班班长，1946年9月在内蒙古集宁市战斗中牺牲。

李各备，男，1919年出生，河底镇小西庄村人，1945年11月参加革命，生前任四纵十旅三十团班长，1947年2月17日在河北联城县南其马战斗中牺牲。

付来源，男，1922年出生，河底镇牵牛镇村人，1946年11月参加革命，生前任六十四军一九〇师五六八团二营机枪连班长，

1951年5月26日在朝鲜战斗中牺牲。

李艮福，男，1917年出生，河底镇牵牛镇村人，1937年7月参加革命，生前任晋察冀五团班长，1939年8月13日在盂县东回舍战斗中牺牲。

李根寅，男，1921年出生，河底镇中佐村人，1937年10月参加革命，生前任晋察冀四分区司令部班长，1941年9月在河北平山县温塘村战斗中牺牲。

王三富，男，1923年出生，河底镇下章召村人，1946年7月参加革命，生前任一纵一旅二团一营二连班长，1948年11月15日在阳曲县黄咀战斗中牺牲。

光福昌，男，1918年出生，河底镇河底村人，1937年9月参加革命，生前任晋察冀四分区七大队一营四连班长，1938年3月在盂县长池战斗中牺牲。

邓万丰，男，1919年出生，河底镇邓家峪村人，1947年3月参加革命，生前任四纵十旅二十八团卫生队担架排班长，1949年12月在河北怀来县新保安战斗中牺牲。

乔杨小，男，河底镇下章召村人，1941年参加革命，生前任盂县大队班长，1942年在盂县战斗中牺牲。

高明月，男，1941年出生，河底镇固庄村人，1938年3月参加革命，生前任晋察冀五团班长，1940年10月2日在昔阳县牛庄村战斗中牺牲。

郭拉牛，男，1919年出生，河底镇上章召村人，1937年参加革命，生前任一二〇师三五九旅七一八团一营二连班长，1937年失踪。

耿殿钧，男，1909年出生，河底镇河底村人，1937年9月参加革命，生前任晋察冀四分区七大队班长，1938年在河北平山县战斗中牺牲。

陈冬治，男，1923年出生，荫营镇前洼村人，1946年8月参加革命，生前任一纵一旅三团一营一连班长，1948年1月13日在河北涞水县战斗中牺牲。

李才栋，男，1924年出生，荫营镇东垴村人，1947年参加革命，生前任六十八军二〇三师六〇七团侦察班班长，1952年6月在朝鲜战斗中牺牲。

李存寿，男，1919年出生，荫营镇西垴村人，1941年参加革命，生前任平定县大队二中队班长，1944年在河北平山县两岔口村战斗中牺牲。

史福全，男，1922年出生，荫营镇杨树沟村人，1945年3月参加革命，生前任晋察冀五团三营一连三排七班班长，1948年在阳曲县战斗中牺牲。

胡存金，男，1914年出生，荫营镇韩庄村人，中共党员，1946年8月参加革命，生前任一纵一旅二团二营四连班长，1984年3月在灵丘县战斗中牺牲。

杨二桃，男，1920年出生，荫营镇东垴村人，中共党员，1947年参加革命，生前任一纵一旅三团三营七连三班班长，1949年在太原战斗中牺牲。

史德存，男，1908年3月出生，荫营镇东垴村人，中共党员，1936年参加革命，生前任晋察冀四分区七大队三营八连班长，1940年在河北平山县苍蝇沟战斗中牺牲。

张吉昌，男，1922年出生，荫营镇马庄村人，1944年参加革命，生前任六十四军一九〇师班长，生前多次荣立战功，1952年在朝鲜战斗中牺牲。

刘西文，男，1923年5月出生，荫营镇辛庄村人，中共党员，1943年参加革命，生前任平定县大队一连班长，1947年4月在寿阳县战斗中牺牲。

高秀成，男，1921年11月出生，西南舁乡西南舁村人，中共党员，1942年参加革命，生前任晋察冀二分区四团班长，1948年6月9日在榆次北赵村战斗中牺牲。

高秀钟，男，1927年1月出生，西南舁乡西南舁村人，1945年参加革命，生前任晋察冀二分区五团班长，1947年在河北满城县战斗中牺牲。

高存寿，男，1924年11月出生，西南舁乡西南舁村人，1943

年参加革命，生前任六十六军一九六师五八八团班长，1948年11月在张家口二台村战斗中牺牲。

武喜金，男，1920年出生，西南舁乡咀子上村人，1940年参加革命，生前任三纵七旅十九团一营一连班长，1944年在盂县上社战斗中负伤，牺牲于河北平山县。

马爱小，男，1925年出生，西南舁乡霍树头村人，1943年参加革命，生前任三纵七旅十九团二营六连班长，1946年在河北满城县战斗中牺牲。

马爱存，男，1924年出生，西南舁乡霍树头村人，1944年3月参加革命，生前任一纵队二旅四团班长，1946年11月18日在河北秦家台村战斗中牺牲。

孔庆厚，男，1908年出生，西南舁乡孔南庄村人，1937年10月参加革命，生前任晋察冀二分区五团三营十一连十班长，1939年在河北平山县战斗中牺牲。

翟海，男，1910年出生，西南舁乡杜家庄村人，1938年参加革命，生前任三纵七旅十九团三营九连班长，1941年8月7日在盂县梁庄战斗中牺牲。

马开培，男，1925年出生，西南舁乡霍树头村人，1943年参加革命，生前任六十四军一九〇师班长，1949年3月10日在太原杏花村战斗中牺牲。

丁广盛，男，1926年出生，平坦镇龙丰沟村人，1949年5月参加革命，生前任六十五军一九五师五八五团一机连班长，曾立三等功一次，1951年在朝鲜战斗中牺牲。

曹福全，男，1924年出生，开发区平坦垴村人，1947年10月参加革命，生前任炮兵团班长，1950年由陕西保成向四川进军时遭敌机空袭牺牲。

乔步贵，男，平坦镇大村村人，1945年参加革命，生前任一纵一旅一团一营机枪排班长，1947年在定襄县战斗中牺牲。

郭有栋，男，1915年出生，平坦镇北头咀村人，1945年8月参加革命，生前任一纵一旅一团三营八连班长，1984年在河北石家庄战斗中牺牲。

巩三狗，男，1928年出生，平坦镇侯家山村人，1945年8月参加革命，生前任一纵一旅一团一营二连一排三班班长，1947年8月在河北平山县战斗中牺牲。

王玉所，男，1918年出生，平坦镇东西畛村人，1948年参加革命，生前任四纵十旅二十九团二营六连班长，1948年12月25日在察哈尔涿鹿县战斗中牺牲。

王级文，男，1913年出生，李家庄乡李家庄村人，中共党员，1948年5月参加革命，生前任六十九军一九六师五八七团一连班长，1949年在太原战斗中牺牲。

毕砚田，男，1919年10月出生，开发区上五渡村人，1947年参加革命，生前任六十七军一九九师五九六团一连班长，1950年在朝鲜失踪。

杨凯，男，1929年出生，李家庄乡甄家庄村人，1946年7月参加工作，生前任晋察冀二分区四团二营四连班长，1947年10月8日在寿阳县什贴战斗中牺牲。

贾增骞，男，1920年出生，杨家庄乡北杨家庄村人，1947年6月参加革命，生前任六十三军一八九师五六七团一营二连班长，曾受嘉奖两次，1951年在朝鲜战斗中牺牲。

路狗小，男，1922年出生，杨家庄乡路家山村人，1947年8月参加革命，生前任六十六军一九六师五八七团一营二连班长，1950年在朝鲜战斗中牺牲。

张如先，男，1923年生，开发区张家洼村人，1947年8月参加革命，生前任六十六军一九六师五八七团一营二连班长，1948年在应县战斗中牺牲。

孙爱祥，男，1928年生，杨家庄乡孙家沟村人，中共党员，1948年7月参加革命，生前任六十一军一八一师五四一团一营二连班长，1953年5月30日在朝鲜战斗中牺牲。

石子玉，男，1926年出生，开发区王垅村人，1947年参加革命，生前任太行二分区四十三团班长，1949年在太原战斗中牺牲。

郗永来，男，1921年出生，义井镇神峪村人，1947年4月参加革命，生前任三纵七旅二十一团一营一连班长，1948年10月在察哈尔怀来县杨家庄战斗中牺牲。

周怀玉，男，1928年出生，开发区王垅村人，1947年9月参加革命，生前任二纵五旅十三团一营一连班长，1947年失踪。

唐华，男，1930年1月出生，义井镇河下村人，1947年参加革命，生前任六十八军二〇四师六一二团通讯班班长，1951年在朝鲜战斗中牺牲。

窦楷，男，1927年出生，义井镇小河村人，1947年参加革命，生前任班长，1949年在四川射洪县战斗中牺牲。

石成禄，男，1923年出生，义井镇义井村人，1947年参加革命，生前任晋察冀二分区三团三营九连班长，1948年在榆次战斗中牺牲。

李六十五，男，1921年出生，河底镇程庄村人，中共党员，1945年参加革命，生前任一纵一旅二团二营四连班长，1946年8月在寿阳县东梁庄战斗中牺牲。

荆长玉，男，1927年出生，旧街乡柳渠村人，1947年7月参加革命，生前任四纵十旅二十九团班长，1948年12月在察哈尔涿鹿县战斗中牺牲。

黄久隆，男，1925年出生，旧街乡保安村人，1945年参加革命，生前任三纵七旅十九团班长，1947年在盂县战斗中牺牲。

谢来喜，男，1921年出生，河底镇南沟村人，1942年参加革命，生前任平定县大队班长，1946年在阳泉战斗中牺牲。

李臭来，男，1921年出生，荫营镇下荫营村人，1937年参加革命，生前任晋察冀二分区五团班长，1941年在河北灵寿县战斗中牺牲。

韩四牛，男，1911年出生，荫营镇下荫营村人，1937年参加革命，生前任晋察冀二分区五团班长，1943年在河北平山县王母关战斗中牺牲。

程丙所，男，1913年出生，荫营镇下荫营村人，1945年8月参加革命，生前任晋察冀二分区四团班长，1947年8月在寿阳县太安驿战斗中牺牲。

王万铜，男，1923年出生，荫营镇人，1938年9月参加革命，生前任平定县大队班长，1944年6月7日在平定县岔口战斗中牺牲。

王治，男，1923年出生，荫营镇南窑庄村人，中共党员，1946年12月参加革命，生前任晋察冀二分区三团班长，1948年7月11日在榆次西茂村战斗中牺牲。

赵秋玉，男，1895年出生，荫营镇下荫营村人，1937年参加革命，生前任晋察冀四分区七大队一营四连班长，1940年在河北灵寿县战斗中负伤后牺牲。

苗命，男，1924年出生，荫营镇下荫营村人，1947年9月参加革命，生前任四团三营重机枪班班长，1949年2月在河北曲阳县东长寿战斗中牺牲。

黄东红，男，1925年出生，荫营镇下烟村人，1946年参加革命，生前任四团二营四连班长，1947年在河北晋县战斗中牺牲。

王仁儒，男，1928年出生，荫营镇坪上村人，1947年参加革命，生前任十八兵团班长，1953年在西康盐源县战斗中牺牲。

张驴妮，男，1923年出生，荫营镇下千亩坪村人，1942年3月参加革命，生前任晋察冀三团班长，1947年9月在盂县凌井店战斗中牺牲。

张艮毛，男，1919年出生，荫营镇三都村人，1949年9月参加革命，生前任六十二军一八四师五五二团班长，1950年9月在西康作战牺牲。

王明小，男，1920年出生，荫营镇林里村人，1946年10月参加革命，生前任一纵一旅一团三营九连班长，1948年3月23日在天镇县战斗中牺牲。

梁三海，男，1918年出生，荫营镇东梁庄村人，1945年7月参加革命，生前任四纵十旅二十九团二营班长，1947年12月22日在河北晋县战斗中牺牲。

王联珠，男，1906年出生，荫营镇林里村人，1938年6月参加革命，生前任平定县游击队班长，1939年在河北平山县战斗中牺牲。

赵智小，男，1927年出生，河底镇苏家泉村人，中共党员，1947年8月参加革命，生前任六十六军一九六师五八七团二营五连副班长，1950年12月在朝鲜战斗中牺牲。

高进忠，男，1914年出生，河底镇五架山村人，1947年8月参加革命，生前任一纵一旅三团一营一连副班长，1948年5月3日在应县战斗中牺牲。

曹五锁，男，1919年出生，河底镇东村村人，1940年2月参加革命，生前任一二〇师三五九旅七一八团二营五连副班长，1941年在寿阳县战斗中牺牲。

王成贵，男，1942年出生，河底镇下章召村人，中共党员，1960年8月参加革命，生前任四七二〇部队副班长，1964年8月23日在河北武清县军训中溺水牺牲。

阎子斌，男，1919年出生，河底镇苏家泉村人，中共党员，1945年参加革命，生前任一纵一旅机枪连副班长，1947年6月在阳泉战斗中牺牲。

葛会清，男，1904年出生，河底镇河底村人，1937年9月参加革命，生前任晋察冀七大队副班长，1938年在河北平山县战斗中牺牲。

王通经，男，1908年出生，河底镇下章召村人，1941年1月参加革命，生前任三纵七旅十九团副班长，1941年5月在五台县战斗中牺牲。

胡贵金，男，1925年出生，荫营镇韩庄村人，1946年8月参加革命，生前任晋察冀二分区五团二营五连副班长，1948年1月24日在阳曲县战斗中牺牲。

胡锁寿，男，1923年出生，荫营镇韩庄村人，1946年10月参加革命，生前任晋察冀五团三营副班长，1948年10月15日在北京延庆县大叫坨村战斗中牺牲。

李三计，男，1920年出生，荫营镇东垴村人，1946年参加革命，生前任一纵二旅四团一营一连一班副班长，1948年在太谷县战斗中牺牲。

王三铁，男，1927年出生，荫营镇西垴村人，1945年参加革命，生前任一纵一旅三团二营四连副班长，1947年12月在河北新乐县石家町战斗中牺牲。

胡四小，男，1925年出生，荫营镇韩庄村人，1946年1月参加革命，生前任一纵一旅三团一营三连副班长，1948年12月3日在河北宣化县王家榆战斗中牺牲。

王怀章，男，1929年出生，平坦镇平坦街村人，1947年8月参加革命，生前任二纵四旅副班长，1948年11月在晋源战斗中牺牲。

刘金文，男，1928年1月出生，荫营镇辛庄村人，中共党员，1946年9月参加革命，生前任一纵一旅三团副班长，1948年1月在河北清风店战斗中牺牲。

聂五牛，男，1924年出生，荫营镇南垴村人，1939年参加革命，生前任晋察冀二分区司令部通讯连副班长，1941年在河北平山县战斗中牺牲。

贾炳祥，男，1930年出生，平坦镇石卜咀村人，中共党员，1948年7月参加革命，生前任五十八军一七四师五十四二团二营通讯班副班长，1951年5月在朝鲜战斗中牺牲。

荆寿山，男，1922年出生，平坦镇平坦街村人，中共党员，1947年12月参加革命，生前任六十七军一九九师五九六团副班长，1951年10月在朝鲜战斗中牺牲。

杨庆安，男，1926年出生，平坦镇北垴村人，中共党员，1947年3月参加革命，生前任六十四军一九〇师五七〇团三营七连副班长，1948年10月在河北武清县战斗中牺牲。

张贵财，男，1922年出生，开发区下五渡村人，1949年参加革命，生前任六十三军一八九师五七六团三营九连副班长，1951年在朝鲜战斗中牺牲。

韩贵和，男，1923年出生，李家庄乡黄沙岩村人，1946年7月参加革命，生前任一纵一旅二团副班长，1947年1月在河北新乐县战斗中牺牲。

李卯玉，男，1915年出生，杨家庄乡南小西庄村人，中共党员，1938年参加革命，生前任一二九师三八六旅副班长，1939年10月在昔阳县龙门口战斗中牺牲。

孙福成，男，1925年出生，杨家庄乡孙家沟村人，1947年4月参加革命，生前任六十四军一九〇师五六八团一营副班长，1948年在河北沙河县战斗中牺牲。

冯九林，男，1922年出生，杨家庄乡白家庄村人，1947年8月参加革命，生前任六十六军一九六师五八六团一营三连副班长，1951年3月在朝鲜战斗中牺牲。

孙瑞，男，1927年3月出生，杨家庄乡杏树坡村人，1947年10月参加革命，生前任四纵十旅二十九团二营一连二排副班长，1948年5月在河北作战牺牲。

葛棠记，男，1920年出生，义井镇神峪村人，1947年3月参加革命，生前任二纵六旅十七团一营机枪连副班长，1948年1月13日在河北涞水县米安村战斗中牺牲。

石履佐，男，1925年出生，义井镇泊里村人，1947年10月参加革命，生前任二纵六旅十八团副班长，1948年10月22日在太原战斗中牺牲。

王通恒，男，1923年出生，河底镇郊里村人，中共党员，1946年5月参加革命，生前任六十六军一九六师五八六团二营四连副班长，1947年2月在河北曲阳县寨西店战斗中牺牲。

王永恒，男，1921年出生，河底镇郊里村人，中共党员，1946年7月参加革命，生前任六十六军一九六师五八八团一营二连副班长，1948年10月在察哈尔张家口市战斗中牺牲。生前曾被评为模范党员。

黄林田，男，1918年出生，荫营镇下烟村人，1945年参加革命，生前任六十六军一九六师五八八团侦察连副班长，1951年在朝鲜战斗中牺牲。

郭满栋，男，1929年出生，荫营镇下白泉村人，1949年4月参加革命，生前任六十七军工兵营三连副班长，1954年5月14日在朝鲜战斗中牺牲。

史艮全，男，1925年10月出生，荫营镇三郊村人，中共党员，1946年8月参加革命，生前任一纵一旅二团一营二连五班副班长，1948年11月在张家口战斗中牺牲。

地方系统（87人）

程谷梁，男，1906年出生，荫营镇下荫营村人，中共党员，1937年参加革命，生前任中共山西省委常委、山西省经委副主任，因公积劳成疾，于1955年4月10日在太原逝世。

张梅林，男，1917年出生，平坦镇赛鱼村人，中共党员，1937年参加革命，生前任中共寿阳县委员会书记，1942年在寿阳县崔家垴战斗中牺牲。

王述盛，男，1908年11月出生，平坦镇桃林沟村人，中共党员，1936年2月参加革命，生前任山东德州煤球厂厂长，1964年在山东德州因伤口复发牺牲。

任怀德，男，1912年出生，荫营镇后沟村人，中共党员，生前任平北县秘书，1944年9月在平北突围中牺牲。

李华，男，1922年出生，荫营镇西梨庄村人，中共党员，1940年参加革命，生前任平定县委宣传部部长，1948年5月23日赴华北局开会途中因车祸牺牲。

高东和，男，1914年出生，西南舁乡石窖垴村人，中共党员，1937年参加革命，生前任中共平定县委组织部部长，1943年在西南舁乡郊山村被敌人杀害。

张卫，男，1921年出生，河底镇山底村人，中共党员，1936年参加革命，生前任中共定襄县委员会秘书，1949年在定襄县红道村被敌人杀害。

王茂载，男，1913年出生，西南舁乡东南舁村人，中共党员，1937年参加革命，生前任中共盂县二区委员会书记，1942年在平定县被敌人杀害。

史臭毛，男，1915年出生，荫营镇西梨庄村人，中共党员，生前任河北承德二区区长，1945年在张家口战斗中牺牲。

陈秉礼，男，荫营镇南窑庄村人，1937年参加革命，生前任平定县四区区长，1939年在阳泉市蔡家峪被敌人杀害。

王田，男，1912年出生，荫营镇三泉村人，1937年参加革命，生前任盂县二区区长，1939年在寿阳县被敌人杀害。

郭培元，男，1907年出生，西南舁乡北舁村人，中共党员，1938年参加革命，生前任盂县十三区区长，1942年在盂县清城被敌人杀害。

王召田，男，1917年出生，荫营镇坪上村人，1939年参加革命，生前任平定县四区区长，1945年在平定县王家庄战斗中牺牲。

王吉贤，男，1920年出生，荫营镇林里村人，生前任平定县五区抗联主任，1945年2月在阳泉市小西庄被敌人杀害。

王殿儒，男，1896年出生，荫营镇坪上村人，1937年参加革命，生前任平定县武委会主任，1939年5月4日在阳泉市曹家掌战斗中牺牲。

史计周，男，1931年出生，荫营镇桥上村人，1937年参加革命，生前任河北阜平县武委会主任，1945年在河北阜平县被敌人杀害。

韩九玲，男，1915年出生，荫营镇桥上村人，中共党员，1937年8月参加革命，生前任和顺县武委会主任，1945年在和顺县被敌人杀害。

任登俊，男，1910年出生，荫营镇后沟村人，中共党员，1936年参加革命，生前任平定县武委会主任，1938年在平定县战斗中牺牲。

史承三，男，荫营镇桥上村人，1937年9月参加革命，生前任寿阳县青救会主任，1940年在寿阳县被敌人杀害。

马开雨，男，1916年出生，西南舁乡霍树头村人，中共党员，1938年参加革命，生前任盂县十三区秘书，1941年5月17日在盂县涧沟被敌人杀害。

王秀，男，1918年出生，西南舁乡北舁村人，1940年参加革命，生前任盂县二区青救会主任，1943年在盂县南流战斗中牺牲。

赵卫，男，1914年出生，河底镇苏家泉村人，中共党员，1937年参加革命，生前任阳原县一区青救会主任，1945年6月在河北阳原县被敌人杀害。

任登兑，男，1916年出生，荫营镇后沟村人，中共党员，1937年参加革命，生前任平定县四区青救会主任，1945年10月在大同被敌人杀害。

郗桂英，女，1917年出生，荫营镇街上村人，中共党员，1938年参加革命，生前任平定县五区妇救会主任，1946年在河北阜平县战斗中牺牲。

王文斌，男，1921年出生，荫营镇三泉村人，1937年参加革命，生前任中共平定五区委员会委员，1946年在阳泉市小西庄被敌人杀害。

刘伦，男，1923年出生，杨家庄乡黑土岩村人，中共党员，1939年8月参加革命，生前任中共平定二区委员会委员，1946年在阳泉市杨家庄村被敌人杀害。

胡元富，男，1915年出生，杨家庄乡高垴庄村人，1937年参加革命，生前任平定县公安员，1939年在平定县岩会村被敌人杀害。

高秀文，男，1920年4月出生，西南舁乡西南舁村人，中共党员，1938年参加革命，生前任盂县十区公安员，1942年11月25日在盂县战斗中牺牲。

高元明，男，1923年出生，西南舁乡石窖垴村人，1944年参加革命，生前任怀仁县四区公安员，1944年在怀仁县被敌人杀害。

赵慕昌，男，1916年出生，荫营镇上烟村人，1938年参加革命，生前任寿阳县民教助理员，1940年在寿阳县平头镇战斗中牺牲。

高启进，男，1915年出生，西南舁乡孔南庄村人，1936年参加革命，生前任盂县三区助理员，1946年在盂县南岭战斗中牺牲。

刘德荣，男，1921年出生，西南舁乡张家井村人，1937年参加革命，生前任平定县五区助理员，1944年在阳泉市魏家峪被敌人杀害。

郑鋆，男，1913年出生，荫营镇东落菇堰村人，1940年参加革命，生前任平定县四区助理员，1945年3月23日在阳泉三泉村被敌人杀害。

李守功，男，1918年出生，荫营镇东垴村人，1939年参加革命，生前任平定县四区统计员，1939年5月在阳泉市被敌人杀害。

史养星，男，1898年出生，荫营镇三郊村人，1939年1月参加革命，生前任平定县政府炊事员，1939年5月在平定县蔡家峪村战斗中牺牲。

王不喜，男，1924年出生，李家庄乡冯家庄村人，生前任阳泉服务队队员，1943年在阳泉四矿战斗中牺牲。

史文秀，男，1908年出生，荫营镇街上村人，1939年参加革命，生前任平定县五区干部，1942年在娘子关战斗中牺牲。

李川贞，男，荫营镇东垴村人，生前任平定县四区干部，1945年3月在阳泉山底村战斗中牺牲。

胡金俭，男，1914年出生，荫营镇韩庄村人，1938年3月参加革命，生前任盂县二区工作人员，1941年9月11日在盂县城被敌人杀害。

杜万风，男，1917年出生，荫营镇前洼村人，生前任盂县二区工作人员，1947年2月24日在阳泉市荫营镇被敌人杀害。

荆忠进，男，1916年出生，平坦镇马家坡村人，生前任阳泉市地下工作者，1945年在阳泉市山底村被敌人杀害。

韩启元，男，1912年出生，李家庄乡黄沙岩村人，中共党员，生前任阳泉市地下工作者，1946年11月在阳泉市平坦垴村被敌人杀害。

黄谨荣，男，平坦镇魏家峪村人，生前任太原市地下工作者，1948年5月3日在太原城被敌人杀害。

荆根明，男，1912年出生，平坦镇石板片村人，中共党员，生前任石板片村党支部书记，1946年9月23日在阳泉市石板片村被敌人杀害。

张道国，男，1909年出生，荫营镇上千亩坪村人，中共党员，生前任上千亩坪村党支部书记，1947年12月14日在阳泉市上千亩坪村被敌人杀害。

赵义和，男，1921年出生，荫营镇下荫营村人，中共党员，生前任下荫营村党支部书记，1947年9月在阳泉广茂场被敌人杀害。

杨新太，男，1917年出生，荫营镇后洼村人，中共党员，生前任后洼村村长，1946年10月12日在阳泉市后洼村被敌人杀害。

吴守珍，男，1892年出生，平坦镇魏家峪村人，生前任魏家峪村村长，1946年8月23日在阳泉市魏家峪村被敌人杀害。

张朴，男，杨家庄乡高垴庄村人，中共党员，生前任高垴庄村村长，1942年5月20日在阳泉市高垴庄被敌人杀害。

史梦梅，男，荫营镇街上村人，生前任街上村村长，1938年1月27日在阳泉市西营盘被敌人杀害。

史玉芝，男，1919年6月出生，荫营镇三都村人，中共党员，生前任三都村武委会主任，1946年10月在阳泉市黄沙岩村被敌人杀害。

刘春，男，1910年出生，西南舁乡张家井村人，生前任张家井村武委会主任，1943年3月在阳泉市张家井村被敌人杀害。

王维，男，平坦镇甘河村人，生前任甘河村武委会主任，1946年在阳泉被敌人杀害。

孙所艮，男，1919年出生，杨家庄乡孙家沟村人，生前任孙家沟村武委会主任，1945年5月13日在阳泉东垴湾被敌人杀害。

吴守全，男，1919年出生，平坦镇魏家峪村人，生前任魏家峪村武委会主任，1946年在阳泉市平坦街被敌人杀害。

甄秉桂，男，1896年出生，荫营镇三泉村人，生前任三泉村武委会主任，1945年在阳泉被敌人杀害。

段振永，男，1922年出生，荫营镇段家庄村人，中共党员，生前任段家庄村武委会主任，1945年在阳泉市段家庄村被敌人杀害。

麻进忠，男，1917年出生，平坦镇北头咀村人，中共党员，生前任北头咀村武委会主任，1946年10月在阳泉市北头咀被敌人杀害。

陈功福，男，1923年出生，荫营镇前洼村人，中共党员，生前任前洼村党支部委员，1947年4月10日在阳泉市前洼村被敌人杀害。

王生全，男，1907年出生，荫营镇三泉村人，中共党员，生前任三泉村党支部委员，1946年在阳泉市三泉村被敌人杀害。

曹二牛，男，1924年出生，河底镇东村村人，中共党员，生前任东村武委会指导员，1948年1月在阳泉被敌人杀害。

郭考义，男，1913年出生，荫营镇三泉村人，中共党员，生前任三泉村治安委员，1946年6月在阳泉市三泉村战斗中牺牲。

侯根全，男，1908年出生，荫营镇三泉村人，中共党员，生前任三泉村治安委员，1946年9月在阳泉市被敌人杀害。

冯保宝，男，1922年出生，荫营镇三泉村人，中共党员，生前任三泉村治安员，1947年在阳泉市三泉村被敌人杀害。

赵牛小，男，1904年出生，旧街乡高岭村人，生前任高岭村民政干部，1944年在阳泉市荫营被敌人杀害。

聂治邦，男，1913年出生，荫营镇三泉村人，生前任三泉村教育委员，1945年在阳泉市三泉村被敌人杀害。

张先所，男，1922年出生，河底镇南峪村人，中共党员，生前任民兵队长，1947年9月17日在阳泉市南峪村被敌人杀害。

李付川，男，1925年出生，西南舁乡大西庄村人，中共党员，生前任民兵队长，1945年6月15日在盂县被杀害。

张林，男，1922年出生，荫营镇下千亩坪村人，生前任民兵队长，1946年在阳泉市下千亩坪村被敌人杀害。

郑槐，男，1896年出生，荫营镇东落菇堰村人，生前任民兵队长，1938年12月26日在阳泉市东落菇堰村战斗中牺牲。

史如金，男，1916年出生，荫营镇三都村人，中共党员，生前任民兵队长，1944年8月在阳泉市平坦垴村被敌人杀害。

马银和，男，1923年出生，荫营镇后洼村人，生前任民兵连长，1946年在阳泉市后洼村被敌人杀害。

任和银，男，1915年3月出生，荫营镇辛庄村人，生前任民兵指导员，1946年10月在阳泉市东梁庄战斗中牺牲。

陈晋华，男，1924年出生，荫营镇前洼村人，生前任民兵指导员，1945年6月在阳泉市被敌人杀害。

杨存义，男，1920年出生，平坦镇北头咀村人，中共党员，生前任民兵指导员，1946年9月在阳泉市北头咀村被敌人杀害。

曹根明，男，1918年出生，河底镇东村村人，中共党员，生前任民兵指导员，1945年6月9日在阳泉市大河北村被敌人杀害。

段守德，男，1929年出生，荫营镇段家庄村人，中共党员，生前任民兵指导员，1948年在太原战斗中牺牲。

陈孝，男，1924年出生，荫营镇前洼村人，生前任民兵组长，1945年5月在阳泉市前洼村踏雷牺牲。

武聚保，男，1903年出生，荫营镇三都村人，生前任民兵组长，1946年10月在阳泉市三都村战斗中牺牲。

郭彦苍，男，1915年出生，西南舁乡北舁村人，生前任民兵组长，1945年在阳泉市北舁村战斗中牺牲。

任玉毛，男，1921年出生，杨家庄乡小西庄村人，生前任民兵组长，1946年9月28日在阳泉市被敌人杀害。

王艮春，男，1919年出生，河底镇东村村人，中共党员，生前任民兵组长，1945年6月9日在阳泉市大河北村被敌人杀害。

郭元毛，男，1913年11月出生，西南舁乡北舁村人，生前任民兵组长，1945年1月15日在阳泉市北舁村战斗中牺牲。

张全所，男，1923年出生，荫营镇下千亩坪村人，生前任民兵组长，1946年在阳泉市白泉村被敌人杀害。

梁所成，男，1926年出生，荫营镇窑沟村人，生前任民兵班长，1946年4月在阳泉市大西庄村被敌人杀害。

阎雨贵，男，1921年出生，荫营镇下荫营村人，生前任民兵组长，1946年7月在阳泉市小西庄被敌人杀害。

杨和尚，男，1921年出生，荫营镇下荫营村人，生前任民兵组长，1946年9月在阳泉市下荫营村踏雷牺牲。

以下人员为生前无职人员

一、荫营镇（243人）

军队系统（211人）

韩庄村：胡四小　胡秀清　胡锡朋　王成所　胡修善　胡金武
　　　　胡先存　王金锁　胡双艮　王有荣　胡贵保　胡海祥
　　　　胡三孩　胡卯元

辛庄村：刘晋文　刘道孩　任二孩　刘拉寿　任和登　刘世家

杨树沟村：史富金　史白小　史千所　史修伟　史六小
　　　　　梁　鹗　白同华

三都村：史廷玉　史军牛　史玉保　史魁云　史富狗　史家福
　　　　白振慧　史魁功　孙　礼　史南星　白计才　史计锁
　　　　史贵甫　杨占元　史润牛

三郊村：史来所　白学书　史　礼　白寿年　史　兰　史三林
　　　　史　吉

火石岩村：冯来所

西落菇堰村：郗三富

南垴村：张牛猫　刘守林　李喜牛

东垴村：李艾元　李二牛　李白小

西垴村：李根存

后洼村：郭忠义　杜志恒

前洼村：陈怀梅　陈　贵　王四牛　史享敦

小庄村：赵三牛

马庄村：张道元　张贵小　张五栋

下烟村：梁雨生　黄瑞基

下荫营村：史玉存　史绍玉　赵根艮　赵保和　赵仁艮
　　　　　阎守功　阎根来　刘吉成　史保小　赵四保
　　　　　田万才　田万保　阎风仪　赵喜存　蔺拴成
　　　　　刘东玉　胡万柱　赵才寿　吕满金

南窑庄村：王六金　张二林　王祥林　王存元

三泉村：王保宝　张宝成　甄三保　甄银孩　甄爱祥　甄国泽

　　　　　王来小　王艮党　王　庆　张臭小　郭培昌　聂满小
　　　　　冯　斌　王　厥　郭年小　王吉中　甄贵喜　阎根成
　　　　　王三牛　王四牛　王方林　冯米庆　王全猫　冯保祥
　　　　　冯牛牛　王桂祥

街上村：史金玉　史玉合　郭宪艮　武　清　史朴成　赵大孩
上千亩坪村：张治全　张喜栋　张拉猫　张四小　张所贵
坪上村：史喜福　史尖红　史兴斌　王万牛　史艮和　杨富来
　　　　石海义　王贵存　郭三小　王计儒　史守箴
下千亩坪村：张钱来　张宝玉　张金牛　张老虎　张仓保
　　　　　张计东
上烟村：王万锁　李胜国　赵三保　李臭小　蔡喜魁　史年祥
　　　　史长小　葛艾小　蔡信印　葛老虎　赵元成　史三元
　　　　史计孩
后沟村：任福所　王长孩　史五贵　韩宝和　刘东小　王四林
　　　　任登茨　刘丑妮　史拉所
下白泉村：郭三孩　赵四猫　郑富林　冯祥林　郭贵堂
　　　　　梁存猫　李味存
林里村：王绍清　王存艮　王二孩　王绍祥　王爱牛　王县文
　　　　王仁田　王树植
东落菇堰村：郑李勇　郑六小
东梁庄村：梁臭所　梁拉祥　梁福华　梁舍存　梁建圳
　　　　　梁亥猫　梁吉祥　梁所柱
段家庄村：段全猫　段珍珠　段所贵　武成堂　段喜祥
鸡洼村：史千玉　王巧元　史德义　史保州
老虎沟村：王玉锁　王保寿　余米贵　史元仁
窑沟村：梁富祥
山头村：王双命
下白泉村：马存金
小河北村：王占元

地方系统（32 人）
三郊村：史来元　史永来　白富艮
马庄村：张继贵
西垴村：李根栋
三都村：郭敦伦
韩庄村：胡致会　胡兰玉
街上村：史存寿
东落菇堰村：郑卯元　郑来苟　郑进禄　郑　樟　郑鸿义
　　　　　　郑全魁　郑　森　郑耕田　郑存武　郑　铵
上烟村：李丑狗　蔡贵元　李操　赵四牛　葛进德
杨树沟村：史五猫
下烟村：梁毓文
段家庄村：段五妮
西落菇堰村：郑银全
鸡洼村：史教存　马三毛
上白泉村：田四小　马金保

二、河底镇（186 人）

军队系统（172 人）
南沟村：谢喜仓　谢治国　谢福贞　张米贵　谢怀林　孔七妮
　　　　谢新林　李桂只　谢木死　宋金喜　谢书全　谢德美
　　　　张义林　谢计元　谢国艮　谢国甲　李秃手
苏家泉村：阎狗不理　阎润狗　阎道元　武春库　赵智书
　　　　　阎拉川　阎五十　阎三小　阎进富　阎　洪
　　　　　阎成牛　赵守忠
大河北村：潘小所　李四狗　潘荣业　付大丑　李崇小
五架山村：高六小　杨金才　杨德和
小西庄村：秦隆艮　李五小　刘牛小　李七小　李妹成
小河北村：王云　杨存永　杨三毛　杨秋成　杨根和　杨东仓
东村村：庞彦红　李计来　李五十九　庞会　石玉川　侯隆旺

　　　　　　李四毛　付志荣　侯玉牛　李二小　曹喜牛　曹立艮
　　　　　　李聿贵　郭　绶　曹立云
红土岩村：侯德永　张六十三　李东小　周二小
山底村：潘福玉　鲍麻旦　陈根兰　高开小　张子锁　李　书
　　　　杨开元
任家峪村：任金保　任良小　任仓牛　任居才　任喜牛
　　　　　任双元
牵牛镇村：郭存所　周勉躬　黄九小　周联清　乔金牛
　　　　　赵牛小　黄十保　樊志功
上章召村：郭新维　郭同牛　郭三和　郭清秀　郭小牛
　　　　　郭福贵　郭喜和　郭计毛　郭爱小　郭二小
　　　　　郭鼠妮　郭三小　郭润所　郭贵财
前龙光峪村：李达
苇泊村：郭艮怀　靳守荣　荆山禄　杨清元　史存六
　　　　张富所　史白小　胡金元　张　璋　靳汝芝
南峪村：张牛孩　张落成
中佐村：李根源　石　明　李根慰　李英书
下章召村：王才经　郑贵牛　王庙来　王九保　王大狗
　　　　　王大山
河底村：光道存　段苟存　王志洪　刘根妹　葛福元　程洁成
　　　　季玉鸿　侯玉让　葛尚海　段牛牛　郭贵锁　苏德保
　　　　张存才　赵妹成　王剪子　程道成
里龙光峪村：曹五毛　程鹏华　程下玉　张六崇　程富所
　　　　　　程三牛　程丙耀　程四小
邓家峪村：　路才小　邓运堂　邓五牛
程庄村：程所富　李六十七　程宝祥
燕龛村：史有财　史锁林　史通恒　史狗锁　史五苗　史福林
曹家掌村：曹拉元　曹八月　曹丁有　曹三牛　曹玉小
西沟村：白德财　白拉保　刘富堂　白富财　白先锁　白拉全

地方系统（14人）
东村村：付发魁　付艮才
上章召村：郭富财　郭灯林
下章召村：王虎存　王拴和
河底村：史锦星
曹家掌村：曹成来　曹贵联
程庄村：程鸿喜　李贵芝
燕凫村：史通太　史亨祥　史亨双

三、平坦镇（72人）
军队系统（70人）
西上庄村：荆扣荣　张换小　杨臭孩　荆千长　赵白小
马家坡村：荆爱成　荆成锁　李白小
辛兴村：石存牛　石艮小　白玉牛
后峪村：王米洞　荆　亮　王全艮
长吉岭村：王守斌
中庄村：王长寿
神堂咀村：刘敦合
桑掌村：荆四孩
芦胡村：荆玉成
吴家掌村：荆玉艮　赵贵小
石卜咀村：赵富超　姚兆银　张三小　白存孩　杨宝玉
　　　　　姚汝为　王光全　姚　伟　王铁成　李五镇
　　　　　廉润珠
桃林沟村：史存考　许维明
平坦街村：牛华极　荆义杨　王华雨
前庄村：赵换堂　赵真元　程五小　李子义
半坡村：荆引贵　荆秋贵　史永文　乔连水
平坦垴村：丁义堂　李乃祥　李三孩

大村村：荆保来　乔富栋　荆喜堂　荆喜润　荆富祥　荆向荣
　　　　荆永厚
甘河村：王彦伟
龙丰沟村：王慕瑞
石板片村：荆振宝
赛鱼村：张臭小　张玉祥　余福元
西河村：高万有　李寿田　王　豹
北头咀：张文厚
魏家峪村：荆潘小　荆山怀　荆山银　孙谷咀
小南沟村：李元春

地方系统（2人）
西河村：王有庆
吴家掌村：荆国法

四、义井镇（53人）
军队系统（51人）
南庄村：吕　煦　王富才　张广瑞　周维义　吕万和　张文元
　　　　吕连芳　张　锦
瀑里村：石述宗　张登璞　王士福　石　疄　朱四旦
大阳泉村：姚保寿　冯贵章　赵　庆　郗太锦　张柱祥
　　　　　冯恩义　杨万林　刘所艮　刘喜春　吕　银
义井村：王泰祥　王拉柱　吕万小　吕凯艮　王小白
河下村：李　达　葛成和
王家峪村：陆　津
圪台村：王　礼
白羊墅村：周子林　周振柱　周宝中
义东沟村：石广新　张　满　张奎芝　张　温　周保财
　　　　　赵子钰　姬　信
小河村：石志忠　石米贵　石天富

小阳泉村：杨和尚　杨　喜　崔石山　王维山
　　　　　杨秉贵　尚光香

地方系统（2人）
义井村：李四巴
小河村：石可钩

五、李家庄乡（34人）
军队系统（34人）
柳沟村：段所祥　王小海　韩永寿
汉河沟村：宋牛海　姜喜柱
大西庄村：靳兆捂　付刚林　张计银
长岭村：毕慕旗
甄家庄村：杨雨让　陈贾妮
驼岭头村：高书杰　梁福敖　康茂喜
下五渡村：杨鸿启　米恩仁
李家庄村：王寒文　刘二孩　王五桐　董旦小　陈三小
　　　　　王作文
冯家庄：郭有华　郭治鹏　郭镇权　郭富来　武保元
上五渡村：杨洪义　杨银小
黄沙岩村：韩振庆　韩拉长
河坡村：武连科
侯家沟村：王　兰　黄千洞

六、杨家庄乡（34人）
军队系统（34人）
张家洼村：张四先　张双银
路家山村：路爱寿
白家庄村：周润保　冯有洪　石保针　王子钢
　　　　　梁金科　冯　珊

黑土岩村：冯巨仓　冯同贵　王保珍　刘双才　刘根紫
小西庄村：刘二科　张双成　李黑牛　阎富太　李世祥
孙家沟村：孙长珠　孙福庆　孙满忠　孙长兰　孙富存
　　　　　孙白小
庙岭村：杨有成
桐花树村：贾二孩　贾立何
北杨家庄村：贾庆义　杨存义　杜满熬
南杨家庄村；贾三孩　李明海
高垴庄村：张桃孩

七、西南舁乡（89人）

军队系统（78人）

西南舁村：高顺喜　高洪德　高正隆　高秀德　高六十九
　　　　　高正周　高怀宝　高梅栋　高拉元　高十指
　　　　　高二牛　高喜寿　高开元　高三猫　高临贵
　　　　　高喜德
石窑垴村：王宝值　张二虎　王所玉　王占喜　高秀福
　　　　　王保值
郊山村：张二孩
东南舁村：王先存　王黑牛　王双元　王贵千　王金虎
　　　　　王存和　王智月　王赐林
大洼村：高爱科　王茂德　高二孩　刘仓元
张家井村：刘其祥　刘富孩
咀子上村：武义克　武富元　武狗小
代家庄村：代五小　代奶存
王家庄村：赵三保　王九存　王福如　王二小（王家庄）
霍树头村：李存福　郭忠言　马计川
雨下沟村：高新禄　高银美　高玉苗　王占章　高福美
　　　　　郭义和　郭五小
孔南庄村：高三小　王云小　高毛小　王荣光　孔喜存

北昇村：王林所　李小苟　王成福　郭福存　王秒存　高世明
　　　　郭拴丑
大西庄村：李五金　李五小　李大进　李德元　李三小
　　　　李大徒　李开元　李三小
五里庄村：王二小
杜家庄村：翟凰

地方系统（11人）
霍树头村：马开旺　马开敬
西南昇村：高千柱　高治彦　郭三猫
张家井村：刘士亮
雨下沟村：高启福
北昇村：郭润月　郭二小
郊山村：王值世
大西庄村：李贵元

八、旧街乡（22人）
军队系统（17人）
梁家庄村：李拴成
新庄窝村：杨占山　杨拉驴
旧街村：张增祥
柳渠村：荆万林　荆三宝　荆玉泉　荆三孩
后山村：杨照成
测石村：赵换艮　赵金贵
新店村：赵茂小　赵二牛　赵培信
保安村：黄全意
南沟村：阎生弟
高岭村：赵书云

地方系统（5人）
保安村：黄保善
阳窑村：荆叩猫
柳渠村：荆山岇　荆高玉　荆拴丑

参考书目

1. 中国老促会. 习近平总书记关于革命老区重要论述选编[M]. 中国老区画报社, 2019.

2. 张士义. 中国共产党历史简明读本（1921—2016）[M]. 北京：红旗出版社, 2017.

3. 中共中央党史研究室. 中国共产党九十年[M]. 北京：中共党史出版社, 2016.

4. 习近平谈治国理政[M]. 北京：外文出版社, 2014.

5. 习近平谈治国理政：第二卷[M]. 北京：外文出版社, 2017.

6. 习近平谈治国理政：第三卷[M]. 北京：外文出版社, 2020.

7. 阳泉市老区建设促进会. 阳泉革命老区概览[M]. 太原：山西人民出版社, 2006.

8. 平定县老区建设促进会. 平定革命老区概览[M]. 北京：中共党史出版社, 2015.

9. 阳泉市郊区地方志编纂委员会. 阳泉市郊区志[M]. 北京：方志出版社, 2013.

10. 阳泉市郊区党史研究室. 中国共产党阳泉市郊区历史纪事[M]. 北京：方志出版社, 2003.

11. 中共阳泉市郊区委员会党史研究室. 中国共产党阳泉市郊区历史[M]. 北京：中共党史出版社, 2015.

12. 中共山西省委党史办公室. 抗日战争时期山西人口伤亡和财产损失课题调研成果（阳泉卷）[M]. 太原：山西人民出版社, 2010.

13. 阳泉市郊区年鉴（2013—2019）［M］．北京：方志出版社，2019.

14. 山西省阳泉市人民政府．山西省阳泉市革命烈士英名录［M］．阳泉：阳泉市人民政府，1981.

15. 中共阳泉市郊区委党史研究室，阳泉市郊区地方志办公室．荫营人民革命斗争史［M］．（山西省阳泉市内部使用），1993.

16. 《河底镇志》编纂委员会．河底镇志［M］．北京：方志出版社，2019.

后　记

　　根据中国老区建设促进会统一要求，在中共郊区区委的领导下，在阳泉市老区建设促进会的指导下，阳泉市郊区老区建设促进会于2019年10月启动《阳泉市郊区革命老区发展史》（以下简称《发展史》）的编撰工作，制定编撰工作方案，建立编撰工作领导小组和编写工作班子。

　　2020年3月，《发展史》编撰工作正式开始。由于当时疫情的原因，原准备的编撰培训会只能取消。为加强编写工作班子的力量，我们邀请了几位退休的有工作热情和能力的老干部、老教师作为编写人员。为提高编撰队伍的能力，我们多次到平定、盂县等地参观学习，到省市老促会进行请示汇报，争取他们的指导和帮助。为获取详细、真实、客观全面的资料，在市、区档案馆查找资料的基础上，我们全员出动、分工合作，下乡镇和有关村庄十余次，跑遍全区各局、委、中心，实地采集资料。在此基础上，我们还通过电视台和报纸等媒体，向社会各界广泛征求相关图片和资料。

　　为搞好编撰工作，根据中国老区建设促进会提供的编写说明和纲目示例，尤其是省老促会把中共湖北省委党史研究室编审、副巡视员方城《关于革命老区县发展史编纂专业工作中的几个问题》摘要作为依据，我们秉承老区精神，克服重重困难，结合郊区实际，以党的领导为核心，以老区的形成（斗争）史为前提，以老区人民为主体，以老区发展为主线，以弘扬老区人民的精神和老区的变化为落脚点，高质量完成了《阳泉市郊区革命老区发展史》编撰工作。

　　在编撰过程中，我们几易其稿，讨论形成新的《发展史》纲目和编写体例。《发展史》采用章节体，分编、章、节、目四个层次，主体"依时间顺序，按章节编排，因事立题，分篇综论"，既分门别类，又综合贯通。体例坚持以记叙为主，力求简洁流畅、通俗易懂、图文并茂、数字佐证。对重大历史事件、历史阶段尽力做出必要、简洁的评述，以期党性与科学性，历史的真实性、事件的准确性与史书的可读性相统一。编撰时限上自1926年1月（阳泉境内建立党组织），下至2019年年末。时间表述均使用公元纪年。地名按记述事件当时地名记载，必要时加以注解或说明隶属关系变化。3月初，根据确定的纲目和编写体例，编写组迅速开始资料搜集和各章的分撰工作。经过全体同志的共同努力，至8月初，分撰工作基本完成，进入总撰阶段。10月下旬，新的《发展史》初稿形成。编撰工作领导小组随即邀请市老促会和相关部门部分老领导、地方党史研究专业人士等对初稿进行审读把关，广泛征求审稿人员和各方面的修改意见、建议。此后，根据专家、老领导的修改意见及建议，总撰人员认真落实审查修改意见，对史稿进行再修改、再加工、再打磨。

2020年11月底，修改完善后的送审稿再次通过阳泉市老区建设促进会和中共阳泉市郊区区委组织的评审。然后交出版社排版、编审、质检。2021年3月25日经中共阳泉市郊区区委批准，出版发行。

在《发展史》编撰工作中，郊区区委、区政府高度重视，不仅对编撰工作提出明确要求，而且将编撰出版费列入财政预算，区财政局给予经费上的保障。区直属各局、办，全区各乡镇、中心，以及部分村在资料采集方面都给予大力的支持；尤其是区委办、区政府办、区机关事务管理局各位领导和区老干局在用人、办公、交通、后勤等方面提供了无私的帮助；市、区档案馆，盂县、平定老促会，以及姚永田、姚钰、徐本英等社会人士给予资料上的帮助；区部分退休老干部、老教师、老同志，为编撰工作献计献策，大力相助。在此一并对他们表示衷心的感谢！

老促会领导和参加采编资料的工作人员殚精竭虑、埋头苦干。具体承担编写任务的同志，带着感情、使命和责任，夜以继日，不辞劳苦，几易其稿，不厌其烦，反复修改，精益求精，力求高标准、高质量做好编撰工作。《阳泉市郊区革命老区发展史》送审稿46万多字，共分 4 编 13 章 44 节和概述、附录（三章）等八个部分。其中，第一编和附录由任俊德主笔编写，第二编由刘巧萍主笔编写，第三编由郭彦龙主笔编写，第四编由郭海珠主笔编写。同时郭海珠还负责概述的编写、全书的总撰通稿、规范性统编和加工。陈玉俊统审了全书，并做了部分修改。在编写过程中，我们借鉴了《阳泉老区建设》《阳郊文史资料》《荫营人民革命史》《河底镇志》《丰碑》等资料，以及义东沟、辛兴、戴家庄、后沟等村史料；还选用了部分阳泉郊区档案馆的老照片。

编撰《阳泉市郊区革命老区发展史》，是一项浩大的系统工程，是一项要求高、时间紧、难度大、困难多，且政治性、专业性很强的工作。尽管历经艰辛而成的《阳泉市郊区革命老区发展史》即将出版发行，但是由于种种原因所致，在编撰的方方面面还存在不少缺陷和不足，还有许多不尽如人意的地方，敬请大家阅后提出宝贵意见。

阳泉市郊区老区建设促进会
2021 年 3 月 30 日